# भारतीय भाषाविज्ञान

# भारतीय भाषाविज्ञान

आचार्य किशोरीदास वाजपेयी

वाणी प्रकाशन

**वाणी प्रकाशन**

*4695, 21-ए, दरियागंज, नयी दिल्ली 110 002*

फ़ोन : +91 11 23273167 फ़ैक्स : +91 11 23275710

**शाखाएँ**

*अशोक राजपथ, पटना 800 004, बिहार*

*कॉफ़ी हाउस कैम्पस, महात्मा गांधी मार्ग, इलाहाबाद 211 001, उत्तर प्रदेश*

*महात्मा गांधी अन्तरराष्ट्रीय हिन्दी विश्वविद्यालय, वर्धा 442 001, महाराष्ट्र*

www.vaniprakashan.com
marketing@vaniprakashan.in
sales@vaniprakashan.in

Bhartiya Bhashavigyan
*by* Aacharya Kishoridas Vajpayee

ISBN : 978-81-7055-327-4
Linguistics



संस्करण 1999, 2008, 2014
चतुर्थ संस्करण 2022

मूल्य : ₹ 695



*आर.के. ऑफ़सेट, शाहदरा, दिल्ली-110 032 में मुद्रित*

*वाणी प्रकाशन का लोगो मक़बूल फ़िदा हुसेन की कूची से*

# भूमिका

आचार्य वाजपेयी हिन्दी के व्याकरण और भाषाविज्ञान पर आसाधरण अधिकार रखते हैं। वे मानों इन्हीं दोनों विधाओं के लिए पैदा हुए हैं। यद्यपि कुछ मजबूरियों के कारण वे अपना सम्पूर्ण इस विषय का ज्ञान यहाँ नहीं दे सके; पर जो दिया है, वही बहुत बड़ी चीज है और आशा रखनी चाहिए कि बृहद् 'भारतीय भाषाविज्ञान' भी हमारे सामने आएगा। शब्द सभी के कानों में पड़ते हैं; पर उनके तत्त्व को समझने वाले सभी के कान नहीं होते। मेरा बस चलता, तो वाजपेयी की अर्थचिन्ता से मुक्त करके, उन्हें सभी हिन्दी (आर्य भाषा वाले) क्षेत्रों में शब्द-संचय और विश्लेषण के लिए छोड़ देता। उन पर कोई निर्बन्ध (कार्य की मात्रा का) न रखता। जिसके हृदय में स्वतः निर्बन्ध है, उसे बाहर के निर्बन्ध की आवश्यकता नहीं।

आधुनिक भाषाविज्ञानियों को यहाँ कुछ बातें खटकने वाली भी मिलेंगी; यद्यपि उनकी संख्या बहुत नहीं है। मैं स्वयं भी कुछ विचारों से सहमत नहीं हूँ; पर इससे ग्रंथ का मूल्य कम नहीं होता। उन्होंने इतने अधिक परिमाण में यहाँ ठोस प्रामाणिक सामग्री दी है, जिसके लिए हमें कृतज्ञ होना ही पड़ेगा। वाजपेयी जी लीक पर चलने वाले पुरुष नहीं हैं, यह भी समझ लेना चाहिए। आज छायावाद ने हमारे साहित्यवाद में स्थायी स्थान बना लिया है; कम-से-कम 'वाद' के रूप में, पर वाजपेयी जी अभी भी उसके संबंध में अपने पुराने विचारों पर डटे हुए हैं। छायाववाद अपना कार्य कर चुका। इस अर्थ में वाजपेयी जी क संतुष्ट होने की गुंजाइश भी है।

यह ग्रंथ ही विचारोत्तेजक है, इसमें कोई सन्देह नहीं। ग्रंथकर्ता ने अपने भाषा-संबंधी विशेष ज्ञान एवं सूक्ष्म वैज्ञानिक दृष्टि से काम लेते हुए बहुत-से ऐसे निष्कर्ष निकाले हैं, जिनसे आधुनिक (पाश्चात्य पद्धति का) भाषाविज्ञान भी असहमत नहीं हो सकता। वर्तमान भाषाओं की तुलनात्मक विवेचना में वाजपेयी जी ने अपने कौशल का अच्छा परिचय दिया है। ऐतिहासिक विकास के ऊपर भी यहाँ प्रकाश डाला गया है; पर विस्तार से बचने के लिए वे 'अपभ्रंश' जैसी (हमारे काल में समीप की) भाषा पर उतना प्रकाश नहीं डाल पाए। बोल-चाल की भाषा और साहित्यिक भाषा में सदा और सभी देशों में अन्तर होता है; इस तत्त्व को खींचते हुए वे कहते हैं कि शब्दों के आदि में आने वाले 'ण' जैसे वर्णों का प्रयोग भी कृत्रिम है; 'साहित्य-समय' मात्र है। आज की पश्चिमी (हिन्दी-क्षेत्र की) भाषाओं में 'खाणा'-'पीणा' जैसी सैकड़ों शब्दों में णा कार का बाहुल्य है; पर वह शब्द के आदि में नहीं आता। यह बाहुल्य कदाचित् द्रविड़ भाषा का प्रभाव है, पर यह देखना है कि द्रविड़ भाषाओं

में कभी और कहीं शब्द के आदि में भी णा कार आता है, या नहीं। वाजपेयीजी की विवेचना कितनी विचारोत्तेजक है, इसका यह प्रमाण है।

वाजपेयीजी ने आठ अध्यायों में संक्षेप में भाषाविज्ञान पर प्रकाश डाला है। देश और काल दोनों में भाषा का विकास हुआ है। दोनों में व्यापक ज्ञान और अनुभव होने पर भी कोई लेखक अपने विषय के साथ न्याय कर सकता है। वाजपेयीजी में ये दोनों ही गुण हैं। साथ ही सनातनी होने पर भी विद्या के संबंध में उनकी कट्टरता उलटा रास्ता नहीं पकड़ती यह तो इसी से मालूम होगा कि वेद-काल में भी, वेद की भाषा से पृथक्, एक तत्कालीन 'प्राकृतभाषा वे मानते हैं। इस विषय को उन्होंने छुआ मात्र है; पर इसके भीतर और जाने की आवश्यकता है। यह उनके उल्लेख से ज्ञात होता है। ग्रंथकर्ता ने प्राकृतों का एक स्वतंत्र वर्गीकरण किया है। उनके अनुसार 'प्रथम प्राकृत' तथा तीसरी प्राकृत 'अपभ्रंश'। आधुनिक विज्ञानी भी प्राकृतों में पालि को सम्मिलित करते हों। इसमें सन्देह नहीं कि भाषा के नाम पर 'अपभ्रंश' शब्द का प्रयोग पालि-काल में हुए 'महाभाष्य'कार पातंजलि भी करते हैं। पर यह वह समय है, जब कि 'अपभ्रंश' शब्द का प्रयोग पालि-काल में हुए थे। 'अंपभ्रश' या 'प्राकृत' शब्द भाषा-विशेष के नाम के तौर पर रुढ़ नहीं हुए थे। 'अपभ्रंश' का अर्थ यौगिक लिया गया था; अर्थात् जो भाषा व्याकरण और उच्चारण में संस्कृत से भ्रष्ट हो। 'प्राकृत' शब्द उस भाषा के लिए रूढ़ हुआ, जो ईसवी सन् के आरंभ से छठी सदी के मध्य तक (अश्वघोष और दंडी के थोड़ा पहले तक) बोली जाती थी। उसके बाद की भाषाएँ 'अपभ्रंश' नाम से जानी जाती हैं और 'प्राकृत' से भी पहले की भाषाएँ 'पालि' समुदाय में आती हैं। 'प्राकृत' भाषाओं के समुदाय का नाम है; यह सर्वविदित है। पालि-काल में 'प्राकृत' का अस्तित्त्व नहीं हो सकता; न प्राकृत-काल में 'अपभ्रंश' का। हाँ, प्राकृत-काल में या अपभ्रंशकाल में भी पालि में साहित्य रचा जा सकता था। आज भी सिंहल, बर्मा, स्याम आदि में ऐसा किया जाता है। बोल-चाल की भाषा के तौर पर ये भाषाएँ एक दूसरे के पश्चात् अस्तित्त्व में आईं। प्राकृत-कालीन कालिदास की कृति में 'अपभ्रंश' का पद्य आना उसके क्षेपक होने को ही सिद्ध करता है।

देश के अनुसार आज की भाषाएँ कैसे भिन्न-भिन्न रूपों में विकसित हुई हैं, इसका विवेचन ग्रंथकार ने पाँचवे और छठे अध्यायों में किया है। इसमें शक नहीं कि ये अध्याय स्वयं एक-एक ग्रन्थ के विषय हैं, जिन्हें लिखने का अधिकार वाजपेयीजी रखत हैं; पर आज की परिस्थिति उन्हें ऐसा अवसर देगी, इसमें सन्देह है।

मैं पहले ही कह चुका हूँ कि ग्रन्थ के कुछ सिद्धान्तों से लोगों का मतभेद होगा; पर ऐसे स्थल बहुत कम हैं। हमें 'यथोत्तर मुनीनां प्रामाण्यम्' की बात नहीं भूलनी चाहिए। वाजपेयीजी 'भारतीय भाषा-विज्ञान' के प्रथम मुनि हैं। उत्तर-मुनि भी आएँगे, जो प्रथम मुनि के कंधे पर खड़े होकर और ऊपर उठेंगे। एक आधार मिल गया है।

—राहुल सांकृत्यायन

मसूरी
10.9.59

# लेखक का प्रासंगिक निवेदन

## अथातो भाषाविज्ञानम्

भाषा में 'शब्दानुशासन' या व्याकरण की आवश्यकता पहले है, तब फिर 'भाषाविज्ञान' की और उसके अनन्तर 'साहित्यशास्त्र' की। शब्दानुशासन से शब्दों की प्रयोग विधि मालूम होती है। फिर, वे शब्द कहाँ से आए किस तरह भाषा बनी, यह जिज्ञासा होती है। इस जिज्ञासा का समाधान ही 'भाषाविज्ञान' है। भाषाविज्ञान से वैसी जिज्ञासों का समाधान होता है; इसलिए—'शब्दानुशासन' के अनन्तर भाषाविज्ञान की सीढ़ी 'अथातो भाषाविज्ञानम्'। इन दोनों शब्दशास्त्रों से शब्द का सुष्ठु ज्ञान हो जाता है। इसके अनन्तर 'सुप्रयोग' की विधि है, जो साहित्यशास्त्र का विषय है। 'एकः शब्दः सम्यगु ज्ञातः सुप्रयुक्तः लोके स्वर्गे च कामधुग् भवति'....एक भी शब्द को खूब अच्छी तरह समझकर उसका समुचित प्रयोग किया जाए, तो प्रयोक्ता के सब काम इस लोक में सिद्ध हो जाते हैं और उसका परलोक भी संब कामनाओं से पूर्ण होता है, पहले 'सम्यक् ज्ञान' और तब 'सुप्रयोग'।

शब्द का सम्यक् ज्ञान व्याकरण तथा भाषाविज्ञान से होता हैः परन्तु ये दोनों ही शास्त्र भिन्न-रूप हैं। इनकी प्रक्रियाएँ (समझाने की) भिन्न-भिन्न है।

## व्याकरण और भाषाविज्ञान

'व्याकरण' का अर्थ है....व्याकृति; किसी शब्द का विच्छेद करके उसकी आकृति का पूरा ज्ञान कराना। 'पठति' 'पाठयति' 'पठन' 'पाठन' 'पठिष्यति' आदि में मूलतः एक ही अर्थ है, परन्तु प्रयोग-भेद से अर्थ-भेद है; या अर्थ-भेद से (एक ही चीज का) प्रयोग-भेद है। व्याकरण इसमें मूलतत्त्व ढूंढ़ कर बतलाएगा कि 'पठ्' मूल तत्त्व है; यह एक 'धातु' जिसके रूप-भेद हैं-'पठति' 'पाठयति' 'पठन' आदि; जैसे कि एक ही (पीतल आदि किसी) धातु के (विभिन्न अर्थों या प्रयोजनों के लिए) विभिन्न-रूप 'थाली' 'कटोरा' 'लोटा आदि हो जाते हैं। इन सब रूपों में पीतल है; परन्तु ये सब व्यवहारतः भिन्न-रूप का काम नहीं लेता। इसी तरह धातु 'पठ्' आदि का मूल रूप में ही प्रयोग नहीं होता; वरन् 'पठति' आदि

रूपों ही होता है 'पठ के आगे और जो कुछ दिखाई देता है—'प्रत्यय' या 'विकरण' आदि है। 'पठति' 'पठसि' आदि में 'ति'-'सि' प्रत्यय हैं, जिन्हें 'विभक्ति' कहते हैं; क्योंकि इन (प्रत्ययों) के द्वारा 'पठ्' को विविध रूपों में विभक्त किया जाता है; कहीं 'प्रथम पुरुष' और कहीं 'मध्यम पुरुष'; कहीं वर्तमान काल, कहीं भविष्यत् काल आदि। 'पठ' धातु और 'ति' प्रत्यय के बीच में एक 'अ' आ गया है, इसे 'विकरण' कहते हैं। प्रकृति (धातु या संज्ञा) और प्रत्यय (क्रियाविभक्ति या संज्ञाविभक्ति) के बीच में जो शब्द 'श' आ जाता है, उसे 'विकरण' कहते हैं। यों 'पठति' को व्याकरण ने तीन जगह से तोड़ कर समझाया। 'व्याकृति' या विच्छेद 'व्याकरण' है। व्याकरण का नाम 'महाभाष्य' में 'शब्दानुशासन' दिया है और कैयट ने लिखा है—'अन्वथं चेदं याकरणस्य नाम'। यानी 'शब्दानुशासन' नाम व्याकरण का अन्वर्थ है; क्योंकि यह उन शब्दों की प्रयोग-विधि का अनुशासन या अन्वाख्यान करता है। भाषाविज्ञान यह सब कुछ न करेगा। यह तो इतना भर बताएगा कि 'पठ्' 'पत्' जैसे एकाकी शब्द ही थे। आगे इनके विधि रूप-प्रयोग हुए। बच्चा पहले 'रोटी' (या ओती) ही बोलता है। उसमें कारक-विभक्ति लगाना बाद में आता है। इसी तरह पहले धातु मात्र का प्रयोग श्रोता अपनी बुद्धि से आगे वक्ता का अभिप्राय समझे। 'पत्' से गिरता है, गिरा, गिरेगा, गिरूंगा आदि चाहे जो मतलब निकाल ले कोई! आगे भाषा का विकास होने पर 'पत्' के 'पतति' 'अपतत्' 'पतिप्यामि' आदि प्रयोग भेद से अर्थ की स्पष्ट प्रतिपत्ति होने लगी। यह इतना भाषाविज्ञान समझाएगा। वह इससे आगे न बढ़ेगा। यह काम व्याकरण का है कि 'पठति' 'अपठत' 'पठिष्यति' आदि का वर्गीकरण-विश्लेषण करके सब अवयव पृथक्-पृथक् समझाइए।

एक और उदाहरण लीजिए। संस्कृत में—

'सः' और 'ते'

('वह' और 'वे')

'वह' और 'वे' में समानता है। जान पड़ता है कि 'वह' का ही बहुवचन 'वे' है परन्तु 'सः' और 'वे' में क्या अन्तर है? केवल 'सः' में 'स' है और शेष 'तौ' 'ते' 'तम्' आदि बीस रूपों में 'त' है। यह क्या बात है? इन रूपों की प्रकृति (प्रतिपादिक) क्या है? 'तौ' 'ते' आदि में समानता है तो, क्या 'तः' को 'सः' हो गया है? कैसे? 'त' को 'स' होते देखा नहीं गया और फिर इक्कीस रूपों में से केवल एक को ही! 'स' होना ही था; यदि 'त' का विकास 'स' हो ही गया, तो फिर एक ही जगह क्यों? सर्वत्र क्यों नहीं? इस प्रश्न को भाषाविज्ञान यों सुलझाएगा कि अति प्राचीन काल में ही मूल भाषा देशान्तर-भेद से विविध रूप हो गई थी। कहीं 'तः, तौ, ते' रूप बोले जाते होंगे और कहीं 'सः, सौ, से' जैसे भी प्रयोग होते होंगे। 'त' और 'स' दोनों समस्थानीय हैं। परन्तु नहीं कहा जा सकता कि 'तः, तौ, ते' जैसा बोलने लगे थे परन्तु दोनों भाषाओं के बोलने वाले कहीं एक जगह फिर मिले और वहाँ मिले, जहाँ 'त' के रूप ही चलते थे। संग-साथ से 'प्रथमा' के एकवचन में 'सः' रूप ले लिया गया और इतना चला कि 'तः' एकदम उड़ गया। माला के 'समेरु' की तरह 'सः' और शेष सर्वत्र 'तौ, ते तम्' आदि। इसी तरह स्त्रीवर्ग में—'सा,

ते, ताः' आदि रूप चलो एक जगह 'सा' और शेष सर्वत्र 'त' से। परन्तु एक स्थान 'स' से रहित ही रहा—'ततु ते, तानि'। 'सः पुरुष' 'सा स्त्री' 'तत् फलम्'। 'सत् फलम्' न हुआ। 'साध्यवर्थकसत्' शब्द से बचाव होगा।

यह है भाषाविज्ञान की प्रक्रिया। व्याकरण दूसरे ढंग से समझाएगा। 'सः' में एक वर्ग और बीस जगह दूसरा ('त') देखा। 'तत् किम् आदि के 'तत्' में भी 'त' देखा; तो—'तत्' प्रतिपादिक मान लिया। जैसे 'गिरता है' 'गिरे गा' आदि सभी जगह दिखाई देने वाला क्रियावाचक मूल शब्द 'धातु'; उसी तरह 'तौ, ते, तम्' आदि बीस पदों में सभी कारकों में, दिखाई देने वाला अंश और जो—'तत्' रूप से स्पष्ट भी है—'प्रतिपादित' मान लिया गया। प्रतिपाद दिखाई देने वाला रूप 'प्रतिपादक'। प्रतिपादिक से ही 'पद' बनते हैं। जो शब्द-प्रयोग चलते हैं वे 'पद'। 'तो, तौ, ते, तम्' आदि में (सर्वत्र) जो दिखाई देता है, उसे 'तत्' रूप में 'प्रातिपदिक' मान कर व्याकरण कह देगा कि प्रथमा के एकवचन में 'सः' और 'सा' रूप होते हैं; यानी 'त' को 'स' आदेश हो गया। भाषाविज्ञान में कहते हैं 'इसकी जगह यह बोला जाने लगा'। व्याकरण में कह देते हैं—'इसकी जगह यह हो जाता है'; बस!

'यदां' की बनावट के संबंध में भाषाविज्ञान इतना ही कहेगा कि 'यत्' से इसका विकास है। परन्तु व्याकरण बतलाएगा कि 'यत्' प्रतिपादिक से 'काल' अर्थ प्रकट करने के लिए 'दा' प्रत्यय होता है। यत्+यदा ='यदां' एक 'द' रूप रह गया। कहा जाएगा कि 'दा प्रत्यय आने पर 'यत्' के अन्त्य व्यंजन का लोप हो जाता है और 'यदा' रूप बनता है। भाषाविज्ञान ऐसा न कहेगा। यदि उसे कहीं 'यदा' प्रयोग मिल जाए तो अवश्य कहेगा कि 'यद्दा' का विकास 'यदा' है। कालान्तर में और देशान्तर में शब्दों का रुपान्तर होता है यह भाषाविज्ञान बतलाता है और यह भी बतलाता है कि एक ही काल में और एक ही देश में किसी शब्द का रूपान्तर हो जाता है, जिसे 'परिष्कार' कहते हैं, यदि सुडौलपन ला दिया गया हो। 'खड़ी बोली' की प्रकृति (मेरठी बोली) में कहते हैं—

धोली, लत्ता है, गिठी, गुंठी; आदि

राष्ट्रभाषा ने परिष्कृत करके इन शब्दों को लिया—

धोली, लाता है, अंगीठी, अंगूठी; आदि

यानी कोई जनभाषा 'जब साहित्यिक भाषा का रूप ग्रहण करती है, तो उसे कुछ परिष्कृत होना पड़ता है। भाषाविज्ञान में वह परिष्कार भी बताया जाएगा क्योंकि यह भी रूपान्तर ही है परन्तु व्याकरण तो सीधे 'धोती' और 'लाता है' जैसे शब्दों पर ही विचार करके 'धोतियाँ आदि रूप और 'ला' 'त' 'आ' यों 'लाता' आदि के विच्छिन्न रूप समझाएगा। व्याकरण यह न बताएगा कि 'धोती' और 'लाता है' कहाँ बोले जाते हैं और फिर 'धोती' 'लाता है' आदि रूप कैसे हो गये; क्यों हो गए!

भाषाविज्ञान हिन्दी के 'जब' 'तब' आदि के बारे में बतलाएगा कि 'यदा' 'तदा' के रूप 'जद' 'तद' कुरुजनपदे तथा कुरुजांगल (हरियाना, बाँगर) में चलते हैं। (पड़ोस 'व्रज-पांचाल) में ही वे 'जब' 'तग' हो गए हैं—देश-भेद से शब्द-विकास परन्तु व्याकरण 'जद' 'तद' तक न जाएगा। वह सीधे 'जब' 'तब' पर विचार करेगा और अपनी पद्धति से समझाएगा कि 'जो' से 'जब' है—'अब' प्रत्यय और प्रकृति ('जो') के अन्त्य स्वर का लोप—'जब', राष्ट्रभाषा में 'सो ताहि, तामे' आदि की जगह 'वह, उसे, उस में जैसे शब्द-प्रयोग होते हैं, जिन से 'तब' का मेल नहीं। ऐसी स्थिति में कहा जाएगा कि 'अब' प्रत्यय आने पर 'वह' को 'त्' हो जाता है।

परन्तु 'तब' की संगति ठीक-ठीक व्याकरणानुसारी वहाँ बैठ जाती है, जहाँ 'वे' की जगह 'ते' बोला जाता है और 'ताहि' 'ताको' 'तामें' 'तिन्हें' जैसे प्रयोग होते हैं—'ता समय'—'तब'। यदि 'तामें' 'ताहि' आदि का 'प्रातिपादिक' निकाला जाए तो 'त' निकलेगा, जो सर्वत्र विद्यमान हो संस्कृत प्रातिपदिक 'तत्' के अन्त्य व्यंजन का लोप करके यह 'त' प्रातिपादिक है। 'त' प्रातिपादिक से तो फिर 'ब' प्रत्यय ही पर्याप्त होगा; क्योंकि 'जो' 'जाहि' 'जामे' आदि का प्रातिपादक से तो फिर 'ब' प्रत्यय ही पर्याप्त होगा; क्योंकि 'जो' 'जाहि' 'जामे' आदि का प्रातिपादक 'ज' होगा और उससे भी 'ब' प्रतयय हो कर 'जब' रूप—'जा समय'—'जब' 'तब' को वहाँ 'जिब' 'तिब' नहीं बोलते। 'जब' 'तब' या 'जद' 'तद' ही चलते हैं। राष्ट्रभाषा में 'जब-तब' की श्रेणी में 'अब' रूप है 'जब'-'तब' के साथ 'इब' बेमेल रहता।

जहाँ 'ते' 'ताको' आदि प्रयोग होते हैं, वहाँ 'उक्त' कर्ता और 'उक्त' कर्म में 'सो' का ही प्रयोग होता है। 'सः' संस्कृत का प्राकृत में सर्वत्र 'सो' रूप है। वहीं ब्रजभाषा आदि में आ गया कर्तृवाच्य किया हो, तो कर्ता 'उक्त' कहा जाता है और कर्मवाच्य क्रिया हो, तो कर्म 'उक्त' कहा जाता है। 'उक्त' (कर्ता या कर्म) में 'सः' रहता है पुंवर्ग-एकवचन में—

सः गमिष्यति (संस्कृत)
सो जाय गो (ब्रजभाषा)

कर्ता कारक में 'सः' और 'सो' है। और 'उक्त' कर्म में—

सः मया दृष्टः वने (संस्कृत)
सौ हौं देख्यो वन में (ब्रजभाषा)
(मैं ने उसे वन में देखा)

अन्यत्र 'तत्' और 'त' के रूप चलेंगे—

अहम् तम् पश्यामि (संस्कृत)
हौ देखत हौं ताहि (ब्रजभाषा)
(मैं उसे देखता हूँ)

कर्मकारक में 'तम्' और 'ताहि' है; क्योंकि कर्ता 'उक्त' है—कर्तृवाच्य क्रिया है।

तेन सः बालक—दृष्टः (संस्कृत)
ताने सो बालक देख्यो (ब्रजभाषा)

यहाँ कर्म 'उक्त' है; कर्मचाच्य क्रिया है इसलिए 'सः' और 'सो' है। ऐसी स्थिति में सीधा हिसाब व्याकरण का होगा—संस्कृत 'तत्' और हिन्दी (ब्रजभाषा) के 'त' प्रातिपादिक से 'तब' एक जगह 'दा' प्रत्यय, अन्यत्र 'ब'।

परन्तु राष्ट्रभाषा के 'वह' से 'तब' व्याकरण में बनाना 'बाहुलक' चीज होगी। 'उस समय'—'तब'। न 'वह' से और न 'उस' से ही 'तग' का मेल है। कहा जाएगा, 'जब' के अनुकरण पर 'तब'; यानी 'वह' को 'त' आदेश! इसका मतलब यही हुआ कि अन्यत्र से कौरवी भाषा में 'तब' आया है परन्तु (तदा>तद>) 'तग' का विकास वहाँ साफ है, जहाँ 'जद' 'तद' चलते हैं। वहाँ 'ते' 'ताकै' आदि नहीं चलते। सीधे 'यदा-कदा' के विकास हैं वहाँ, 'जद-तद'। निश्चय ही उन्हीं के रूपान्तर हैं 'जब-तब'। परन्तु व्याकरण में प्रकृति-प्रत्यय का विभाजन करके समझाना हो, तो दूसरे ढंग से समझाया जाएगा।

ब्रजभाषा आदि में 'जो' के साथ 'सो' आता है—'जो जागे, सो पावै' और 'जाने किययो, ताने पायो'। विप्रकृष्ट निर्देश में 'वह' ब्रजभाषा में भी है और 'वह' समीपस्थ-निर्देश में—'याने सब किययो है, वाने कछु न कियो' इसने सब किया है, उसने कुछ नहीं किया। 'वह' का रूप 'वाने' हो 'यह तो बात पुरानी' 'वह तेरी है मौसी'। ब्रजभाषा में 'व' और 'व' प्रतिपादिक माने जाएँगे—यह, याहि, याको आदि 'पद'। 'व' के वह, वाहि, वाकौ आदि 'पद' है।

'यह' (या 'य') के रूप 'याहि' 'याने' 'याको' आदि हैं और 'जो या 'ज' के 'जाहि' 'जाको' 'जापै' आदि। संस्कृत 'यः' का 'यो' यप प्राकृत में 'जो' हो जाता है। वही हिन्दी में सर्वत्र ग्रहीत है, परन्तु मगही आदि में जो हो 'जे करी, खाई'—जो करेगा सो खाएगा।

भाषाविज्ञान 'सः' 'य' से 'सो' 'जो' बतला कर हटा जाएगा। वह 'ताहि' 'ताको' और 'जाहि' 'जाको' आदि न बतलाएगा। यह सब बतलाना व्याकरण का काम है। व्याकरण में 'जो' 'जाहि' आदि 'पद' कहलाते हैं; क्योंकि ये ही चलते हैं। इसी तरह 'ताहि' आदि चलते हैं। इनके प्रतिपदिक 'ज' और 'त' हैं; जिनका प्रयोग नहीं होता। इनके बने 'पद' ही चलते हैं। भाषाविज्ञान 'प्रातिपदिक' तथा 'धातु' आदि बताने के फेर में न पड़ेगा।

'जाको' और 'याको' देखने से स्पष्ट है कि उच्चारण-असमर्थता ही 'य' को 'ज' कर देने का कारण नहीं है; अर्थ की स्पष्ट प्रतिपत्ति के लिए भी वैसा किया जाता है।

सो, व्याकरण और भाषाविज्ञान के क्षेत्र अलग-अलग हैं; यद्यपि एक दूसरे के समीप हैं और परस्पर एक दूसरे के क्षेत्र में आते-जाते भी रहते हैं।

परन्तु 'साहित्ययशास्त्र' पृथक् है। वह शब्दों का 'सप्रयोग' बतलाता है; आगे की चीज है। हमें गेहूँ मिल गए। हमने उनका अपनी रुचि और बुद्धि के अनुसार प्रयोग

किया। पहले कच्चे ही चबाए; फिर भूनना-उबालना आ गया। तब उस तरह स्वाद लिया। आगे रोटी बनाना आ गया। पूड़ी-कचौड़ी आदि भी बनी। इसी तरह पहले भाषा का उद्भव हुआ और मनुष्य ने साधारण काम-काज के लिए उसका प्रयोग किया। आगे भाषा के शब्द-प्रयोगों का विस्तार हो गया और प्रयोग विधि समझाने के लिए व्याकरण बना, जिसका अन्वर्थ नाम 'शब्दानुशासन' है।

फिर गेहूँ के बारे में जिज्ञासा हुई कि इसे मनुष्य ने कहाँ से कैसे प्राप्त किया; इसका बोना-उपजाना किस तरह सीखा; इसके कितने भेद हैं और कहा—किस तरह का गेहूँ पैदा होता है तथा उस गेहूँ में क्या अन्तर है; इत्यादि।

इसी तरह भाषा के बारे में जिज्ञासा हुई कि इसका उद्भव कैसे हुआ; पहले किस रूप में थी और फिर विकास किस तरह हुआ कि इस रूप को पहुँची! देश-भेद से भाषा-भेद कैसे होता है! काल-भेद से भाषाभेद कैसे हुआ! इस भाषा में और उस भाषा में क्या समानता है और क्या असमानता है। इस समानता-असमानता का क्या कारण है? ये सब प्रश्न उठते हैं और इन्हीं के उत्तर हैं 'भाषाविज्ञान'।

रोटी-पूड़ी से आगे भी प्रयोग-विधि गेहूँ की। भाँति-भाँति की मिठाइयाँ आदि बनती हैं; स्वाद को बहुत बढ़ा देती हैं तब 'पाक कला' यह कहलाती है। एक से बढ़िया दूसरी चीज बनती चली जाती है; पर गेहूँ-चने वे ही। यों, साधारण प्रयोग से बहुत आगे बढ़ कर एक कलात्मक प्रयोग होने लगता है; पर वह कला सब को नहीं आती। सीखने से और सतत अभ्यास से आती है और बढ़ती-सँवरती रहती है।

इसी तरह शब्द-प्रयोग की कला है। उस कला से वाक्य बन जाता है। काव्य-कला का विवेचन-शिक्षण ही 'साहित्यशास्त्र' है।

हम भाषाविज्ञान की चर्चा कर रहे हैं। इस पुस्तक का नाम है 'भारतीय भाषाविज्ञान'। इसमें भारतीय पद्धति पर भारतीय भाषाओं का संक्षेप से विश्लेषण विवेचन है। एक तरह से इस विषय की यह 'उपक्रमणिका' है। आगे इसका विस्तार होगा। अभी इसका परीक्षण भी होना है—मेरे द्वारा भी और भाषाविज्ञान के पण्डितों के द्वारा भी। यों, इसे भारतीय भाषाविज्ञान का प्रारूप भी कह सकते हैं। अगले संस्करण में चीज पक्की हो जाएगी। तभी विस्तार भी ठीक रहेगा।

अभी तक हिन्दी भाषाविज्ञान की जो पुस्तकें निकली हैं, सब पाश्चात्य पद्धति पर ही हैं। यह पुस्तक अपनी भारतीय पद्धति पर है इससे भाषा-भेद के जो कारण बतलाए गए हैं, अपनी विशेषता रखते हैं। भाषाओं का वर्गीकरण भी एक विशेष पद्धति पर हुआ है। भारत की सभी भाषाओं को सात प्रमुख वर्गों में विभक्त कर दिया गया है—

1. पूर्वी वर्ग—बँगला, उड़िया, असमिया,
2. पश्चिमी वर्ग—राजस्थानी, गुजराती, सिन्धी
3. उत्तरी वर्ग—कौरवी (खड़ी बोली), बाँगरू (हरियानवी), पंजाबी
4. मध्यवर्ती वर्ग—ब्रजभाषा, अवधी, भोजपुरी, मगही, मैथिली (इस 'मध्यवर्ती वर्ग' को 'पूर्वाभिमुखी वर्ग' समझिए।)

5. दक्षिणी वर्ग—मालवी, छत्तीसगढ़ी, मराठी आदि।

देहली (दिल्ली) को हमने भारतीय भाषाओं की 'देहली' कहा है। इधर पाँव रखो, तो 'खड़ी बोली' (कौरवी, या मेरठी), बाँगरू या पंजाबी। उधर चलो, तो राजस्थानी, गुजराती, कच्छी और सिन्धी। पूरब को मुँह करो, तो ब्रजभाषा, पांचाली (कन्नौजी), अवधी, भोजपुरी, मगही और मैथिली। धुर पूरब में बँगला, असमिया और उड़िया। ब्रजभाषा से लेकर मैथिली तक सब 'मध्यवर्ती भाषाएँ हैं। दक्षिण में मालवी, छत्तीसगढ़ी और मराठी भाषाएँ हैं।

यों पांच वर्ग के दो वर्ग और किए हैं—

(1) हिमालय की अधित्यका की (पहाड़ी) भाषाएँ और (2) धुर दक्षिण की द्रविड़ भाषाएँ।

एक वग वन्य भाषाओं का है। यों कुल मिलाकर आठ वर्ग हो जाते हैं।

'भाषा' और 'बोली' का भेद भी समझाया है। राजस्थानी, मैथिली, अवधी, पांचाली, गढ़वाली आदि भाषाएँ हैं; 'बोलियाँ नहीं हैं। 'बोली' क्या चीज है; पुस्तक के सातवें अध्याय में देखिए।

पुस्तक में अनेक जगह हमने पुनरुक्ति से काम लिया है—पहले कही हुई बात की फिर याद दिला दी है, प्रसंग आने पर। कभी ऐसा भी हुआ है कि आगे आने वाली बात का आभास पहले ही किसी प्रसंग में दे दिया है। इससे बात समझने में सरलता हो गई है। नई पद्धति है; इसलिए पथिक (पाठक) को कुछ सहारा चाहिए।

कहीं पुनरुक्ति होने का कारण स्मृति-दोष भी है। मेरी स्मृति बहुत कमजोर हो गई है; बहुत ही कमजोर।

महापण्डित राहुल सांकृत्यायन लंका जाने की तैयारी में व्यस्त थे, जब इस पुस्तक की पाण्डुलिपि उनके पास पहुँची। अपने सब काम छोड़ कर उन्होंने यह पुस्तक आद्यन्त ध्यान से पढ़ी और इस पर अपना मन्तव्य (भूमिका) लिखने की कृपा की। इसके बदले रूखा 'धन्यवाद' देने से मैं उऋण नहीं हो सकता।

कनखल (उ.प्र.)।

1-9-59

—किशोरीदास वाजपेयी

# अनुक्रम


**पहला अध्याय**

विषय प्रवेश 19

**दूसरा अध्याय**

शब्द-निरुक्ति की प्रक्रिया 35

**तीसरा अध्याय**

भाषा का विकास 85

**चौथा अध्याय**

प्राकृत का विकास : आधुनिक जनभाषाएँ 96

**पाँचवाँ अध्याय**

तृतीय प्राकृत : भारत की वर्तमान भाषाएँ 107

**छठा अध्याय**

भारतीय भाषाओं का वर्गीकरण 138

**सातवाँ अध्याय**

हमारी दक्षिणी भाषाएँ 199

**आठवाँ अध्याय**

भाषा और बोलियाँ 207

**परिशिष्ट भाग**

शब्द, अर्थ और ध्वनि : लोप तथा आगम 213

# पहला अध्याय

# विषय प्रवेश

'भारतीय भाषाविज्ञान समझने के लिए पहले 'भाषाविज्ञान' का सामान्य रूप समझना आवश्यक है। 'भाषाविज्ञान' में भी दो शब्द हैं–1. भाषा और 2. विज्ञान। इन दोनों शब्दों के अलग-अलग अर्थ जब समझ में आ जाएँगे, तब संबंध-समास से बने 'भाषाविज्ञान' शब्द का अर्थ समझ में स्वतः आएगा। 'भाषाविज्ञान' का रूप समझ लेने पर ही 'भारतीय भाषाविज्ञान' का अर्थ स्पष्ट होगा। इसी क्रम से चलना चाहिए।

## 1. भाषा का महत्त्व

भाषाविज्ञान' के पचड़े में हम क्यों पड़े? क्या कारण है कि इसके समझने में सिर खपाने का? भाषा तो हम सब बोलते ही समझते हैं, तब यह महोद्योग किसलिए? इन सब बातों का उत्तर 'विज्ञान' का सामान्य रूप समझते समय मिल जाएगा। विज्ञान तो संसार के प्रत्येक अणु-परमाणु का परीक्षण करता है, जाँच-पड़ताल करता है। फिर 'भाषा' का तो कहना ही क्या। आज मनुष्य ने अपना बुद्धिबल कितना बढ़ा लिया है, कुछ ठिकाना है। हम चन्द्रलोक और सूर्यलोक पहुँचने की तैयारी कर चुके हैं। साधारण बात है क्या? यह सब कैसे हुआ? भाषा के बल पर ही यह सब कुछ सम्भव हुआ है। हमारा ज्ञान-विज्ञान, सुख-साधन, धर्म-कर्म की व्यवस्था आदि, जो कुछ भी है, सब भाषा की ही कृपा का फल है। यदि भाषा न होती, तो पशु-पक्षियों का जैसा ही हमारा भी जीवन रहता! कारण, तब बुद्धिवैभव बढ़ता नहीं! यह ठीक है कि पशु-पक्षियों की अपेक्षा मनुष्य में बुद्धि की अधिकता है। परन्तु यह बुद्धि-आधिक्य भाषा के अभाव में जहाँ का तहाँ रह जाता; इसका विकास न होता! ज्ञान कुछ अपना होता है; कुछ मिल जाता है। इस तरह बढ़ता है। हमारे पूर्वजों ने जो अनुभव प्राप्त किए जो ज्ञान पैदा किया, वह सब हमें अनायास मिल जाता है। वे हमें बता देते हैं। हम अपने माता-पिता आदि के उस ज्ञान से अनायास सम्पन्न हो जाते हैं। जन्म-भर का ज्ञान वे हमें कुछ ही दिनों में सौंप देते हैं। उस ज्ञान को ले कर हम आगे बढ़ते हैं, उसे बढ़ाते हैं। उस ज्ञान का परिष्कार भी करते हैं। कहीं कोई कमी हुई, तो दूर करते हैं। यों पूर्वजों का ज्ञान चमकता है। हम अपना नया ज्ञान जो

पैदा करते हैं और पूर्वजों के द्वारा प्राप्त ज्ञान का जो परिवर्द्धन-परिष्कार करते हैं; वह सब अपनी सन्तति को सौंप देते हैं। पूर्व-परिष्कृत और नव अर्जित ज्ञान अपने बच्चों को देते हैं। वे और आगे बढ़ते हैं। इस प्रकार बढ़ते-बढ़ते मनुष्य आज यहाँ तक पहुँचा है। यह सब 'भाषा' की ही कृपा का फल है। भाषा के अभाव में कोई अपना ज्ञान अपने बच्चों को कैसे देता? सामान्य जीवन चलता रहता। पशु-पक्षियों से मनुष्य में बुद्धि जो अधिक है, उससे शिकार आदि में ही सुविधा हो सकती थी। अधिक से अधिक यह कि पशुओं की अपेक्षा मनुष्य अपने रहने के लिए गुफा-कन्दरा कुछ अच्छी तरह बना लेता और बस! ये जो भाँति-भाँति के सुसाधन हमें प्राप्त हैं; कभी भी संभव न थे, यदि 'भाषा' का उदय न होता। महाकवि दण्डी ने बहुत ठीक कहा है–

इदमनधतः कृत्स्नं जायेत भुवनत्रयम्।
यदि शब्दाहव्यं ज्योतिरासंसारं न दीप्यते।।

(काव्यादर्श 1/4)

यह सम्पूर्ण संसार घने अन्धकर में रहता–पशुप्राय जीवर रहता–यदि शब्दात्मक ज्योति (भाषा) का उदय न होता। दण्डी का 'आसंसारम्' शब्द ध्यान देने योग्य है। सम्पूर्ण सभी वर्गों की–अपनी-अपनी भाषा है। यह अलग बात है कि कहीं ज्ञान कम है, कहीं अधिक है, जहाँ ज्ञान कम है, भाषा भी क्षीण है। जहाँ ज्ञान अधिक है, भाषा बलवती और शक्तिशाली है। 'बल' और 'शक्ति' में अन्तर है। 'बल' भाषा के अंग-उपांगों में वृद्धि से आता है और 'शक्ति' प्रयोग-वैशिष्ट्य से आती है। यह का उदय विकास से और दूसरी (शक्ति) का प्रयोग-वैशिष्ट्य से होता है। एक का विषय भाषा-विज्ञान है, दूसरी चीज 'साहित्यशास्त्र' से संबंध रखती है।

साधारणतः पशु-पक्षियों की भी अपनी-अपनी 'बोली' होती है। बिल्ली को देख कर कोई चिड़िया एक विशेष प्रकार की ध्वनि करती है और उस (ध्वनि) को सुन-समझ कर सब चिड़ियाँ फुर्र से उड़ कर ऊँचे वृक्ष आदि पर जा बैठती हैं। फिर वे सब मिल कर उसी तरह बोलती रहती हैं, जिससे दूर-दूर की चिड़ियाँ सावधान हो जाएँ। सम्भव है, वे बिल्ली को अपनी बोली में गालियाँ देती हों। इसी तरह गौ अपने बछड़े को दूध पिलाने के लिए हुंकारती है। दूर होने पर (वियोग में) एक दूसरी ही तरह की ध्वनि करती है। अपने बोली में वह अपने मनोभाव प्रकट करती है। बछड़ा भी जोर से 'अम्मा' ध्वनि करता है। अपनी माँ को बुलाता है। पशु-पक्षियों की ये बोलियाँ उनके जीवन-निर्वाह के लिए पर्याप्त हैं। इस तरह की (पशु-पक्षियों की) 'बोली' का 'अव्यक्त वाक्' कहते हैं। पशु-पक्षियों की भाषा भी वर्ग-भेद से भिन्न है। एक ही वर्ग में भी भाषा-भेद है। बन्दरों की भिन्न-भिन्न जातियों में भिन्न-भिन्न भाषाएँ हैं। मनुष्य की भाषा 'व्यक्त वाक्' है। यहाँ स्पष्टता है, शब्दों में भी और अर्थों में भी। 'चें-चें' करने से खतरा सूचित हो गया; पर यह नहीं स्पष्ट हुआ कि बिल्ली है, या और कोई खतरा! बन्दूक की आवाज सुन कर भी वही ध्वनि उसी तरह होती है। खतरा है, पर कैसा; यह स्पष्ट नहीं। अर्थ की व्यक्तता

नहीं है। इसीलिए वह 'अव्यक्त वाक्'। शब्द भी अव्यक्त है। कोई चें-चें' समझ ले, 'चूँ-चूँ' समझ ले, उसकी मर्जी! कुत्ते के बोलने को कोई 'भू-भू' कहता है। कोई 'भों-भों' कहता है। कोई कहता है–'कुत्ता भूकता है' और कोई कहता है 'भोंकता है'। तीसरा कहता है–'भौंकता है'। भू, भों, भौं आदि चाहे जो मिलते–जुलते वर्ण समझ लो। कोई 'बू' या 'बु' भी कहता है। संस्कृत में 'कुक्कुरः बुक्कति' चलता है। 'बुक' या 'बुक्क' उस ध्वनि का विन्यास। कोई पक्की बात नहीं कि भू, भौं, बू, बु आदि में से कुत्ते की असली ध्वनि क्या है! वर्ण स्पष्ट नहीं; अव्यक्त है। इसीलिए वह 'अव्यक्त वाक्'। मनुष्य की बोली 'व्यक्त वाक्' कहलाती है। यहाँ वर्ण पृथक्-पृथक् स्पष्ट सुनाई देते हैं और अर्थ भी स्पष्ट रहता है। 'ध्वनि' या 'शब्द' वह, जो कान से सुनाई दे। किवाड़ों के टकराने से एक 'ध्वनि' या 'शब्द'। 'खट-खट' 'खुट-खुट' 'भड़-भड़' चाहे जो कह लो। इस ध्वनि को 'बोली' न कहेंगे। किवाड़ चेतन नहीं। वे चिड़ियों की तरह या कुत्तों की तरह मनोभाव नहीं रखते और न बोल ही सकते हैं। इसीलिए वैसी चीजों से होने वाली ध्वनि (शब्द) को 'बोली' न कहा जाएगा। 'खट-खट' 'भट-भट' आदि 'अव्यक्त शब्द' और 'चें-चें'-'भों-भों' 'म्याऊँ' आदि 'अव्यक्त वाक्'–पशु-पक्षियों की बोली।

मनुष्य की बोली या भाषा है–'व्यक्त वाक्'। 'व्यक्त' वाक्' या मनुष्य-भाषा भी ध्वनि ही है। पर अन्तर है। साधारण पत्थर और रत्न, दोनों ही पत्थर हैं। पर अन्तर है। आगे चलकर मनुष्य-भाषा की 'ध्वनि को 'शब्द' कहने लगे। विभिन्न (जल, लाओ आदि) शब्दों से विभिन्न निश्चित अर्थ समझे-समझाए जाने लगे। आगे भाषा का विकास हुआ। 'भाषा' सब समझते हैं, क्या चीज है। 'ब्रह्म' की तरह इसका रूप अज्ञेय नहीं है। विभिन्न अर्थों में संकेतित शब्दसमूह ही भाषा है, जिसके द्वारा हम अपने विचार या मनोभाव दूसरों के प्रति बहुत सरलता से प्रकट करते हैं। यही भाषा मानव-जीवन की आधारशिला है। इसके बिना जीवन तो संभव था; पर 'मानव-जीवन' संभव न था! यह दो पैरों से चलने वाला प्राणी मनुष्यत्व न सम्पादित कर सकता, यदि भाषा न होती। भाषा कैसे बनी, यह दूसरे अध्याय में बताया जायगा। अलग बात है। 'भाषा' क्या है, सब जानते हैं।

## 2. 'विज्ञान' और 'भाषाविज्ञान'

'ज्ञान' कहते हैं साधारण जानकारी को। ज्ञान से सुख मिलता है; दुःख दूर रहते हैं। जंगल में बाँस-जैसे कुछ पौधे मनुष्य देखता रहा। कुछ मतलब नहीं! देख कर निकल जाता रहा, बाँस समझ कर। किसी समय, किसी तरह, किसी ने इस बाँस-जैसी चीज को उखाड़ कर तोड़-मरोड़ दिया, तो भीतर से जल जैसा कुछ निकला। जल का तो अनुभव था ही। वैसी ही यह चीज एक पौधे के भीतर से निकलती-टपकती देख कर कुतूहल हुआ और जीभ से उसे चाट लिया। अत्यधिक स्वाद मिला। वह फिर उखाड़-उखाड़ कर चूसने लगा। उसने अपना यह अनुभव-ज्ञान अपने साथियों को बताया। ज्ञान हुआ, जानकारी हुई कि यह बाँस नहीं, उसके रंग-रूप की कोई दूसरी चीज है। देखा-देखी दूसरे लोग भी उखाड़ने-चूसने लगे। यों एक पदार्थ का 'ज्ञान' हो गया–सामान्य ज्ञान।

परन्तु वह रस-प्रद पौधा सदा न मिलता था, सर्वत्र न मिलता था। विशेष भूमि में वह मिलता था, जाड़े के दिनों में। वर्षा के दिनों में उसे उगते-बढ़ते लोगों ने देखा। जाड़े में रस भर कर वह पका। यह सब देख कर किसी प्रतिभाशाली जन ने सोचा कि इसके छोटे-छोटे टुकड़े करके कहीं गाड़ दिए जाएँ, वर्षा के दिनों में, तो कैसा हो! क्या ये सब उग पाएँगे? देखा, तो काम बन गया। वह बढ़िया चीज खूब मिली। यह 'विज्ञान' हुआ। जिस चीज का ज्ञान हुआ था, उसी का विशेष ज्ञान हो गया कि इस तरह टुकड़े करके अमुक समय में गाड़ दिए जाएँ तो पृथ्वी, जल का सहयोग पा कर, सौगुने कर देती है। खेती होने लगी। वह 'विशेष ज्ञान' आगे 'सामान्य ज्ञान' हो गया! 'ज्ञान' का विकास 'विज्ञान' है; परन्तु जब वह विज्ञान जनसाधारण की साधारण चीज बन जाए, तो विज्ञान उसे फिर कोई नहीं कहता।

आगे चल कर किसी प्रतिभाशाली ने सोचा कि गन्ने सदा रहते नहीं और 'रस' भी नहीं रखा जा सकता। सोचा, पकी चीज पक्की होती है, बहुत दिन तक टिकती है। सोच-विचार कर रस कड़ाह में पकाया-औटाया गया और 'गुड़' बन गया। यह 'विज्ञान' समझिए। रस को रूपान्तर देने की विद्या—'विज्ञान'। आगे चल कर सभी गुड़ बनाने लगे। तब यह 'विज्ञान' न रह कर 'सामान्य ज्ञान' की चीज हो गई। और आगे किसी ने 'सिताशक्करा' बनाई। यह 'विज्ञान' हुआ। आगे फिर यह भी 'सामान्य ज्ञान' हो गया। इसी तरह करते-करते आज विज्ञान पराकाष्ठा पर पहुँच गया है। किसी चीज की जानकारी 'ज्ञान' और विशेष जानकारी 'विज्ञान'।

## 3. भाषाविज्ञान का उदय

भाषा भी एक प्राकृतिक चीज है। मुँह से निकलने वाले प्राकृतिक वर्णों का खेल है। एक वर्ण को, या अनेक वर्णों की एक-एक समष्टि को, एक-एक अर्थ में संकेतित कर लिया गया और उस संकेत को समझने वाले लोगों में उसका व्यवहार होने लगा—'भाषा' बन गई। इस भाषा का साधारण ज्ञान प्राप्त कर लोग अपना काम चलाते-निकालते हैं। परन्तु भाषा बन कैसे गई? उसका रूप क्या होगा? विकास कैसे हुआ? विकास के कारण क्या हैं? इन बातों का पता लगाना—भाषा-संबंधी 'विशेष ज्ञान' पैदा करना—'विज्ञान' है।

## 4. भारतीय भाषाविज्ञान

भारतवर्ष में भाषाविज्ञान का उद्भव और विकास अति प्राचीन काल में ही हो चुका है। भाषाविज्ञान को उस समय 'निरुक्त' कहते थे। निरुक्त-विद्या का यहाँ कितना विस्तार हुआ था और कैसे-कैसे कितने ग्रन्थ बने थे, इसका पूरा पता नहीं चलता; परन्तु महर्षि यास्क का 'निरुक्त' आज भी उपलब्ध है। इसमें पूर्ववर्ती निरुक्तकारों के नाम और मत जगह-जगह निर्दिष्ट हुए हैं। कहीं किसी मत का निराकरण भी यास्क ने किया है। यदि वे सब ग्रन्थ उपलब्ध होते, तो तुलनात्मक दृष्टि से उन पर विचार किया जाता। हो सकता

है, उपलब्ध निरुक्त से वे निरुक्त-ग्रन्थ उत्कृष्ट रहे हों। सम्भव है, उनमें भाषासंबंधी तुलनात्मक विचार भी हों। आजकल भी देखा जाता है कि पूर्ववर्ती अनेक भाषा-विज्ञानीय ग्रन्थों को देख कर कोई सरल ग्रन्थ लिख देता है और कई शाखाएँ छोड़ कर किसी एकाध विषय पर ही दृष्टि रखता है। महर्षि यास्क ने भाषा के विकास पर ही ध्यान रखा है। शब्दों का रूप-विकास कैसे होता है और किसी शब्द में विशेष अर्थ कैसे आ जाता है; यह सब यास्कीय निरुक्त में बताया गया है। एक शब्द से दूसरा शब्द किस तरह बनता है, क्यों बनता है, यह उपपत्तिपूर्वक समझाया गया है। वैदिक युग की भाषा से यास्ककालीन भाषा में पर्याप्त अन्तर पड़ गया था। इतना अन्तर कि एक तरह से भाषा-भेद ही हो गया था। वैदिक युग में कोई शब्द जिस रूप में चलता था, यास्क के समय वह इतना परिवर्तित हो गया था कि पहचान में ही न आता था कि वही शब्द इस रूप में यह है! कैसे पहचाना जाए कि कौन-सा शब्द किस शब्द का विकास है, यह यास्क के निरुक्त से पता चलता है। यास्क ने पद्धति दे दी है, उस पर आगे बढ़ते चले जाओ। सहस्त्रों शब्द विकास-पद्धति समझाने के लिए निदर्शित हुए हैं।

यास्क के समय एक ही प्रधान भाषा ईरान से लेकर पूरब में कम्बोज तथा उस से भी आगे तक चलती थी। परन्तु देश-भेद से उस भाषा में अवान्तर भेद भी हो गए थे। इन भेदों पर यास्क ने यत्र-तत्र विचार किया है और बतलाया है कि यहाँ क्या किस रूप में बोला जाता है। उन्होंने बताया है कि गत्यर्थक 'शवति' कम्बोज में आख्यात-प्रयोग होता है; परन्तु आर्य-प्रदेश (भारत) में इसका कृदन्त रूप ही चलता है–'शवः'। एक ही धातु के दो जगह दो तरह से प्रयोग–एक जगह क्रिया-रूप से और अन्यत्र संज्ञा-रूप से।

ग्रन्थ के उपक्रम में यास्क ने विस्तार से ग्रन्थ (या ग्रन्थ के विषय) का प्रयोजन बतलाया है और भाषा में प्रयुक्त होने वाले शब्दों का श्रेणी-विभाजन किया है। इस ग्रन्थ से यह भी पता चलता है कि किसी समय उपसर्गों के स्वतंत्र प्रयोग भी होते थे।

जो भी हो, भाषाविज्ञान का उद्‌भव सबसे पहले (और बहुत पहले) हमारे देश में हुआ। बहुत दिन बाद, अभी पिछली ही शताब्दी में योरुपीय विद्वानों का ध्यान इधर गया। वेदों का अध्ययन करने से और यास्कीय निरुक्त आदि से प्रेरणा मिलने पर योरुपीय विद्वानों ने भाषाओं का अध्ययन वैज्ञानिक पद्धति पर किया। उसी का फल आधुनिक भाषाविज्ञान है। पाश्चात्य विद्वानों ने भाषाविज्ञान में अतुल श्रम किया है। उन्होंने वैदिक भाषा, प्राकृत, पालि और पाणिनि-व्याकृत संस्कृत का मन्थन किया है और निष्कर्ष निकाले हैं।

## 5. तुलनात्मक अध्ययन

भाषाविज्ञान में विभिन्न भाषाओं का तुलनात्मक अध्ययन आजकल विशेष रूप से किया गया है। आज की स्थिति में यह स्वाभाविक है। तुलनात्मक अध्ययन से भाषाओं के स्वरूप का वैशिष्ट्य समझ में आता है और मानव-इतिहास के समझने में भी मदद मिलती है। यास्क ने भी भारत, कम्बोज तथा अन्य प्राच्यप्रतीच्य देशों के शब्द-प्रयोगों की चर्चा की

है। परन्तु इससे यह न समझना चाहिए कि जब तक विभिन्न भाषाओं की, या एक ही भाषा की विभिन्न बोलियों की, तुलना न की जाए तब तक कोई चीज 'भाषाविज्ञान' की परिधि में आ ही नहीं सकती। ऐसा सोचना भ्रम है। किसी चीज का (कारण-कार्यमूलक) तर्कसंगत विवेचन-विश्लेषण ही 'विज्ञान' है। यदि कोई विद्वान सूर्य की या उसके किसी अंश की विशेष खोज करता है, तो वह 'विज्ञान' ही है; भले ही किसी दूसरे ग्रह की चर्चा उसमें न आए। संबद्ध चर्चा और तुलना अवश्य जरूरी समझी जाती है। हिन्दी (राष्ट्रभाषा), अवधी, राजस्थानी, गढ़वाली, मेरठी जैसी किसी भाषा का विवेचन करते समय अन्यान्य भाषाओं की देख-भाल करनी ही होगी। तुलना करनी होगी। विवेच्य भाषा का उद्गम देखना होगा और यों आगे बढ़ते-बढ़ते वैदिक भाषा तक पहुँचना होगा। यही नहीं, वैदिक भाषा का भी वह मूल रूप समझने का प्रयत्न करना होगा, जिसका परिष्कृत रूप वेदों में उपलब्ध है। 'गंगा' का रूप समझने-समझाने के लिए हमें ऊपर बढ़ना होगा। कलकत्ते से चल कर पटना, काशी, प्रयाग, कानपुर, हरिद्वार, उत्तरकाशी, गंगोत्री और 'गोमुख' तक पहुँचना ही होगा। 'गोमुख' से आगे की फिर कल्पना कर लेनी होगी। ऊपर से नीचे भी आ सकते हैं—'गोमुख' से 'गंगासागर' तक। वैदिक भाषा से चल कर हिन्दी तक पहुँचना होगा। आवश्यक है। तभी चीज स्पष्ट होगी। परन्तु हिन्दी का विवेचन करते समय 'हिब्रू' आदि भाषाओं की बीच में अनावश्यक चर्चा झमेला पैदा करेगी; उलझन बढ़ाएगी! तुलना भी क्या? आलू की तुलना शकरन्द से और शकरकन्द की जमीकन्द (सूरण) से तो ठीक, चीज समझ में आ जाएगी। परन्तु आलू की तुलना 'पालक' या 'बथुआ' से कैसी? आलू भी साग है और बथुआ भी साग है; यह कह कर कोई आलू-प्रकरण में बथुआ के गीत गाने लगे, तो क्या अच्छा रहेगा? हाँ सागों के नाम ही गिनाने हों, तो और बात है।

## 6. भाषाविज्ञान और व्याकरण

भाषाविज्ञान की ही तरह व्याकरण भी शब्दशास्त्र है। व्याकरण भी विज्ञान है। किसी चीज का विश्लेषण करके अच्छी तरह समझना-समझाना ही विज्ञान है। 'करता है' 'करना है' 'किया' आदि शब्दों को तोड़ कर व्याकरण बतलाता है कि इनमें कौन-सा अंश या अंगी है और कौन-सा गौण या अंग है। इस तरह के विश्लेषण से शब्द-संबंधी पूरा ज्ञान हो जाता है। यही विज्ञान है। व्याकरण भाषा का 'शरीर शास्त्र' है।

भाषाविज्ञान के दो भेद हैं-निरुक्त और व्याकरण। निरुक्त में शब्द या भाषा का विकास मुख्यतः समझाया जाता है और व्याकरण में शब्द की बनावट समझाई जाती है; प्रयोग-भेद से शब्द-भेद समझाया जाता है। इसी तरह उच्चारण या ध्वनि पर विचार करने वाला शास्त्र भी 'भाषाविज्ञान' ही है, जिसका पुराना भारतीय नाम 'शिक्षा' है। वेदों के छह अंगों में 'शिक्षा' भी एक है। 'नृतत्त्वशास्त्र' की जगह 'भाषाविज्ञान' है। भाषा का उद्भव कैसे हुआ; कौन-सी भाषा किस देश में है; किस भाषा में किस भाषा से साम्य या वैषम्य है; यह सब 'भाषाविज्ञान' बतलाता है। कई भाषाविज्ञानियों ने व्याकरण की गिनती 'कला'

में की है। यह बुद्धि-भ्रम है। किसी चीज की विशेष जानकारी 'विज्ञान' है और किसी चीज को अपनी प्रतिभा से अधिक सुन्दर रूप दे देना 'कला' है। पत्थर क्या चीज है, कैसे बना, यह कितनी तरह का होता है; यह सब छान-बीन ज्ञान-विज्ञान है और उसी पत्थर से कोई सुन्दर मूर्ति बना देना या ताजमहल खड़ा कर देना 'कला' है। व्याकरण शब्द विषयक पूरा ज्ञान देता है; उसमें प्रयोग-कृत कोई मोहकता नहीं पैदा करता। व्याकरण शब्द-ज्ञान-भर देता है; उसमें विशेष ज्ञान देता है। इसलिए वह 'विज्ञान' है। परन्तु शब्द-विज्ञान की ये दोनों शाखाएँ बहुत मिलती-जुलती हैं और एक दूसरे की सहायक हैं।

## 7. साहित्यशास्त्र

'साहित्यशास्त्र' अवश्य 'कला' की परिधि में है। काव्य एक कला है और उसी से संबंध है 'साहित्यशास्त्र' का। साहित्यशास्त्र बतलाता है कि भाषा में किस तरह शक्ति बढ़ाई जा सकती है; किस शब्द का कहाँ प्रयोग करना चाहिए; कैसे शब्द कहाँ देने से भाषा मोहक बन जाती है और कैसे शब्द कहाँ भाषा को बिगाड़ देते हैं! यानी वह प्रयोग-वैशिष्ट्य का विषय है—'कला' की चीज है।

भाषा की बहुत उन्नति हुई है; परन्तु फिर भी यह इतनी शक्ति नहीं रखती कि मन की सब बातें पूरी तरह प्रकट कर सके। और सूक्ष्म चर्चा जाने दीजिए; आम का स्वाद ही आप किसी दूसरे को समझा दीजिए। जिसने कभी आम न खाया हो, उसे आप बताइए कि इसका स्वाद कैसा होता है। कैसे बताएँगे? आप को प्यास लगी है और उससे व्याकुलता हो रही है। 'व्याकुलता' एक शब्द बना तो लिया; परन्तु कोई यह 'प्यास की व्याकुलता' कैसे बताए! भूख से भी व्याकुलता होती है और कड़ी धूप से भी व्याकुलता होती है। और भी सैकड़ों तरह से व्याकुलता होती है। तो, क्या कोई किसी को भाषा के द्वारा इन व्याकुलताओं के भेद बता सकता है? इसी तरह अन्य शतशः कठिनाइयाँ हैं। मन भाषा में समा नहीं सकता; यद्यपि भाषा का इतना विस्तार हो गया है। इसीलिए कहा गया है—'वाग्वै मनसो हसीयसी'—वाणी मन से बहुत छोटी है! मन की पूरी बात वाणी में अट नहीं सकती। साहित्यशास्त्र बतलाता है ऐसी-ऐसी विधियाँ, ऐसे प्रयोग, जिनका आश्रय लेकर वाणी आगे बढ़ती है और मन की बात बहुत कुछ दूसरों को समझा देने में सफल हो जाती है। मनोभावों के चित्र उतार देती है वाणी! यह प्रयोग-वैशिष्ट्य या कलात्मक भाषाप्रयोग 'साहित्यशास्त्र' का विषय है। ज्ञान-विज्ञान (किसी के स्वरूप का) एक चीज है और प्रयोग-वैशिष्ट्य दूसरी चीज है।

## 8. भाषा की उत्पत्ति

'शब्द' एक प्राकृतिक पदार्थ है। मनुष्य ने अनेक प्राकृतिक पदार्थों को अपने काम में लिया है, उसी तरह 'शब्द' को भी लिया है। भाषा का प्रादुर्भाव या निर्माण एक आश्चर्य की चीज है। कैसे भाषा बन गई है! क्या भगवान् ने भाषा बना दी? कुछ लोगों का ऐसा ही विश्वास

रहा है। ठीक भी है। जब कोई चीज समझ में नहीं आती, तब और कहा भी क्या जाए! परन्तु भगवान् ने भाषा कैसे मनुष्य को दी? क्या वे सब को सिखा गए? तब फिर सम्पूर्ण संसार की भाषा एक ही क्यों नहीं? वे किस रूप में भाषा सिखाने आए? आए मनुष्य-रूप में ही! नर भी नारायण का ही अंशावतार है। यों नर-नारायण ने भाषा को जन्म दिया। भाषा-संबंधी विचार भारत में इतना व्यापक था कि 'न्याय' तथा 'वैशेषिक' जैसे दर्शन-ग्रन्थों में भी इसकी छटा है। 'मीमांसा' दर्शन भी शब्द-विचार है। निष्कर्ष यह निकाला गया है कि भाषा मनुष्य की बनाई चीज है। 'इस शब्द से यह अर्थ समझना चाहिए' इस तरह का 'समय'-संकेत ही भाषा का मूल है। 'समय' का प्रयोग पहले किसी चीज को तै करने के अर्थ में होता था। तै कर लिया कि 'जल' शब्द बोलें, तो वह पीने की चीज समझना, जो नदी-सरोवर आदि से प्राप्त होती है। सुनने वाले ने मान लिया। एक 'समय' हो गया। उसी अर्थ के लिए किसी दूसरी जगह 'वाटर' शब्द का संकेत हुआ और कहीं किसी अन्य शब्द का। अर्थ (वह चीज) सर्वत्र एक और उसका बोध कराने वाला शब्द सर्वत्र भिन्न-रूप। इसी तरह एक क्रिया है—एक जगह से उठकर अपने पाँवों से दूसरी जगह पहुँचना। इस क्रिया को बतलाने वाला शब्द 'समय'-संकेत से 'गम्' निश्चित हुआ। कहीं इस क्रिया के लिए 'गो' शब्द रखा गया। हिन्दी में 'जा' है। जात है, जाएगा आदि में 'जा' वही मूल शब्द है; शेष प्रत्यय है। इसी तरह शतशः-सहस्राशः शब्द-संकेत निश्चित हो गए तो 'भाषा' बन गई।

यों मनुष्य ने 'समय'-संकेत से भाषा बनाई। यह कोई नैसर्गिक चीज नहीं है। शब्द नैसर्गिक है; भाषा मनुष्य ने बनाई। पत्थर नैसर्गिक है और उससे भवन मनुष्य ने बनाया। भाषा नैसर्गिक चीज नहीं। जिस 'भवन' में हम रहते हैं, वह नैसर्गिक नहीं; उसके उपादान नैसर्गिक हैं। 'ईंट' मनुष्य ने बनाई, उसका उपादान (मिट्टी) नैसर्गिक है। 'न्यायवार्तिक' में कहा गया है—

'यदि स्वाभाविकः शब्दसंबंधोऽभविष्यत्, न जातिविशेषे शब्दार्थ-व्यवस्थाऽभविष्यत्। अस्ति तु जातिविशेषे प्रयोगः। जातिविशेषे यथाकामं प्रयोगो दृष्टः। न तु स्वाभाविकेन संबंधेन संबद्धानां व्यभिचारे दृष्टः। नहि प्रदीपोऽस्माकमन्यथा प्रकाशयति, अन्यथा जातिविशेषे।'

"यदि किसी अर्थ में किसी शब्द का स्वाभाविक संबंध होता, ईश्वरेच्छा से नैसर्गिक संबंध होता कि 'इस शब्द से यह अर्थ समझा जाए', तो फिर विभिन्न जातियों में एक ही अर्थ के लिए विभिन्न शब्दों की व्यवस्था न होती। सर्वत्र एक अर्थ के लिए एक ही शब्द चलता। परन्तु विभिन्न जातियों में विभिन्न शब्द-व्यवस्था है। जहाँ नैसर्गिक संबंध होता है, वहाँ ऐसा भेद-भाव नहीं होता। यह नहीं होता कि दीपक हमें और ढंग से प्रकाश दे और इंगलैंड के लोगों को किसी दूसरी तरह से।"

यानी 'पानी' में प्यास बुझाने की स्वाभाविक शक्ति है। जैसे वह हमारी प्यास बुझाता है, उसी तरह एक अरबी, ईरानी या अंग्रेज की भी। परन्तु शब्द और अर्थ में यह बात नहीं। 'अर्थ' एक शब्द है, जो हमें वह अर्थ देता है, जिसे दूसरे लोग 'मतलब' कहते

है। यही 'अर्थ' शब्द इंगलैंड वालों को वह अर्थ देता है, जिसके लिए हमारे यहाँ 'पृथ्वी' आदि शब्द हैं। तो, यह शब्दार्थ-भेद नैसर्गिक कहाँ रहा? मनुष्य ने विभिन्न अर्थों में विभिन्न शब्दों का संकेत किया है।

परन्तु वैसा 'समय'-संकेत करने की शक्ति कहाँ से आई? 'इस शब्द से यह अर्थ समझना' ऐसा कहने-सुनने और समझने की शक्ति कहाँ से आ गई? वह प्रारम्भिक बातचीत कैसे हुई? यह एक गंभीर प्रश्न है। इस पर अभी आगे लिखा जाएगा। पहले हम 'जाति' पर विचार कर लें; क्योंकि 'न्यायवार्तिक' के उस उद्धरण में 'जाति' शब्द आया है और जाति-भेद से भाषा-भेद, या भाषा-भेद से जाति-भेद सूचित किया गया है।

## 9. जाति-भेद से भाषा-भेद

'जातिविशेषे शब्दार्थव्यवस्था'—जातिविशेष में शब्दार्थ-व्यवस्था भिन्न होती है—स्वरूपतः भी भिन्न और प्रयोगतः भी भिन्न। यहाँ 'जाति' शब्द विशेष अर्थ में है। 'मनुष्य जाति' से मतलब नहीं है—मनुष्य की जन्म-भेद से 'जाति' अभिप्रेत हैं, जिसे अंग्रेजी में 'नेशन' कहते हैं। इंगलैंड एक राष्ट्र, 'इंग्लिश' एक जाति या 'नेशन' और 'इंग्लिश' उसकी भाषा। 'हिन्द' एक राष्ट्र और उस राष्ट्र की 'हिन्दू' या 'हिन्दी' 'जाति'। 'हिन्दी' उसकी भाषा। फ्रांस एक राष्ट्र, फ्रेंच जाति, 'फ्रेंच' उसकी भाषा।

एक भूखण्ड में जनमे मानव 'एक जाति'। जिस धातु से 'जन्म' बना है, उसी से 'जाति' बना है। प्रत्येक भूखण्ड में अलग-अलग भाषा बनी और विकसित हुई। कोई भूखण्ड बड़ा, कोई छोटा। कोई जाति बड़ी और पुरानी; कोई छोटी और नई। कहीं भाषा का उद्भव और विकास पहले हुआ, कहीं बाद में। ये भाषाएँ एक दूसरे से प्रभावित भी होती रही हैं; आज भी होती हैं! शासन या व्यापार आदि के कारण विभिन्न जातियों का परस्पर मेल हो जाता है और तब एक ही भाषा के शब्द दूसरी में मिल जाते हैं। इस तरह भाषाएँ परतः किंचित् प्रभावित होती हैं; परन्तु 'अपना' रूप नहीं बदलतीं। यदि रूप बदल जाए, तो समझिए भाषा ही बदल गई। क्रिया-पद, सर्वनाम, अव्यय और प्रत्यय-विभक्तियाँ; ये चार मुख्य तत्त्व हैं, जो किसी भी भाषा का रूप निष्पादित करते हैं। ये चार तत्त्व कभी भी कोई भाषा किसी दूसरी भाषा से नहीं लेती। 'अपने' क्रिया-पद छोड़कर किसी दूसरी भाषा के क्रिया-पद कोई भी भाषा स्वीकार नहीं करती। यही स्थिति 'सर्वनाम' आदि की है। 'संज्ञा' शब्दों का आदान-प्रदान होता है; कहीं विशेषण आदि का भी। ये साधारण चीजें हैं और इनको लेना पड़ता है। अंग्रेजों के यहाँ 'घी' बनाने-खाने की चाल नहीं; परन्तु 'घी' से परिचित होने पर उन्हें अपनी भाषा में 'घी' शब्द लेना पड़ा। भारतीय भाषाओं में अंग्रेजी के 'कोट' 'बटन' आदि न जाने कितने संज्ञा-शब्द रम गए। परन्तु हिन्दी ने अंग्रेजी भाषा का 'गो' जैसा कोई क्रिया-पद नहीं लिया। 'मास्टर जाता है' हिन्दी-वाक्य है; क्रिया 'जाता है' के कारण और 'महात्मा गांधी गोज़' अंग्रेजी-वाक्य है; क्रिया 'गोज़' के कारण। इसी तरह 'मास्टर का पेन' हिन्दी है; 'का' संबंध-प्रत्यय के कारण और 'महात्मा गांधीज़

सत्याग्रह अंग्रेजी है; 'ज' संबंध-प्रत्यय के कारण। 'सर्वनाम' और अवयव भी अपने ही रहते हैं। इन्हीं तत्त्वों के कारण संस्कृत और पाली आदि से 'हिन्दी' एक अलग भाषा है। 'राम पुस्तक पढ़ता है' की जगह 'राम पुस्तक पठति' नहीं हो सकता। 'राम जहाँ रहता है' के 'जहाँ की जगह 'यत्र' नहीं रख सकते। 'यदि' चलता है; क्योंकि हिन्दी' ने इसकी जगह अपना कोई स्वतन्त्र अव्यय नहीं बनाया। पूर्वाभिमुखी (मध्यवर्गीय) भाषाओं में 'यदि' के अर्थ में 'जो' चलता है—'जो मैं राम तौ कुलसहित कहिहि दसानन आइ'। यह 'जो' संस्कृत के 'यत्' अव्यय से है। सर्वनाम 'तू' की जगह 'त्वम्' न चलेगा। 'तू पढ़ता है' की जगह 'त्वं पढ़ता है' नहीं हो सकता। 'यह राम का घर है' की जगह 'यह रामस्य घर है' नहीं हो सकता। जब संस्कृत से ही ये तत्त्व हिन्दी नहीं लेती, तो दूसरी भाषाओं की बात ही क्या!

सारांश यह कि जब कोई भाषा किसी दूसरी भाषा से प्रभावित होती है, तब भी अपना स्वरूप नष्ट नहीं करती; अपने मूल तत्त्व नहीं बदलती। यदि उपर्युक्त मूल तत्त्व कुछ भाषाओं में मिलते-जुलते दिखाई दें, तो समझना चाहिए कि वे किसी एक ही मूल से हैं; यानी वे सब एक परिवार की भाषाएँ कही जाएँगी। कुछ संज्ञा-शब्दों के मिल जाने से ही कोई भाषा किसी दूसरी भाषा की बहन न हो जाएगी। कभी-कभी कोई क्रिया-पद या सर्वनाम आदि यों ही घुणाक्षर-न्याय से भी अनेक भाषाओं में मिलता-जुलता बन जाता है। इससे एक परिवार का निर्णय न होगा। अत्यधिक संख्या से वैसे शब्दों का मिलता-जुलता रूप ही 'एक परिवार' होने का नियामक हो सकता है।

ऋग्वेद की भाषा से पारसी-धर्मग्रन्थ 'अवेस्ता' की भाषा का अत्यधिक मेल है—क्रिया-रूपों में, प्रत्यय-विभक्तियों में, सर्वनामों में और अवयवों में भी। संज्ञा-शब्दों में तो अत्यधिक एकरूपता है। इससे स्पष्ट है कि ये दोनों भाषाएँ एक परिवार की हैं। पुरानी फारसी और मध्ययुग की फारसी (पहलवी) संस्कृत से बहुत अधिक मिलती-जुलती है। भाषा के वे चारों तत्त्व प्रायः एक-से हैं। इससे स्पष्ट है कि ये एक परिवार की हैं।

परन्तु केवल संज्ञा-शब्दों का मिल जाना दूसरी चीज है। इससे भाषाओं को एक परिवार का नहीं कहा जा सकता। कोई समय था, जब भारतवर्ष ज्ञान-विज्ञान में तथा कला-कौशल में दुनिया का सिरमौर था। संसार भर से लोग यहाँ शिक्षा लेने आया करते थे। तभी उनकी शिक्षा पूर्ण समझी जाती थी। यहाँ की जनता का—विशेषतः ब्राह्मणों का—चरित्र भी बहुत ऊँचे दर्जे का था। इसलिए मनु ने कहा है—

एतद्देशप्रसतूस्य सकाशादग्रजन्मनः,
स्वं स्वं चरित्रं शिक्षेरन् पृथिवयां सर्वमानवाः।

इस देश में पैदा हुए ब्राह्मण से अपना-अपना चरित्र संसार भर के लोग आकर सीखें।

इतिहास में प्रसिद्ध है कि कहाँ-कहाँ से आकर लोग यहाँ शिक्षा ग्रहण करते थे। यहाँ रहते समय वे यहाँ की भाषा से प्रभावित होते थे। अनेक शब्द उनकी भाषा में रम

जाते थे। यहाँ के विद्वान दूसरे देशों में जाते थे—शिक्षा देते थे; धर्म का प्रचार भी करते थे। इससे उनकी भाषा में इनके शब्द मिल जाते थे। परन्तु इस तरह कुछ संज्ञा शब्द मिल जाने से ही वे भाषाएँ 'भारतीय भाषा-परिवार' की नहीं बन गईं उनके चारों मूल तत्त्व 'अपने' बने रहे। वे भी बदल जाते, तब भाषा ही बदल जाती।

संक्षेप यह कि एक 'जाति' की एक भाषा होती है। यदि भाषा एक न हो, तो जाति एक नहीं। बन्दरों की भाषा का अध्ययन करने वालों ने बताया है कि विभिन्न जातियों के बन्दरों की भी भाषाएँ भिन्न-भिन्न हैं। भारत में आज कितनी भाषाएँ हैं! परन्तु सब में मूल तत्त्व समान है। संस्कृत भाषा ने भी सब को एक कर रखा है। दक्षिण की द्रविड़ भाषाएँ भी संस्कृत से बँधी हुई हैं। संस्कृत भाषा ने एक 'जाति' बना रखी है—'भारतीय' 'हिन्दू' या 'हिन्दी'। 'आर्य' और आर्येतर का भेद अब नहीं है, पहले चाहे जो हो! द्रविड़ भी 'आर्य' हैं; पहले चाहे जो रहे हों। इसका कारण है, भारतीय भाषा को जीवन में उतार लेना। इस विशाल देश का प्रत्येक व्यक्ति संस्कृत से जुड़ा हुआ है। जैसे इधर नाम होते हैं—राजगोपाल, विजय राघव, सत्यमूर्ति आदि; उसी तरह दक्षिण भारत में। वैदिक, अवैदिक और ब्राह्मण, मेहतर आदि सभी 'विद्याप्रकाश' नाम रखते हैं। लड़कियाँ सर्वत्र 'सीता' 'सावित्री' 'सुशीला' आदि हैं। एक ही जाति में सहस्रों मत-मजहब हैं; सहस्रों वर्ग हैं; परन्तु महाजातीय भाषा (संस्कृत) ने सब को एक कर रखा है। सब मिलकर एक जाति, एक 'नेशन'—हिन्दुस्तानी। भारत का ईसाई भी 'महाराज सिंह' है, क्षत्रिय भी और सिख भी। यहाँ सिख लड़की भी 'अमृत कौर' है; आर्यसमाजी भी और ईसाई भी। कांग्रेस के प्रथम प्रेजीडेंट श्री व्योमेशचन्द्र चक्रवर्ती ईसाई थे।

'एक जाति' भाषा बनाती है। यदि शासन के द्वारा उसे टुकड़ों में बाँट दिया जाए, तो वह अनेकता कृत्रिम होगी। मुख्य संयोजक भाषा है। शासनिक कृत्रिमता एकजातीयता को नष्ट न कर देगी। इस देश में कितने छोटे-छोटे राज्य रहे; परन्तु 'जाति' सदा एक रही। आज भी तो लगभग डेढ़ दर्जन राज्य अलग-अलग हैं न! शासन-भेद है; परन्तु जाति एक है—हिन्दू, हिन्दी, हिन्दुस्तानी, भारतीय। नेपाल एक स्वतंत्र राष्ट्र है; परन्तु जातीयता हमारी और उसकी एक है। शासन-भेद जातीयता में भेद नहीं कर सकता।

यदि किसी देश में पैदा कोई किसी दूसरे देश की भाषा को जीवन में उतार ले, तो जाति-भेद हो जाएगा। एक घर में पैदा हुआ लड़का दूसरी जगह गोद चला गया समझिए। यह झगड़े की जड़ है। दूसरी भाषा के वे भक्त यदि वहीं चले जाएँ, तब और बात! परन्तु यदि ऐसा न हुआ, तो झगड़ा होगा। एक म्यान में दो तलवारें नहीं रह सकतीं—एक जाति में दो विजातीय भाषाओं को जगह नहीं। किसी भाषा का पढ़ना-लिखना एक बात है और उसे जीवन में उतार लेना—अपने बच्चों के नाम तक उस भाषा में रखना—दूसरी बात है। यह जातीयता (नेशनेलटी) का परित्याग है।

चीन और जापान की अधिकांशत जनता बौद्ध है। वहाँ के 'अपने' मूल मत-सम्प्रदाय भी हैं। ईसाई भी हैं। चीन में करोड़ों मुसलमान भी हैं। परन्तु यह नहीं कि चीनी या जापानी बौद्ध (बुद्ध के इस देश) भारत की भाषा में अपने नाम रखें! ऐसा करने से वे गिरे हुए समझे

जाएँगे; राष्ट्रद्रोही समझे जाएँगे! यही स्थिति मुसलमानों की और ईसाइयों की है। सब के नाम चीनी भाषा में। जापानियों के नाम जापानी भाषा में, चाहे जिस मत-मजहब के वे हों। भाषा की जीवनगत एकरूपता ने ही चीनी जाति को अखण्ड बना रखा है। वहाँ कभी भी मुसलमानों में और बौद्धों में झगड़े नहीं हुए। उनमें परस्पर ब्याह होते हैं; जैसे अपने यहाँ सनातनी और आर्यसमाजी में; जैन अग्रवाल और वैष्णव अग्रवाल में; या सिख खत्री और साधारण खत्री में। मजहब जातीयता में बाधा नहीं डालता। जातीयता का जीवन है भाषा। वह अपनी 'जातीय भाषा' परम्परा-प्राप्त होती है। विभिन्न प्रदेशों को, मत-मजहबों और वर्गों को वह एक बनाए रखती है। चाहे दुनिया भर की भाषाएँ कोई सीखे, जीवन में अपनी भाषा रहेगी।

इसी का निर्देश 'न्यायवार्तिक' के उस उद्धरण में है।

## 10. शब्द पहले बने कैसे?

यह तो ठीक कि आपस में तै करके, 'समय' करके निश्चय किया गया कि 'इस शब्द से अमुक अर्थ सब को समझना चाहिए।' ऐसा करते-करते भाषा बन गई। परन्तु पहले इतना बोलना-समझना कैसे आ गया कि 'इस शब्द से अमुक अर्थ सब को समझना चाहिए।' यह एक ऐसी समस्या है जो उलझन में डालती है। मनुष्य-बुद्धि बहुत तेज है और वह तिल का ताड़ बना देती है। परन्तु तिल तो चाहिए ही! कुछ आधार चाहिए। वह भाषा का मूल आधार मनुष्य को कैसे मिला, यह सोचने की बात है।

इस पर कल्पना या अटकल ही काम दे सकती है। पाश्चात्य विद्वानों ने कुछ कल्पनाएँ की हैं। वे जँचती भी हैं।

भाषा में कुछ तो भावाभिव्यंजक ऐसे शब्द हैं, जो नैसर्गिक कहे जा सकते हैं; क्योंकि विशेष-विशेष स्थिति में ये स्वतः मुँह से निकल पड़ते हैं; जैसे—आह, ओह, अहा, ऐं, ए, ओ; आदि। दुःख-क्लेश में 'आह' मुँह से निकलता है। आश्चर्य या उद्वेग आदि में 'ओह' ध्वनि निकल पड़ती है। हर्ष के उद्वेग में 'अहा' ध्वनि सुनाई देती है। आश्चर्य या प्रश्न में 'ए' शब्द निकलता है। किसी को अभिमुख करने के लिए 'ए' 'हे' 'ऐ' 'ओ' जैसे शब्द मुँह से निकलते हैं। ऐसे बहुत से शब्द भाषा में गृहीत हैं। सभी भाषाओं में ऐसे शब्द हैं। ये तो स्वतः प्राप्त हैं, नैसर्गिक हैं। ज्यों के त्यों ले लिए गये। अर्थ-संकेत नहीं करना पड़ा। जो जिस भाव की व्यंजना के लिए निकलता है, उसका उसी के लिए भाषा में प्रयोग होता है। सो, मनुष्य की भाषा में प्रयत्न-पूर्वक ये शब्द नहीं लाए गए हैं; स्वतः आ कूदे हैं; अपने-आप पके-पकाए फल की तरह टपक पड़े हैं। यों स्वतः निपतन होने के कारण ही कदाचित् इन्हें 'निपात' कहा गया हो।

परन्तु अन्य शब्द कैसे बने? अटकल है कि बहुत से शब्द अनुकरण पर बने हैं। सुना, एक पक्षी 'का का' जैसी आवाज करता है; तो मनुष्य ने भी अनुकरण में 'का' की ध्वनि की। ऐसी ध्वनि के आगे एक और वर्ण 'क' जोड़ना भी आ गया। यों 'काक' शब्द बन गया। जो 'का का' की आवाज करता है; वह 'काक'। 'घू-घू की ध्वनि करने वाला 'घूक'—उल्लू पक्षी। 'भे भे' की ध्वनि करने वाला 'भेक'—मेढक। मेढक की ध्वनि को

कोई-कोई 'टर्र टर्र' कहता है; कोई 'भे भे'। 'अव्यक्त वाक्' है; वर्ण स्पष्ट नहीं हैं। देखा, एक कीड़ा सरसराता हुआ सर्र से निकल गया। तो 'सर्' शब्द उस तरह निकल जाने के लिए बना लिया, जिस के 'सरति' जैसे विभिन्न रूप आगे बने। उस तरह सरसराते हुए निकल जाने वाले कीड़े का नाम 'सर्प' रख लिया। 'का का' 'भे भे' या 'सरसर' की ध्वनि सुनने वाले को अपने ही किसी साथी के मुँह से वैसी अनुकरणात्मक ध्वनि सुनते ही (स्वतः) अर्थ-बोध हो गया। समझ लिया 'काक' 'भेक' 'घूक' 'सर्प' तथा 'सर' या 'सरति' का क्या अर्थ है। एक तरह के बाँस होते हैं, जो हवा भरने से 'सूँ सूँ' या 'वंश्-वंश्' जैसी ध्वनि करते हैं। उसी अव्यक्त ध्वनि को कोई 'सूँ सूँ' कहता है, दूसरा 'वंश्-'वंश् भी कह सकता है। 'भे भे' और 'टर्र टर्र' में कितना अन्तर है? अव्यक्त ध्वनि ही ठहरी। इच्छानुसार शब्द गढ़ लिए गए। वैसी ध्वनि करने वाले 'वंश' नाम पा गए। बाद में वैसी ध्वनि न करने वाले भी 'वंश'।

ऐसा करते-करते कुछ शब्द बन गए और चल पड़े। बहुत आगे फिर इन शब्दों का विकास हुआ, संवर्द्धन हुआ।

## 11. भाषा का विकास

धीरे-धीरे भाषा का विकास हुआ। ऊपर से सूखी पत्ती गिरने से 'पत् पत्' की ध्वनि सुन कर गिरने के अर्थ में उस ('पत्') शब्द का प्रयोग होने लगा। आगे उसे 'पतति' और 'पतिष्यति' तथा 'अपतत्' जैसे विभिन्न रूप बने, जिनसे केवल 'गिरना' ही नहीं गिरने का समय भी सूचित होने लगा। फिर 'पतति' 'पतामि' जैसे रूप-भेद करके यह सूचित किया जाने लगा कि गिरने वाला है कौन। 'पतति' में एक 'न्' लगाकर 'पतन्ति' बना लिया, यह सूचित करने के लिए गिरने वाले बहुत हैं।

'काक' की ध्वनि के लिए 'कायति' कहा गया। कक्रश ध्वनि 'काक' की होती है। इसके विपरीत मधुर ध्वनि के लिए 'गायति' बना लिया। पहले शब्द मात्र बने; 'सर्पः, भेकः' कह कर ही काम चलाते थे। अँगुलियों को संपुटित करते हुए कहा—'काकः भेकः' तो पूरा वाक्य लोग समझ लेते थे कि 'कौए' ने मेढक को पकड़ लिया'। परन्तु सर्वत्र इस तरह नहीं समझा जा सका। 'रामः-गोविन्दः' कह कर वैसा संकेत करने पर सन्देह रहेगा कि किस ने किस को पकड़ा। क्रम से सर्वत्र काम चलता नहीं और संकेत-ग्रह भी कर्ता-कर्म के लिए था नहीं! इस असुविधा को दूर करने के लिए 'रामः' 'रामम्' 'रामेण' 'रामात्' जैसे शब्दों का विकास हुआ और कर्ता-कर्म आदि की पृथक् स्पष्ट प्रतिपत्ति होने लगी। 'रामः' गोविन्दं पश्यति' या 'गोविन्दं रामः पश्यति' चाहे जैसे बोलो, अर्थ स्पष्ट—'राम गोविन्दं को देखता है'। यों ही करण, अपादान, अधिकरण और संबंध आदि प्रकट किए जाने लगे। पहले वैसे ही काम चलता था—'काकध्वनिः'। समझ लिया जाता था—'काक की ध्वनि'। आगे विस्तार हुआ, शब्द का विकास हुआ। संबंध प्रकट करने के लिए 'स्य' जोड़ने लगे—'काकस्य ध्वनिः' यों सुव्यवस्थित प्रयोग हुए। कर्ता, कर्म आदि

ध्वनित करने के लिए 'काकस्य ध्वनिः' जैसा बोलने लगे; परन्तु संबंध ऐसी जगह स्वतः प्रकट हो जाता था; इसलिए (पहले की तरह ही) भेदक 'काक' के आगे 'स्य' को जोड़े बिना भी 'काकध्वनिः' 'काकध्वनिम्' जैसा बोलना भी जारी रहा। जब लिपि का आविष्कार हुआ और साहित्य-रचना शुरू हुई, तो भाषा-संबंधी विधि-विधान (व्याकरण आदि) बने। साहित्य में प्रयोग 'काकध्वनिः' और 'काकस्य ध्वनिः' यों दोनों तरह के होते रहे। 'काकध्वनिः' भी एक 'पद' दो शब्दों से बना हुआ समझा गया, क्योंकि कर्तृत्व आदि अन्तिम अंश से ही प्रकट होता है। व्याकरण में बतलाया गया कि 'काकध्वनिः' समस्त पद है, दो शब्दों का 'समास' है। दोनों को एक साथ लिखने की चाल चली। एक 'पद' जितने भी शब्दों का, उन सब की अविच्छिन्न शिरोरेखा। 'काकस्य ध्वनिः' को फिर लोग मूल प्रयोग समझने लगे और वस्तुतः 'काकध्वनिः' को बाद में चला समझने लगे। वस्तुतः 'काकध्वनि' पहले चला होगा, जिसका 'व्यास' या विस्तार है—'काकस्य ध्वनिः'। 'काकध्वनिः' समास, या संक्षेप है।

और तरह से भी शब्द-विकास हुआ। कुछ शब्द आगे चल कर घिसते गए। 'मानव' के आगे 'ता' लगाकर विकसित रूप 'मानवता' एक विशेष अर्थ में चला। मानव का स्वरूप, या तत्त्व—'मानवता'। यों 'मानव' का विकसित शब्द ही अर्थ-विशेष में 'मानवता' है। 'गायति' जिस मूल शब्द का विकास है, उसी का 'गायक' भी है। इन विभिन्न विकास-श्रेणियों का नाम व्याकरण में 'तद्धित'-'कृदन्त' जैसे शब्दों से समझाए गए हैं।

'मानव' से 'मानवता' व्याकरण में तद्धित-श्रेणी का शब्द है। 'ता' प्रत्यय है। 'मानवता' की ही तरह 'दानवता' 'पशुता' आदि शब्द बने, बनते-चलते हैं।

परन्तु मूलतः 'ता' क्या चीज है? यह प्रत्यय बना कैसे? प्रत्यय 'ता' इसलिए कि इसका प्रयोग 'मानवस्य ता' 'दानवस्य ता' यों संज्ञा-रूप से नहीं होता है। परन्तु इसका मूल रूप कदाचित् संज्ञा ही था—'ताति'। वेद-भाषा में 'शिवतातिः' जैसे प्रयोग हुए हैं, जो आगे की संस्कृत में नहीं हैं। 'ताति' संज्ञा ही जान पड़ती है। 'शिवतातिः' का अर्थ है—शिवत्व, शिव का तत्त्व या स्वरूप। 'त्व' प्रत्यय है, क्योंकि 'तत्त्व' की तरह इसका स्वतंत्र प्रयोग नहीं होता। 'ता' 'त्व' आदि प्रत्यय है; ठीक। परन्तु 'ताति' पर सोचने से यह संज्ञा जान पड़ती है, जिससे आगे 'ता' जैसे प्रत्यय बने। यों 'शिवतातिः' वस्तुतः एक सामासिक शब्द बैठता है। यदि इसे संज्ञान मान कर प्रत्यय ही मानें, तब 'शिवतातिः' तद्धित-प्रयोग है ही। पाणिनि ने 'शिवततिः' में ''ताति' प्रत्यय ही माना है। उस समय तक 'ताति' का संज्ञा रूप से प्रयोग उड़ गया होगा।

इसी 'ताति' शब्द का प्रथम 'तू' उड़ गया और 'आति' रह गया। 'अरि' के साथ 'अति' जोड़कर ''अराति' शब्द बना। 'अरि' का अन्त्य स्वर उड़ गया। 'अराति' का 'अर्थ है 'शत्रुता'। 'अरिताति' से 'अराति' सुगम शब्द है। 'अर्य्याति' भी ठीक न रहता। इसलिए 'अराति'। संभव है, कभी 'अर्य्याति' भी रहा हो। परन्तु आगे चल कर 'लौकिक' संस्कृत में यह 'आति' प्रत्यय लुप्त हो गया! फलतः 'अराति' का अर्थ लौकिक संस्कृत में 'शत्रुता' नहीं, 'शत्रु' मात्र होता है।

वैदिक संस्कृत में 'ताति' का 'आति' रह गया था। लौकिक संस्कृत में 'ताति' का 'ति' घिस कर उड़ गया और 'ता' मात्र रह गया—शिवता, मानवता। 'ताति' स्त्रीवर्गीय शब्द था। इसलिए उसके विकास 'आति' तथा 'ता' भी स्त्रीवर्गीय ही रहे।

विभिन्न जनभाषाओं में (प्राकृतों में) 'ताति' बराबर चलता रहा और हिन्दी में आते-आते वह 'ताई' बन गया। 'ताति' केक 'ति' से 'त्' का लोप—'ताइ'। हिन्दी दीर्घान्त प्रवृत्ति रखती है, इसलिए 'ताइ' का 'ताई रूप। यह 'ताई' हिन्दी का तद्धित प्रत्यय है, जो 'कासों कहौं निज मूरखताई' आदि प्रयोगों में स्पष्ट है। 'सुन्दरताई कहा मैं कहौ' जैसे प्रयोग हिन्दी-परिवार में दुर्लभ नहीं हैं।

आगे चलते-चलते 'ताई' का 'आई' मात्र अंश रह गया, वही स्त्रीवर्गीय—'देखी चतुराई तुम्हारी'। चतुराई-चतुरता। 'तरुणाई जब अँगड़ाने लगी'। तरुणाई—तरुणता, तारुण्य। इसी तरह 'सुघराई' आदि।

हिन्दी ने इस 'आई' से अन्यत्र भी काम लिया—लिखाई, पढ़ाई कमाई आदि कृदन्त शब्द भी इससे यहाँ बनते हैं। व्याकरण में 'लिखाई' आदि भी 'भाववाचक' संज्ञाएँ कहलाती हैं। 'आई' भावप्रत्यय है ही। 'तरुणाई' आदि 'तद्धति भाववाचक और 'लिखाई' 'पढ़ाई' आदि 'कृदन्त भाववाचक'। और 'हमारी लिखाई दो' यहाँ 'लिखाई' का मतलब है—लिखने की मजदूरी। 'पढ़ाई हो रही है' यह 'पढ़ाई' भाववाचक संज्ञा 'ताति' की 'आई' से संभव है; पर 'हमारी लिखाई दो' में 'आई' भिन्न स्रोत से है। 'मजदूरी' में जो 'ई' प्रत्यय है, वह भी 'आई' का घिसा हुआ रूप है। 'आ' उड़ गया। यह 'ई' भी स्त्रीवर्गीय है। भाववचाक संज्ञाएँ—कारीगरी, चित्रकारी, किसनई; आदि 'ताति'-वंशीय 'ई' से हैं।

एक 'ई' अलग है, जो संज्ञाओं से विशेषण आदि बनाती है—ज्ञानी सन्तति, मेहनती मजदूर, एशियाई सभ्यता, हिन्दू-सभाई जलसा आदि। यह 'ई' प्रत्यय संस्कृत 'इन्' से है। न् का लोप और 'इ' की दीर्घता। खैर, इस तरह भाषा का विकास हुआ। शब्द बढ़े, विकसित हुए।

बहुत से शब्द लाक्षणिक पद्धति पर बने-बढ़े। 'वंश' शब्द (ध्वनिमूलक) बन जाने पर आगे 'कुल' के अर्थ में भी चलने लगा। वंश (बाँस) में थोड़ी-थोड़ी दूर पर पर्व या पोरें होती हैं। इसी तरह 'कुल' में पीढ़ियाँ होती हैं। ये पीढ़ियाँ बाँस के पर्वों की ही तरह क्रमशः चलती जाती हैं। इस सादृश्य से लोग 'कुल' को भी 'वंश' कहने लगे। 'कुल' शब्द का देश-विशेष में प्रयोग होता है बहुतों के योग, या जोड़, या समूह के अर्थ में। वंश में भी बहुतों का जोड़ या मेल होता है। यह भी 'कुल'। संभव है; 'कुल' का स्वतंत्र ही उद्भव हो।

'पोला' एक विशेषण है। कैसे बना? 'फुल्ल' से 'फूला' है। 'फुल्ल' और 'फूला' कृदन्त विशेषण हैं। फूलना एक क्रिया है; किसी चीज का विकसित होना। परन्तु 'पोला' कृदन्त विशेषण नहीं है कि इसे 'फुल्ल' का वंशज माना जाए। शब्द-विकास समझते-समझते शब्द के रूप-साम्य पर ही सब कुछ निर्भर न समझ लेना चाहिए, अर्थ पर ध्यान रखना चाहिए। 'शब्दसामान्यादर्थसामान्यं नेदीयः'—शब्द सादृश की अपेक्षा अर्थ-सादृश अधिक समीप समझा

जाता है। 'फूलना' की तरह 'पोलना' कोई क्रिया नहीं है। चीज पहले कड़ी या संकुचित होती है, जो फूल जाती है, या फूलती है। चने फूल कर बड़े और नरम हो जाते हैं। कली फूल कर 'फूल' बन जाती है। इस तरह कोई चीज 'पोलकर' रूपान्तरित नहीं होती।

तो फिर 'पोला' शब्द कैसे बना? लाक्षणिक पद्धति से, सादृश्य-संबंध से। लंबे वंश का है।

'पोल' शब्द का बना यह 'पोला' विशेषण है। 'पोल' का अर्थान्तर में विकास 'पोला'। व्याकरण की भाषा में कहा जाएगा कि 'पोल' शब्द से 'अ' प्रत्यय और सवर्ण-दीर्घ हो गया है। 'पोल'-अवकाश, शून्यता। जिसमें पोल हो, वह 'पोला'।

ठीक, मान लिया। परन्तु यह 'पोल' शब्द कहाँ से आया? उत्तर है लाक्षणिक प्रयोग से इसका जन्म हुआ है। जयपुर आदि में बड़े फाटक को 'पोल' आज भी कहते हैं—'चाँद पोल' 'सूरज पोल'। इन फाटकों से बड़े-बड़े हाथी (हौदे सहित) निकलते-पैठते हैं। इनके अवकाश या शून्य प्रदेश को भी 'पोल' कहने लगे; लक्षणा से। आगे जहाँ भी ऐसा अवकाश या शून्यता दिखाई दी, सर्वत्र 'पोल' शब्द चल पड़ा। इसी 'पोल' से 'पोला' बना है।

'पोल' का निकास 'पौर' से है—'सिंहपौर चढ़ि टेरै जसोदा, लै लै नाम कन्हैया'। सिंहपौर—सिंहद्वार, बड़ा फाटक। फाटक को 'पौर' कैसे कहने लगे, विचारणीय है।

शहर में परकोटे में लगे बड़े फाटकों को 'पौर द्वार' कहते थे। 'पुर' से 'पौर'। पुर का द्वार-'पौर द्वार'। 'पौर' विशेषण है, द्वार का। आगे चलते-चलते विशेष्य के बिना ही, केवल विशेषण ('पौर') ही उसे अर्थ को देने लगा। 'पौर द्वार' के लिए 'पौर' मात्र चलने लगा। इसी का स्त्रीवर्गीय रूप 'पौरी' है और पौर पर पहरा देने वाला 'पौरिया'। 'पौर' से 'पोल'; जयपुर की ओर।

केवल विशेषण से विशिष्ट अर्थ निकलने लगता है। 'संस्कृत भाषा' की जगह केवल 'संस्कृत' चलता है और 'हिन्दी भाषा' की जगह 'हिन्दी'।

'संस्कृत भाषा'। संस्कृता' विशेषण (भाषा का)। 'संस्कृता' स्त्रीवर्गीय। परन्तु केवल विशेषण ही जब उस भाषा के लिए प्रयुक्त होने लगा, तब 'संस्कृतम्' तृतीय वर्ग में प्रयुक्त होने लगा। संस्कृता भाषा—'संस्कृतम्'। इसी तरहउ 'नीलमणि' के अर्थ में 'नीलम्' चला, जो सस्वर करके 'नीलम' है।

इसी तरह शब्दों का विकास होते-होते पूर्ण भाषा बन गई। प्रयोग-वैशिष्ट्य से भी भाषा में शक्ति बढ़ी है। प्रयोग-वैशिष्ट्य का विवेचन साहित्यशास्त्र का विषय है। साधारण प्रयोग से शब्दों में जो रूपान्तर होता है, वह व्याकरण का विषय है। देश और काल के भेद से शब्दों में जो परिवर्तन होता है, उसका विचार भाषा-विज्ञान से होता है। उच्चारण-यन्त्रों के पूर्ण विकास के अभाव में जो (बच्चों आदि के बोलने में) शब्दों का रूपान्तर होता है, उस पर भाषाविज्ञान में विचार नहीं किया जाता।

भाषा की उत्पत्ति और विकास की यह संक्षिप्त चर्चा हुई। आगे यब सब विस्तार से समझाया जाएगा।

# दूसरा अध्याय

# शब्द-निरुक्ति की प्रक्रिया

निरुक्त शास्त्र में भाषा के विकास पर विचार किया जाता है। जीवित या प्रचलित भाषा में परिवर्तन हुआ करता है। देश, काल तथा पात्र के भेदों से शब्दों के उच्चारण में अन्तर आया करता है; क्योंकि उच्चारण-यंत्रों की भिन्नरूपता शब्दों की स्वरूप-भिन्नता में कारण है। हम लोग जिस सिक्के को 'पैसा' कहते हैं, उसी को पंजाब में 'पैहा' कहते हैं। स्पष्ट है कि 'पैसा' से 'पैहा' भिन्न शब्द नहीं है; फिर भी भिन्न है; स्वरूप-भेद है। अंग्रेजों के देश (इंगलैंड) में जो प्रतिष्ठा-सूचक शब्द (सर) है, वह हमारे 'श्री' शब्द ही घिसा-घिसाया रूपान्तर हो, तो क्या अचरज की बात है? वैसे 'सर' हमारे यहाँ भी बहुत पहले से है, जो पंचों में 'सरपंच' से स्पष्ट है। वही 'सर' जर्मनी में जाकर 'हर' हो गया! हमारे देश का 'सप्त ईरान में 'हप्त' हो जाता है और हमारा 'सम' वहाँ 'हम' बन जाता है। एक ही देश में, और एक ही काल में भी, एक ही भाषा के शब्द में अनेकरूपता हम देख सकते हैं। संस्कृत का 'दश' हिन्दी में 'दस' बन गया और यही 'दस' फिर 'दहाई' तथा 'दहले' में अपने 'स' को 'ह' बनाये हुए है। काल-भेद से ही भाषा में इसी तरह परिवर्तन होता है। जिस शब्द को हम पहले 'पृष्ठ' बोलते थे, उसे हिन्दी में आज 'पीठ' बोलते हैं। देश, काल तथा अन्य ऐसे ही कारणों से शब्द में जो परिवर्तन होता है, अर्थ में जो विकास होता है, उसी के विचार को 'निरुक्त' कहते हैं। पात्र-भेद से जो शब्द-भेद होता है, उस पर यहाँ विचार नहीं होता। छोटा बच्चा 'सब' को 'छब' कहता है और 'रोटी' को 'लोती' कहता है; पर यह शब्द-भेद 'भाषा का विकास' नहीं कहला सकता और इसीलिए निरुक्त में इस श्रेणी के शब्दों पर विचार नहीं किया जाता। कारण, वह उच्चारण-भेद स्थायी नहीं है। दो वर्ष बाद वही बच्चा उन्हीं शब्दों को 'सब' तथा 'रोटी' के रूप में बोलने लगता है। हाँ, यह अवश्य सोचा जा सकता है कि बच्चा 'स' को 'छ' तथा 'र' को 'ल' क्यों बोलता है। उसके उच्चारण-यंत्र में क्या कमी-कमजोरी है। सो, यह विषय निरुक्त से अलग पड़ कर अन्य विषय बनता है। संक्षेप यह कि देश, काल या प्रयोग-भेद से शब्दों के रूप में या अर्थ में जो विकास होता है, वही निरुक्त शास्त्र का अभिधेय है।

शब्द का परिवर्तन मुख्यतः चार तरह से होता है—1—वर्ण का आगम, 2—वर्ण का विपर्य्यय या व्यत्यय, 3—वर्ण का विकार, 4—वर्ण का नाश या लोप।

अर्थ-विस्तार तो अनन्त है। उसकी श्रेणियाँ नहीं बनायी जा सकतीं। इसलिए, अर्थ-विकास के वैसे भेद नहीं किये गये। सो, चार तरह का शब्द-परिवर्तन और पाँचवाँ अर्थ-परिवर्तन निरुक्त शास्त्र में विचारणीय है इसी को पूर्वाचार्य्यों ने संक्षेप में कह दिया है–

वर्णागमो वर्णविपर्य्ययश्च,
द्वौ चाऽपरौ वर्णविकारनाशौ।
धातोस्तदर्थातिशयेन योगः;
तदुच्यते पञ्चविधं निरुक्तम्।

'धातोस्तदर्थातिशयेन योगः'–धातु का अर्थातिशय (अर्थ-विशेष) से योग। यहाँ 'धातु' का ही उल्लेख है, जो लक्षणा से हमें शब्दमात्र पर समझना चाहिए। धातु ही नहीं, संज्ञा-विशेषण आदि के अर्थों में भी अतिशय का आघात होता है। संस्कृत में तो लक्षणा की भी जरूरत नहीं; क्योंकि वहाँ तो प्रत्येक शब्द को 'धातुज' मानते हैं। यास्क यही मान कर चले हैं। तब 'धातु' कहने से शब्दमात्र का ग्रहण हो ही गया।

आगे के पृष्ठों में यही विस्तार से कहा जायगा। उपक्रम में इतना समय लीजिए कि 'वर्ण' के दो भेद हैं–स्वर तथा व्यंजन। कभी वर्ण का आगम हो जाता है, न जाने कहाँ से कोई अक्षर आकर कूद पड़ता है और जम जाता है। 'कर्म' की स्थिति में 'क र् म'। अर्थात् 'र्' में कोई स्वर नहीं है। परन्तु काल-क्रम से एक 'अ' बीच में आ कूदा और 'र्' को सहारा देकर बैठ गया। 'र' आगे के 'अ' में मिलकर 'र' हो गया और 'करम' बन गया। यों स्वरागम हुआ। इसी तरह 'हर्म्य' का 'हरम' बन गया। 'य' का लोप और 'र्' के आगे 'अ' का आगम–'हरम'–राजमहल। व्यंजन का आगम सस्वर भी होता है और अकेले भी। 'बताना' से 'बतलाना' बन गया। बीच में 'ला' आ गया। इसी तरह 'कहलाना' भी है। 'कहना' की प्रेरणा 'कहाना' है। एक 'ला' और आ धमका–'कहलाना'। यही सब 'वर्णागम' है।

स्वर या व्यंजन वर्णों के इधर-उधर होने को, स्थान परिवर्तन को 'वर्ण-विपर्य्यय' या 'वर्ण-व्यत्यय' कहते हैं। संस्कृत में 'हिंस' से 'सिंह' बन गया। 'स' इधर और 'ह' उधर। स्वर जहाँ के तहाँ जमे रहे। 'सिंहो वर्ण-विपर्य्ययात्'। सोचने से पता चलता है कि संस्कृत के 'नख' आदि शब्द भी वर्ण-विपर्य्यय से ही बने हैं; यद्यपि इधर किसी ने ध्यान नहीं दिया। 'खन्' धातु 'खोदने' अर्थ में है। जिससे खोदें, 'खनन' करें, यह 'खन'। जानवर नाखूनों से ही मिट्टी खोदते हैं। मनुष्य ने खोदना तो छोड़ दिया है, पर खुरचता तो है ही। ये 'खन' प्रकृति ने अंगुलियों के अग्र भाग में जड़ दिये हैं, जो आगे चल कर–वर्ण-व्यत्यय से–'नख' हो गये।

एक वर्ण की जगह दूसरा वर्ण आ जाय; या एक वर्ण दूसरे वर्ण के रूप में परिणत हो जाय, परिवर्तित हो जाय, तो उसे 'वर्ण-विकार' कहते हैं। 'पैसा' को 'पैहा' हो गया, तो हम कहेंगे, वर्ण-विकार हुआ। 'स' का 'ह' हो गया। 'काक' का 'काग' बन गया, तो 'वर्ण-विकार' हुआ।

वर्ण का नाश या लोप तो स्पष्ट ही है—किसी 'शब्द' से किसी अक्षर (स्वर या व्यञ्जन) का एकदम लुप्त हो जाना। संस्कृत 'स्नेह' का 'स्' उड़ गया और अवधी तथा व्रजभाषा में 'नेह रह गया। पूर्वी हिन्दी के 'हमार' का 'ह्' उड़ गया, बंगाल पहुँचते-पहुँचते, और 'ह्' के वियोग से तदाधार 'अ' ने लम्बी साँस खींची—'अ' से 'आ' हो गया। 'हमार' का बन गया—'आमार'। यही सब शब्द-विकास का विषय है।

अर्थ में फेर-फार हो जाने को अर्थ-विकास कहते हैं। उदाहरण के लिए संस्कृत की 'पच्' धातु का हमारे यहाँ—(हिन्दी में)—अर्थ-विशेष में प्रयोग हुआ। हिन्दी में कोई भी धातु व्यंजनान्त नहीं है, सब सस्वर हैं। संस्कृत की 'पच्' हमारे यहाँ 'पच' हो गयी और अर्थ भी कुछ और हो गया। जठराग्नि द्वारा जीर्य्यमाणता में 'पचने' का प्रयोग होता है—'जो जल्दी पच जाय, सो खाओ।' साधारण आग के द्वारा पकाने के अर्थ में यहाँ शब्दान्तर चलता है—'पकाना।' 'पकाना' का कर्मकर्तृ रूप है 'पकना।' यानी हिन्दी ने 'पच्' के मूलार्थ में 'पका' धातु रखी—'च' को 'क' बनाया और 'आ' अन्त में लगाया। यों 'पका' मूल धातु हुई, जिसका कर्म-कर्तृ रूप 'पक' हुआ। 'राम दाल पकाता है' और 'दाल पक रही है।' 'पकाना' प्रेरणार्थक रूप नहीं है, जैसा कि अनेक वैय्याकरणों ने समक्ष रखा है। 'पकाना' हिन्दी की मूल धातु, जिसकी प्रेरणा 'पकवाना' और जिसका 'कर्म-कर्तृ' रूप 'पकाना'। पर ये सब व्याकरण की बातें हैं। हमें निरुक्त शास्त्र से सम्बद्ध चर्चा करनी है।

कहने का तात्पर्य यह है कि देश-काल आदि के भेद से जैसे शब्दों के रूप में विकास होता है, उसी तरह उनके अर्थों में भी। आगे के अध्यायों में शब्द-विकास के उपर्युक्त चारों भेद और पाँचवाँ अर्थ-विकास विस्तार से समझाया जाएगा।

## वर्णागम

अब हम निरुक्त का विषय ब्यौरेवार रखेंगे, जिसमें उपक्रान्त 'वर्णागम' को ही पहले ले रहे हैं। आगम (आमदनी) पहले, फिर और कुछ देखा जाता है। कदाचित् इसीलिए, 'आगम' को मांगलिक समझ कर निरुक्तचार्यों ने इसे शीर्षस्थान दिया है। उच्चारण-सौकर्य्य, माधुर्य्य-सम्पादन आदि के लिए किसी शब्द में कोई वर्ण बाहर से आ मिलता है; यही 'वर्णागम' है। वर्णागम, वर्ण-लोप आदि पर विचार करने से पहले हम यदि एक बार वर्ण-स्थिति पर विचार कर लें, तो अच्छा होगा। कारण, वर्णों की जो श्रेणियाँ, स्थान-प्रयत्न आदि के साम्य से, निर्धारित की गई हैं, उनका विशेष महत्त्व है। सम्पूर्ण भाषा-सृष्टि में वर्ण-व्यवस्था का विशेष महत्त्व है। इस देश में ही वर्ण-व्यवस्था देखने में आती है। इतर देशों में यह बात नहीं। 'अ' के बाद 'ब' आ जाना क्या अर्थ रखता है? एक स्वर और दूसरा व्यंजन! जैसे एक रथ में एक ओर घोड़ा और दूसरी ओर बड़ा गधा (खच्चर) जोत दिया गया हो; या बैल और भैंस! हमारे यहाँ ऐसा नहीं है। स्वर अलग, व्यंजन अलग। फिर स्वरों तथा व्यंजनों में भी अवान्तर स्थिति-विशेष। ये सब मिलकर भाषा का सृजन करते हैं।

'वर्ण' अक्षर को कहते हैं। 'अक्षर' शब्द का वह अंश, जिसके टुकड़े न हो सकें। 'कपड़ा' एक पद है, जिसे 'हिन्दी-व्याकरणों' में लोगों ने 'शब्द' कहा है। इस पद के मोटे रूप से तीन टुकड़े किये जा सकते हैं—क, प, ड़ा; सूक्ष्म दृष्टि से विचार करने पर छह टुकड़े हो जाते हैं—'क् अ प् अ ड् आ'। परन्तु क्, प् तथा ड् का उच्चारण हम नहीं कर सकते, जब तक उन में अ, आ, या इ, ई आदि कोई स्वर न लगा लें। अ, आ आदि का उच्चारण स्वतन्त्र रूप से भी कर सकते हैं। इसीलिए ये 'स्वर' कहलाते हैं। क्, ख्, ग् आदि व्यंजन हैं, जिनके साथ साधारणतः 'अ' लगा रहता है, उच्चारणार्थ।

स्वरों के दो भेद हैं—(1) मूल स्वर और (2) संयुक्त स्वर। अ, इ, उ, ऋ (और संस्कृत में 'लृ' भी) मूल स्वर हैं। ए, ओ, ऐ, औ ये चार संयुक्त स्वर हैं। 'अ' और 'इ' मिलकर 'ए' बनता है और 'अ', 'उ' मिलकर 'ओ'। इस तरह ऐ और औ भी। परन्तु इन संयुक्त स्वरों की भी सत्ता अलग मान ली गई, दो-दो का 'फेडरेशन'—एक इकाई। तब हिन्दी में आठ स्वर हुए, चार मूल स्वर और चार संयुक्त।

स्वरों की ही तरह वर्गीय व्यंजन ('क' से 'म' तक के अक्षर) भी 'मूल' और 'संयुक्त' इन दो श्रेणियों में बाँटे जा सकते हैं। वर्गों के प्रथम, तृतीय तथा पंचम अक्षर 'मूल व्यंजन' हैं। परन्तु वर्गीय द्वितीय तथा चतुर्थ अक्षर 'संयुक्त' हैं। कारण, क् के साथ ह मिलने से 'ख' और ग् के साथ उसे रखने से 'घ' बन जाता है। संस्कृत-व्याकरण में अनेक जगह ग् और ह को मिलाकर 'घ' तथा 'द्' और 'ह' को मिलाकर 'ध' बनने-बनाने का उल्लेख है। यदि वहाँ से (घ, ध, आदि से) ह को अलग कर लिया जाता है, सन्धि-विच्छेद कर दिया जाता है, तो फिर वही ग् और द् शेष रह जाता है। सो, वर्गीय अक्षरों के द्वितीय तथा चतुर्थ 'संयुक्त व्यंजन' स्पष्ट हैं। यद्यपि वे 'द्विस्थानीय' हैं। परन्तु द्वितीय-चतुर्थ अक्षरों की संयुक्ता प्रत्यक्ष है। आगे इस प्रकरण में वह चीज पग-पग पर सामने आएगी। इसीलिए इतना लिखा गया।

य, र, ल, व ये चार अक्षर 'अन्तःस्थ' कहलाते हैं। जिन्हें (विसर्ग-लोप से) 'अन्तस्थ' भी कहते हैं। ये बीच में आते-जाते रहते हैं न! 'पठति' की प्रेरणा हुई, तो बीच में 'य' आ गया—'पाठयति'। हिन्दी में 'सोता है' की प्रेरणार्थक स्थिति—'सुलाता है'। 'ल' अन्तःस्थित है। 'माँगता है' की प्रेरणा में 'मँगवाता है'। 'व' बीच में विराजमान है। 'र' भी बीच में कूदता है, आगे देखेंगे ही। एक बात और है इनका नाम 'अन्तःस्थ' होने में कारण। ये (य, व, र तथा ल) व्यंजन तो हैं; पर इ, उ, ऋ से (तथा संस्कृत में 'लृ' से भी) बहुत मेल खाते हैं। इ, उ, ऋ और लृ का प्रतिनिधित्व बराबर य, व, र तथा ल किया करते हैं और इनके स्थान को वे स्वर भी लिया करते हैं। यह चीज संस्कृत में भी है और हिन्दी में भी। जाइ—जाय, होइ—होय आदि में आगे आप देखेंगे ही। सो, व्यंजन होने पर भी स्वरों से मेल इनके 'अन्तःस्थ' नाम में कारण हो सकता है।

श, ष, स और ह ये चार अक्षर 'ऊष्म' कहलाते हैं। 'ऊष्म' ये वस्तुत—हैं, बड़ी गरमाहट इनमें है। गरमा कर बड़े जोर से बोलते हैं। 'ह' तो सभी महाप्राणों का प्राण है। वर्गों के प्रथम तथा तृतीय अक्षर बेचारे 'अल्पप्राण' हैं! बड़े कोमल, धीमी आवाज! अल्पप्राण

में जोर कहाँ? जोर की आवाज कहाँ? परन्तु जब इन अल्पप्राणों को 'महाप्राण' 'ह' का सहारा मिल जाता है, तब ये विकराल रूप धारण कर लेते हैं; जैसे गुरु गोविन्दसिंह का सहारा पाकर पंजाब के वे निरीह किसान-मजदूर 'सिंह' बन गए थे। साधारण चिड़ियाँ बाज बन गयी थीं। तभी तो गुरु ने कहा था—'चिड़ियों को बाज बनाऊँ तौ गुरु गोविन्दसिंह कहाऊँ। इसी तरह 'ह' कहता है—मैं अल्पप्राणों को भी महाप्राणं बना देता हूँ। 'ब' और 'द' में कोई जोर है? 'दर-दर भटकते हैं'-कहाँ जोर है? मरी हुई आवाज। परन्तु इसी द और ब को जब 'ह' का सहारा मिल जाता है, तब इनमें महाप्राणता आ जाती है; ये गरजने लगते हैं—

'नाथ भूधराकार सरीरा आवत कुम्भकरन रन-धीरा।'

'भूधराकार' से ऐसा लगता है, जैसे बवंडर आ रहा हो! इसकी जगह 'पर्वताकार' कर दिया जाता, तो क्या यह बात रहती? इसीलिए वीर-रौद्र आदि रसों में महाप्राण वर्गों के अधिक रखने का विधान है और करुण-श्रृंगार आदि कोमल रसों में इनकी अधिकता दोपावह बतलायी गई है। 'संयुक्त' मोर्चा जोर-दार हो जाता है; कठोर हो जाता है। संयुक्त अक्षर कर्ण-कटु हो जाते हैं। वर्गों के द्वितीय-चतुर्थ अक्षर 'संयुक्त ही हैं, पर वे ऐसे घुल-मिल गए हैं कि वहाँ अनेकता या संयुक्तता साधारणतः लक्षित नहीं होती। इसीलिए लिपि में पृथक् संकेत।

## 'ह' की महिमा

भाषा-विज्ञान में 'ह' अक्षर अत्यन्त महत्त्वपूर्ण है। चाहे जिस 'अल्पप्राण' को यह 'महाप्राण' बना देता है। 'ऊष्म' वर्णों का यह सिरताज है। हिन्दी में श् तथा ष् प्रायः 'स्' के रूप में बदल जाते हैं और इस 'स' का स्थान प्रायः 'ह' लिया करता है। भाषाविज्ञान में वर्णों के जो खेल आप देखेंगे, उनमें से आधे (खेल) इस एक महाप्राण के हैं और आधे में शेष सब स्वर-व्यंजन कूदते हैं। एक 'ह' ही ऐसा अक्षर है, जिसे पाणिनि-व्याकरण की मूल चतुर्दश-सूत्री में दो जगह स्थान मिला है। वहाँ अन्तःस्थ अक्षरों के बीच में भी यह जमा बैठा है, यद्यपि अन्तःस्थ है नहीं और 'ऊष्मा' वर्णों में तो इनकी अविचलित स्थिति है ही। आगे वर्णों का आगम, विकार, विपर्य्यय, नाश आदि जो कुछ भी आप देखेंगे, इस 'ह' को सर्वत्र सत्ता सर्वोपरि पाएँगे। सब से अधिक काम 'है' का है, विशेषतः हिन्दी में।

बस, वर्णों के सम्बन्ध में इतना ही संक्षेप में कहना था। आवश्यक था। अब आगे 'वर्णागम' देखिए।

## वर्णागम पर विचार

पहले कहा जा चुका है कि उच्चारण-सौकर्य्य आदि के लिए पदों या 'शब्दों' में वर्णागम हुआ करता है। हिन्दी में स्वरागम अधिक देखने में आता है; व्यंजनागम कम। एक विशेष बात यह है कि स्वरागम प्रायः मध्य में होता है।

हिन्दी की पूरबी 'बोली' में 'हियाँ' और 'हुआँ' शब्द प्रचलित हैं। कुछ पश्चिम में चल कर व्यंजनाश्रय (स्वरों) का लोप हो गया और शब्द बन गए—'ह्याँ', 'ह्वाँ। उर्दू-साहित्य में, उर्दू की शायरी में 'ह्याँ का प्रयोग प्रायः देखने को मिलता है, जो 'यहाँ' का पूर्व-रूप है। कभी-कभी ह् का लोप कर के 'याँ' रूप भी चलता देखा गया है। यानी उर्दू में 'यहाँ' के साथ-साथ 'ह्याँ भी चलता है; पर पद्य में ही। वही 'ह्याँ कुछ और पश्चिम में (मेरठी प्रदेश या कुरु-जनपद में) 'ह्याँसी' बन जाता है और 'ह्वाँ बन जाता है—'ह्वांसी'। अर्थात् 'ह्याँ तथा 'ह्वाँ' में 'सी' का आगम हो गया। परन्तु जब इस (मेरठी) 'बोली' को साहित्यिक भाषा का रूप दिया गया, तो 'सी' को उड़ा दिया गया और 'यू' के अन्त में 'अ' का आगम हो गया। इसी तरह 'ह्वाँ सी' के 'सी' का लोप और 'व्' के अन्त में 'अ' का आगम। तब वर्ण-व्यत्यय से सुन्दर सुडौल शब्द बन गए—'यहाँ', 'वहाँ'।

ऐसा जान पड़ता है कि कुरु-जनपद एक 'स्वर' शब्द को पसन्द नहीं करता है। इसीलिए हिन्दी की सभी बोलियों में प्रसिद्ध शब्द 'है' को भी वह 'है गा', 'है गी', 'हैं गे' इस तरह 'गा' के आगम के साथ ग्रहण करता है। परन्तु साहित्यिक भाषा के रूप में गृहीत होते समय यह 'गा'-'गी' का झमेला फिर उड़ जाता है और वही 'है' रह जाता है।

संस्कृत में 'दोला' शब्द झूले के अर्थ में सर्व-प्रसिद्ध है। इसके सादृश्य से उस सवारी में भी हिन्दी ने इसका प्रयोग किया, जो दो आदमियों के कन्धे पर झूलती हुई चलती है। परन्तु इस विशिष्ट अर्थ में प्रयोग करने से पहले कुछ रूपपरिवर्तन भी हुआ। 'द' को 'ड' हो गया, 'डोला'। और उसी का स्त्री-लिंग 'डोली' शब्द बना। फिर, एक विशेष प्रकार का झूला चला, पर्य्यंकिका (खटोला) आदि को आरामदार बना कर और सजा कर झूले का रूप दिया गया, जिसमें विलासीजन झूलने लगे और यही विशिष्ट झूला (वृन्दावन आदि में) श्रीकृष्ण-प्रतिमाओं को झुलाने के लिए प्रयुक्त होने लगा। 'दोला' का विकसित रूप (डोला और डोली) उस अर्थ में गृहीत हो चुका था और साधारण झूले (दोला) से इसमें अत्यधिक विशेषता है। 'दोला या 'झूला' शब्द इस अर्थ को दे नहीं सकते थे। इसलिए हिन्दी ने एक और शब्द गढ़ा। 'डोला' के आदि में 'हि' का आगम हुआ; बन गया—'हिंडोला'। 'हिंडोला' शब्द से अब जो अर्थ निकला, वह साधारण 'झूला' या 'दोला' से नहीं निकलता। वृन्दावन के 'हिंडोला-उत्सव' को बहुत दिन तक संस्कृत में 'दोलोत्सव' ही कहते रहे और अब भी कहते हैं। परन्तु किसी-किसी को कमी का अनुभव हुआ। ऐसा लगा कि 'हिंडोला' में जो बात है, वह 'दोलोत्सव' के 'दोला' में है ही नहीं। इसलिए इस प्राकृत शब्द (हिंडोला) का पुनः संस्कृतीकरण किसी-किसी ने किया और 'हिन्दोलम्' शब्द चलाया गया। इस तरह 'उलटे बाँस बरेली' को जाते कुछ अटपटे लगते हैं; पर गए। यदि ऐसा कोई न माने और कसम खाकर कहे कि 'हिन्दोल' शब्द संस्कृत में पुराना है और उसी से हिन्दी में 'हिंडोला' बना है, तो भी वर्णागम तो है ही। 'दोला' शब्द के आदि में 'हि' का आगम; अनुस्वार का परेसवर्ण (न्) और अन्त के 'आ' को ह्रस्व तथा नपुंसक लिंग। तब 'दोल' का बना 'हिन्दोल' और उससे हिन्दी का 'हिंडोला'। 'हि' का आगम

स्पष्ट है। संस्कृत में 'दोला' और 'हिन्दोल' इन दो पृथक् शब्दों की सृष्टि सम्भव नहीं है। एक ही शब्द का अनेकधा विकास अधिक युक्तिसंगत है। कारण, स्वरूप तथा अर्थ की एकता स्पष्ट है; भले ही कुछ विशेषता आती जाए। अर्थ की विशेषता ही तो एक चीज है। 'झूला' का ही रूपान्तर 'झोला' है। हाथ में लटका हुआ झूलता चलता है। 'डोल' भी हाथ में झूलता ही चलता है।

'रे' सम्बोधन में भी, आदि में, 'ए' का आगम देखा जाता है व्रजभाषा में; कुछ कोमलता लाने के लिए–'एरे पाप मेरे'। इसी तरह पूरबी बोली में 'रे' के पूर्व 'ओ' का आगम हो जाता है–'ओरे'। यह भी कह सकते हैं कि 'ए' तथा 'रे' और 'ओ' तथा 'रे' का सहप्रयोग हो, दो-दो सम्बोधन-शब्दों को एक साथ बोलना कोई अचरज की बात नहीं–जब कि 'बाग-बगीचा' और 'काला-स्याह' आदि एकार्थक शब्दों का सहप्रयोग है।

हमारा 'एक' पंजाब में 'इक' होकर 'ह्' का आगम कर लेता है–'हिक'। इसी तरह हमारा 'और' वहाँ 'ओर' के रूप में (ह्रस्व) होकर महाप्राण 'ह्' का आगम करके वैसी कक्रशता सम्पादित करता है–'होर'। कोमल बँगला भाषा 'हमार' के 'ह्' को हटा देती है; पर पंजाब की मर्दानी भाषा के 'इक' तथा 'ओर' में 'ह्' आगम कर लेती है। मानो भाषा की कोमलता-कठोरता सम्पादन-कार्य 'ह' के ही जिम्मे आ गया हो।

पद के अन्त में भी व्यंजन का आगम होता है। संस्कृत के 'मधु' शब्द में 'र' का आगम होकर ही 'मधुर' बना है। हिन्दी का 'सुथरा' शब्द भी 'र' के अन्त्यागम से ही बना है, जो आगे स्पष्ट होगा। 'वत्स' से 'वच्छ' बनाकर अन्त में 'र' का आगम हुआ और उस ('र') में हिन्दी की पुं-व्यंजक (ा) विभक्ति लगकर तथा बीच के 'च्' का लोप होकर 'बछरा' बना, जो मेरठी बोली ने 'बछड़ा' बनाकर ग्रहण किया। 'र' की अपेक्षा 'ड़' कठोर है और कठोर पंजाबी भाषा के पड़ोस में हिन्दी की 'मेरठी बोली' है। वहाँ तो 'बहन' भी 'भैण' बन जाती है। 'न' की कोमलता यहाँ 'ण' की कठोरता में बदल जाती है; जबकि व्रज तथा अवध आदि बोलियों में 'कारण', 'रण', 'भूषण' आदि के 'ण' को 'न' में परिवर्तित करके 'कारन', 'रन' तथा 'भूषन' (या 'भूखन') जैसे कोमल-मधुर शब्द बना लेने की प्रवृत्ति है।

संस्कृत के 'बहु' संख्या-वाचक शब्द के अन्त में 'त' का आगम करके हिन्दी ने 'बहुत' बना लिया। मध्य में व्यंजनागम तो 'बतलाना' (बताना) आदि में प्रसिद्ध ही है।

इस तरह व्यंजन का आगम पद के आदि में, मध्य में तथा अन्त में हुआ करता है। परन्तु स्वर का आगम प्रायः मध्य में ही होता है। अन्त में स्वरागम तो संस्कृत की व्यंजनान्त धातुओं में हिन्दी ने किया ही है–पच् का पच (अर्थ-विकास के साथ) और 'पठ्' का 'पढ़' (वर्ण-विकार के साथ)। परन्तु साधारणतः संज्ञा और विशेषण आदि में हिन्दी ने मध्य में स्वरागम स्वीकार किया है। संस्कृत का कर्म (क र् म) हिन्दी में 'करम' (क र् अ म) बन जाता है और 'धर्म' बन जाता है 'धरम'। 'करम-धरम सब छूटि गे'। साहित्य में 'कर्म-धर्म' भी चलता है; प्रसंग-विशेष में 'करम-धरम' भी। इसी तरह दूसरे देश के शब्द

में 'शर्म' (लज्जार्थक) हिन्दी में 'शरम' और 'नर्म' 'नरम' बन जाते हैं। संस्कृत के विलास-क्रीडार्थक 'नर्म' तथा कल्याणार्थक 'शर्म' शब्द का हिन्दी में वैसा विकास या रूप-परिवर्तन नहीं हुआ। कारण, ये शब्द जन-प्रचलित नहीं और दूसरा कारण यह कि लज्जार्थक 'शरम' और क्लिन्नार्थक या कोमलार्थक 'नरम' शब्द जब सामने हैं, तो इसी के 'शरम' और 'नरम' शब्द अर्थान्तर में चलाकर हिन्दी ने भ्रम या सन्देह पैदा करना उचित नहीं समझा। इसलिए संस्कृत के 'शर्म' तथा 'नर्म' शब्द ज्यों के त्यों रहे।

जब किसी शब्द में र् के आगे 'य्' व्यंजन (संयुक्त होकर) एक स्वर में रहता है; तब विशेष परिवर्तन होता है। र् के आगे स्वर का आगम हो जाता है और य् का 'ज्' हो जाता है। र् और ज् का एक ही (तालु) स्थान है, अतः ये एक दूसरे का प्रतिनिधित्व करते रहते हैं; प्रायः 'य्' के स्थान पर 'ज्' हो जाया करता है। यह बात संस्कृत में भी है; और हिन्दी में तो बहुत ज्यादा। इसीलिए 'धैर्य्य' का 'धीरज' और 'कार्य' का 'कारज' हो जाता है। 'कर्म' का 'काम' भी होता है; यद्यपि 'करम' सामने है। 'करम' तथा 'काम' में किंचित् अर्थ-भेद स्पष्ट है। 'कर्म' का 'काम' जैसा प्रसिद्ध है, वैसा 'धर्म' का 'धाम' नहीं। सूर्य-ग्रहण के समय भंगी लोग 'धरम' करो, भई धरम करो' ही चिल्लाते हैं; 'धाम करो, भाई धाम करो' नहीं। क्यों? इसलिए कि 'धाम' शब्द हिन्दी में एक दूसरे अर्थ में प्रसिद्ध है। हाँ, 'कर्म' से निष्पन्न 'काम' के साथ-साथ 'धर्म' का 'धाम' भी आ जाता है—'कुछ काम-धाम तो है नहीं।' स्पष्ट ही यहाँ 'धाम' शब्द 'धर्म' का विकसित रूप है। कर्तव्य कर्म को ही 'धर्म कहते हैं, जिसका यह 'धाम' है। 'काम' के साहचर्य्य से मतलब निकल गया; परन्तु केवल 'धाम' शब्द का प्रयोग इस अर्थ में नहीं होता; जिससे भ्रम-सन्देह न रहे। संस्कृत का वह कामनार्थक 'काम' शब्द साधारण जनता में प्रचलित न होगा; इसीलिए 'कर्म' का 'काम' बन गया। 'धाम' तो 'स्वर्गधाम', 'चारो धाम' आदि में प्रसिद्ध रहा ही है। इसलिए 'धर्म' का 'धाम' अकेले प्रयुक्त नहीं होता।

## वर्णागम समझने में भूल

वर्णागम समझने में बड़े-बड़े लोग भी भूल-भुलैयों में पड़ जाते हैं। अनेक भाषा-विज्ञानी आचार्य इस भ्रम में पड़ गए हैं कि 'है' क्रिया में 'अ' का आगम होकर 'अहै' बना है। यह 'उल्टी गंगा' है। वस्तुतः 'अहै' मूल रूप है, जिसके 'आ' का लोप होकर 'है' की निष्पत्ति हुई है! यह बात आगे 'लोपप्रकरण' में स्पष्टतर कर दी जाएगी।

डॉ. बाबूराम सक्सेना जैसे हिन्दी के विद्वानों ने भी वर्णागम समझने में कहीं-कहीं बड़ी गलती की है और अपनी वह (गलत समझी हुई) बात 'भाषा-विज्ञान' में उसी तरह निरूपति करके दूसरों को समझाने की चेष्टा की है! 'बाजारू हिन्दो' का एक भ्रष्ट प्रयोग है, विशेषणों में भी ('तद्वान्' अर्थ का )'वाला' शब्द जोड़ना; जैसे—'बड़ावाला' 'बढ़ियावाली' 'छोटावाला' इत्यादि। अंग्रेजी राज्य में भारत के अंग्रेज अफसर हिन्दी की अवज्ञा जान-बूझकर करते थे और बहुत से इसकी उपेक्षा करके कुछ समझते ही न थे।

वे ही (अंग्रेजी अफसर) जाने-अनजाने किसी भी तरह वैसे ('बड़ावाला' आदि) गलत-सलत प्रयोग करने लगे; 'गाड़ीवाला', 'टाँगेवाला' आदि के वजन पर। उनकी देखा-देखी (उनके जमूरे) 'बाबू' लोग भी साहबी छाँटते हुए उसी तरह बोलने लगे, जिनसे बैरों-चपरासियों ने और उनसे फिर बाजार के दुकानदारों ने बोलने की वैसी 'शिक्षा' ग्रहण की! इस तरह अज्ञान-विजृम्भित 'वाला का जोड़ना भाषा का स्वाभाविक विकास नहीं कहा जा सकता। यह वर्णागम नहीं, वर्ण-भ्रष्टता या वर्णसांकर्य्य है। भाषा का विकास जनता में होता है। साहब के बोलने से 'छोटावाला' शब्द शुद्ध या विकसित न हो जायेगा। जब बिहारी जैसे महाकवि के कामार्थक 'समर' शब्द को हम गलत कहते हैं; क्योंकि वह जन-गृहीत नहीं है, तब ये विदेशी और हिन्दी-द्वेषी साहब लोग तो गिनती ही में क्या हैं कि इनके 'छोटावाला' को हम साधु मानकर भाषा-विज्ञान में उसकी पुष्टि करें!

उपर्युक्त 'वाला' शब्द संस्कृत में 'मतुप्' (मत्) प्रत्यय से बना है, जिसका रूप शब्द-विशेष में 'वान्' होता है—धनवान्, बलवान् आदि। इस 'वान्' के अन्त में 'अ' का आगम करके ही 'गाड़ीवान' आदि हैं और इसी के इस 'न' को 'ल' करके और हिन्दी की पुं-व्यंजक 'आ' (ा) विभक्ति जोड़ कर 'सब्जीवाला', 'कंडेवाली' आदि प्रयोग हैं। 'न' का 'ल' हो जाना बहुत प्रसिद्ध है (बिना-बिला आदि); जो वर्ण-विकार प्रकरण में बतलाया जायेगा। वह इतना प्रासंगिक हुआ।

संक्षेप यह कि भाषा में वर्णागम समझने में मोटी-मोटी गलतियाँ हो जाती हैं। कोई सूक्ष्म गलती हो, तब तो कोई बात भी है। खैर, यहाँ हम इस तरह की गलतियों का सुधार करने नहीं बैठे हैं। हमें तो निरुक्त का आभास भर देना है, जिसके आधार पर आगे कोई बड़ी इमारत भी खड़ी की जा सकेगी; गम्भीर सिद्धान्त-ग्रन्थ भी लिखा जा सकेगा। तभी उन चिन्त्य प्रयोगों पर वैसा ध्यान दिया जा सकेगा, जो हिन्दी में भाषा-विज्ञान के ग्रन्थों में भरे पड़े हैं।

## 'विकरण' और 'वर्णागम'

कभी-कभी प्रकृति तथा प्रत्यय के बीच में कोई वर्ण (स्वर या व्यंजन) आ जाता है, जिसे व्याकरण में 'विकरण' कहते हैं; जैसे संस्कृत में 'नृत्' धातु (प्रकृति) और 'ति' (तिप्) प्रत्यय के बीच में 'य' (श्यन्) और आ गया। यह 'य' विकरण हे—'नृत् य ति'—'नृत्यति'। वस्तुतः यह 'विकरण' भी वर्णागम ही है। हिन्दी में संज्ञा-विभक्तियाँ (ने, को, से, में पर) परे हों, तो प्रकृति और इन विभक्तियों के बीच में—

'ओं (ों) 'विकरण'

आ जाता है। तब प्रकृति के स्वर में परिवर्तन होता है; पर विभक्ति ज्यों की त्यों बनी रहती है। अकारान्त था आकारान्त शब्दों के अन्त्य स्वर (अ या आ) का लोप हो जाता है और 'इ' या 'ई' अन्त में हों, तो उन्हें 'इय्' हो जाता है। यह 'इय्' (इयङ्) संस्कृत

में भी है—'श्रियौ' 'श्रियः'। परन्तु हिन्दी में सरलता है—प्रत्येक इकारान्त-ईकारान्त के अन्त्य 'इय्'; स्त्रीलिङ्ग हो चाहे पुल्लिंग।

उदाहरण लीजिए 'ओं' विकरण के—

बालक ने बालकों ने
(प्रकृति के अन्त्य स्वर का लोप)

लड़के ने लड़कों ने
(उसी तरह लोप)

परन्तु आकारान्त तत्सम (पुल्लिङ्ग या स्त्री-लिङ्ग) शब्दों में अन्त्य स्वर ज्यों का त्यों बना रहता है—

पिता ने पिताओं ने
माता ने माताओं ने
राजा ने राजाओं ने

इकारान्त-ईकारान्त अपने अन्त्य स्वर को 'इय्' करके 'विकरण' से जा मिलते हैं, भले ही वे स्त्रीलिंग हों, चाहे पुल्लिग—

नदी को नदियों को
कवि को कवियों को
लड़की को लड़कियों को
अतिथि ने अतिथियों ने इत्यादि।

आप कहेंगे कि 'इ-ई' को 'इय्' होता है, तो (संस्कृत के अनुकरण पर) 'उ-ऊ' को 'उव्' होना चाहिए। फलतः 'बाबुओं' की जगह 'बाबुवों को' और 'गुरुओं से' तथा 'बहुओं ने' की जगह 'गुरुवों से' और 'बहुवों ने' होना चाहिए। पर ऐसा तो होता नहीं। यह क्या बात है?

साधारणतः इसका उत्तर यही दिया जा सकता है कि नहीं होता है; भाषा की प्रकृति ही ऐसी है; किसी का जोर तो है नहीं। परन्तु सोचने से कारण भी मालूम देता है कि ऐसा क्यों। क्यों 'इ-ई' को 'इय्' होता है और 'उ-ऊ' को 'उव्' नहीं। सच बात तो यह है कि 'उ-ऊ' को 'उव्' होता ही है। परन्तु 'उव्' के 'व्' का विकरण ('ओं') के साथ मिलने पर लोप हो जाता है। लोप का कारण स्पष्ट श्रुति का अभाव है—'बाबुवों में' व् स्पष्ट श्रुत नहीं है और इसीलिए लोप—'वाबुओ में'। इसके विपरीत 'नदियों में', 'कवियों में' इत्यादि रूपों में इय् का 'य्' स्पष्ट श्रुत है। इसीलिए सामने दिखाई दे रहा है। जिसकी कोई आवाज नहीं; वह जी नहीं सकता, किंवा जीता हुआ भी कुछ नहीं।

प्रश्न हो सकता है कि उ-ऊ को ('ओं' विकरण परे होने पर) 'उव्' होता है, इसमें आखिर प्रमाण क्या? जब कि 'व्' लुप्त ही हो जाता है, तो फिर 'उव्' होने की बात कैसी?

उत्तर में निवेदन है कि 'उव्' का होना प्रकृति के रूप में स्पष्ट है—

बाबुओं को बाबुओं ने
बहुओं से बहुओं में

यहाँ 'बाबू' तथा 'बहू' को ह्रस्वान्त किसने कर दिया? 'बू' का 'बु' और 'हू' का 'हु' कैसे हो गया? आप कहेंगे कि दीर्घ को ह्रस्व हो गया। मान लेते हैं; परन्तु एक नया नियम बनाना क्या ठीक है? सीधी बात है कि 'इ-ई' को 'इय्' तथा 'उ-ऊ' को 'उव्' होता है, विकरण ('ओं') परे होने पर। परन्तु 'ओं' के साथ 'व्' श्रुत नहीं होता; इसलिए लुप्त हो जाता है। ऐसे स्थलों में अन्यत्र भी 'व्' का लोप देख सकते हैं; आगे स्पष्ट होगा।

तब भी प्रश्न रह ही जाता है कि 'व्' 'ओं' के साथ श्रुत क्यों नहीं होता? उत्तर है कि 'व्' और 'उ-ऊ' का स्थान एक है—'व्' का स्थान 'दन्त-ओष्ठ' और 'उ-ऊ' का स्थान ओष्ठ। 'ओ' में 'अ' भी है और 'उ' भी; अर्थात् ओष्ठस्थान 'व' और 'ओ' का समान है। व्यंजन पराश्रित होता है और स्वर स्वतन्त्र। समस्थानीय सशक्त में अशक्त लुप्त हो जाता है। यही कारण है कि उ, ऊ, और ओ में 'व्' की स्पष्ट श्रुति हो ही नहीं सकती। इसीलिए 'व्' लुप्त हो जाता है। इस बात को न समझ सकने के ही कारण व्याकरण के नियम बनाने में वह उतना बड़ा झमेला हुआ है।

हिन्दी बहुत सरल भाषा है। अन्यत्र उ-ऊ के उव् होने का फिर शायद प्रसंग ही नहीं आया। बहुवचन में जहाँ ने-को आदि विभक्तियाँ नहीं होतीं, स्त्रीलिंग शब्दों के आगे 'आँ' (ाँ) विभक्ति आती है। यहाँ भी इ-ई को 'इय्' होता है—बुद्धियाँ, नदियाँ। तत्सम आकारान्त स्त्रीलिंग प्रकृति अविकृत रहती है; पर विभक्ति ('आँ') को 'एँ' हो जाता है—लताएँ, संज्ञाएँ। उ-ऊ को भी 'उव्' नहीं होता; केवल विभक्ति को 'एँ' हो जाता है—बधुएँ, बहुएँ। यानी 'बहू' के 'ऊ' का 'उ' हो गया। यह सीधा रास्ता। जब कि 'बहुओं' में 'उव्' के 'व्' का लोप हो गया, स्पष्ट श्रुति के अभाव में, तो हिन्दी ने कहा, अब 'उव्' कहीं होगा ही नहीं, जहाँ श्रुत हो सकता है 'व्', वहाँ भी न होगा; या वहाँ भी 'व्' का लोप होगा। हिन्दी सदा व्यापकता की ओर गई है। इसीलिए 'बहुएँ' होता है, 'बहुवें' नहीं। असल बात तो यह है कि 'बहुवें' बोलने में भी 'व्' का उच्चारण न सुन्दर है, न स्पष्ट है। पूर्व में बैठा 'उ' आँख जो दिखा रहा है। 'कड़वे' में जैसा स्पष्ट 'व्' है, वैसा बहुवें' में नहीं है इसीलिए 'आवा-'लावी' आदि के स्त्रीवर्गीय रूप अवधी में 'आई'-'लाई' जैसे होते हैं, 'आवी'-'लावी' नहीं।

पर, यह सब तो व्याकरण का विषय है। 'विकरण' एक प्रकार का वर्णगम ही है; यह कहते-कहते यहाँ आ पहुँचे। परन्तु बात काम की है। 'विकरण' पर विचार हिन्दी-व्याकरणों में पहले किया नहीं गया है। जरूरी विषय है। 'ओं' बड़ा महत्त्वपूर्ण 'विकरण' है। 'लड़कियाँ जाती हैं' में लड़की के आगे 'आँ' विभक्ति है, विकरण नहीं। इस विभक्ति पर भी विचार नहीं हुआ था। कोई विभक्ति परे न हो, तो आकारान्त पुल्लिंग (तद्भव) संज्ञा के 'आ' को 'ए' हो जाता है—'लड़के'। यहाँ 'ए' विभक्ति नहीं है। तत्सम संज्ञाएँ 'आ' को 'ए' नहीं करतीं—'बहुत से राजा जमा हुए हैं', सब के माता-पिता अच्छा ही सोचते हैं इत्यादि।

प्रकृति-प्रत्यय का विभाजन ठीक-ठीक पहली बार 'हिन्दी शब्दानुशासन' में हुआ है। इस तरह 'वर्णागम' की चर्चा संक्षेप में की गई। इसी को पल्लवित कर लेना चाहिए।

## वर्ण-विपर्य्यय

भाषा की इकाइयों में—पदों या शब्दों में—चलते-चलते जो परिवर्तन होते रहते हैं, उनमें वर्ण-विपर्य्यय या वर्ण-व्यत्यय का भी एक महत्त्वपूर्ण स्थान है। वर्णों के हेर-फेर को वर्ण-विपर्य्यय या वर्ण-व्यत्यय कहते हैं—किसी वर्ण का इधर से उधर या उधर से इधर सरक बैठना। पहले कहा जा चुका है कि यह सब उच्चारण-सौकर्य्य आदि कारणों से हुआ करता है—सदा से होता आया है और होता रहेगा। इनमें से बहुत से विपर्य्यय-पूर्ण शब्दों को साहित्य ग्रहण कर लेता है; कुछ को नहीं भी लेता है। साधारण लोग 'लखनऊ' को प्रायः 'नखलऊ' बोल देते हैं, पर हिन्दी (या उर्दू) साहित्य ने 'नखलऊ' रूप स्वीकार नहीं किया। पंजाब में 'चाकू' को 'काचू' बोल देते हैं, विशेषतः सिखों में, परन्तु पंजाबी-साहित्य में 'चाकू' ही चलता है। सम्भव है, आगे कभी इन शब्दों को भी साहित्य स्वीकार कर ले, पर अभी तक तो इसके कोई चिन्ह दिखाई नहीं देते।

वर्ण-विपर्य्यय में जो एक सबसे बड़ा कारण है, उसका उल्लेख हम बाद में करेंगे। पहले इस पर साधारण चर्चा आवश्यक है।

यह वर्ण-विपर्य्यय हिन्दी-संस्कृत में ही नहीं; संसार की प्रत्येक भाषा में होता रहता है। हमारे यहाँ 'आगम-निर्गम' शब्द प्रसिद्ध हैं—आना और निकलना। फारसी में निकलने के लिए तो 'रफ्त' है; पर आने के लिए उसने हमारा 'आगम' ले लिया है, कुछ वर्ण-व्यत्यय करके। अन्तिम वर्ण 'म' को उठा कर बीच में रख दिया। परन्तु 'आमग' बोलने में अटपटा लगता है; इसलिए 'ग' को 'द' कर दिया गया—'वर्ण-विकार'। शब्द बन गया—'आमद'। आप कहेंगे कि 'द' और 'ग' का स्थान तो एक है नहीं, तब एक के स्थान में दूसरा आ कैसे गया? उत्तर में निवेदन है कि संसार में धींगामस्ती भी चलती है। कभी-कभी जबर्दस्त गैर-कानूनी कब्जा कर बैठते हैं, जो बाद में 'विधि-सम्मत' बना लिया जाता है। इसी तरह एक वर्ण के स्थान पर दूसरा वर्ण भी आ धमकता है। परन्तु 'ग' को 'द' हो जाना तो वैसी बात नहीं है। इन दोनों अक्षरों का स्थान एक नहीं तो 'प्रयत्न' एक जरूर है—दोनों 'अल्पप्राण' हैं। इस अल्पप्राणता के कारण ही दोनों में मेल है और इसीलिए एक-दूसरे का प्रतिनिधित्व करते हैं। एक भारतीय कम्यूनिस्ट एक चीनी कम्यूनिस्ट से मेल रखता है। दोनों का प्रयत्न एक ही है न, संसार में किसान-मजदूर का राज्य कायम करना! सो, स्थान-भेद होने पर भी, प्रयत्न-साम्य वर्ण-मैत्री करा देता है। फारसी में ही क्यों, हिन्दी में भी, इसीलिए, 'द' के स्थान पर 'ग' को बैठते आप देख सकते हैं—'पद-पग'। आगे 'वर्ण-विकार' के प्रकरण में आप को इस तरह के बहुत अधिक उदाहरण मिलेंगे। सो, 'आगम' का 'आमद' हो गया—वर्ण-व्यत्यय होकर। फारसी में 'द' अक्षर बहुत जबर्दस्त जान पड़ता है। तभी तो 'ह' जैसे महाप्राण वर्ण को भी हटाकर उसकी जगह आ बैठता है। 'हस्त' का 'दस्त' हो जाता है। कहते हैं, फारसी बहुत मीठी भाषा है। शायद इसीलिए 'ह' की महाप्राणता या कक्रशता उसे पसन्द न हो और इसीलिए 'हस्त' को 'दस्त' बना दिया हो।

हिन्दी का 'फाटक' शब्द 'कपाट' के वर्ण-व्यत्यय से जान पड़ता है। 'क' आदि से उठकर अन्त में जा बैठा और 'पा' आगे बढ़कर जोरदार महाप्राण बन बैठा—'प्' का 'फ्' हो गया। इस तरह वर्ण-विकार के सहयोग से यहाँ वर्ण-व्यत्यय ने काम किया। नव-निर्माण का। साधारण 'कपाट' से 'फाटक' के अर्थ में विशेषता है—बहुत बड़े-बड़े किवाड़ों (कपाटों) को 'फाटक' कहते हैं। यह अर्थ-गत महाकायता ही कदाचित् शब्द की महाप्राणता में कारण है। वह अर्थ सूचित करने के लिए कदाचित् 'प्' 'फ्' बन गया है।

प्रायः देखा जाता है कि जिन शब्दों में 'म' है, उन्हीं में वर्ण-विपर्य्यय अधिक होता है। 'म' की मधुरता का यह नाजायज फायदा उठा कर ऐसी गपड़चौथ मचती है। 'आमद' की तरह हिन्दी में साधारण जन 'अमरूद' को 'अरमूद' और 'मतलब' को 'मतबल' बोला करते हैं; परन्तु ये (अरमूद-मतबल आदि) शब्द साहित्य में स्वीकृत नहीं हुए हैं।—प्रथा जारी है; पर उसे 'कानून' का रूप नहीं मिला है।

व्यंजन की तरह स्वर-विपर्य्यय भी हुआ करता है। 'जंघा' से 'जाँघ' बन गया। 'जा' पर अनुस्वार (ं) भी अनुनासिक (ँ) की ही आवाज देता है। दीर्घ स्वर पर अनुस्वार अपनी श्रुति देता नहीं है। स्वर-विपर्य्यय स्पष्ट है—'आ' (ा) अन्त से उठकर आदि में चला आया, 'ज्' के साथ बैठ गया, और 'ज' का छोटा 'अ' भाग कर अन्त में (घ के साथ) जा बैठा—बन गया 'जाँघ'। इसी तरह साँझ, खाट, लाज (सन्ध्या, खट्वा, लज्जा) आदि में स्वर-विपर्य्यय है। आप देखेंगे, संस्कृत की आकारान्त स्त्रीलिंग संज्ञाएँ यहाँ अकारान्त प्रायः हो गई हैं—तद्भव संज्ञाएँ। तत्सम 'लता' आदि का 'लात' आदि रूप न बनेगा। आप कहेंगे कि हिन्दी में एक 'लात' शब्द पहले से है; इसलिए ऐसा न हुआ होगा। पर ऐसा नहीं है। तत्सम वैसी सभी संज्ञाएँ प्रायः अपरिवर्तित ही रहती हैं। तभी तो दया, क्षमा, आदि शब्द ज्यों के त्यों हैं। 'प्रायः' इसलिए कि कहीं-कहीं परिवर्तन देखा भी जाता है। 'माता' का तत्सम रूप 'मात' होता भी है—'मात-पिता'। केवल 'मात' नहीं आता; अवधी आदि में 'मातु' जरूर आता है।

यह अवश्य पूछा जा सकता है कि अपनी असली अमलदारी में—तद्भव स्त्रीलिंग संज्ञाओं में—अन्त्य 'आ' का 'अ' से क्यों व्यत्यय हो जाता है? 'आ' तो स्त्रीलिंग की पहचान है न? उस पहचान को उड़ा कर हिन्दी ने क्या भ्रम और सन्देह को अवकाश नहीं दिया? यह क्या बात है?

उत्तर इसका है। हिन्दी ने दीर्घ 'आ' (ा) को पुं-व्यंजक विभक्ति के रूप में स्वीकार किया है। प्रत्येक तद्भव संज्ञा, विशेषण तथा क्रिया के कृदन्त रूप में प्रायः इस पुं-व्यंजक विभक्ति का प्रयोग होता है—बछड़ा, मीठा, गया आदि। इसीलिए स्त्रीलिङ्ग वैसे शब्दों के अन्त्य 'आ' को 'अ' में बदल दिया जाता है—जिससे भ्रम न रहे। हिन्दी की यह पुं-व्यंजक विभक्ति कहाँ से आई, किस तरह आई; इसकी कथा 'वर्ण-विकार' के प्रकरण में सुनाई जाएगी। जब हिन्दी ने 'आ' (ा) को पुं-व्यंजक विभक्ति के रूप में ग्रहण किया, तब स्त्री-व्यंजक विभक्ति यहाँ 'ई' (ी) स्वीकृत हुई, संस्कृत के ही आधार पर—बछड़ी, मीठी,

गई आदि। अर्थात् तद्भव आकारांत संज्ञाओं, विशेषणों तथा कृदन्त क्रियाओं को स्त्री-लिंग बनाने के लिए 'ई' ( ी ) प्रत्यय काम में लाया जाता है। परन्तु संस्कृत आकारान्त स्त्रीलिंग संज्ञाओं को जब स्वर-व्यत्यय करके 'जाँघ' आदि बना लिया जाता है, तब उनमें यह 'ई' ( ी ) प्रत्यय नहीं लगाया जाता। ये सब व्याकरण की बातें हैं; प्रसंग आने पर चर्चा कर दी गई।

इसी तरह 'गङ्गा' का 'गङ्ग, होता है; पर 'गांग' या 'गाँग' नहीं। कारण, इस तरह का उच्चारण कुछ बेढंगा-सा होता है। सो, 'जब लगि गंग जमुन जल-धारा' रहा। 'यमुना' का 'जमुन' हो गया। 'य' प्रायः 'ज' होता ही रहता है। 'जामुन' बोलने में अटपटा तो नहीं; पर एक फल को भी 'जामुन' कहते हैं, जो 'जम्बू' से निष्पन्न है। इस 'जामुन' की विद्यमानता में हिन्दी ने 'यमुना' को 'जमुन' के रूप में ग्रहण किया, 'जामुन' बनाकर गड़बड़ी नहीं पैदा की। स्वर-विपर्य्यय नहीं किया।

'पश्चिम' से 'पच्छिम' भी वर्ण-विपर्य्यय कर के बना है। 'श' तथा 'स' सदा 'छ' रूप में बदलते रहते हैं; यह बात वर्ण-विकार प्रकरण में स्पष्ट की जाएगी। सो 'प छ् च् इ म' ऐसी स्थिति हुई। फिर 'छ्' उधर और 'च्' इधर। यों वर्ण-व्यत्यय से 'पच्छिम'।

## 'ह' की विशेषता

वर्ण-व्यत्यय में 'ह' की विशेषता नजर आती है। यह महाप्राण वर्ण उसी तरह सम्पूर्ण गो-व्रज खौंदता फिरता है, जैसे कोई दुर्दम साँड़ बेरोक-टोक इधर-उधर घूमता हो। सम्भव है, यह इधर से उधर खदेड़ दिया जाता हो! कारण, यह पीछे ही भागता नजर आता है। पद या 'शब्द' के अगले भाग से उठ कर प्रायः यह पीछे या अन्तिम सिरे की ओर दौड़ता है। हिन्दी स्वभावतः मधुरप्रकृति है और 'ह' एक कक्रश महाप्राण वर्ण है, जो दूसरे साधारण वर्णों के साथ बैठ कर उन्हें भी महा-कक्रश बना देना है। इसीलिए हिन्दी इसे प्रमुख रूप से नहीं रहने देती, आगे नहीं टिकने देती। इस से कक्रशता कम हो जाती है।

'ह्नद' एक संस्कृत शब्द है। एक तो प्रारम्भ में 'ह्' और फिर 'र्' से संयोग। हिन्दी न 'र्' का लोप करके पहले तो इस की कक्रशता उड़ा दी। परन्तु 'हद' तो यहाँ सीमार्थक एक और शब्द भी है, फारसी से आया हुआ। इसीलिए 'ह्नद' के 'ह' तथा 'द' का स्थान बदल दिया गया—'दह' बन गया। 'मार्‌यो टोल, गेंद गई दह में।' 'कालिय-ह्रद' बन गया—'काली-दह'।

## 'हता' से 'था'

वर्ण-व्यत्यय से 'हता' का 'था' और 'हती' का 'थी' बना है। 'ह्' को पीछे फेंक दिया गया और 'त्' आगे किया गया। भारी नीचे गिरा और गौरव से दूर रहने वाला 'तू' सिर-माथे लिया गया। हो गया—'तहा'। तब फिर 'त' के 'अ' का लोप—'त् हा।' 'त्' ह के साथ

मिलने पर 'थ' हो ही जाता है। 'त्' के स्वर-लोप और 'त्-ह' मिलकर 'थ' बनने के और भी उदाहरण हैं—'तिहारो—थारो'। ति' के स्वर 'इ' ( ि) का लोप और 'त हा'-'था'—थारो। वर्ण-लोप की बातें आगे स्पष्ट की जाएँगी। यहाँ इतना समझना चाहिए कि 'हता' वर्ण-विपर्य्यय से 'था' बन गया है।

'हाँ जी' आदि का 'जी हाँ' आदि होना तो स्पष्ट ही है। दोनों रूप चलते हैं। परन्तु सर्वत्र दोनों रूप चलते रहें; सो बात नहीं है। 'सिंह' के साथ 'हिंस' और 'नख' के साथ 'खन' (उसी अर्थ में) नहीं चलते हैं। ध्यान रखना चाहिए कि 'खन' में भी 'ह' अलक्षित रूप से बैठा हुआ है। उसी के साथ 'क्' बैठा है, जो उसी के साथ ही स्थानान्तरित किया गया।

'हियाँ' से 'यहाँ'। वर्ण-व्यत्यय और 'इ' को 'अ'। य् जा बैठा 'अ' के साथ और 'ह्' आ गया 'आँ' के सहारे—यहाँ। 'हयाँसी' के 'सी' का लोप करके, वर्ण-व्यत्यय करके और य् के अन्त में 'अ' का आगम कर के भी 'यहाँ' सम्भव है; पर इस में लोप-लाप की झंझटें अधिक हैं। इसलिए, 'हियाँ' से ही 'यहाँ' जान पड़ता है। इसी तरह 'हुवाँ' से 'वहाँ' है। 'हुवाँ' तो 'हुआँ-हुआँ' से बोलने में भद्दा लगता है। 'वहाँ अच्छा बन गया।

जिन वर्णों के साथ 'ह्' जमा बैठा रहता है, उन (वर्गीय महाप्राण वर्णों) को भी प्रायः पीछे धकेल दिया जाता है। यह भी कह सकते हैं कि आगे जा बैठता है महाप्राण। 'नख' ही नहीं; हिन्दी में ऐसे शतशः-सहस्रशः वर्ण-व्यत्यय के उदाहरण हैं। संस्कृत का 'भगिनी' शब्द यहाँ 'बहिनी' बन गया है। 'भ' का 'ह्' निकल कर बीच में 'पहुँचा और अल्पप्राण 'ग्' को धक्का देकर एकदम उड़ा दिया। आप (ह्) मजे से 'इ' ( ि) का सहारा लेकर जम गया। जबकि 'ह' ने साथ छोड़ दिया, तो आद्य अक्षर की महाप्राणता तुरन्त अल्पप्राणता में बदल गई—'भ्' का 'ब्' रह गया। किसी भी बड़े आदमी के सहारे जो छोटे को बड़प्पन मिलेगा, वह उसके हटते ही नष्ट भी हो जाएगा। सो, इस तरह वर्ण-व्यत्यय से 'भगिनी' का रूप 'बहिनी' बन गया। वर्ण-व्यत्यय का मतलब यही है कि किसी वर्ण का सरक कर स्थान बदल देना। फिर कभी उसके उस रिक्त स्थान पर कोई भगोड़ा वर्ण आ जमता है, कभी नहीं। 'भगिनी' का 'ग्' बिलकुल उड़ ही गया। 'ह्' के स्थान-परिवर्तन से यह वर्ण-व्यत्यय का उदाहरण।

संस्कृत का 'संघटन' शब्द हमारे यहाँ 'संगठन' बन गया है। 'घ' से 'ह्' उठा और 'ट्' आकर बैठ गया। वहाँ 'ग्' रह गया, यहाँ 'ठ' हो गया—'संगठन'। 'संघटन' और 'संगठन' के बोलने-सुनने में जो अन्तर है, उसकी व्याख्या करना आवश्यक नहीं। 'गठन' के अर्थ में भी विशेषता है। 'शारीरिक घटन' नहीं कह सकते।

इसी तरह साँझ आदि शब्द वर्ण-प्रत्यय से बनाए हैं। 'स, न् ध् या'। 'य्' 'आ' को वहीं छोड़ 'न्' तथा 'ध्' के बीच में आ बैठा। 'ह्' ने 'द्' को मार भगाया। बेचारा अल्पप्राण था। य् का रूपान्तर ज् और ह् मिलकर 'झ्' के रूप में आ गए। 'न्' अनुस्वार बन गया और हो गया—'संझा'। इसी में स्वर-व्यत्यय करके 'साँझ' है।

'गढ़ना' ठेठ हिन्दी की एक क्रिया है, जिस से 'सगुढ़' बना–अच्छी तरह गढ़ा या बनाया हुआ, सर्वांगसुन्दर। परन्तु 'सगुढ़' तो अच्छे किले को भी कह सकते हैं न! इसलिए हिन्दी ने वर्ण-व्यत्यय कर के 'सुघड़' कर लिया। 'ह्' उधर से इधर और महाप्राणता भी उधर से इधर–'सुघड़'। इस 'ड़' को 'र' से बदल कर 'सुघर' भी बोलते हैं; पर कम।

संस्कृत का 'मिहिर' शब्द भी कदाचित 'ह्' के फेर-फार से ही बना है। सूर्य 'हिम' का 'ईरण' करता है–उसे दूर फेंकता है, नष्ट करता है; इसलिए–'हिमीर' या 'हिमेर'। स्वर को ह्रस्व करके और 'ह्' के उलट-फेर से 'मिहिर'। हिन्दी का 'मिहाना' शब्द भी कुछ इसी तरह का है। बरसात में चने 'मिहा जाते हैं'–हिमायमान हो जाते हैं, सूखापन खो देते हैं। 'हिम' से 'मिह' और फिर इसका 'नाम-धातु' रूप। 'मेह' से भी 'मिहाना' संभव है।

## हिन्दी की 'ने' विभक्ति

हिन्दी की प्रमुख संज्ञा-विभक्ति 'ने' का निर्माण भी वर्ण-व्यत्यय से ही हुआ है; वह निश्चयपूर्वक कहने की स्थिति में हम हैं। संस्कृत के अकारान्त पुल्लिंग (बालक) आदि 'शब्दों' में प्रयुक्त होने वाली अनेक विभक्तियाँ प्राकृत, अपभ्रंश तथा आधुनिक (हिन्दी आदि) लोक-भाषाओं ने स्वीकृत की हैं। हिन्दी में अधिकांश क्रियाएँ कृदन्त हैं और कृदन्त कर्म-वाच्य तथा भाववाच्य संस्कृत क्रियाओं के कर्ता कारक तृतीयान्त रहते हैं, जहाँ 'बालक' आदि के 'बालकेन' आदि रूप होते हैं। हिन्दी ने अपनी सब कृदन्त (कर्मवाच्य तथा भाववाच्य) क्रियाओं के लिए 'बालकेन' का 'एन' निकाल कर और अपना रंग देकर स्वीकार किया। संस्कृत के इस रूप में किंचित् वर्ण-व्यत्यय कर दिया–'ए' उधर और 'न' इधर–'न ए'। के स्वर (अ) का लोप–'न् ए'। 'न्' मिला 'ए' में–'ने'।

हिन्दी ने सभी तरह की संज्ञाओं और सर्वनामों के लिए, वैसी क्रियाओं में, 'ने' को कर्ता कारक की विभक्ति स्वीकार किया और व्यापकता बढ़ा कर बड़ी सरलता कर दी। दूसरे, सन्दिग्धता को भी जगह न दी। संस्कृत में कर्ता कारक में ही नहीं, करण कारक में तथा हेतु आदि में भी 'एन' है–'रामः मुखेन भुंक्ते', 'जगत् अज्ञानेन सीदति'–राम मुँह से खाता है, जगत् अज्ञान से दुख पाता है। यों करण तथा हेतु आदि में 'एन' स्पष्ट है। हिन्दी ने यह झमेला हटा दिया। यहाँ 'ने' विभक्ति केवल कर्ता कारक में लगती है, और किसी भी दूसरे कारक में नहीं; कोई भी दूसरा अर्थ प्रकट करने के लिए नहीं! कितनी व्यापकता और फिर कितनी स्पष्टता। संस्कृत से चीज लेकर उसे अपना रंग दिया, 'एन' का 'ने' बनाया। फिर, उसे सब तरह की संज्ञाओं और सर्वनामों में प्रयोग किया; पर उस तरह के कर्ता कारक में ही। एकत्र विषय-विस्तार कर के सुगमता पैदा की और अपरत्र विषय-संकोच कर के (करण आदि में 'ने' का प्रयोग स्वीकार न करके) सुस्पष्टता सम्पादित की, सन्दिग्धता की जड़ काट दी। यह सब वैज्ञानिक पद्धति से स्वतः हुआ,

किसी ने किया नहीं। इसीलिए तो कहते हैं कि हिन्दी पूर्ण वैज्ञानिक भाषा है, विज्ञान-सिद्ध भाषा है।

इस तरह, अति संक्षेप में, परन्तु स्पष्ट रीति से, वर्ण-विपर्य्यय के विषय में कुछ चर्चा की गई। पाठक यदि चाहेंगे, तो इसी आधार पर आगे बढ़कर अपनी भाषा का 'सर्वे' कर सकेंगे और विभिन्न शब्दों की बनावट देख कर उनकी नाक, ठुड्ढी और आँखें देखकर, पता लगा सकेंगे कि यह किस पुरातन शब्द-जाति की नसल से है और इस में अब तक क्या-कुछ परिवर्तन हुए हैं।

'ने विभक्ति की चर्चा ऊपर की गई है। इसी तरह हिन्दी की 'रे' विभक्ति 'कवेर्गृहम्' आदि में दृष्ट 'एर्' को वर्ण-व्यत्यय से 'र् ए' कर के निष्पन्न है—

हमारे एक गौ है। तेरे एक बैल ही है।

'तेरा' 'तेरी' आदि में सृष्ट 'र' विभक्ति नहीं, तद्धितीय प्रत्यय है।

## वर्ण-विकार

एक वर्ण को दूसरे वर्ण में परिवर्तित हो जाने को 'वर्ण-विकार' कहते हैं। एक वर्ण का स्थान दूसरा ले लेता है; यह मतलब। भाषा के विकास में यह वर्ण-विकार बहुत महत्त्वपूर्ण अंश है। वर्णों का रूपान्तर-ग्रहण किसी के निर्देश से नहीं होता है; जनता में वह स्वतः होता रहता है। परन्तु यह एक बड़े मजे की बात है कि वह अनियन्त्रित परिवर्तन बड़े ही वैज्ञानिक ढंग से होता है; जैसे किसी के नियन्त्रण में सब हो रहा हो।

जब किसी वर्ण के स्थान को दूसरा वर्ण अधिकृत करता है, तो कोई कारण होता है। ऐसा नहीं है कि चाहे जिस वर्ण को चाहे जो वर्ण हो जाए। दोनों में कोई सम्बन्ध होता है, भले ही वह आप को न मालूम हो। यह सम्बन्ध या तो स्थान-साम्य है, या प्रयत्न-साम्य, या ऐसा ही कुछ और। स्थान-साम्य से, आप देखें, 'क' को 'ग' होता रहता है। संस्कृत में तो वर्गीय प्रथम अक्षरों को (उसी वर्ग के) तृतीय अक्षर से बदलते आप प्रति क्षण देख सकते हैं। हिन्दी में भी साग, काग, प्रगट, लोग, पलँग आदि शतशः उदाहरण सामने हैं। कितने ही ऐसे विकास हैं, जहाँ साधारणतः कुछ मालूम नहीं देता; पर ध्यान से देखने पर यह सब स्पष्ट हो जाता है। हिन्दी के 'ग्यारह' शब्द को ले लीजिए। कहीं कुछ साफ है? परन्तु यह 'ग्' आकाश से नहीं टपक पड़ा है और न 'र्' ही अकुलीन है। आप जानते हैं, 'प्रक्रिया में—समास-तद्धति आदि में—'एक' को 'इक' हो जाता है—'इकतारा', 'इकलौता', 'इकट्ठा' आदि। 'एक (और) दस' समस्त होने पर 'इक दस'। 'दस' के 'स' को 'ह' हो गया, जो बहुत प्रसिद्ध चीज है। साथ ही 'द' को 'र' हो गया। 'द' तथा 'र' का वैसा कोई सम्बन्ध नहीं जान पड़ता; पर दोनों का 'प्रयत्न' अल्पप्राण है। तो, दोनों अल्पप्राणी सम हुए और इस समता के कारण ही एक दूसरे के स्थान पर कभी-कभी देखे जाते हैं; जैसे कि इसी 'र ह' में। प्रक्रिया यह है कि 'द' को 'ड' और फिर 'ड' को 'र'। तो, अब 'इक रह' हो गया। 'क' को 'ग' और स्वर दीर्घ हो गया—'इगारह'। फिर, कहीं

किसी तरह बीच में 'य्' का आगम हो गया, बीच में रहने वाला (अन्तः स्थ) तो यह है ही। बन गया—'इग्यारह', जो कि अब तक कहीं-कहीं बोला जाता है। फिर आगे चल कर 'इ' का लोप हो गया और बन गया—'ग्यारह'। इस तरह एक मिनट भी समय न लगा और 'एक-दस' से 'ग्यारह' बन गया। परन्तु, वस्तुतः इसके इस रूप-परिवर्तन में सदियों का समय लगा होगा!

'शाक' में 'शा' का 'सा' हुआ और साथ ही 'क' को 'ग' हुआ—शाक-साग। 'नासिका' में मध्य (सि) का लोप और अन्त्य स्वर ह्रस्व—नाक। पर यहाँ 'क' को 'ग' नहीं हुआ। क्यों? इसलिए कि हिन्दी में एक 'नाग' शब्द पहले से है; साँप का पर्य्याय। इसी तरह 'पाक' का 'पाग' नहीं हुआ; क्योंकि 'पाग' तो हिन्दी में पहले से ही विद्यमान है—शिरोवेष्टन। इस तरह, जहाँ तक सम्भव हुआ है, हिन्दी ने भ्रम और सन्देह को अवसर नहीं दिया है।

'च' को 'ज' के रूप में वैसा नहीं, जैसा 'क' के रूप में बदलते हम देख सकते हैं। व्रज में 'च्यों' बोलते हैं और मेरठी परिसर में, उस अर्थ में 'किक्कर' बोलते हैं। दोनों के सम्मिलन में 'च्यों' के 'च्' की जगह 'क्' आ गया—'किक्कर' की छाया पड़ गई। 'च्यों' का हो गया 'क्यों'। बहुत से लोग 'क्यों' के साथ 'कर' भी लगा देते हैं और 'क्योंकर' बोलते हैं। यह 'क्योंकर' 'च्यों तथा 'किक्कर' के मेल की कहानी कहता है, जिसमें कुछ लेने और कुछ छोड़ने की बात है। 'च' और 'क' का प्रयत्न एक है और दोनों वर्गीय प्रथम अक्षर हैं।

हाँ, 'ट' को अपने वर्गीय (तृतीय) अक्षर के रूप में बदलते हम देख सकते हैं। संस्कृत 'वट' हिन्दी में 'बड़' हो गया। 'ड' को ही 'ड़' बोलते हैं और 'ड' या 'ड़' का 'र' से बड़ा मेल है। प्रयत्न तो एक है ही, उच्चारण में भी बहुत समता है। इसीलिए संस्कृत में 'ड', 'ल' तथा 'र' की एकरूपता यमक आदि अंलकारों में स्वीकार की गई है और 'अबलता जड़ता न हो' शब्दालंकार माना है। हिन्दी में 'लड़का' 'लरिका' आदि सहस्रशः प्रयोग हैं ही। सो, 'बड़' को 'बरगद' भी कहते हैं। 'बड़' के छोटे-छोटे फल आपने देखे ही होंगे। उड़द की दाल पीस कर उतनी ही उतनी बड़ी गोली-सी बना कर लोग सुखा लेते हैं और मसालेदार बना कर रोटी के साथ खाते रहते हैं। 'बड़' के वे फल 'बड़ी' नाम से कभी कहीं अभिहित हुए और उनके ही बराबर की बनी हुई ये उड़द-पिट्ठी की गोलियाँ भी 'बड़ी' कही जाने लगीं—परिमाण-साम्य से। इसी दाल-पिट्ठी की कुछ बड़ी चीज भी बनाई गई, जो तेल में तल कर और प्रायः दही में लपेट कर खाई जाती है। उस 'बड़ी' से इस चीज का आकार कुछ बड़ा हुआ, तो 'बड़ी' का 'बड़ा' हो गया। 'ड़्' को 'र्' हो गया, उच्चारण-साम्य से; और कदाचित् इसलिए भी कि 'बड़ी' और 'बड़े' को खाने का कर्म बनाना अखरा होगा। तो 'बड़ी' का 'बरी' और 'बड़ा' का 'बरा' हो गया। यह न समझना चाहिए कि पहले 'बरी' और 'बरा' बना; फिर 'बड़ी-बड़ा' हो गया! 'ट' के समीपतर 'ड' है। फिर 'ड' और 'र' का मेल है; 'ट-र' का नहीं। खैर, इस तरह 'ट' को 'ड' हुआ करता है और 'ड' को 'ड़' फिर 'र'। 'पत्'-'पट्'-'पड़' क्रिया—'गिरना-पड़ना'।

'त' संस्कृत में 'द' के रूप में आता रहता है। फारसी में भी यही बात देखी जाती है। संस्कृत का 'शत' (सौ) फारसी में 'सद' हो जाता है और और 'शती' का 'सदी' रूप सामने है। 'श' का 'स' हो ही जाता है। हिन्दी में 'त' बहुत कम 'द' रूप में आता है। संस्कृत में 'त' को 'च' भी होता रहता है और हिन्दी में भी यह प्रवृत्ति है। दोनों का प्रयत्न एक है। 'सत्य' का 'सच' रूप सामने है। 'य्' का लोप और 'त्' को 'च्'। 'स्तम्भ' का रूपान्तर खम्भा है। यहाँ 'त्' को 'क्' का रूप मिला है, जो संस्कृत से भिन्न मार्ग है। 'स्तम्भ' के 'त्' को 'क्' हो गया और 'स्' को 'ह्'। स्थिति हुई—'ह् क् अ म्भ'। हिन्दी 'ह्' को आगे से प्रायः पीछे धकेलती रहती है और वही यहाँ हुआ। 'ह्' उठकर 'क्' के बाद जा बैठा, 'अ' से पहले—'क् ह् अ म्भ'। क् और ह् मिल कर 'ख्' और फिर अगले स्वर से मेल। 'खम्भ' हुआ, जिसमें हिन्दी की पु-व्यञ्जक विभक्ति 'आ' आ लगी। सवण-दीर्घ और 'खम्भा'—'स्तम्भ' से 'खम्भा'। संस्कृत का यह 'स्तम्भ' शब्द भी कदाचित् वैदिक 'सकम्भ' का रूपान्तर है। क् की जगह होकर त् 'स्तम्भ'। हिन्दी का 'खंभा' वस्तुतः इसी 'स्कम्भ' से है। यानी 'स्तम्भः' 'खंभा' भाई-भाई है।

हिन्दी में 'त्' कभी-कभी 'ल्' के रूप में परिवर्तित हो जाता है। संस्कृत में तो 'त्' का 'ल्' होना बहुत प्रसिद्ध चीज है। संस्कृत का 'पीत' वर्ण-वाचक विशेषण 'पीला' बन गया। त् का ल् और अन्त में वही पुं-व्यंजक विभक्ति 'आ'। दोनों मिल कर एक दीर्घ 'आ'—पीत-पीला। परन्तु 'श्वेत' का 'सेत' होकर फिर 'त्' को 'ल्' नहीं हुआ; क्योंकि 'सेल' हिन्दी में एक प्रसिद्ध शस्त्र-वाचक शब्द है। न 'क्षेत्र' का 'खेत' होकर फिर 'खेले' बना।

पंजाबी में त् को वर्गीय तृतीय अक्षर (द्) में बदलने की प्रवृत्ति है—करता-करँदा, पीता-पींदा, खाता-खाँदा। कह सकते हैं कि 'द्' को ही 'त्' हुआ क्यों न समझा जाए? यह क्यों न माना जाए कि पंजाबी 'करँदा', 'पींदा' आदि का ही हिन्दी में 'करता', 'पीता' आदि हो गया है? संस्कृत में भी तो 'द्' का 'त्' होना प्रसिद्ध है न?

इसका उत्तर यह है कि क्रम-विकास में मनमानी तो चलेगी नहीं। हमें देखना होगा कि 'करता' और 'करँदा' में प्राचीनतर प्रयोग कौन सा है। स्पष्ट ही करता, पीता, खाता आदि कृदन्त क्रियाएँ संस्कृत के 'क्त' ('त') प्रत्यय पर हैं, जो वहाँ वर्तमान-सामीप्य में होता है। 'द्' कोई क्रिया-विभक्ति या प्रत्यय वैसा वेद-भाषा में भी है नहीं। इस विषय को 'हिन्दी शब्दानुशासन' के क्रिया-प्रकरण में हमने बहुत विस्तार के साथ समझाया है। सो, मूल रूप 'करता' आदि ही हैं, जिन के रूप पंजाब में 'करँदा' आदि हो गए हैं; और आगे 'करना' आदि भी।

'पंजाबी में 'त्' का 'न्' होना भी देखा जाता है। संस्कृत में भी 'त्' तथा 'द्' का 'न्' के रूप में बदलते रहना साधारण बात है। 'इतना, उतना कितना' पंजाब में 'इन्ना, उन्ना, किन्ना' बन जाते हैं और स्त्रीलिंग में—इन्नी, उन्नी, किन्नी। 'त' के 'अ' का लोप और उस (त्) को 'न्'।

संस्कृत में टवर्ग के मेल में तवर्ग को भी टवर्ग हो जाता है; पर हिन्दी या पंजाबी में ऐसा नहीं है। 'ड्' को वैसे स्थल में 'ण्' होने के बदले 'न्' ही होता है; जैसे—'मुन्नी'।

'मुन्नी' शब्द पहले पंजाब में चला; बाद में 'मुन्ना' बना-चला; फिर ये दोनों शब्द चलते-चलते हमारे उत्तर प्रदेश, मध्य प्रान्त और बिहार पहुँचे; किं बहुना, आज 'मुन्नी-मुन्ना' सम्पूर्ण भारत में कूदते फिरते हैं। आप कहेंगे कि इसमें प्रमाण क्या है कि ये शब्द पंजाब से चले? और चर्चा भी 'ड्' की चल रही है; ध्यान रहे। ठीक है। प्रमाण दिए जाएँगे। चर्चा भी 'ड्' की ही है। वैसे चर्चा तो 'त्' की थी; पर 'त्' को 'न्' होने की बात आ गई, जिससे 'ड्' के 'न्' होने की याद आ गई—'मुन्नी-मुन्ना' सामने आ गए। सो, 'मुन्नी' की उत्पत्ति सुनिए। स्त्रियाँ प्रायः सभी देशों में सिर पर सुन्दर केश रखती हैं। परन्तु छोटे बच्चों के केश कुछ दिन तक कटाते रहते हैं और प्रायः सात-आठ वर्ष की अवस्था से लड़कियों के केश रखने की चाल है। तो, छोटी बच्चियों को खिलाते समय प्यार में लोग 'मुन्नी-मुन्ना' कहने लगे; कोई-कोई 'सिर-मुन्नी' भी। मुन्नी—'मुंडी'। जिस के सिर पर केश न हों, जो सिख न हो, उसे (सिख लोग) 'मुन्ना' कहते हैं, जो कहीं-कहीं 'मौना' भी बन गया है। सो, 'मुंडी' की कठोरता 'ड' में है, जिसे 'न्' के रूप में बदल दिया गया। तब अनुस्वार भी 'न्' बन गया—'मुन्नी'। 'मुन्नी के अनुकरण पर 'मुन्ना की सृष्टि हुई—स्त्रीलिंग से पुल्लिंग। प्रसंगेप्राप्त बात यह कि 'ड्' को 'न्' हो जाता है और यह इसलिए हुआ कि पास में अनुस्वार विद्यमान था, न् का प्रतिनिधि। उस मीठे वर्ण ने पड़ोस में भी मिठास पैदा कर दी—'ड' को 'न्' बना दिया।

प का ब् बन जाना संस्कृत में प्रसिद्ध है और फारसी में भी इसका आभास है। हमारा 'अप्' फारसी में 'आब' हो गया है। आद्य स्वर दीर्घ और प् को ब्। हिन्दी की तरह फारसी में भी संस्कृत से आए हुए व्यंजनान्त शब्द स्वरान्त हो जाते हैं। परन्तु हिन्दी में 'प्' को 'ब्' होते वैसा नहीं देखा जाता। काग, साग आदि की तरह जप को 'जब' नहीं होता। आप कहेंगे कि हिन्दी में 'जब' शब्द अन्यार्थक मौजूद है; इसलिए वैसा न हुआ होगा। ठीक; परन्तु 'साँप' का 'साँब' भी तो नहीं होता! 'पाप' का 'पाब' भी नहीं! और कोई प्रयोग भी वैसा सामने नहीं है; अनन्त भाषा-प्रवाह में कहीं कुछ वैसा मिल भी जाए, तो अचरज नहीं। परन्तु प्रवृत्ति वैसी नहीं है।

इस प्रकरण में एक बात छूटी जाती है। ऊपर हमने कहा कि 'क' को हिन्दी में 'ग' होते देखा जाता है। परन्तु यह चीज उन्हीं शब्दों के सम्बन्ध में समझिए, जो संस्कृत से यहाँ आए हैं। संस्कृतोद्भूत (तद्भव) शब्दों में ही 'क' को 'ग' का रूप प्रायः मिलता है। परन्तु फारसी आदि विदेशी भाषाओं से आए हुए शब्दों क 'क' को 'ग' नहीं; वरन् 'ख' होते देखा जाता है—सन्दूक-सन्दूख, बन्दूक-बन्दूक, खाक-खाख आदि। मानो, हिन्दी ने जान-बूझ कर संस्कृत में तथा विदेशी भाषाओं में अन्तर रखा हो! विदेशी भाषाओं से आए हुए शब्दों के प्रथम अक्षर (क) को द्वितीय अक्षर (ख) होता है और संस्कृत से आए हुए वैसे शब्दों में प्रथम को तृतीय।

ख, छ, ठ, थ और फ को हिन्दी में रूपान्तरण ग्रहण करते नहीं देखा जाता है। आप कहेंगे कि वाह! मुख-मुँह, नख-नहँ आदि प्रयोग प्रत्यक्ष है; पर आप कहते हैं कि कुछ होता ही नहीं। उत्तर में निवेदन है कि 'वर्ण-विकार' नहीं होता है; एक वर्ण दूसरे वर्ण के रूप

में नहीं बदल जाता है; बस इतना ही हमने कहा है। 'कुछ' क्यों नहीं होता। 'कुछ' में तो 'वर्ण-लोप' आदि भी है। सो, यह वर्ण-लोप के प्रकरण में स्पष्ट किया जाएगा कि 'मुहँ-नहँ' आदि में वर्ण-विकार' नहीं, वर्ण-लोप है। 'ख' में ह् भी बैठा हुआ है महाप्राण। क् घिस-घिसा कर नष्ट हो गया और 'ह' रह गया; जैसे किसी पटरे आदि पर लोहे की चादर चढ़ा दी जाए और कालान्तर में लकड़ी सड़-गल कर वह चादर भर रह जाए; काम भी वैसा ही देती रहे। तो, यही तो कहेंगे कि लकड़ी उड़ गई, लोहे की चादर रह गई? गेहूँ और चने मिलाकर 'गोचनी' के गेहूँ बना ली। फिर, यदि चने अलग कर लिए जाएँ, तो कहा जाएगा कि गेहूँ रह गए, चने अलग कर लिए गए, यह न कहा जाएगा कि 'गोचनी के गेहूँ बन गए'। इसी तरह 'मुख', 'नख' आदि में 'ख' के 'क्' का लोप हो गया और मधुर 'म', -'न' के साहचर्य्य से 'ह' का 'अ' अनुनासिक भी हो गया? रूप बन गए—मुहँ, नहँ। 'नहँ', 'नख' की अपेक्षा कितना कोमल और मधुर शब्द बन गया? तभी तो 'नहँ दी छनक मेहँदी सूखन देहु' जैसे श्रृंगारात्मक स्थलों में प्रयुक्त होता है। 'टूटे नखरद केहरी' जैसे स्थलों में 'नहँ' का प्रयोग न होगा। शेर के झुंझुनियाँ नहीं बाँधी जातीं। वह तो पालतू मृग-छौने आदि का श्रृंगार है। पर, ये सब साहित्यशास्त्र की बातें हैं कि कैसे शब्दों का प्रयोग कहाँ होना चाहिए। यहाँ अधिक चर्चा की गुंजाइश नहीं। हाँ, यह तो समझ ही गए होंगे कि 'नख्' की अपेक्षा 'नहँ' मधुर क्यों हो गया है। स्पष्ट है कि 'ह्' अक्षर ऐसा महाप्राण है, जो साधारण 'क', 'ग' आदि को 'ख', 'घ' जैसा कठोर बना देता है। वह 'ह्' तो 'मुहँ' तथा 'नहँ' में डटा ही हुआ है। फिर कोमलता आने का कारण क्या है? कारण है उसके 'अ' का अनुनासिक हो जाना। अनुनासिक ने मिठास पैदा कर दिया है। और, यद्यपि 'ह्' अल्पप्राणों को महाप्राण बना देता है; और उनमें मिलकर यह अधिक कर्कश हो जाता है। कोई जबर्दस्त भी जब किसी निर्बल को भी अपने साथ कर लेता है, तो उसकी शक्ति और आवाज बढ़ जाती है। भले ही अल्पप्राण हो। साथी के न रहने से महाप्राण 'ह्' भी कुछ क्षीण हो जाता है। घ्, ढ, ध्, भ में कैसी आवाज है? जैसे गोले गड़गड़ा रहे हों। 'ह' में वह बात कहाँ है? हाँ, उन चतुर्थाक्षरों से 'ह्' निकाल लो, तो बेचारे ग, ड, द, ब के रूप में रह जाएँगे! जैसे मिनिस्टरी की कुर्सी छिन गई हो!

खैर, यह सब लोप-प्रकरण में समझाया जाएगा। यहाँ इतना समझना चाहिए कि हिन्दी में वर्गीय द्वितीय तथा चतुर्थ अक्षरों में वर्ण-विकार प्रायः नहीं देखा जाता है। 'प्रायः' इसलिए कि स्तान, पढ़, उठ आदि प्रयोग सामने हैं, जिन में वर्णविकार स्पष्ट है।

हमारा 'स्थान' फारसी में 'स्तान' या 'स्ताँ' बन जाता है; अर्थात् 'थ्' को 'त्' हो जाता है। संस्कृत का 'पठ्' हमारे यहाँ 'पढ़' बन जाता है। पूर्वत्र दोनों एक वर्ग के समस्थानीय हैं—थ् और त्। अपरत्र भी दोनों भिन्न स्थान वाले वर्ण हैं 'ठ्' और 'ढ्'; परन्तु दोनों महाप्राण हैं। ठ् को ढ् और अन्त में 'अ' का आगम। हिन्दी में कोई भी धातु व्यंजनान्त रहती ही नहीं; सब स्वरान्त। इसी तरह 'उत्थान' से 'उट्ठान' बना, जिसकी झनक कहीं-कहीं अब तक 'उट्ठो' में मिलती है। फिर 'ट्' का लोप—'उठना'; और 'ना' प्रत्यय अलग करने पर 'उठ' धातु—'उठता है' आदि क्रियाएँ।

'छ' के सम्बन्ध में विशेष बात यह कि हिन्दी में यह अक्षर 'स' का स्थान लेता है–षष्ठः–छठा। ष् का 'स्' और फिर उसे 'छ'। परन्तु फारसी में इससे उलटा मार्ग है, 'स' ही 'छ' का स्थान ले लेता है। हमारी 'छाया' की ही छाया है 'साया' है। उर्दू वाले भी 'साया' ही पसन्द करते हैं, छाया नहीं।

'ध्' को हिन्दी में 'थ्' के रूप में बदलते देखा है। हमें तो ऐसा लगता है कि संस्कृत में भी कभी-कभी ध् की जगह थ् ने ली है। अवश्य ही 'मधुरा' ने 'मथुरा' का रूप धारण किया होगा। 'मधुपुरी' नाम से भी 'मधुरा' की झलक मिलती है। संस्कृत के आचार्य तो सभी शब्दों को व्युत्पन्न मानते हैं न? तब 'मधुरा' की ही पुष्टि होती है। 'मथुरा' का तो कोई मतलब ही नहीं निकलता। जब आर्य उधर दक्षिण में पहुँचे तब भी अपनी चिरपरिचित नगरी को भूल नहीं गए और इसी नाम की वहाँ एक और नगरी बसाई, जो 'मदुरा' हो गई।' 'ध्' या 'थ्' का 'द्' के रूप में परिणमन हो गया।

हिन्दी में 'बिथुरी अलकैं' और 'बिथुरे केश' आपने देखे हैं। मतलब 'छिटकी हुई अलकें', 'छिटके हुए केश'। 'बिखरे' भी 'बिथुरे' का ही अपर रूप है–थ् को ख्। एक महाप्राण की जगह दूसरा महाप्राण। 'बिथुरे' का प्रयोग कोमलता और स्निग्धता लिए हुए है और 'बिखरे' में रूखापन है। 'केश बिखरे' तभी कहेंगे, जब वैसी स्थिति हो। इसी अर्थ-भेद से शब्द-भेद हुआ होगा।

परन्तु 'बिथुरा' कहाँ से आया, जिसका बहुवचन वह 'बिथुरे' है और स्त्रीलिंग 'बिथुरी'?

संस्कृत का एक शब्द है 'विधुर'। 'विधुर' का अर्थ है वियोगी; स्वजन-वियुक्त। इसी का आगे रूप-विकास 'बिथुरा' के रूप में हुआ, जिसका अर्थ 'अलग-अलग', 'छिटके हुए' इत्यादि हुआ। ध् का थ् और अन्त में हिन्दी में पुं-विभक्ति–'आ' (ा)। सवर्ण-दीर्घ और 'बिथुरा'। 'बिथुरा' का प्रयोग हिन्दी में प्रायः बहुवचन में ही होता है–बिथुरे। सो भी, केशों के ही लिए। अन्यत्र 'थ्' को 'ख्' हो जाता है। नाज पूरब में 'बिथरति है', अन्यत्र 'बिखरता है'। अर्थात् केशों से अतिरिक्त कहीं 'बिथरना' चलता है; पर 'बिथुरे गेहूँ' न होगा।

इसी तरह 'सुथरा' भी है–साफ-सुथरा। शुद्ध-साफ, साफ-सुथरा। 'शुद्ध' के 'श्' को स् और द् का लोप–'सुध।' 'ध्' को थ् और अन्त में 'र' का आगम, जैसे 'मधु' से 'मधुर' संस्कृत में। फिर अन्त में वही पुं-विभक्ति–'आ'। बन गया 'सुथरा'। अन्यत्र 'शुद्ध' से 'सुध' बना; तब 'थ्' हुए बिना भी 'र' का आगम और 'आ' विभक्ति–'सुधरा'। 'सुधरा' और 'सुथरा' में अन्तर है, अर्थ में विशेषता है; इसीलिए द्विधा विकास। साहित्य में 'शुद्ध' भी चलता ही है, अपने शुद्ध अर्थ में। शुद्ध, सुधरा, सुथरा; यों त्रिरूप हुआ–दूध, दही, रबड़ी।

यही नहीं; 'शुद्ध' का एक और रूप भी है–'सूध'–'बड़ा सूध मनई है'। जब हिन्दी में 'सादा' आया, तब मेरठी ने भी 'सूध' ले लिया, अपनी वही 'आ' विभक्ति लगाकर–'सूधा'। पर 'सादा' के साथ उसे 'सीधा' कर लिया–'सीधा-सादा'। 'आ' के समीपतर 'ई' है–कण्ठ से तालु। 'ऊ' तो परले सिरे पर है–'कण्ठ से ओष्ठ की दूरी'!

'द' को 'ब' होते भी देखा गया है; हिन्दी में। दोनों अपने-अपने वर्ण के तृतीय हैं, अल्पप्राण। हिन्दी के जब, तब और कब में यह वर्ण-विकार स्पष्ट है। संस्कृत के यदा, तदा और कदा के रूपान्तर हैं; जिन्हें दिल्ली के उत्तरी परिसर में जद, तद और कद के रूप में अब भी बोलते हैं। 'य' का 'ज' होना तो अति-प्रसिद्ध है। ये ही जद, तद और कद इधर आ कर जब, तब और कब बन गए। इनके ही वजन पर 'अब' की सृष्टि हुई; जैसे 'मीठा' के वजन पर 'सीठा'।

'त्' को य् के रूप में भी बदलते देखा है—'कृत-किय'; अन्त में 'आ' पुं-विभक्ति, 'किया'। 'घृत-घिय'। 'य' को फिर 'इ' और सवर्ण-दीर्घ—'घी'।

पद के अन्त्य 'म' को कभी-कभी अनुनासिक 'बँ' हो जाता है ग्राम—गाँव, नाम—नावँ। 'ग्राम' के 'र' का लोप भी। कभी-कभी अन्त्य 'द' को भी अनुनासिक 'वँ' होते देखा गया है—'पाद-पाँव'।

'न्' को फारसी में 'ल्' होते देखा गया है—'बिना—बिला'। यह 'बिला' उर्दू में भी चलता है।

य् को ज् होना तो आप सर्वत्र देख सकते हैं। 'बाजा' में य् की ही सत्ता 'ज्' के रूप में है। 'वाद्य' से 'बाजा' है। व को व; द् का लोप और य् को ज्। अन्त में पुं-विभक्ति और दीर्घ-एकादेश—'बाजा'। 'अद्य' को 'आज' बना, आद्य स्वर दीर्घ होकर—परन्तु 'पद्य' का 'पाज' नहीं बना। क्यों नहीं बना, यह प्रश्न सम्भव है। 'आज' और 'कल' के बिना साधारण जनता का काम चल नहीं सकता। परन्तु अपढ़ लोग 'पद्य' क्या जानें? शब्द-विकास साधारण जनता में होता है। पढ़े-लिखे लोग तो ज्यों का त्यों उच्चारण किया करते हैं। सो, 'पद्य' जैसे का तैसा बना रहा, 'गद्य' भी। 'गद्य' तो वैसे भी 'गाज' न बनेगा। किसी को मारना थोड़े ही है! एक बात पूछी जा सकती है। 'अद्य' का 'आजा' क्यों नहीं हुआ; 'बाजा' की तरह? उत्तर है : 'आजा' हिन्दी में 'पितामह' को भी कहते हैं; इसलिए भेद रखा। दूसरी बात, वैसी (तद्भव) संज्ञाओं तथा विशेषणों में ही पुं-व्यंजक विभक्ति लगती है। 'आज' तो काल-वाचक अव्यय है—अब, की तरह।

'सेज' में भी 'ज्' 'य्' का ही बना है—शय्या-सेज। क्या-क्या परिवर्तन हुए; समझ लीजिए।

'र' हमारे यहाँ तो 'ल' या 'ड' के रूप में बदला करता है; पर उर्दू वाले 'र' को भी 'ह' कर देते हैं—अल्पप्राण को महाप्राण बना देते हैं—'सरल' 'सहल'। 'रज्जू' का व्रज में 'लेजू' रूप हो गया है—पानी भरने की रस्सी।

## 'आ' तथा 'ओ' विभक्तियाँ

'आ' तथा 'ओ' की संश्लेषात्मक विभक्तियाँ हैं, (तुम्हारा-हमारा आदि में) 'र' प्रत्यय की तरह। इस 'र' में भी 'आ' विभक्ति लगी है। एक बात 'र' के सम्बन्ध में रही जाती है। यह नहीं बताया कि हिन्दी, बँगला तथा पंजाबी में यह 'र' आया कहाँ से! हमारा अनुमान

है कि संस्कृत के 'हरेर्गृहम्' 'भानोर्गुरूरुः आदि रूपों में से ही यह सम्बन्ध-सूचक अंश 'र' लिया गया है और हिन्दी ने अपनी प्रकृति के अनुसार उसे सस्वर ('र') कर लिया है। पूरब में 'तुम्हार-हमार' और बंगाल में 'सीतार', 'अमार' आदि में 'र' ही है; पर जहाँ 'आ' तथा 'ओ' पुं-विभक्तियों का विकास हो चुका था, वहाँ इस ('र') संबंध-प्रत्यय के अन्त में उसे लगा दिया गया और सवर्ण-दीर्घ कर के 'तुम्हारा-हमारा' तथा 'तुम्हारो-तिहारो' आदि रूप बने। संस्कृत में भी संबंध-प्रत्यय में संज्ञा-विभक्ति लगती है—'राजनीतिक'। और, यहाँ तो 'आ' या 'ओ' जब पुं-व्यंजक विभक्ति के रूप में चले, तो सब के साथ इसका प्रयोग जरूरी हो ही गया; यदि पुं-व्यंजकता आवश्यक है। खैर, इस जगह हमें देखना है कि हिन्दी में संश्लेषात्मक विभक्तियाँ आईं कहाँ से? इनका विकास या निकास देखना है।

हम देखते हैं कि संस्कृत में विसर्ग प्रायः 'अ' के रूप में परिणत हो जाता है। दोनों का स्थान कंठ है और उच्चारण समान। 'उषः' के विसर्ग आगे चल कर 'आ' के रूप में बदल गए—'उष आ'। सवर्ण-दीर्घ—'उषा'। एक ही अर्थ में, एक साथ ही 'उषः' तथा 'उषा' इन दो शब्दों का चलन हुआ हो; ऐसा भाषा-विज्ञान के विद्वान मान नहीं सकते। हिन्दी में भी 'ज्यादह' आदि विदेशी शब्दों का रूपान्तर 'ज्यादा' आदि शब्दों में जो अन्त्य वर्ण है, उसका उच्चारण ह् किंवा विसर्गों के समान ही है और इसीलिए कभी-कभी लोग भूल से 'ज्यादाः' जैसे रूप लिख भी देते हैं, जो ठीक नहीं। विसर्गों का प्रयोग संस्कृत शब्दों में ही उचित है। परन्तु भूल से लोग 'छह' को भी 'छः' लिखते चले जा रहे हैं! उच्चारण-साम्य से यह गलती! बात यह कि मुसलमानी शासन काल में एक समय ऐसा आया कि हिन्दी एकदम निराश्रित हो गई थी! पढ़े-लिखे वर्ग (कायस्थ आदि) उर्दू-फारसों के पुजारी बन कर राज-दरबार में घुस गए थे। अधिकांश राजा भी मुसलमानी रंग-ढंग स्वीकार कर चुके थे; कम से कम भाषा के सम्बन्ध में तो वे किसी भी 'टोडी' से कम न थे। हिन्दू राज्यों में उर्दू-फारसी चलने से वहाँ की प्रजा भी उधर ही बह गई। वैश्यों को अपने व्यापार से मतलब! उन्होंने एक लिपि ही अलग बना ली थी—'मुड़िया'। साधारण जनता को शिक्षा दुर्लभ। हिन्दी को कौन पूछता है? संस्कृत के पंडितों में—ब्राह्मण-वर्ग के एक छोटे से समुदाय में—हिन्दी का लिखना-पढ़ना जारी रहा; सो भी इसलिए कि संस्कृत की लिपि भी नागरी है, जो हिन्दी की। फलतः जो पण्डित संस्कृत कम पढ़-लिख पाते थे, वे हिन्दी पढ़ते-लिखते थे। उन्होंने 'छह' उच्चारण सुना, तो उच्चारण-साम्य से, विसर्ग देकर 'छः' लिखने का उपक्रम किया। विसर्ग तो 'शुद्ध' चीज ठहरी; संस्कृत से आई हुई; बस, इन पण्डितों के इस 'छः' शब्द को लोगों ने स्वीकार कर लिया और इसकी ऐसी जड़ जमी कि अब तक हिल नहीं रही है!

कहने का मतलब यह कि विसर्ग को या उससे मिलते-जुलते ज्यादह आदि के अन्तिम वर्ण को 'अ' होते देखा गया है, जो सवर्ण-दीर्घ होकर रहता है। परन्तु अकारान्त संज्ञा आदि से परे ही यह सब होता है।

संस्कृत में अकारान्त पुंवर्गीय संज्ञा आदि में पहली विभक्ति का एक वचन जब आता है, तो उस का रूप—'रामः, मधुरः, कः' आदि होता है। नपुंसक लिंग में ऐसी जगह 'म्' लगता है—ज्ञानम्, मधुरम्, किम् आदि। स्त्री-वर्ग में भी इस जगह विसर्गों का प्रयोग नहीं होता है। फलतः 'रामः' आदि में विसर्गों को पुं-व्यंजक चिन्ह आगे चल कर मान लिया गया। कई प्राकृत-अपभ्रंशों में विसर्गों को इस स्थल पर निर्बाध 'ओ' का रूप दे दिया गया—विसर्ग एकदम समाप्त। संस्कृत में 'रामः कास्य' रूप होते हैं, जो प्राकृत-अपभ्रंशों में—'रामो कस्स' होने लगे! विसर्गों का स् या श् के रूप में बदलना भी उड़ा दिया गया। सर्वत्र—'ओ'। यही 'ओ' व्रजभाषा में विभक्ति है, जिसे हम 'पुं-व्यंजक' विभक्ति कहते हैं और यह सदा संश्लिष्ट रहती है। मिष्टः, सकल, कृतः आदि की तरह मीठो, सगरो तथा कियो आदि में इस का उपयोग होता है। परन्तु विचित्र बात है कि विसर्गों से विकसित यह विभक्ति (ओ) ऐसे ही अकारान्त पुंवर्गीय शब्द में लगती है, जो विकास-प्राप्त हो, तद्भव हो! 'सुन्दर' का 'सुन्दरो' हिन्दी में न होगा, न 'बालक' का 'बालको'। नपुंसकवर्ग हिन्दी में है ही नहीं। स्त्री-वर्ग में यह 'ओ' विभक्ति लगती नहीं है; पूर्व परम्परा का ध्यान करके। 'भित्ति' का तद्भव 'भीत' है, जिसमें 'ओ' कभी भी न लगेगी। 'महिषी' का 'भैंस' बना कर फिर इस में 'ओ' विभक्ति नहीं लगाई गई—'भैंस' ही रहने दिया गया। पुंवर्ग में जरूर वह लगी—'भैंसा'। रानी का वाचक शब्द 'महिषी' अविकृत रहा। साधारण जनता को उस के व्यवहार से क्या मतलब! 'रानी' चलता रहा।

एक दूसरे क्षेत्र में विसर्गों का रूपान्तर 'आ' के रूप में हुआ, जिसकी प्रक्रिया का उल्लेख पहले किया जा चुका है। हमें प्राकृत-अपभ्रंश का वह रूप कहीं साहित्य में उपलब्ध नहीं, जहाँ 'राम' का वैसा विकास होकर 'रामा' आदि का रूप मिला हो। संस्कृत में (ा) स्त्री-लिंग का चिन्ह है—रमा, लता, सुशीला। सम्भव हुआ इसीलिए 'रामः' आदि का वैसा ('रामा' आदि) विकास न गृहीत हुआ हो; साहित्य में। परन्तु जनता में वैसा चलन हुआ होगा और स्त्री-वर्ग का भ्रम दूर करने के लिए आगे चल कर उन्हें (स्त्री-वर्गीय तद्भव शब्दों को) ह्रस्व करना पड़ा होगा—आकारान्त से अकारान्त किया गया होगा— शिक्षा-सीख, जंघा-जाँघ आदि। स्त्री-व्यंजक 'ई' प्रत्यय ( ी ) हिन्दी ने संस्कृत का ही रखा और पुंवर्ग से स्त्री-वर्ग बनाने में उसी का उपयोग किया—लड़का-लड़की, बुड्ढा-बुड्ढी। 'वृद्धा' संस्कृत में स्त्री-वर्ग, 'बुड्ढा' हिन्दी में पुंवर्ग। स्पष्ट ही यहाँ हिन्दी ने अपना अलग व्यक्तित्त्व प्रकट किया है। यह (ा) विभक्ति पूरबी हिन्दी में भी क्वाचित्: दिखाई देती है—'राम गवा' 'गोविन्द आवा'। 'गया—आया' के य् की जगह व् हो गया है। पुं-व्यंजक विभक्ति ज्यों की त्यों है। स्त्री-वर्ग में वहाँ भी 'ई' है—'गई-आई'।

सो, इस तरह हिन्दी की यह 'आ' तथा 'ओ' विभक्ति जनमी और बढ़ी।

'र' में 'आ' विभक्ति लगा कर तुम्हारा ; 'ओ' लगा कर तुम्हारो-तिहारो-थारो। 'थारो' का बहुवचन 'राजस्थानी' में 'थारा'। पंजाब में 'थ्वाडा' एकवचन। फिर 'ड' को 'द' कर के 'सर्वत्र' 'राम दा', 'गोपी दे' आदि। इस 'द' को 'क' कर दें; 'राम का' 'गोपी के' आदि हिन्दी में रूप।

इस प्रकार यह विभक्ति-कथा संक्षेप में हुई। 'र-ड' और 'ड'-'ल' की तो बात ही कुछ नहीं; ऐसे-ऐसे परिवर्तन होते हैं कि कुछ पता ही नहीं चलता! कभी-कभी एक ही नसल के लोग दूर जाकर रूप-रंग में और आकार-प्रकार में इतने बदल जाते हैं कि पहचानना कठिन हो जाता है। तब उनके आचार-विचार तथा रीति-रिवाज आदि देखकर और उसकी समता खोजकर मूल का निर्धारण किया जाता है। जिसे पता न हो कि गन्ने के रस से चीनी बनती है, वह रूप-भिन्नता के कारण कल्पना भी न कर सकेगा कि चीनी गन्ने के रस का ही परिवर्तित रूप है! कोई लाल बुझक्कड़ यह भी कह सकता है कि खड़िया पीस कर चीनी या बूरा बनाया जाता है! जब उस से पूछा जाएगा कि खड़िया में मिठास कैसे और कहाँ से आ गया, तब वह मुँह फैला देगा।

'हिन्दी-शब्द-सागर' में कुछ इसी ढंग से शब्दों की व्युत्पत्ति बताई गई है। 'सुध' हिन्दी का प्रसिद्ध शब्द है—'मेरी सुध लीजो दीनानाथ'। इस 'सुध' शब्द का विकास संस्कृत 'शुद्ध' शब्द से बतलाया गया है; यानी 'श' को 'स' हो गया, और द् का लोप! परन्तु यह नहीं सोचा गया कि 'शुद्ध' तथा 'सुध' के अर्थ में कोई दूर का भी सम्बन्ध है या नहीं! अर्थ से क्या मतलब! चीनी के मिठास की वात मत पूछो; रूप-रंग देखो; खड़िया से मिलता है न? इसी तरह की नब्बे प्रतिशत शब्द-व्युत्पत्तियाँ उसी 'सागर' में आप देख सकते हैं! प्रत्यय-कल्पना भी वहाँ बड़ी विचित्र है! खैर, हम कह रहे थे कि रूप-रंग न मिलने पर भी आन्तरिक तत्त्व की एकता से खोज की जाती है। ऊपरी बनावट न मिलने पर भी प्रवृत्ति-साम्य से मूल की खोज होती है; जैसे कि पंजाबी 'नू' का मूल संस्कृत 'स्नुषा' और 'हुण' का 'अधुना'।

## किसी एक हड्डी की समानता

कभी-कभी किसी एक हड्डी की समानता से ही मूल पुरखों की खोज हो जाती है; यदि और बातें भी वैसी गवाही दें। पंजाब में एक शब्द जन-प्रसिद्ध है—'नू'। जिसे हम बहू या पतोहू कहते हैं, पंजाबी भाषा में उसे 'नू' कहते हैं। आप इसकी परम्परा बता सकते हैं? कोई कह देगा कि 'वधू' के 'व' का लोप और ध् को न्—'नू'। परन्तु इतना सरल काम यह नहीं है। हम कहेंगे कि ध, भ, ढ, ध इन महाप्राणों को 'न' 'म' आदि मधुर अल्पप्राणों में बदलने के कुछ उदाहरण दीजिए। आप के कहने से हम न मान लेंगे कि शेर दुबला होते-होते अन्त में हिरनी बन गया। उसकी महाप्राणता हमें ऐसा विश्वास न होने देगी। आगे खोज कीजिए। 'नू' शब्द संस्कृत के 'स्नुषा' शब्द से बना है। 'स्' का लोप और अन्त के 'षा' का भी लोप। 'नु' के 'उ' को दीर्घ-ऊ। बन गया 'नू'। 'स्नुषा का अर्थ ज्यों का त्यों 'नू' में है। कभी अर्थ-विकास भी होता है। हिन्दी में एक शब्द है 'अंझा'। अर्थ है इसका छुट्टी, नागा होना। मिल-मजदूर से बाबू कहता है—'इस महीने में तुम्हारे कितने अंझे हैं? आप समझे, यह 'अंझा' किस शब्द का रूपान्तर है? संस्कृत में एक शब्द है—'अनध्याय जो संस्कृत शिक्षा-संस्थाओं में 'छुट्टी' के अर्थ में प्रयुक्त होता

है। 'प्रतिपद्' को अनध्याय रहता है।' 'शिक्षा-संस्था में 'अनध्याय' शब्द का मूल अर्थ है 'अध्ययन न होना'। 'अंझा' में इस अर्थ का विकास हो गया। सामान्यतः छट्टी-मात्र के लिए 'अंझा' चल पड़ा, काम न होने के अर्थ में। 'अन्ध्याय' में ध् तथा य् का स्थान-परिवर्तन—वर्ण-व्यत्यय। 'य ध् आ' ऐसी स्थिति। ध् से द् का लोप, ह् शेष। य् को ज् और ज्-ह् मिल कर 'झ्'। 'न' के 'अ' का लोप और इस (न्) को अनुस्वार। अन्त्य 'य' का भी लोप। तब बना 'अंझा'। अन्त में वही पुं-विभक्ति—'आ लग गई। दोनों य्-य् का लोप होकर भी वैसा रूप सम्भव है—ध् को झ् करके। पर है यह 'अनध्याय' से ही। इतनी दूर जाने की झंझट में न पड़कर कोई कहे 'अनुज्झित से अंझा' है, तो कैसा रहेगा? फिर इसी 'अंझा' के 'अं' का लोप करके वह 'झा' बताए, तो? 'झा' की व्युत्पत्ति यह करे कि जो अंझा बहुत करे, काम को अनुज्झित करने की—पूरा किए बिना छोड़ने की—जिस की प्रवृत्ति न हो, वह 'झा'। साधारणतः लोग कहेंगे कि हाँ भाई, ठीक है। डॉ. अमरनाथ झा तथा श्री आदित्यनाथ झा आदि को देखा है; काम करने में कितने चुस्त हैं! परन्तु विचारशील लोग पूछेंगे कि यह बात क्या अन्यत्र नहीं है? और क्या सभी 'झा' 'अनुज्झितकर्मा' ही होते हैं? ऐसी बात तो है नहीं। यह अटकलपच्चू व्युत्पत्ति मान्य न होगी। ब्राह्मणों के अतिरिक्त और किसी वर्ण या वर्ग में 'झा' या 'ओझा' शब्द व्यवहृत ही नहीं होता। संस्कृत का 'उपाध्याय' शब्द सामने हैं। पढ़ाने-लिखाने का काम करने के कारण ब्राह्मण का वर्ग 'उपाध्याय'। इस 'उपाध्याय' से 'ओझा'; जैसे 'अनाध्याय' से 'अंझा'। फिर 'ओ' का भी प्रदेश-विशेष में लोप—'झा'। इस गए-गुजरे जमाने में भी पं. गौरीशंकर हीराचन्द ओझा तथा पं. गंगानाथ झा महोदय ने जो काम सारस्वत क्षेत्र में किया, जो नाम पाया और राष्ट्रभाषा हिन्दी का जो इन्होंने मान बढ़ाया, बेजोड़ है। 'महामहोपाध्याय' ये दोनों हुए—ओझा भी और झा भी। 'महामहोपाध्याय' होने पर भी दोनों विभूतियों ने अपने पम्परागत पद 'ओझा' और 'झा' छोड़े नहीं—'महामहोपध्याय' पं. गौरी शंकर हीराचन्द्र ओझा और महामहोपाध्याय पं. गंगानाथ झा। दूध में घी मिला कर सेवन।

सो, शब्द-विकास के रूप के साथ-साथ अर्थ पर भी ध्यान रखना होता है।

हम यह बता रहे थे कि 'र' को 'ड' भी हो जाया करता है। उसी प्रसंग में विभक्ति-चर्चा चल पड़ी और वह सब संक्षेप से बतलाया गया। अब कुछ अन्य वर्णों की भी विकास-प्रवृत्ति देखिए।

'ल' को प्रायः 'र' हो जाया करता है। दोनों अन्तःस्थ हैं, दोनों अल्पप्राण हैं और उच्चारण में भी बहुत-कुछ समता है। 'काला' 'पीला' ब्रजभाषा में 'कारो' 'पीरो' बन जाते हैं; पर 'नीला' वहाँ 'नीरो' नहीं बनता। 'आ' और 'ओ' विभक्तियाँ तद्भव संज्ञा-विशेषणों में ही लगती हैं। 'नील' तत्सम है; पर अपवाद-स्वरूप इसका रूप 'नीला' है—'पीला' के साथ। 'नील' उसके पौधे को कहते हैं। हाँ, 'ड' या 'ड़' प्रायः 'र' के रूप में आ जाते हैं—झगड़ा—झगरो। परन्तु 'उड़ना' कभी 'उरना' नहीं बन सकता।

'व' को प्रायः 'ब' हो जाता है; यह कहा जा चुका है। श और ष हिन्दी में प्रायः 'स' के रूप में बदलते देखे गए हैं—शाक-साग, शिर-सिर। और—'षोडश'-'सोलह'।

अन्त्य 'श' को 'स' और फिर 'ह'। 'ड' को 'ल' हो गया। 'ड' तथा 'ल' का उच्चारण-साम्य ही ऐसा है कि झट से एक दूसरे की जगह ले लेते हैं। 'दश' को 'दस' हम जानते—पहचानते हैं; परन्तु यौगिक स्थिति में यह 'स' को 'ह' के रूप में कर लेता है—दहला, दहाई आदि। यह बात प्रायिक है। सर्वत्र प्रक्रिया में 'स' को 'ह' हो जाता हो, सो बात नहीं है—'दसहरा'। यहाँ 'दस' का 'दह' नहीं हुआ। क्यों? इसलिए कि दो 'ह' एक जगह बहुत कर्ण-कटु तथा दुरुच्चारण हो जाते। 'दहहरा' बड़ा भद्दा लगता। इसलिए वैसा नहीं हुआ।

कभी-कभी 'दस' के 'द' को 'र' भी हो जाता है—'तेरह'। बीच की कड़ी 'ड' है। 'ते' तो 'तीन' का शेष ही है। परन्तु 'बारह' में यह 'ब' क्या है? आप जानते हैं?

## गिनती का 'बा' हिन्दी में क्या है?

बारह, बाईस, बत्तीस, बयालीस, बावन, बयासी, बानवे; कहीं भी 'दो' की जरा भी झलक नहीं है। इन प्रयोगों से स्पष्ट है कि 'बा' और 'ब' का प्रयोग 'दो' का अर्थ में हैं; जबकि पृथक् हम 'दो' ही बोलते हैं। एक और एक 'दो' होते हैं, 'बा' या 'ब' नहीं। तब फिर आगे संयुक्त अंकों के नामों में वह कहाँ से? ब्रजभाषा की पुरानी कविता में अवश्य 'दो' के लिए 'बिबि' का प्रयोग मिलता है—'बिबि लोचन'। परन्तु ब्रज की जन-भाषा में 'बिबि' नहीं; 'दो' या 'द्वै' ही बोलते हैं।

बात असल में यह है कि पुरखा ('द्वि' या 'द्वौ') की सम्पत्ति का विभाजन जब हुआ, तो हिन्दी ने 'द्' का अंश लिया और 'द्वौ' के आधार पर 'दो' रूप ग्रहण किया। यानी, 'व' का लोप और 'औ' को 'ओ'। 'व्' 'ब्' बन कर और 'ए' का सहारा लेकर गुजरात पहुँचा। गुजराती ने 'द्वि' या 'द्वौ' का 'व्' लिया; 'बे' बनाकर—'बे आम'—दो आम। गुजरातियों का मथुरा-गोकुल में अधिक आना-जाना रहा। और, वल्लभ-सम्प्रदाय में गुजराती ही अधिक है; जिस सम्प्रदाय में महाकवि सूरदास ने दीक्षा ली थी। गुजराती-प्रभाव से ही ब्रजभाषा की पुरानी कविता में 'बिबि' आ गया है।

परन्तु बाइस बयालिस आदि तो जनसाधारण के प्रयोग हैं और सार्वत्रिक हैं। ये कैसे बन गए? इसका लम्बा किस्सा है। सिन्ध में 'दो' को 'ब' या 'बा' कहते हैं। वही 'ब' या 'बा' हिन्दी के 'बयालिस' तथा 'बावन' में आप देख रहे हैं। तो, सिन्ध से यह 'द्वा' का 'ब' और 'बा' इस भाषा में कैसे आ मिला? यह ठीक है कि किसी एक भाषा का दूसरी पर प्रभाव पड़ा करता है। फिर, सिन्धी भाषा तो हिन्दी की सगी बहन है—सिन्ध का एक रूप 'हिन्द' है और उसी से 'हिन्दी'। स् का ह होकर शब्द-विकास हुआ; अर्थ-विस्तार भी। सिन्ध और सिन्धी अपने असली रूप में सीमित रहे; उनके विकसित रूप 'हिन्द' तथा 'हिन्दी' ने अत्यधिक सीमा-विस्तार किया। यह भी ठीक है कि विदेशी (मुसलमान) सिन्ध की ओर से ही इस देश में प्रविष्ट हुए और वे सिन्ध को 'हिन्द' तथा हिन्द की भाषा 'हिन्दी' समझाते हुए आगे बढ़े। दिल्ली में उन्होंने

स्थानीय (मेरठी) बोली को राष्ट्रभाषा के रूप में स्वीकार किया, जिसका नाम बाद में उर्दू और फिर (अंग्रेजों ने) हिन्दुस्तानी रखा। नाम के साथ रूप में भी भेद हुआ। सो, सिन्ध का 'ब' या 'बा' हिन्दी में आ जाए, तो अचरज की बात नहीं, ऐसा कहा जा सकता है।

परन्तु अच्छी तरह से विचार करने पर यह धारणा गलत साबित होती है। किसी भाषा पर अन्य भाषा का प्रभाव पड़ता है; यह ठीक है, परन्तु उसके मौलिक गठन पर कोई प्रभाव नहीं पड़ता। 'सिन्ध' का 'हिन्द' तथा उसे 'हिन्दी' लेकर भी हिन्दी भाषा ने शब्द के आदि में 'स्' को 'ह्' अन्य किसी शब्द में ग्रहण नहीं किया। सिंध में 'सत्तर' को 'हत्तर' बोलते हैं; हम नहीं। हाँ, 'इकहत्तर' में 'ह' स्वीकार है। हिन्दी ने शब्द के आदि में 'स' को कभी भी 'ह' नहीं बनाया है। यह विशेषता है। दूसरी भाषाओं की क्रियाएँ, सर्वनाम तथा संख्यावाचक शब्द किसी भाषा को प्रभावित नहीं करते हैं। उर्दू में फारसी-अरबी के लाखों अनावश्यक शब्द मुसलमान लेखकों ने भरे; परन्तु करना, उठना, पीना आदि क्रियाओं की जगह वे विदेशी भाषाओं के शब्द ना ला सके। यदि ला देते; तो फिर वह 'उर्दू' फारसी-अरबी ही बन जाती। इसी तरह सर्वनाम नहीं बदलते। संख्यावाचक शब्द बदलने का प्रयत्न कभी-कभी किया गया है; पर ठिठकते हुए। 'पाँच' को उर्दू में 'पंज' लिखते हैं; जो 'पंच' संस्कृत का फारसी-संस्करण है, जिसका हिन्दी-रूप 'पाँच' है। 'सप्त' का फारसी-संस्करण उर्दू में 'हप्त' चलता है; हिन्दी-संस्करण 'सात' वैसा नहीं। 'एक', 'दो', 'तीन', 'आठ' आदि ज्यों के त्यों चलते हैं। कदाचित् इन शब्दों के फारसी-संस्करण उपलब्ध हों। हिन्दी या उर्दू में 'सात' के लिए 'सेविन' और 'पाँच' के लिए 'फ़ाइव' नहीं चला सकते; क्योंकि भारत की मूल भाषा से इनका विकास स्पष्ट प्रतीत नहीं होता।

सारांश यह कि किसी दूसरी भाषा के संख्यावाचक शब्द दूसरी भाषा में नहीं जाते हैं। उर्दू में 'हप्त' आदि तो राज-बल से चल पड़े। पर, सिन्धी के शब्द कैसे आते? सिन्ध का हिन्दीभाषी क्षेत्र से वैसा लगाव भी नहीं; जैसा पंजाब आदि का। इसलिए, यह कैसे माना जाए कि सिन्धी भाषा का 'ब' और 'बा' हिन्दी में आ मिला? और शब्द क्यों नहीं आए?

वस्तुतः बात यह है कि लोक-भाषाओं में किसी-किसी शब्द का अनेकधा विकास हुआ है—विशेषतः संख्या-वाचक विशेषणों का। इसकी चर्चा हम एक पृथक् अनुच्छेद में करेंगे। पीछे आप देख ही चुके हैं कि हिन्दी ने 'दश' को स्वतंत्र रूप से 'दस' कर के ग्रहण किया; पर प्रक्रिया में 'दह' कर दिया; कहीं-कहीं 'रह' भी। तो, क्या इससे यह निष्कर्ष निकले कि 'दह' पंजाब से और 'रह' किसी अजनबी भाषा से आया? तब 'बावन' के लिए 'वन' कहाँ से आया? 'बावन' में 'बा' यदि सिन्ध का है, तो 'वन' क्या काठियावाड़ का है? किस प्रान्त में 'पचास' को 'वन' कहते हैं? पंचाशत् का विकास हिन्दी ने 'पचास' अपनाया; तब प्रक्रिया में 'वन' कहाँ से लाई? फिर 'पन' भी तो है—'तिरपन'! यह क्या बात है?

बात यह कि भाषा किसी शब्द को अनेक रूपों में भी ग्रहण करती है। हम गन्ने के रस का गुड़ भी बनाते हैं, राब भी, सिरका भी, चीनी भी। सब के रूपों में अन्तर है। 'रस' का मूल रूप में भी हम उपयोग करते हैं। इसी तरह जीवित और चलतू भाषा एक शब्द का अनेकधा विकास करती है और उन शब्दों का किंचित् अर्थ-भेद भी हो जाता है। कदाचित् अर्थ-भेद होने पर ही शब्द के स्वरूप में भेद होता हो। 'निःश्रेणी' से 'नसेनी' बना—काठ की सीढ़ी, ऊपर चढ़ने के लिए। फिर ईंट-पत्थर की 'नसेनी' के लिए 'सीढ़ी' शब्द बना—'श्रेणी' से। श्रेणी—डंडों की या ईंट-पत्थर की एक व्यवस्थित पंक्ति। 'श्रेणी' से वह अर्थ नहीं निकलता, जो 'सीढ़ी' से। 'नसेनी' में 'सीढ़ी' में अन्तर है। पहले 'नसेनी' बना या 'सीढ़ी' या दोनों साथ-साथ; यह अलग चर्चा है। वस्तुतः देहात में 'नसेनी' का और शहर में 'सीढ़ी' का बनना समझ में आता है। 'सीढ़ी' का ही 'पीढ़ी' कर लिया गया; वर्ण-विकार से। 'पीढ़ी' भी नीचे से ऊपर या ऊपर से नीचे तक पहुँचने के लिए एक तरह की 'सीढ़ी' ही समझिए।

हाँ, हम कह रहे थे कि 'ब' तथा 'बा' हिन्दी में सिन्ध से आए; इसमें कोई प्रमाण उपलब्ध नहीं। वस्तुतः हिन्दी में 'द्वौ' का 'दो' तो बनाया स्वतंत्र प्रयोग के लिए और 'व' का 'ब' तथा 'बा' बनाया प्रक्रिया के लिए; जैसे 'दस' स्वतंत्र प्रयोग के लिए और 'दह' तथा 'रह' प्रक्रिया में। इस तरह 'बाईस' आदि हुए। 'बीस' का 'ईस'! ब् का लोप।

'स्' के विकास की चर्चा थी। कहाँ से कहाँ पहुँच गए! जैसे शिकारी किसी शिकार का पीछा करता हुआ कहीं का कहीं जा निकले!

## 'स' का अलक्षित विकास

स्पष्ट है कि स् प्रायः 'ह्' के रूप में बदलता है। संस्कृत में स् का विसर्ग होना भी लगभग यही चीज है। ह् तथा विसर्ग का एक ही स्थान है और उच्चारण भी लगभग एक। संसार की प्रायः सभी भाषाओं में 'स्' को 'ह्' के रूप में बदलते आप देख सकते हैं। वर्ण-विकास में आधे खेल 'स्-ह्' के हैं, आधे में शेष सब की कतर-ब्यौंत। कभी-कभी स् का विकार अत्यन्त अलक्षित होता है। जैसे किसी महापुरुष के हर्ष-शोक आदि विकार सब लोग नहीं समझ पाते; उसी तरह 'स्' की भी बात समझिए।

'मिष्ट' से हिन्दी ने 'मीठ' बनाया। ष् को स् हुआ; स् फिर 'ह्' बना और यह 'ह्', 'ट्' के अन्त में जा बैठा। इस उलट-फेर में पूर्व-स्वर की बन आई—वह ह्रस्व से दीर्घ हो गया। 'मिष्ट' का 'मीठ' बन गया—'गुड़ मीठ लागति है।' मेरठ की ओर पुं-व्यंजक विभक्ति ऐसे तद्भव शब्दों में लगती ही है—'मीठा'। व्रज में 'ओ' विभक्ति—'मीठो'। परन्तु 'धृष्ट' का 'ढीठ' ही सर्वत्र चलता है—'ढीठा' या 'ढीठी' नहीं। यहाँ मेरठ और व्रज पर हमारी पूरबी हिन्दी की छाप है। 'धृष्ट का 'ढोठ' पूरब में ही बना। परन्तु 'सीठा' और 'सीठो' को 'सृष्ट' या 'श्रेष्ठ' से न समझ लीजिएगा! अर्थ भी तो देखना है न? 'सीठा' अवश्य ही 'मीठा' की वजन पर गढ़ा गया है, उससे उलटे (नीरस) अर्थ में।

'पाषाण' का 'पाहन' हो गया—ण् का न् और ष् का स्। फिर स् का ह् और स्वर-विकार—'आ' को 'अ'—'पहान'। परन्तु कानपुर के इधर-उधर देहात में प्रचलित 'परवाहन' को 'परोषण' जैसा कुछ न समझ लीजिएगा। रथ-बहली आदि सवारियों को 'परवाहन' कहते हैं। कदाचित् यह—'प्ररोहण' या 'प्रवाहन' का विकास है। इसी प्रकार वहाँ देहात में प्रसिद्ध शब्द 'उबहनी' आप 'उद्भासिनी' आदि से न समझ लें। 'उबहनी' कुएँ से जल निकालने की रस्सी को कहते हैं। अवश्य ही यह 'उद्वाहिनी' का रूपान्तर है—'उत् (ऊर्ध्वम्) वाह्यते अनया'-चूँकि इससे (जल) ऊपर खींचते हैं न? 'उबहनी' में 'उत्' उपसर्ग 'उ' बन गया है; अर्थात् 'त्' का लोप।

'भाप' में स् अवश्य अलक्षित रूप से बैठा है—वाष्प-भाप। साफ है 'ष्' को 'स्'। फिर स् को ह् हुआ और यह ह् जा बैठा 'ब्' के बगल में। बन गया—'भाप'। ह् बड़े विचित्र खेल करता है। इसी ने दक्षिण में 'पाठक' को 'फाटक' बना दिया है पं. रामचन्द्र सदाशिव फाटक। यहाँ 'फाटक' को 'कपाट' का विकास न समझा जाए; कारण महाराष्ट्र ब्राह्मणों का वह वर्ग ('फाटक' लोग) किसी को जाने-आने से रोकने का काम नहीं करता है। 'पाठक' में 'ठ' के साथ बैठा हुआ 'ह्' धीरे से उठ कर 'प' से जा चिपका और 'पाठक' को 'फाटक' बना बैठा।

हिन्दी ने स्वतन्त्र रूप से ही शब्द स्वीकार किए हैं। संस्कृत के 'सत्य' को 'सच' बना लिया; पर 'असत्य' को 'असच' के रूप में न लेकर जुष्ट (मृषार्थक) से 'झूठ' का विकास किया। देखा जाता है कि शब्द के अन्त में वैसा कुछ वर्ण-विकार होने पर पूर्व में स्वर दीर्घ हो जाता है—अष्ट-आठ। वर्ण का लोप होने पर भी पूर्व-स्तर दीर्घ होता है और अन्त्य-स्वर-विकार भी होता है—षष्ठि—साठ। 'इ' को 'अ' हो गया; 'ष्' को लोप; आद्य स्वर दीर्घ।

उभयथा शब्द-प्रयोग तो हिन्दी में बहुधा होता ही है—केसरी—केहरी, मुख—मुँह आदि। दोनों तरह के रूप चलते हैं।

## स्वर-विकार

स्वर-विकार की अनेक बातें ऊपर व्यंजन-विकार के साथ आ गई हैं। कभी 'अ' को 'इ' और 'उ' भी हो जाता है। दीर्घ को ह्रस्व और ह्रस्व को दीर्घ होना तो साधारण चीज है। 'अंगुलि' का 'अँगुली' हो गया। अनुस्वार के बदले स्वर अनुनासिक और अन्त्य स्वर दीर्घ। 'उ' को व् और 'व्' को उ होता रहता है। इसी तरह इ को य और य को इ-ई भी सर्वत्र देख सकते हैं। कभी-कभी विकास की कई ऐसी सीढ़ियाँ आती हैं, जिन्हें 'सन्धि' कहते हैं—'करहिं'—'करइ'। ह् का लोप। फिर एक बार विकास करै—करे। अ-इ मिलकर एक जगह 'ऐ'; दूसरी जगह 'ए'। 'करै' का घिसा-घिसाया रूप ही 'करे' है। 'करे' का स्वतन्त्र विकास नहीं; यह भी कह सकते हैं; क्योंकि हिन्दी-प्रकृति 'अ' तथा 'इ' या 'ई' की सन्धि व्रज आदि में 'ऐ' और मेरठ की ओर 'ए'। इसी तरह 'करौ' और 'करो' आदि है।—'औ'

तथा 'ओ'। करहु—करउ। ह् का लोप। फिर 'करौ' और 'करो'। इसी तरह 'भी' के अर्थ में 'हू' जो व्रज में प्रसिद्ध है, उसके ह् का भी लोप होता रहता है—'तुम हू'—'तुम ऊ'। कहीं सन्धि भी—चार हू—चार-उ (ह्रस्वता) और 'चारौ'। लोप की चर्चा अगले प्रकरण में होगी। यहाँ तो स्वर-विकार पर कुछ कहा जा रहा है।

आद्य व्यंजन के 'ऋ' को 'इ' होते देखा गया है—शृंगार—सिंगार। श् को स् भी। कहीं दीर्घ 'ई' भी होती है—शृंग—सींग। 'ओ' हिन्दी में 'उ' भी बन जाता है और 'उ' को 'ओ' भी हो जाता है। संस्कृत का 'तु' अव्यय यहाँ 'तो' बन गया और 'तो' फिर—'न तु मारे जैहैं सब राजा' में 'तु' है। 'उ' को 'अ' हो जाता है—'जो मैं राम त कुल सहित'। परन्तु यह सब व्रजभाषा और अवधी की कविता में ही। खड़ी बोली (राष्ट्रभाषा में) तो सदा 'तो' की ही तूती बोलती है।

'इ' तथा 'ई' को इय् होते भी आप प्रायः देखते ही हैं। 'तबीअत' 'तबियत'।

आद्य व्यंजन की 'ऋ' कभी-कभी 'इर' रूप में भी आ जाती है। संस्कृत में 'ऋ' को 'अर्' हुआ करता है; यहाँ 'इर' भी—कृपाण-किरपान। 'ऋ' को 'अर्' हुआ ('घर' में) ही आगे आप देखेंगे।

आद्य स्वर प्रायः ह्रस्व हो जाता है जनभाषा में—नारायण नरायन। परन्तु 'पाप-परायन ताप भरे परताप समान न आना कहू है' में 'परायन' शब्द 'पारायण' से नहीं है—'परायण' से 'परायन' है। शब्द-साम्य मात्र से बहक जाना ठीक नहीं। 'लड़का-लड़की' की व्युत्पत्ति 'लकड़ा-लकड़ी' से करना ठीक है क्या? पर जहाँ 'शुद्ध' से 'सुध' बनता है, वहाँ असम्भव क्या है? वे वर्ण-व्यत्यय से 'लकड़ा' का 'लड़का' भी बना देंगे। कहेंगे, लड़के की तरह यह भी जड़ (मूर्ख) होता है न! तब तो 'कोयला' से 'कोयल' भी बन जाएगी। टाँग भर ही तो तोड़नी है! रंग की समानता विकास का कारण! क्या यह ठीक है? केवल अर्थ के सहारे भी शब्द-निरुक्ति ठीक नहीं। हिन्दी के एक बड़े 'डाक्टर' हैं; भाषा-विज्ञान के आचार्य! हरिद्वार (ज्वालापुर-सत्यज्ञान-निकेतन) में उनका एक भाषण हुआ, काशी के पं. श्री रामनारायण मिश्र के तत्त्वावधान में। इस भाषण में डाक्टर साहब ने हिन्दी के 'बीच' शब्द की उत्पत्ति 'मध्य' शब्द से बताई! भाषण समाप्त होने पर मैं अपने मित्र 'डाक्टर' साहब से जब मिला, तो कहा कि 'मध्य' से 'बीच' की उत्पत्ति हो नहीं सकती। 'म' को, 'ध' को अथवा 'य' को कभी 'ब' के रूप में बदलते अन्यत्र भी देखा है क्या? उस समय तो डाक्टर साहब अपनी बात पर अड़े रहे; पर 'सम्मेलन' के बम्बई-अधिवेशन पर मिले, तो बोले—"वाजपेयी जी, आपकी वह बात ठीक है। 'बीच' की उत्पत्ति 'मध्य' से नहीं है। इस विषय में 'प्रेमी-अभिनन्दन-ग्रन्थ' में एक विद्वान् का लेख प्रकाशित हुआ है; आप ने देखा होगा।" मैंने अपने आप को धन्य समझा कि उस विद्वान् के उस लेख को देखकर 'डाक्टर' साहब ने मेरी बात मान तो ली!

हाँ, वह 'लड़का' शब्द आया कहाँ से? कहीं से आया होगा! सब की उत्पत्ति आप न जान सकें, तो कोई बड़ी बात नहीं है। साधारण बात है। कोई भी सब शब्दों की पूरी जानकारी का दावा नहीं कर सकता। परन्तु, कहीं न कहीं से उत्पत्ति बतानी ही है; यह

सनक ठीक नहीं। किसी के बाप को आप न जानते हों, तो उसे किसी दूसरे का लड़का बता देंगे क्या? अरे, यह 'लड़का' तो बार-बार आ कूदता है। है कौन, जो उस तरह चीजों के लए ललकता, ललचता और लपकता फिरता है। 'ला ला' की धुन लगाए रहता है यह 'लल्ला'! क्या 'ललचना' और 'ललकना' में वर्ण-विकार से एकता है? क्या 'ल' का 'ड' और 'ड़' हो जाना सुप्रसिद्ध नहीं है? तो, 'ललक' से 'लड़क' असम्भावित है क्या? 'लड़क' में ही हिन्दी की पुं-विभक्ति 'आ' लगकर 'लड़का' बना है क्या? परन्तु व्रज में 'लड़का' नहीं होता। वहाँ 'छोरा' चलता है। अब आप 'छोरा' के 'रास'-चक्कर में न पड़ें और आगे बढ़ें।

हम स्वर-विकार बतला रहे थे। व्यंजन को भी स्वर होते देखा गया है। सो, यह व्यंजन-विकार है। 'नयन' का 'नैन' हुआ, दो पीढ़ियों या सीढ़ियों में।—य का 'इ' हुआ और 'अ' 'इ' मिलकर 'ऐं'—'नैन'। इसी तरह 'बैन' भी है—वचन बयन-बइन—बैन। 'पिकबैनी' में इसी की चहक है। पर 'बिधुबैनी समेत सुभाग सिधाए' में 'बैनी' का विकास 'वचन' से नहीं है। चन्द्रमा मीठा बोलता नहीं है; देखने में ही अच्छा लगता है। सो, यह 'बैनी' 'वदन' से है—'विधु-वदनी'। 'वदन' के 'व' को 'ब'; 'द' को 'य' और 'य' को 'इ'। फिर वही स्वर-सन्धि।

ऊपर बताया गया है कि आद्य व्यंजन के 'ऋ' को 'इर' हो जाता है। परन्तु 'अर्' भी (संस्कृत की तरह) होता है। 'गृह' को 'घर' बन गया—'ऋ' को 'अर्'—'ग् अर् ह् अ' ऐसी स्थिति हुई। 'ह्' अपने स्थान से उठकर ग् के साथ जा बैठा, तब 'घ् अर् अ' स्थिति हुई। घ् आगे 'अ' में मिला और र् अपने पास के 'अ' में—'घर' बनकर तैयार। इस तरह 'ह्' यहाँ आगे (पूर्व) गया है।

इसी तरह हमारे बताये नियमों के अन्य अपवाद भी हैं। उदाहरणार्थ हमने कहा है कि हिन्दी जब संस्कृत की किसी आकारान्त संज्ञा या विशेषण आदि को 'शुद्ध' करके 'तद्भव' रूप में लाती है, तो उसके स्त्रीत्व-सूचक 'आ' (ा) को हटा देती है, ह्रस्व कर देती है। यह बात प्रायिक है। स्त्री-लिंग बनाने के लिए 'आ' को ईकारान्त कर दिया जाता है यह भी प्रायिक बात है। जब अल्पार्थक 'क' संस्कृत-प्रत्यय के साथ किसी आकारान्त स्त्री-लिंग संज्ञा आदि को यहाँ तद्भव रूप मिलता है, तब ह्रस्व नहीं किया जाता है। उदाहरणार्थ संस्कृत का 'खट्वा' हिन्दी में 'खाट' बनता है—'खाटा' नहीं। संस्कृत में छोटी खाट को 'खट्िका' कहते हैं। इसका स्त्री-लिंग तद्भव रूप हिन्दी में 'खटिया' है। इसी तरह 'पर्य्यंकिका' का तद्भव रूप 'पलँगिया' है। इसे 'पलँगिय' न होगा, न 'खटिया' को 'खटिय'। यदि अल्पार्थक 'क' न हो; 'स्वार्थ' में 'क' प्रत्यय हो, तब उसे (स्वार्थ में) हिन्दी तद्भव के रूप में ग्रहण न करेगी। 'बाल' और 'बालक' एक ही अर्थ में है। 'बाल' से स्वार्थ में 'क'। 'बालक' का स्त्रीलिंग रूप 'बालिका'। अब हिन्दी इसे 'बलिया' बनाना पसन्द न करेगी। 'मृत्तिका' को 'मिटिया' न बनाएगी। 'नासा' से स्वार्थ में 'क' करकें 'नासिका बना। हिन्दी ने 'नासा' से 'नास' नहीं बनाया ; अच्छा न लगा। 'नासिका' से 'नाक' बनाया—'नासिया' नहीं। हाँ 'मट्टी' तद्धित बनाना अलग बात है। इसी

तरह—'पुस्तिका' का 'पुस्तिया' न होगा। न 'दीपक' के स्त्रीलिंग 'दीपिका' का 'दीपिया' होगा। जहाँ 'क' प्रत्यय होता है, चाहे अल्पार्थक हो, चाहे स्वार्थ में, प्रकृति के 'अ' को 'इ' हो जाता है—'पर्य्यंक' से 'क' और आगे स्त्री-प्रत्यय 'आ'। सवर्ण दीर्घ और पर्य्यंक के अन्तिम 'अ' को 'इ'—पर्य्यंकिका'। ऐसे स्थल में सर्वत्र 'इ' मिलेगी। हिन्दी ने 'का' को 'आ' का रूप दे दिया और प्रकृति के 'इ' को सदा 'इयू' किया—पर्य्यंकिका—पलँगिया। यही नहीं, हिन्दी ने स्वतन्त्र रूप से अल्पार्थक 'इया' प्रत्यय बना लिया, जो 'अपने' सभी शब्दों में लगाती है, (तत्सम शब्दों में नहीं)—झँगुलिया, टिकिया, बिंदिया, मछरिया, मुँदरिया, अँखिया, बिटिया, बटिया, आदि। ऐसी अनन्त बातें हैं। यह तो निरुक्त की पहली पुस्तक है। इसमें व्यापक रूप से नियम और अपवाद सब कैसे दिए जा सकते हैं? दिशा-निर्देश मात्र है। जिस वर्ण का जैसे या जो परिवर्तन बतलाया है, वह दिङ्-निर्देश भर है। यह मतलब नहीं कि उस वर्ण का अन्यथा विकास होता ही नहीं है। शब्द का शतधा विकास हो जाता है। उदारणार्थ हम हिन्दी के—

## संख्या वाचक शब्द

यहाँ लेते हैं। देखिए, कैसा विचित्र विकास हुआ है। संख्या-वाचक शब्दों का बड़ा मनोरंजक विकास है—कुछ के कुछ बन गए हैं ये। वस्तुतः केवल संख्या-वाचक शब्दों का ही स्वच्छन्द विकास हुआ है। पढ़े-बेपढ़े सभी तरह के लोगों का काम संख्या-वाचक शब्दों से पड़ता है। फिर 1, 2, 3 आदि पृथक् संकेत जो (अंक-रूप में) स्थिर कर दिए गए, उससे और भी शब्द-परिवर्तन स्वच्छन्द हो गया। नौ संकेत समझ लिए और करोड़ों का हिसाब-किताब करने लगे। (42) लिख देने से सब समझ गए मतलब। अब कोई इसे 'बयालीस' कहता है कोई 'बतालीस' और कोई 'दुचालिस' भी कह सकता है। परन्तु '42' मतलब सबको एक देगा। पर इस संख्या को सब भिन्न-भिन्न रूपों में बोलेंगे। यदि ये अंक न होते, तो कदाचित् संख्या-वाचक शब्दों में उतना परिवर्तन न होता। कुछ भी हो, इन (संख्या-वाचक) शब्दों से यह समझ में आता है कि भाषा का विकास किस तरह अनियंत्रित चलता है, यदि उसे लिपि-बद्ध करे साहित्यिक रूप न दिया जाए। साहित्यिक हिन्दी ने भी संख्या-वाचक उन्हीं शब्दों को ग्रहण कर लिया है, जो उस तरह जनता में स्वतः उस रूप में विकसित हुए।

'एक' से 'दस' तक तो कोई बड़ा परिवर्तन नहीं है। 'एक' तो 'एक' ही है; 'दो' से 'दस' तक साधारण परिवर्तन है। आगे विचित्रता है। 'ग्यारह' देखिए—'एक-दस' का क्या रूप है। आगे 'बारह-तेरह' आदि हैं। 'विशति' का 'बीस' समझ में आता है; पर 'ऊन बीस' का 'उन्नीस' देखिए। अब आगे 'ईस' चला—इक्कीस, बाईस आदि। अलग 'बीस' ही है। 'छब्बीस' में 'ईस' नहीं हुआ। क्या कारण? 'छईस' या 'छीस' अच्छा न लगा होगा। 'त्रिशत्' का 'तीस' ठीक रहा। 'तीस' का 'ईस' नहीं हुआ—'बीस' को जो वैसा बना दिया गया। भ्रम तो अभीष्ट नहीं। 'इकतीस' आदि अच्छे रहे। फिर

'चत्वा-रिंशत्' का 'चालीस' जँचता है; किन्तु 'ऊनचालीस' का 'उन-तालीस'। कैसा रहा? 'चा' का 'ता'—'चालीस' 'तालीस'। 'यालीस' भी है—'बयालीस'। परन्तु पंजाबी 'बतालीस' ही बोलते हैं।' 'पंचाशत्' का 'पचास' बना; परन्तु 'ऊन पचास' का 'उनचास' हो गया—'प' का लोप। आगे तो 'पचास' का आभास भी नहीं—'इक्यावन', 'बावन'। यह 'वन' कभी भी 'पचास' से नहीं बन सकता। 'पंचाशत्' का 'अन्' रह गया—शेष का लोप। 'च्' के हटते ही ञ् को न् और सस्वरता। 'अन' में, आरम्भ में ही 'व्' का आगम—'वन'—'इक्यावन'। 'तिरपन' में 'प्' का आगम। आगे फिर 'वन'—'चौवन'। आगे फिर 'पन' दो बार, फिर दो बार 'वन' भी—'सत्तावन'—'अट्ठावन'। पष्ठि-साठ। 'उनसठ' आदि भी मजे के रहे। 'अठ' में 'सात' का 'सर' हो गया; कहीं 'र' को 'ड़' भी 'सड़सठ'। 'अठ' का 'अड़' तो बहुत विचित्र नहीं। 'सप्तति' में 'स' को 'ह' नहीं हुआ; 'अठहत्तर' में होकर भी कहीं हट गया—'अठत्तर'। लोप प्रायः 'ह' का ही होता है; स् का नहीं। 'अशोति' से 'अस्सी' बना। आगे 'अस्सी' रहकर ससन्धि रूप हैं—'इक्यासी' आदि। 'नवति' का 'नब्बे' बनना कुछ समझ में नहीं आता। परन्तु बना। 'नवति' का 'नव-इ' शेष रहा जान पड़ता है, 'त्' उड़ गया। व को 'ब' हुआ और अ-इ मिलकर 'ए'। ब् को द्वित्व हुआ—'नब्बे'। कितना परिवर्तन। हद है! आगे नब्बे 'नबे' है! आगम (ऊपर से आया हुआ ब्) उड़ गया—इक्यानवे, बानबे आदि। 'सत्तानबे' में 'सात' का 'सत्ता' हो गया है, जो अचरज की बात नहीं। पत्ते खेलते समय आप 'सत्ता' देखते ही हैं। 'निन्यानबे' में 'नव' या 'नौ' को 'निन्या' हो गया है। यहाँ 'उनसौ' नहीं हुआ। 'शत' का 'सौ' कुछ अजब नहीं है। 'त' को 'य' और फिर 'इ' तो होता ही है, ('दुइ सै'); पर 'व' और 'उ' होते भी देखा गया है—'घृत'—'घिउ, कहीं-कहीं (पंजाब आदि में) 'घ्यौ' भी। 'गतः'-'गया' और पूरब में 'गवा' भी। सो, 'शत' का 'सउ' और 'अ-उ' मिलकर 'औ'—'सौ'।

आपने देखा, कितना विचित्र परिवर्तन है, संख्या-वाचक शब्दों में? इसी से भाषा के स्वच्छन्द विकास का अंदाजा लगाइए। फिर भी, कुछ व्यापक नियम निर्धारित किए ही जा सकते हैं। अपवाद तो नियमों के होते ही हैं और सब शब्दों को तो इन्द्र और पाणिनि भी नियमों में न बाँध सके। तब उन्हें 'बाहुलक' की शरण लेनी पड़ी; भाषा की अनन्तमुखी प्रवृत्ति स्वीकार करनी पड़ी।

अच्छा, यह संक्षेप में वर्ण-विकार की चर्चा हुई। अब आगे 'वर्ण-लोप' भी जल्दी-जल्दी में कुछ देख लीजिए और फिर 'अर्थ-विकास' पर एक दृष्टि डाल ली जाए। बस, इस पुस्तक का इतना ही काम है।

हाँ, संख्या-वाचक शब्दों के 'पूरणी' रूपों पर कुछ कहना जरूरी था। 'द्वि' और 'त्रि' के 'द्वितीय'-तृतीय' रूप हमारी समझ में आते हैं; पर 'एक' से 'प्रथमः' कैसे बन गया? हिन्दी से भी 'पहला' ऐसा ही है। अंग्रेजी में भी 'वन'-'टू' से 'फर्स्ट'-'सेकण्ड' विचित्र प्रयोग हैं। 'चतुर्थः' का हिन्दी में 'चौथा' ठीक है। अंग्रेजी में भी 'चतुर्थः' का ही 'थ' गया है क्या? यदि ऐसा है, तो अंग्रेजी ने इस 'थ' से ही आगे सब काम निकालकर बुद्धिमानी

का परिचय दिया है—फोर्थ, फिफ्थ आदि। हिन्दी ने संस्कृत के 'मः' को 'वाँ' आदि बनाने का प्रयास किया है—पाँचवाँ, सातवाँ आदि। बीच में 'पष्ठः' आ गया, जिसका हिन्दी ने 'छठा' किया—'छठवाँ' नहीं। अनेक 'साहित्यिक' जन भी 'जार्ज षष्ठम' गलत लिख देते हैं। 'छठवाँ' भी गलत है। आगे तो हिन्दी ने भी सरलता कर दी है, सर्वत्र 'वाँ'। 'तमः' को 'वाँ' चलाया—विशतितमः—'बीसवाँ'। सीधा-साफ मार्ग है, अन्धा भी मजे से चला जाए।

यह सब होते हुए भी हिन्दी ने भरसक भ्रम तथा सन्देह की जगह नहीं दी है।

## हिन्दी की प्रत्यय-कल्पना में भी

स्पष्टता की छाप विद्यमान है। ऊपर अल्पार्थक 'इया' प्रत्यय का उल्लेख हुआ है, जो पुल्लिंग तद्भव संज्ञा को स्त्री-लिंग बनाने में काम आता है—लोटा से 'लुटिया' आदि। पुं-विभक्ति 'आ' (ा) में और इस स्त्री-प्रत्यय 'इया' में बहुत अन्तर है। फिर भी, खड़ी बोली के क्षेत्र ने इस 'इया' को वैसा नहीं अपनाया; क्योंकि यहाँ खड़ी पाई (ा) का पुल्लिंग में अत्यधिक प्रयोग है। कहीं किसी को भ्रम न हो जाए! इसीलिए 'इया'-प्रत्ययान्त शब्द यहाँ कम चलते हैं; व्रज तथा अवध में अधिक; जहाँ पुं-विभक्ति 'आ' का साम्राज्य नहीं है।

'आँख' से 'अँखिया' यहाँ भी चलता है, जो अल्पार्थक 'इया' से नहीं; कोमलता-व्यंजक 'इया' से है। आँखें दो हैं; अतः 'अँखियाँ' बहुवचन ही प्रयुक्त होता है! स्त्री-लिंग शब्द से जब 'इया' होता है; तो प्रायः कोमलता के लिए; या 'स्वार्थे'। 'बहू' और 'बहुरिया' एक ही बात है। 'वधु' से 'वधूटिका'। 'बधू' का 'बहू' और 'वधूटिका' का 'बहुरिया' विकास। 'ट' को 'ड' और फिर 'र'। परन्तु 'वधुटी' का 'बहुरी' नहीं हुआ। कारण यह है कि 'बहूरी' स्त्रीवर्गीय एक स्वतंत्र शब्द भुने अन्न ('चबेना') के लिए पूरब में चलता है। 'बहू' का 'बहिया' भी नहीं। 'बहिया' दुर्दाम नदी-पूर—'बाढ़', जिसे अंग्रेजी में 'फ्लड' कहते हैं। व्युत्पत्ति तो उसकी भी हो जाती, जो सब को बहा ले जाए—'को जग जाहि न ब्यापी माया?' परन्तु शब्द-भ्रम तो होता ही। इसीलिए 'वधूरी' से 'बहुरिया' है। उकारान्त या ऊकारान्त शब्दों से 'इया' प्रत्यय बहुत कम देखने में आता है। इकारान्त या ईकारान्त स्त्री-लिंग संज्ञाओं से बराबर 'इया' होता है, स्वार्थे या मृदुता में—मुँदरी-मुदरिया आदि। परन्तु 'तकिया' में यह 'इया' प्रत्यय नहीं है। वह 'इया' एक तरह का तद्धित प्रत्यय है, जो संज्ञा-शब्द से होता है। पर, 'तकिया' बना-बनाया ऐसा ही शब्द है। 'तक' कोई संज्ञा नहीं, जिससे यह बना हो। इसीलिए स्त्री-लिंग नहीं है। 'घटिया', 'बढ़िया' आदि विशेषण स्त्रीलिंग-पुल्लिंग में समान रूप से चलते हैं— घटिया, बढ़िया घड़ी, बढ़िया कपड़ा और घटिया धोती, घटिया भोजन। 'इया' प्रत्यय यहाँ वह नहीं है, जो (स्त्रीलिंग) ऊपर कहा गया है। वह 'इया' संज्ञाओं से ही होता है, धातुओं से नहीं; संज्ञा बनाता

है, विशेषण नहीं। 'घटिया' और 'बढ़िया' में कृदन्त प्रत्यय है—किसी से घटकर 'घटिया' और बढ़कर 'बढ़िया'। कृदन्त प्रत्यय धातुओं से होता है। घटना-बढ़ना क्रियाएँ हैं। 'गढ़िया' और 'जड़िया'—भी ऐसे ही (कृदन्त) शब्द हैं—'और कवि गढ़िया, नन्ददास जड़िया'—गढ़ने का काम करे, सो गढ़िया—साधारण सुनार। और, जो बढ़िया जड़ाऊ काम करे, जड़ने की कारीगरी करे, वह 'जड़िया'। 'गढ़ना-जड़ना' क्रियाएँ हैं। सो, ये कृदन्त शब्द पुल्लिंग-स्त्रीलिंग में समान हैं। उस 'इया' स्त्री-प्रत्यय का यहाँ कोई लगाव नहीं; भ्रम की गुंजाइश नहीं।

हाँ, 'पुरबिया', 'जयपुरिया' आदि में 'इया' अवश्य तद्धति प्रत्यय है, जो एक संज्ञा से दूसरी संज्ञा या विशेषण बनाता है। परन्तु उस स्त्री-प्रत्यय 'इया' से 'इया' बिलकुल भिन्न है और इसलिए उभयथा प्रयोग में आता है 'पुरबिया स्त्री', 'पुरबिया आदमी'। इस 'इया' का विकास भिन्न मूल से है। संस्कृत के 'पूर्वीयः', 'जयपुरीयः' आदि से 'ई' निकाल कर हिन्दी ने एक प्रत्यय बना लिया; आगे के 'य' का लोप करके—'पूरबी', 'जयपुरी', 'कानपुरी', आदि। यह 'ई' तद्धित प्रत्यय है। संस्कृत 'ईय' का संक्षिप्त संस्करण। परन्तु हिन्दी के दूसरे क्षेत्र ने 'ईयः' का 'इया' के रूप में विकास किया—पूर्वीयः—पुरबिया, जयपुरीयः-जयपुरिया। संस्कृत 'स्त्रीलिंग' पूर्वीया, 'जयपुरीया' का 'ईया' हो हिन्दी में 'इया' होकर आया है। सो, 'कनपुरिया औरत' ठीक है। विशेष्यों के कारण सन्देह या भ्रम की गुंजाइश नहीं।

आपका इतना समय प्रत्ययों के झमेले में चला गया। परन्तु प्रासंगिक चर्चा थी। भाषा के विकास में प्रत्ययों का विकास भी एक महत्त्वपूर्ण चीज है, जिसकी ओर अभी तक ध्यान ही नहीं दिया गया है। जब हमने 'व्रजभाषा-व्याकरण' में पहले-पहल यह मत प्रकट किया कि हिन्दी की 'ने' विभक्ति का विकास संस्कृत 'बालकेन' आदि में स्थित 'एन' अंश को लेकर और वर्ण-व्यत्यय से सिद्ध है; तो उसकी आलोचना (प्रयाग के) अंग्रेजी-पत्र 'लीडर' में श्री 'डी. वर्मा' ने छपाई और हमारी उद्भावना को एक दकियानूसी विचार बतलाया; यद्यपि उस तरह खिल्ली उड़ाने का कोई आधार उनके पास न था। हमारे मत को उड़ाने में कोई युक्ति उन्होंने न दी थी; न यही बतलाया था कि तो फिर हिन्दी में यह 'ने' विभक्ति आई कहाँ से! श्री 'डी. वर्मा' के उस लेख का मैंने समुचित उत्तर दिया, जिस पर वे चुप रहे। 'हिन्दी शब्दानुशासन' में तो कई अन्य विभक्तियों के विकास पर भी प्रकाश डाला गया है। 'गृह' से 'घर' बन गया; इतना कह देना ही भाषा-विज्ञान नहीं है। यह तो शब्द-विकास की एक साधारण चीज है। हिन्दी में संज्ञाओं तथा क्रियाओं की विभक्तियाँ कहाँ से किस तरह आईं; यह सब भी भाषा-विज्ञान में ही बताना होगा और यह मुख्य चीज है। व्याकरण में साधारणतः इन विभक्तियों के प्रयोग पर विचार होता है; स्वरूप-विकास पर नहीं। विश्वास है, हिन्दी में अब इस ओर विद्वानों का ध्यान जाएगा। सो, यह सब प्रत्यय-चर्चा अनावश्यक नहीं है; जरूरी चीज है।

## वर्ण-लोप

अब हम 'वर्ण-लोप' पर विचार करेंगे। पिछले अध्यायों में आप ने शतशः वर्णों (स्वरों तथा व्यंजनों) का लोप देख लिया है; फिर भी एक पृथक् अनुच्छेद में विशेष रूप से कुछ कहने की जरूरत है। कुछ कहना शेष है। परन्तु संक्षेप का ध्यान रखा जाएगा।

भाषा के विकास में स्वर तथा व्यंजन का लोप होता रहता है। 'अहै' के 'अ' का लोप होकर 'है' बन गया। 'अहै' की उत्पत्ति 'अस्' से है; स् को ह् करके। 'अहै' का सगा भाई 'अहि' है—'जाने को आहि बसै केहि गामा'। 'आहि के 'आ' का लोप होकर 'हि' अंश एक क्रिया-विभक्ति के रूप में प्रयुक्त होने लगा, वर्तमान काल में ही—'राम करहि सब के सब काजा।' 'करहि'—करता है। 'ह्' का लोप—'करइ'। सन्धि हो कर 'राम करै सब जग का पालन।' इस प्रकार का लोप स्वतः जनता द्वारा होता है। यदि अज्ञानवश कोई किसी शब्द को काट दे, तो उसे 'विकास' न कह कर 'विनाश' कहा जाएगा। संस्कृत में 'अपि' का 'अ' उड़ गया और 'पिधत्ते', 'पिधानम्' आदि रूप चले। इसी अनुकरण पर कोई 'अनुसरणम्' को 'नुसरणम्' करना चाहे, तो मूर्ख बनेगा। हिन्दी के महालेखक भी 'अभिज्ञ' को 'भिज्ञ' लिखते देखे गए हैं। कविवर श्री भगवतीचरण वर्मा-जैसे लोग भी 'अभिज्ञ' को 'भिज' कर बैठे हैं, जिनकी पुस्तकें 'एम.ए.' तथा 'साहित्य-रत्न' में चलती हैं; छात्रों को हिन्दी का आदर्श रूप देने के लिए! यह भयंकर गलती इसलिए हुई कि अभिज्ञ के 'अ' को इन विद्वानों ने निषेधार्थक समझा और 'अभिज्ञ' का अर्थ 'अवज्ञि' समझा। इन्होंने यह समझा कि मूर्ख लोगों ने 'भिज्ञ' में 'अ' जोड़ लिया है, जैसे 'स्तुति' को 'अस्तुति' कर देते हैं। उसी 'गलती' को दुरुस्त करने के लिए 'भिज्ञ' चलाया जा रहा है। इसी तरह 'इस्तीफा' को लोग 'स्तीफा' लिखने लगे हैं; यह समझकर कि 'इ' तो उच्चारण-सुविधा के लिए लोगों ने चिपका ली है। यह नहीं समझे कि 'इस्तीफा' ही शुद्ध शब्द है; फारसी 'इस्तीफे' का तद्भव रूप। अब इस 'इस्तीफा' को और क्या शुद्ध किया जाए? अच्छे ताए हुए घी को, (और अधिक शुद्ध करने के लिए) जलाओगे, तो बदबू देने लगेगा, खराब हो जायगा। सो, इस तरह के 'भिज्ञ' लोग यदि भाषा-'संस्कार' का काम छोड़कर, अपना 'स्तीफा' दाखिल करके, कुछ और काम करें तो अधिक अच्छा हो।

सारांश यह कि 'शब्द' या पद के प्रारम्भ में स्वर-लोप का विषय सावधानी का है। जरा-सी भूल हो जाने से 'रग पर नश्तर' लग जाने का डर रहता है! इसलिए हिन्दी के 'डॉक्टर' यदि तेजी से हाथ न चलाएँगे और सावधानी से काम लेंगे, तो अच्छा होगा।

आदि में स्वर का ही नहीं, व्यंजन का भी लोप होता है—स्नेह-नेह। परन्तु इसी अनुकरण पर यदि कोई 'स्तुति' को 'तुति' या 'स्तव' को 'तव' कहेगा, तो अपनी मूर्खता का परिचय देगा। हाँ, 'स्फूर्ति' का 'फुरती' और 'स्फुरण' का 'फुरना' नैसर्गिक है। 'हृषीकेश' का 'ऋषीकेश' आपके सामने है। 'ह्' उड़ गया। परन्तु हरिद्वार के समीप 'ऋषीकेश' तीर्थ अलग है। यह 'ऋषिकेश' से है। कुत्सित ऋषि (साधु) 'ऋिषक'—स्वादू लोग। ये 'ऋषिक' लोग ही जहाँ 'ईश' हों, सब जमीन-जायदादों के मालिक हों, वह जगह

'ऋषिकेश'। वही फिर 'ऋषीकेश'। कभी-कभी आदि का वर्ण ज्यों का त्यों रहता है और उसके अनन्तर बैठा हुआ उड़ जाता है। 'स्वामी' से 'साईं' बन गया। 'व्' तथा 'म्' का लोप और 'ई' अनुनासिक 'म्' अपना प्रतिनिधि छोड़ा गया है।

आद्य स्वर में ज्यों का त्यों रह कर अपने आगे के व्यंजन का बलिदान कभी-कभी कर देता है। 'उत्' उपसर्ग से हिन्दी का 'उ' उपसर्ग इसी तरह बना है—उठना, उचटना आदि। निस् या निर् उपसर्ग के अन्त्य व्यंजन का लोप करके हिन्दी 'नि' उपसर्ग की निष्पत्ति है—निकम्मा, निपटना, निगोड़ा (निर्गुण) आदि।

शब्द के अन्त में संयुक्त व्यंजन हो, तो पूर्व व्यंजन का लोप प्रायः देखा जाता है और तब आद्य स्वर दीर्घ हो जाता है—सप्त-सात, तप्त-तात, भक्त-भात, रिक्त-रीता आदि। 'रीता' एक लड़की का भी नाम है, जिसके 'पण्डित' पिता ने सुन्दर नाम 'ऋता' रखा था।—'ऋतं च सत्यं च' से 'ऋत' ले कर स्त्रीलिंग प्रयोग—'ऋता'। इस 'ऋता' को अंग्रेजी समाचार-पत्रों ने 'RITA' छापा, जो ठीक ही था। इस (RITA) को हमारे हिन्दी सम्पादकाचार्यों ने 'रीता' कर दिया। 'रीता' हिन्दी में पुल्लिंग विशेषण है—'रीता बर्तन'—खाली बर्तन! बेचारी लड़की को पुल्लिंग बनाया और सब गुणों या अवगुणों से शून्य भी कर दिया! स्त्रीलिंग होता है—'रीती'—'रीती वोरी हमें वापस देना'। इसी तरह 'साम्ब शिवम्' को हिन्दी-पत्र 'सम्बा शिवम्' छाप रहे हैं। लड़की के लिए 'रीता' तथा उस बलिदानी पुरुष के लिए 'सम्बा' शब्द बहुत भद्दे हैं और अपने भाग्य पर रो रहे हैं!

अस्तु, 'रिक्त' आदि का 'रीता' आदि बन जाता है। इसी तरह—कर्म-काम, धर्म-धाम, चर्म-चाम आदि हैं।

जनता में ही भाषा-विकास होता है। सोना खान में स्वतः बनता है; हीरा भी अपने आप बनता है; परन्तु उसे साफ करना होता है; और शाणोतलेख कर के सुडौल करना होता है। इसे 'संस्कार' कहते हैं। जब कोई जन-भाषा या 'बोली' साहित्यिक भाषा का रूप ग्रहण करती है, तब (अगणित नागरिक जनता का कंठहार बनने से पूर्व) उसकी सुवर्ण-राशि को तपना-कटना भी होगा। जो (मेरठ-परिसर की) बोली, आगे चल कर खड़ी बोली, उर्दू, हिन्दी, राष्ट्रभाषा आदि कहलाई, उसमें रोट्टी, धोत्ती, आदि कर्ण-कटु प्रयोग होते हैं। साहित्यिक भाषा ने एक-एक वर्ण का लोप करके रोटी, धोती आदि सुन्दर शब्द बना लिए। इसे हम 'विकास' न कहकर 'परिष्कार' या 'संस्कार' कहेंगे—विज्ञजनों ने, कुशल डाक्टरों ने, जैसे किसी 'छंगे' की छठी अँगुली हँसते-हँसते आसानी से उड़ा दी हो।

वर्ण-लोप के हजारों उदाहरण दे-दे कर पुस्तक के पृष्ठ बढ़ाए जाएँ; यह अच्छा नहीं। काम की विशेष बात कहनी चाहिए और वही यहाँ भी है।

## स् तथा ह् की चर्चा

किया क्या जाए, भाषा-विज्ञान में इन्हीं अक्षरों की करामात देखने में आती है। जाहू, जाउ, जाओ आदि में ह् का लोप आप देख ही चुके हैं। संबोधन 'हे' का ह् उड़ गया—'ए' रह

गया—'ए लड़के'! यह 'ए' उर्दू में 'ऐ' हो गया—'ऐ लड़के'! 'राम हो, राम!' इस दूर के संबोधन का 'हो' अपने 'ह्' को हटाकर 'आ' रह गया—'ओ राम'!

यही नहीं, जिन संयुक्त व्यंजनों में ह् घुल-मिल गया है, उन से भी अपने अल्प्राणों को दूर हटाकर आप चमकता रहता है। 'मुख'-'नख' का 'मुँह-नहँ' आप देख ही चुके हैं। कभी क, च, ट, त, प, या ग, ज, ड, द व को भी 'ह' होता देखा है? यहाँ ह् है ही नहीं। ख, ध आदि में वह है; सो स्पष्ट हो जाता है, अल्पप्राण को मिटा कर! 'क्रोध' से 'कोह' होता है, 'शोक' का 'सोह' नहीं। 'क्षोभ' का 'छोह' है, पर 'लोभ' का 'लोह' नहीं होता। 'लोह' पहले से ही 'लौह' का तद्भव मौजूद है न! भ्रम न पैदा हो! 'शोभन' का 'सोहन' है; तब 'शोधन' का 'सोहन' कैसे बने? 'बधिर' का 'बहिर' फिर 'आ'-विभक्ति के साथ 'बहिरा' बना; अन्यत्र 'इ' को 'अ' हुआ—'बहरा'। हिन्दी में 'ह' प्रायः 'इ' को हटा कर 'अ' रखता है। 'एक-स्थानीय' मित्र है न! इसीलिए 'भगिनी' से 'बहिनी' बना; फिर 'बहन' हो गया। 'रुधिर' का 'रुहिर' 'पद्मावत्' आदि में देख सकते हैं—'रुहिर भभूका'। 'शफरी' संस्कृत शब्द का 'सहरी' 'कवितावली' में है, जिसका अर्थ करने में लोग इधर-उधर के कूलाबे भिड़ाते हैं।

'मेघ' और 'मेह' बहुत प्रसिद्ध है, और 'सौभाग्य' का 'सुहाग', एक विशिष्ट अर्थ में। 'आभीर' का आद्य स्वर ह्रस्व भी हो गया—'अहीर'। परन्तु 'अधीर' का 'अहीर' नहीं हुआ; भ्रम बचाने के लिए। 'वधू' का 'बहू' और 'गभीर' का 'गहरा' है। ह् न 'इ' को हटाकर अपना गोत्रोय 'अ' बुला-बसा लिया है। 'भला' का 'हला' हो गया है—'हला शकुन्तले'! 'भला शकुन्तला, तू ने वह बेसमझी की क्यों?' 'दधि' के अन्त का स्वर दीर्घ भी हो गया है—'दही'। संस्कृत 'कथ्' धातु 'कह' बन गई है।

'मध्य' का 'महँ' बना, जो आगे चल कर 'में' के रूप में हिन्दी की एक विभक्ति बना।

## 'में' और 'पर'

इन विभक्तियों के प्रयोग-भेद पर ध्यान देने से भी स्पष्ट है कि 'मध्ये' से ही 'में' विभक्ति है। भीतर के लिए 'मे' आता है और ऊपर के लिए 'पर'। 'सन्दूक में पुस्तकें हैं', 'सन्दूक पर पुस्तकें हैं।' यह 'पर' विभक्ति 'ऊपर' के 'ऊ' को अलग कर के बनी है।

'मध्य' का एक विकास 'माँझ' के रूप में भी हुआ है, जो कविता में आता है।

'कहा' व्रज में 'क्या' के अर्थ में बोला जाता है, जिसका 'ह्' पूरब की ओर चलते-चलते घिसता जाता है। मैनपुरी तक कुछ झनक मिलती भी है; पर आगे कोरा 'क' रह जाता है—'कहा करै निरबल मनुज?' 'का करै कोऊ उन ते लड़ि कै!'

आगे जैसे-जैसे पूरब में भाषा बढ़ती जाती है, 'ह्' के दर्शन कम होते जाते हैं। बंगाल में 'आमार' हो गया है हमारा 'हमार'। इसी तरह शतशः-सहस्रशः विकास हैं।

बंगाल में ह् जैसे उड़ता है; पंजाब में वैसे ही जमता है। एक मधुर भाषा की उसकी जरूरत है। वह 'और' को कभी 'होर' बना लेती है और 'इक' को 'हिक'; सो आप देख चुके हैं। पूरब-पच्छिम का अन्तर है!

ह् के लोप, आगम तथा प्रभाव से भाषा भरी हुई है। आवश्यकता इस बात की है कि विकास के एक-एक तत्त्व तथा कारण पर अलग-अलग विचार हो। इससे अनेक रहस्यों का उद्घाटन होगा! हमें विश्वास है, हिन्दी में वह समय अब आ रहा है।

लोप-प्रकरण में यह बात ध्यान देने की है कि जब किसी इकारान्त व्यंजन का लोप होता है, तो शेष 'इ' को विकल्प से 'य' हो जाता है—कोकिल-कोइल-(कोइलिया)-कोयल। 'कोऽपि'-कोई-कोई-कोय। जाहि-जाइ-जाय। होहि-होइ-होय।

कभी-कभी तो वर्ण-लोप इस तरह होता है कि कुछ पता ही नहीं चलता! व्रज में 'सद लोनी' शब्द खूब प्रचलित है! सद लोनी—ताजा मक्खन। सद्यः निःसृत नवनीत—'सद्यः' नवनीत'। फिर 'सद्य' का 'सद'—य् लोप होकर। 'नवनीत' का 'लौनी' बहुत विचित्र विकास है। कहीं-कहीं 'लैनू' और 'नैनू' भी होता है। जन-प्रचलित 'नवनीत' का कैसा स्वच्छन्द विकास हुआ है!

## अर्थ-विकास तथा कुछ अन्य बातें

अब तक शब्द-विकास की विशेष-विशेष प्रवृत्तियाँ हमने देखीं और इस तरह अनन्त शब्द-सागर की कुछ जानकारी प्राप्त की। शब्द-विकास को जि चार विभागों में हमारे महान पुरखों ने रखा था, वे अब तक ज्यों के त्यों स्थिर हैं और सदा ऐसे ही रहेंगे। निरुक्त का पाँचवाँ तत्त्व है—'अर्थ-विकास'। भाषा के विकास में अर्थ-विकास भी महत्त्वपूर्ण चीज है। कच्चे आम के रूप-रंग आदि में जो कुछ आप देखते हैं; पकने पर वह साब प्रायः बदल जाता है। हरा रंग गुलाबी या सिन्दूरी हो जाता है। कोमलता आ जाती है। कठोरता वैसी नहीं रहती। यह सब बाह्य परिवर्तन है। भीतरी परिवर्तन रस में होता है—खट्टे से बदल कर मीठा या खटमिट्ठा हो जाता है। यह अन्तः-परिवर्तन है। कभी-कभी बाह्य परिवर्तन वैसा नहीं भी होता है, या बहुत कम होता है। इसी तरह भाषा के विकास में शब्द तथा अर्थ, दोनों का विकास हम देखते हैं। कभी-कभी शब्द-विकास भर होता है, अर्थ ज्यों का त्यों रहता है। आम ऊपर से रंग बदल कर सिन्दूरी हो गया, नरम भी हो गया, पर खट्टा पहले जैसा ही। कभी शब्द में कोई परिवर्तन नहीं होता। पर अर्थ कुछ बदल जाता है। कोई-कोई आम पक जाने पर भी रंग में हरे ही रहते हैं। सवाद में महान् अन्तर। शब्द तथा अर्थ दोनां में साथ-साथ परिवर्तन तो प्रायः हम देखते ही हैं। सो, अर्थ-विकास ही ये सब धाराएँ आपके सामने हैं।

'अभियुक्त', 'सम्पादक' आदि शब्द संस्कृत से हिन्दी में ज्यों के त्यों आएँ है; परन्तु अर्थ में परिवर्तन-परिवर्द्धन है। 'स्तन' 'थन' बना; परन्तु अर्थ की परिधि कम हो गई। 'थन' का प्रयोग पशुओं के ही लिए होता है। प्रक्रिया में कहीं मानवी-परिधि में भी 'थन'

आता है। स्त्रियों को 'थनेला' (रोग) बहुत कष्ट देता है। अर्थ की परिधि का कम हो जाना भी भाषा-विज्ञान में विकास ही है। कभी शब्द-विकास हो जाने पर भी अर्थ पूर्ववत् रहता है। 'पठ्' तथा 'पढ़' धातुओं के अर्थ में कोई अन्तर नहीं है। कभी क्वाचित्क अर्थ-विस्तार होता है, मुहाविरे आदि में। 'गृह' का 'घर' हो गया; शब्द-विकास होने पर भी अर्थ में कोई अन्तर नहीं। परन्तु 'प्लेग में बेचारे राम का घर बिगड़ गया' यहाँ 'घर' के बदले 'गृह' नहीं दे सकते हैं।

अर्थ-विस्तार की कोई सीमा नहीं है। इसे शब्द की तरह दो-चार वर्गों में बाँटना सम्भव नहीं है। इसीलिए पूर्वाचार्य्यों ने भी इस पर विस्तार से विचार करना आवश्यक नहीं समझा। साधारणतः इतना समझ लेना पर्य्याप्त है कि अर्थ-विकास किस तरह होता है।

हिन्दी ने अर्थ-विस्तार कई दृष्टियों से किया है, जिनमें असन्दिग्धता-सम्पादन मुख्य है। संस्कृत में 'पच्' धातु का अर्थ पचना भी है और पकाना भी। मूल अर्थ 'पकाना' है और इसीलिए यह सकर्मक है—'रामः ओदनम् पचति'—राम भात पकाता है। परन्तु इसी धातु का 'कर्म'-कर्तृ' प्रयोग करके 'पचना' अर्थ भी लिया जाता है—'भोजनं प्रायो यामद्वयेन पच्यते निरुजस्य'—नीरोग आदमी का भोजन प्रायः छह घण्टे में पच जाता है। संस्कृत में 'पच्' का ही प्रयोग है; एक जगह 'कर्तरि' और अन्यत्र 'कर्म-कर्तरि'। परन्तु हिन्दी ने ऐसा झमेला नहीं रखा और अर्थानुरूप शब्द में कुछ परिवर्तन कर दिया। 'पच्' जो मूल अर्थ (कर्तृवाच्य) में संस्कृत ने रखा है, उस अर्थ में हिन्दी ने उसे 'पका' कर के लिया है। 'च' को 'क' और अन्त में दीर्घ 'आ'। 'राम रोटी पकाता है'। पेट में जठराग्नि से जीर्यमाण होने को 'पचाना' कहते हैं। यहाँ 'पच' शब्द में कोई परिवर्तन नहीं हुआ। स्वरान्त होना हिन्दी के लिए साधारण बात है। हाँ क्रिया अब सकर्मक नहीं, अकर्मक है—'अन्न पचता है'।

इसी तरह शतशः शब्द-परिवर्तन हुए हैं; केवल स्पष्टता के लिए। अर्थ-विस्तार हुआ ही है—'पचना' और बात है, 'पकाना' और। 'पकाना' का 'कर्म-कर्तृ' 'पकाना' है—'दाल पक रही है'। इस तरह सब स्पष्ट है।

संस्कृत का 'उत्' उपसर्ग हिन्दी में 'उ' के रूप में विकसित हुआ है। 'उत्पद्यते' का 'उत्पद्य' अंश लेकर हिन्दी ने 'उपज' बना लिया। 'क्षेत्रेऽन्नमुत्पद्यते'—खेत में अन्न उपजता है। परंतु हिन्दी में एक विशेषता आ गई। चार प्राणियों की उत्पत्ति के लिए 'उपजना' न कहा जाएगा। इस जगह हिन्दी ने 'जन्म' के विकसित रूप 'जनम' को नाम-धातु बना कर काम लिया है—'ते जनमे कलिका कराला; करतब वायस, वेस मराला।' कुछ लोग तत्सम 'जन्म' शब्द से 'जन्मे' और 'जन्मी' आदि गलत लिख देते हैं। इसी अर्थ में 'उत्पन्न होना' 'पैदा होना' आदि भी चलते हैं। परन्तु ऐसे प्रयोग चर-अचर सभी तरह की उत्पत्ति के लिए होते हैं—'मनुष्य पैदा होता है'—'नाज पैदा होता है' और 'इस वर्ष जितनी भी फलों की उत्पत्ति होगी, सब सरकार खरीद लेगी।' परन्तु 'अन्न को उत्पत्ति' की जगह 'अन्न' की उपज ही अधिक चुस्त है।

ऐसा क्यों है? क्यों 'अन्न की उपज' अच्छा लगता है और 'मनुष्यों की उपज' क्यों गलत है; इसमें कारण है। शब्द का विकास दो क्षेत्रों में होता है और वे क्षेत्र हैं: (1) जनता तथा (2) साहित्य।

## जनता तथा साहित्य

जनता में जिन शब्दों का विकास होता है, वे सर्व-ग्राह्य हो जाते हैं। कुछ शब्दों का विकास साहित्य-मात्र में होता है। इन दोनों विकासों में वही अन्तर है, जो डाल में पके तथा पाल में पकाए आमों में। परन्तु, यदि पकाने योग्य अवस्था आमों की न हो, या पकाने की विधि में गड़बड़ी हो जाए और आम पकने की जगह सड़ जाए या सूख जाए; नीरस या विरस हो जाए, तो इसे 'विकास' न कहकर 'विकार' कहेंगे। 'कर्ण' का विकास जनता में 'कान' के रूप में हुआ और राजा 'कर्ण' का 'करन'। यह स्वाभाविक विकास है। साहित्य में 'श्रावण' का विकास 'स्रोत' हुआ—'स्रौननि कुंडल'। 'कान' तो साहित्य ने भी यथा-स्थान ग्रहण कर लिया; पर जनता ने 'स्रौन' नहीं अपनाया। फिर भी, साहित्य में, अवधी तथा व्रजभाषा-साहित्य में, 'स्रौन' चलता है। यह 'स्रौन' पाल में पकाया हुआ आम है। सुन्दर है, ठीक है। परन्तु यदि कोई 'साहित्यकार' संस्कृत के 'श्रुति' शब्द को 'स्रुति' या 'सुरुति' कर के लिखे, तो यह 'विकार' या गली-सड़ी चीज होगी। यह क्यों? इस लिए कि 'स्रुति का प्रयोग 'परिस्राव' के अर्थ में भी है—तत्सम 'सुरुति' भी भ्रामक है। 'शर्मा-वर्मा' को भी 'सरमा'-'बरमा' न होगा।

जन-विकसित शब्दों में जो भी भ्रम-सन्देह की गुंजाइश नहीं है। 'वंश' का विकास 'बाँस' हुआ, एक ही अर्थ में। 'कुल के अर्थ में यह विकास नहीं हुआ। उस अर्थ में 'बंस' हुआ। परन्तु 'बंसी' फिर कैसे? वह तो 'बाँस' की होती है न? हिन्दी ने 'बाँस' से 'बाँसी' बनाया है। मछली पकड़ने के लिए एक लम्बे-पतले बाँस में डोरा-चारा बाँध कर काम में लाते हैं। इसी का नाम 'बाँसी' है। इसलिए 'मुरली' के अर्थ में 'बाँसी' का प्रयोग नहीं हुआ—'बंसी' जरूर चला। परन्तु यह 'बंसी' तद्भव 'बाँस' से निष्पन्न नहीं है। संस्कृत ('वंश से निष्पन्न') 'वशी' शब्द का ही यह तद्भव रूपी 'बंसी' है। बनी-बनाई चीज ले ली है। व्रज-भाषा-साहित्य में श्लिष्ट-रूपक आदि देने के लिए 'बाँसी' को भी कवियों ने 'बंसी' कर लिया है; यह अलग बात है और उस कारीगरी के लिए क्षम्य भी हैं—'मोहन की बंसी ने मेरो मन-मीन बेध्यो।'

इसी तरह 'पृष्ठ' का विकास 'पीठ' जनता में हुआ—'पीठ का फोड़ा'। परन्तु 'पुस्तक के बारहवें (या बारहवीं) पीठ पर वह लिखा है' ऐसा नहीं कहे सकते। यहाँ 'पृष्ठ' ही रहेगा। कारण, जनता ने अपने व्यवहार के लिए अंग-विशेष के अर्थ में 'पृष्ठ' का 'पीठ' बनाया है, उसी में चलेगा। पढ़े-लिखे लोग तो अपनी पुस्तकों के 'पृष्ठ' ज्यों के त्यों पढ़ते-बोलते रहे। यहाँ 'पीठ' नहीं बोला गया। इसीलिए इस अर्थ में वैसा विकास गृहीत नहीं है।

जनता ने 'पत्र' को 'पत्ता' बना लिया। परन्तु पढ़े-लिखे लोग आपस में 'पत्र'-व्यवहार ही करते रहे। इसीलिए 'पेड़ के पत्ते गिरते हैं', पर डाकिया अपने झोले में 'पत्ते' नहीं, 'पत्र' भरे रहता है। 'पत्र' लिखने वाले उसका वही उच्चारण कर सकते थे, करते रहे। इसीलिए उस अर्थ में उस शब्द का वैसा विकास न हुआ। इसीलिए हिन्दी में असन्दिग्धता या स्पष्टता रही। 'पत्ता' का स्त्रीलिंग 'पत्ती' हुआ। छोटा 'पत्ता'–'पत्ती'। परन्तु संस्कृत में वृक्ष के छोटे पत्ते को 'पत्री' नहीं कहते हैं। यानी 'पत्री' का विकास 'पत्ती' नहीं है। 'पत्र' से 'पत्ता' और फिर इसका स्त्री-लिंग रूप 'पत्ती'। संस्कृत में 'पत्ती' नहीं है। संस्कृत में 'पत्री' या 'पत्रिका' कहते हैं 'चिट्ठी' को। हिन्दी में 'चिट्ठी' के साथ 'पत्री' भी चलने लगा–'चिट्ठी-पत्री'। जैसे 'बाग-बगीचा' आदि चलते हैं। फिर 'चिट्ठी' का 'चीठी' हो गया और इस 'पत्री' का 'पाती' विकास हुआ–'प्रेम की पाती। सो, 'पत्री' का अलग विकास है, 'पाती' का अलग। दोनों भिन्न चीजें हैं। इस 'पाती' को 'पात' का स्त्री-लिंग रूप न समझ लीजिएगा। जनता के सामने 'भैंस रहती है, 'रानी' नहीं। फलतः 'महिषी' का 'भैंस' बना, एक जानवर के अर्थ में। 'राज-महिषी संयोगिता को 'राजा की भैंस संयोगिता न कहेंगे।

जनता का काम कपड़ा सीने के लोहे की जिस चीज़ से पड़ता है, उसे उससे मतलब। 'सूची' का 'सूई' विकास हुआ। परन्तु पढ़े-लिखे लोग 'विषय-सूची' को ज्यों का त्यों पढ़ते-बोलते रहे। इसलिए 'पुस्तक की सुई देखने से' ठीक न रहेगा। उस अर्थ में 'सूची' का विकास हुआ ही नहीं है। तत्सम प्रयोग ही चलता है–'सूची'।

सन्दिग्धता हिन्दी रखती ही नहीं। 'घड़ा' का छोटा रूप 'घड़ी' न होगा, यद्यपि 'पत्ता' का 'पत्ती' होता है। 'घट' से 'घड़ा' है। छोटा घड़ा 'घड़िया' तो होता भी है। 'घड़ी इसलिए नहीं कि संस्कृत का, (समय-सूचक) 'घटी-यंत्र' का, 'घटी हिन्दी में 'घड़ी' हो गया, जैसे 'वट' का 'बड़'। जब एक शब्द इस अर्थ में चल पड़ा, तब किसी दूसरे अर्थ में उसी प्रकार का शब्द हिन्दी ने नहीं ग्रहण किया। मैं समझता हूँ कि हिन्दी की विकास-प्रवृत्ति समझने के लिए ये उदाहरण पर्याप्त हैं।

## संक्षेप का ध्यान

हिन्दी ने शब्द-विकास में या शब्द-ग्रहण के संक्षेप का ध्यान बहुत रखा है और शालीनता भी रखी है। 'रसाल' शब्द जनप्रचलित नहीं हुआ और 'आम्र' को 'आम' बनाकर आम बोल-चाल में स्वीकृत किया। संस्कृत में आम का पर्याय्य एक और शब्द है, छोटा-सा। 'आम' लेने में हिन्दी को 'र्' घिसना पड़ा; पर उस शब्द को लेती, तो यह झंझट भी न करनी पड़ती। परन्तु हिन्दी ने उस शब्द को ग्रहण इसलिए नहीं किया, क्योंकि गँवारू बोली में उसी रूप का शब्द स्त्री के गोप्य अंग-विशेष के लिए बोला जाता है। हिन्दी ने अपने क्षेत्र में अश्लीलता नहीं आने दी है।

कभी-कभी एक शब्द को तोड़कर दो पृथक्-पृथक् शब्द बना लिए गए हैं–एक ही अर्थ में। संस्कृत के 'बलीवर्द' शब्द को तोड़कर 'बैल' तथा 'बरघ' या 'बरधा' बने। 'बैल'

साहित्य ने भी ग्रहण कर लिया है। संस्कृत 'गोथम' का विकास फारसी में गन्दुम' हुआ। हिन्दी को 'गन्दुम' का 'गन्द' अच्छा न लगा। विस्तार भी पसन्द न आया। इसने 'गोधूम' के 'द्' का लोप कर दिया और 'म' को अनुनासिक-रूप से ग्रहण किया—'गोहूँ'। 'गोहूँ' फिर कहीं 'गेहूँ' बन गया। कितना संक्षेप! आपको यह देखकर आश्चर्य हुआ होगा कि पुं-विभक्ति के क्षेत्र में तो 'बैल' चलता है और जहाँ उस (पुं-विभक्ति) का साम्राज्य नहीं, वहाँ 'बरधा' चलता है। परन्तु यह व्यवस्थित चीज़ है। संस्कृत 'बलीवर्दः' में विसर्गों का प्रयोग तो अन्त में ही है न? विसर्गों का ही विकास 'आ' विभक्ति है। सो 'वर्दः' का अंश 'बरधा' है; 'आ' ह्रस्व कर 'बरध' भी। 'बली' अंश तो विसर्ग-शून्य है और इसलिए 'बैल' हुआ, 'बैला' नहीं।

जैसे 'बलीवर्द' से दो शब्द बन गए; उसी तरह कभी-कभी दो (अपने ही) शब्दों से भी हिन्दी एक शब्द बनाती है। हिन्दी का 'लगभग' अव्यय बहुत प्रसिद्ध है। 'लगना' क्रिया है। 'भागना' या 'भगना' भी क्रिया है। 'लगना' के साथ 'भगना' जमता है, 'भागना' नहीं। 'लगकर'—चिमट कर, एक होकर। 'भाग कर' या 'भग कर'—दूर हटकर। 'लगने' और 'भागने' के बीच में है—'समीप रहना'। बहुत समीप। 'लगभग एक हजार आदमी उस मुशायरे में थे'—अर्थात् एक हजार के समीप, कुछ इधर या उधर। 'एक हजार' संख्या 'आदमी' से बिलकुल लगी हुई नहीं है—निश्चित रूप से एक हजार नहीं। परन्तु 'भागी हुई' भी नहीं है। समीप है। या यों कहें कि लगी भी और भगी (भागी) भी है। यों 'करीब-करीब' है।

'लग कर' काम करो—जुट कर। यह 'जुट' 'जुड़' का विकास; विशेष अर्थ में। 'जुड़ कर' से वह अर्थ नहीं निकलता। 'जोड़' योग। 'योग' का संस्कृत में अर्थ 'युक्ति' भी—'योगः कर्मसु कौशलतम्' काम करने के कौशल को 'योग' या 'युक्ति' कहते हैं। योग-तदाकार हो जाना, लौलीन हो जाना, जुड़ जाना। 'लगन के साथ' में यही है। इसे 'लग्न के साथ' लिखना गलत है। 'लग्न-मुहूर्त' अलग है।

बनी-बनाई 'दाल' को संस्कृत में 'सूप' कहते हैं। कैसा सुन्दर गोल-मटोल शब्द है; हिन्दी के योग्य। परन्तु जनभाषा ने इसे ग्रहण नहीं किया। लोग 'दाल' से रोटी खाते हैं, 'सूप' से नहीं। संस्कृत 'शूर्प' का विकास हिन्दी में 'सूप' हुआ, तब दाल के लिए 'सूप' कैसे चलता? 'द्विदल' को दल कर 'द्वि' का छिलका कर दिया गया और फिर 'दल' को 'दाल' इसलिए किया गया; क्योंकि एक अन्य ऐसा ही शब्द अन्यार्थ में प्रसिद्ध था—'दोनों दलों में जम कर युद्ध हुआ'।

'धूम का विकास 'धुआँ' हुआ—यद्यपि 'धूम' हो सकता था। परन्तु हिन्दी में 'चहल-पहल' के लिए 'धूम' प्रसिद्ध था—'बड़ी धूम रही।'

कभी-कभी अनुनासिक-प्रयोग से भी हिन्दी ने सन्दिग्धता दूर की है। 'पृच्छ' का 'पूछ' हुआ—'पूछ-ताछ'। तब 'पुच्छ' का विक ास 'पूँछ' के रूप में हुआ। अनुनासिक का आगम केवल स्पष्टता के लिए; अन्यथा, 'पुच्छ' का विकास भी 'पूछ' ही होता।

संस्कृत का 'अम्बा' हिन्दी में 'अम्मा' हुआ, मुसलमानों में 'अम्मी' हो गया। 'अम्' का लोप कर के 'मा' रहा, जिसे साहित्य ने भी ग्रहण कर लिया। 'माता' से 'मा' नहीं

है—'माता-पिता' ही चलते हैं। मातृ-वाचक 'मा' फिर संस्कृत में भी कहीं चला गया है—'मा रमा-सुषमा चारु'। वैसे 'मा' शब्द संस्कृत में लक्ष्मी-वाचक है। माता के अर्थ में 'मा' हिन्दी से ही गया है। 'मायापुर' में नहर गंगा जी से निकली और फिर कानपुर में उसी से आ मिली, अत्यन्त घिसे-घिसाये रूप में। ऐसा बहुत ही कम देखने में आया है कि अन्यत्र विकास-प्राप्त वैसे शब्द पुनः संस्कृत में जा मिलें। 'मा' का भी संस्कृत में (माता के अर्थ में) क्वाचित्क ही प्रयोग है; पर है। बंगाल में स्त्री-सम्मानार्थ प्रचलित 'मा' शब्द संस्कृत का तद्भव नहीं, अपितु 'लक्ष्मी'-पर्याय्य (तत्सम) 'मा' है। इसीलिए वहाँ 'बहू मा' प्रयोग होता है—'बहू-लक्ष्मी' या 'लक्ष्मी-रूप बहू।' इस तरह अर्थ-भेद से शब्द-भेद सर्वत्र समझना चाहिए।

कभी-कभी पुंस्त्री-भेद कर के भी संदिग्धता का परिहार किया गया है। संस्कृत 'तुष' का हिन्दी में विकास किंचित् भिन्न अर्थ में हो कर 'भुस' बन गया। शब्द-प्रवृत्ति का कारण असारता। सार (अन्न, चावल) निकाल लेने पर ऊपर का जो छिलका बच जाता है, उसे संस्कृत में 'तुष' कहते हैं। यह असारता (मानव के लिए अभोज्यरूपता) समान धर्म लेकर जौ-गेहूँ आदि के माड़े हुए चारे की ओर भी इसी शब्द की प्रवृत्ति हुई; पर शब्द-भेद हो गया—'भुस।' 'त' का 'भ' हो जाना कोई बड़ी बात नहीं, जबकि 'द' को 'झ' (दोला-झूला) और 'च' को 'त' तक हो जाता है—'तेंतालीस'। जब एक नए अर्थ में 'तुष' का 'भूस' रूप चल पड़ा, तो 'तुष' के मूल अर्थ का द्योतन कैसे हो? इसके लिए 'भुस' का स्त्री-लिंग रूप 'भूसी'—तृष, चोकर। इस तरह उभयत्र शब्द-भेद से अर्थ-स्पष्टता हिन्दी ने रखी। पुं.विभक्ति लगा कर भी शब्द-भेद है—'लेख' और 'लेखा'

## विकास का कारण असमर्थता ही नहीं है

हिन्दी में शब्द-विकास का कारण संक्षेप, सौकर्य्य तथा सौष्ठव की ओर प्रवृत्ति ही है, उच्चारण-अशक्ति नहीं। हिन्दी में, 'स' का सही उच्चारण न हो पाता हो, ऐसा नहीं है। यहाँ तो 'स' इतना चलता है कि संस्कृत शब्दों के 'श' तथा 'ष' को भी 'स' प्रायः बन जाना पड़ता है! फिर भी 'स' का कहीं-कहीं 'छ' होते देखा गया है। पंचाधिक और षट्-न्यून संख्या के लिए संस्कृत में 'पष' शब्द है, जो 'पट्' आदि रूपों में चलता है। हिन्दी ने इस शब्द को स्वरान्त करके ग्रहण किया—'षष'। फिर हो गया—'सस'। 'दश' का जैसे 'दस' और 'शिर' का 'सिर'। 'सस' मजे से चल सकता था। फारसी में यही 'शश' गया है—'शशमाही'—'छमाही'—। फारसी में एक जानवर को 'खरगोश' कहते हैं, जिसे संस्कृत में 'शश' या 'शशक'। इसलिए वहाँ इस संख्या-वाचक 'शश' का चलन ठीक है। परन्तु हिन्दी में उस प्राणी को 'सस' और 'ससा' भी कहते हैं। 'शश' का रूप 'सस' और पुं-विभक्ति लगाकर 'ससा'—'ससा की बारी'। ऐसी दशा में संख्या-वाचक 'सस' ठीक न था। एक खेल का 'शह' यहाँ 'सह' बन चुका था, बोल-चाल में था। 'हस' तो बहुत भद्दा रहता है हिन्दी प्रारम्भ में 'स' को 'ह' पसन्द ही नहीं करती। 'सत्तर' का 'हत्तर' नहीं होता;

हाँ 'बहत्तर' 'तिहत्तर' हो जाता है। सो, हस भी न हो सका। तब क्या हो? 'स' को बच्चे 'छ' बोल देते हैं। स्वाभाविक प्रवृत्ति है इसी प्रवृत्ति को लेकर 'सस' के प्रथम 'स' को 'छ' कर दिया और तब द्वितीय 'स' 'ह' बन गया—'छह'। अर्थात् 'स' को 'छ' इसलिए न समझिए कि हिन्दी-भाषी 'स' बोल नहीं सकते; प्रत्युत इसलिए कि असन्दिग्धता लाने के लिए वह जरूरी था।

कभी-कभी अपनी पुं-विभक्ति का प्रयोग करके भी हिन्दी ने अर्थान्तर में काम चलाया है। 'रस' शब्द का व्यवहार हिन्दी में भी उसी अर्थ में होता है, जिस अर्थ में संस्कृत में। परन्तु 'आ' विभक्ति लगाकर ('रसा' बनाकर) अर्थान्तर में इसका प्रयोग होता है। 'आलू हमें पचते नहीं, रसा से ही रोटी खा लेंगे।' यों संस्कृत का 'यूष' शब्द जहाँ व्यवहृत होता है, वहाँ हिन्दी 'रसा' चलाती है। 'रसा' भी एक तरह का रस ही है; पर बहुत अन्तर है 'रस' और 'रसा' में। 'यूष' का 'जूस' बना कर हिन्दी ने काम लेना ठीक न समझा। 'रस' तथा 'रसा' में जो शब्द-साम्य है, वह 'रस' और 'जूस' में कहाँ है?

'भाण्ड' (बर्तन) का 'भाँड़' हिन्दी ने नहीं बनाया; क्योंकि नक्काल लोगों के लिए 'भाँड़' चल रहा था। हाँ, 'भाँडा' या 'भाँड़' का प्रयोग जरूर होता है; पर 'बर्तन' के साथ और प्रायः बहुवचन में ही—'बर्तन-भाँड़े। कहीं स्वतंत्र रीति से भी—'कपट-कलेवर कलिमल भाँड़े, चलत कुपन्थ वेद—मग छाँड़े।' 'भण्डिका' का 'हँड़िया' बना और 'भँड़िया' भी। आद्य व्यंजन का स्वर ह्रस्व हो गया; 'भ' के 'ब्' का वैकल्पिक लोप। 'इका' का 'इआ' और 'इयू' आदेश। 'णू' के बदले स्वर अनुनासिक हो गया। परन्तु 'भांडा' या 'भाँड़ा' में 'ब्' का लोप नहीं होता। 'हाँड़ा' अच्छा नहीं लगता। 'हाड़' का ख्याल आता है। 'हडा' जरूर चलता है।

सारांश यह कि हिन्दी ने शब्द-विकास की धारा में सदा स्पष्टता, असन्दिग्धता, सरलता, मधुरता तथा संक्षेप-प्रियता को पसन्द किया है। आश्चर्य है, साधारण जनता में विकसित भाषा का प्रवाह इतना वैज्ञानिक तथा सुव्यवस्थित है।

## अनेकधा विकास

हिन्दी ने किसी-किसी शब्द का प्रत्यर्थ अनेकधा विकास किया है। संस्कृत का 'वत्स' शब्द हिन्दी ने मूल अर्थ में 'बच्छ' करके लिया। पुं-विभक्ति लगकर 'बच्छा' और 'र' का आगम करके तथा 'च्' को हटा कर 'बछरा' हुआ। 'र्' को वैकल्पिक 'ड्' करके 'बछड़ा' भी।

वेदों में 'गौ' के बाद जिस प्राणी को सर्वाधिक महत्त्व दिया गया है, वह है घोड़ा। घोड़े के बच्चे को 'बछेड़ा' कहते हैं। यह उसी (वत्स) शब्द का दूसरा विकास है। शेष सबके लिए 'बच्चा' बना। 'वत्स' का ही 'बच्चा' भी, पुं-विभक्ति लगाकर। वर्ण-विकार स्पष्ट है। सो, एक 'वत्स' से बछड़ा, बछेड़ा और बच्चा ये तीन रूप अर्थ-भेद से हिन्दी ने कर लिए। भैंस के बच्चे में भी कुछ विशेषता देखकर उसे 'पड़ा' कहा! वह जब देखो तब पड़ा ही रहता है—सुस्त! बछड़े या बछेड़े की तरह चुस्त तो क्या होगा; किसी के भी

बच्चे से अधिक सुस्त! इसीलिए उसे 'पड़ा' नाम मिला। स्त्री-लिंग—'पड़ी' या 'पड़िया'। इसी तरह 'स्थान' शब्द अर्थ-भेद से—थान, थाना, अस्टान आदि रूपों में विकसित हुआ है। 'ठिकाना' अलग है—'टिकाना' का वर्ण-विकार से रूप। 'टिकान' भी चलता है। 'पड़ाव' भी पड़ जाने की जगह।

'पक्ष' से 'पंख' और 'पाख' अर्थ-भेद से। 'शुद्ध' का 'सूध', 'सूधा', 'सीधा', 'सुधरा' तथा 'सुथरा' आदि के रूप में विकास आप पहले ही देख चुके हैं। इसी तरह शतशः शब्द-भेद आप को मिलेंगे। आवश्यकतानुसार प्रति-अर्थ शब्द-भेद करके हिन्दी ने अपनी नैसर्गिक वैज्ञानिक पद्धति का परिचय दिया है।

## ढर्रे पर गढ़े शब्द

कुछ शब्द ऐसे भी हिन्दी में हैं, जो किसी दूसरे शब्द के ढर्रे या वजन पर गढ़े गए हैं। इसे हम 'विकास' न कहकर नवनिर्माण कहेंगे। 'मिष्ट' का 'मीठ' और पुं-विभक्ति लगाकर 'मीठा' बना लिया, तब 'फीके' के अर्थ में 'सीठ' या 'सीठा' भी चला। 'मीठा' के साथ 'सीठा' जितना जमता है, उतना 'फीका' नहीं। हाँ, अकेले 'फीका' आये, तब वैसा फीका नहीं लगता—'सरस होय अथवा अति फीका'। 'सरस' से बहुत दूर जाकर 'फीका' है; इसलिए, बे-मेल होने पर भी उतना अखरता नहीं। समीप तो 'सरस-नीरस' ही जँचेगा। खैर, मतलब यह कि ढर्रे पर भी नव-निर्माण हिन्दी ने किया है।

इसी तरह शब्द निर्माण अन्यथा भी होता है। 'मा' के ही समान—'मा-सी'। 'मासी' का पुल्लिग 'मासा' कुछ जँचा नहीं। वह तो 'पिता सा' है न! दूसरे, एक निश्चित तोल को भी 'माशा' तथा 'मासा' कहते हैं। इसलिए 'मासी' का पुल्लिग 'मौसा' कर दिया गया। तब 'मौसा' का स्त्रीलिंग 'मौसी चला। बंगाल आदि में फूफी (बुआ) को 'पीसी' कहते हैं, जो 'पितृष्वसा' से है। इसलिए वहाँ का 'मासी' या मौसी है 'मातृष्वसा' का निकास। 'मासी' की नकल पर 'मामी', 'चाची', 'भाभी', 'दादी' आदि समझिए! 'ताती' तो गरम समझी जाती; इसलिए 'ताई' हो गया और पुल्लिग 'ताऊ'। 'बाबा' भी चला; पर उसका स्त्रीलिंग 'बाबी' न चला। 'दादी' बोलते हैं। 'दीदी' पृथक् है। इस तरह 'मा' के बाद ये सब है।

'भीड़' प्रसिद्ध शब्द है, जिसका उलटा 'छीड़' मेरठ-परिसर में प्रसिद्ध है। 'गाड़ी में आज भीड़ न थी' यह एक बात है और 'गाड़ी में आज बहुत छीड़ है' यह दूसरी बात। 'भीड़ नहीं है' कहने से यहाँ अर्थ निकलता है कि खिच-पिच नहीं है। परन्तु 'छीड़ है' कहने से समझा जाता है कि बहुत दूर-दूर लोग बैठे हैं। 'छीड़' शब्द 'भीड़' के वजन पर ही गढ़ा जान पड़ता है; पर जब तक ठीक पता न लग जाए कि 'भीड़' शब्द कहाँ से आया और पहले बना कि नहीं तब तक स्पष्टतः कुछ नहीं कहा जा सकता। सम्भव है—'भीड़' तथा 'छीड़' ये दोनों ही शब्द स्वतन्त्र हों; कोई भी किसी के वजन पर गढ़ा हुआ न हो।

अनेक बार लोग गलत निरुक्ति करके शब्द-प्रयोग में गलती करने लगते हैं। हिन्दी का 'फुटकर' प्रसिद्ध शब्द है, जिसे कुछ लोग 'फुटकल' कर के भी लिखते हैं। यहाँ तक

तो खैर थी; पर इसके आगे 'स्फुट' पर बात पहुँची। 'फुटकर' ठीक है या 'फुटकल' इस विचारणा में पड़कर जब गोते खाने लगे, तो 'स्फुट' को पकड़ा। 'फुटकर' के अर्थ में 'स्फुट' लिखने लगे! 'स्फुट' का अर्थ है 'विशद' या 'स्पष्ट'। 'स्फुटमग्रे व्याख्यास्ते'—आगे स्पष्ट व्याख्या की जाएगी। परन्तु 'स्फुट' का 'फुट' देख कर लोगों ने समझा कि इसी से 'फुटकर' बना है! बस, लिख चले अखबारों में—'स्फुट प्रसंग'। आचार्य द्विवेदी ने मुझे एक पत्र में लिखा था—''आप ने अनेक गलत शब्द-प्रयोगों की ओर जाते हुए प्रवाह को बदला है; पर 'स्फुट' को क्यों भूल गए? इसे लोग 'फुटकर' के अर्थ में लिखते हैं!''

यह एक उदाहरण है। शब्द-साम्य मात्र से निरुक्ति का महल खड़ा नहीं होता। अर्थ का चूना या सीमेंट चाहिए।

## अनेकधा निरुक्ति

बहुत पुराने शब्दों का विकास कभी-कभी दुरनुसन्धान हो जाता है। निश्चित रूप से तब उन शब्दों की निरुक्ति नहीं बतलाई जा सकती और यह नहीं कहा जा सकता कि इसी शब्द से यह शब्द बना है। एक व्यक्ति उस शब्द की उत्पत्ति किसी शब्द से मानता है, तो दूसरा किसी दूसरे शब्द से। विचार चलने पर निश्चय होते-होते हो जाता है। यही नहीं, एक ही विचारक किसी की अनेकधा व्युत्पत्ति बतलाता है। इसका मतलब यह है कि वह निश्चि रूप से नहीं कह सकता कि ठीक बात क्या है। अर्थ का अनुधावन करके अनेक जगह ठहरता है। खट्टा साग खाकर यदि न जान सकें कि अमचूर पड़ा है, या अनारदाने; तो कह देगें कि इस में या तो अमचूर है, या अनारदाने। महर्षि यास्क ने अपने निरुक्त में इसी तरह शतशः शब्दों की निरुक्ति अनेकधा है। 'निघण्टु' शब्द 'गन्तु' (गम्) का विकास बतलया है, तो साथ ही 'हुर्त' (हृ) से निष्पन्न होने की सम्भावना भी प्रकट कर दी है। इसका मतलब यह कि 'ग' तथा 'ह' को 'घ' के रूप में आना यास्क मानते हैं। उस समय शब्द-प्रवाह में यह चीज होगी। तभी तो वैसी निरुक्ति की गई है। यही बात सभी प्राचीन भाषाओं के सम्बन्ध में है, जो अपनी पूर्ववर्तिनी भाषा से परम्परया शब्द लेती चली आ रही है। हिन्दी में अभी निरुक्त पर कोई ग्रन्थ निकला ही नहीं है। यह छोटी पुस्तक तो इधर ध्यान आकर्षित करने के लिए ही लिखी गई है। बड़े 'ग्रन्थ' आगे चल कर बनेंगे। हिन्दी में संज्ञा-विशेषण आदि का विकास ही विचारणीय नहीं है, क्रियावाचक शब्दों पर भी ध्यान देना चाहिए। क्रिया ही तो भाषा में मुख्य चीज है। सब से महत्त्वपूर्ण विचारणीय विषय है प्रत्यय-विभक्तियाँ आदि। किस प्रत्यय और किस विभक्ति का विकास कहाँ से किस तरह हुआ; यह निरुक्त का प्रधान विषय है। महर्षि यास्क ने प्रत्यय-विकास पर ध्यान नहीं दिया है; इसका कारण यह है कि उस समय तक प्रत्ययों में कोई वैसा रूपान्तर हुआ ही न था। सम्भव है, उन्होंने जान-बूझ कर उधर ध्यान न दिया हो और यत्किंचित् प्रत्यय-भेद होने पर भी उस पर विचार न किया हो। परन्तु

इससे यह निष्कर्ष तो नहीं निकलता कि प्रत्यय-विकास निरुक्त का विषय नहीं। भाषा-विकास निरुक्त का विषय है, जिसमें प्रकृति-प्रत्यय सभी कुछ है।

जब हिन्दी में निरुक्त पर गम्भीर ग्रन्थ-रचना होगी, तो भाषा-सम्बन्धी अनेक रहस्य खुलेंगे; इसमें सन्देह नहीं।

कहीं दूसरी भाषा में मिलते-जुलते शब्द देखकर झट से यह न कह देना चाहिए कि यह शब्द वहाँ से आया है। यहीं से वहाँ गया हो, तो? 'खन' का विपर्य्य 'नख' शब्द बहुत जगह विभिन्न रूपों में गया, वर्ण-विपर्य्यय सर्वत्र इसी तरह है।

निश्चयात्मक व्युत्पत्ति देना कहीं कठिन क्या, असम्भव हो जाता है! व्रज में 'मेह बरसता है'। यह 'मेह' स्पष्टतः 'मेघ' का रूपान्तर जान पड़ता है। पर यह भी सम्भव है कि 'मेह' ही असली रूप हो—'मिह्' धातु से बना हुआ। बाद में यही 'मेह' बन गया हो 'मेघ'। निर्णय करना सरल नहीं कि 'मेघ' से 'मेह' है; या कि 'मेह' का ही रूपान्तर 'मेघ' है।

# तीसरा अध्याय

## भाषा का विकास

पीछे भाषा के 'शब्दों का विकास' बताया गया। इस अध्याय में बताया जाएगा कि 'भाषा का विकास' क्या चीज है। यानी एक भाषा से दूसरी कोई स्वतंत्र भाषा कैसे बन जाती है।

शब्दों का (संज्ञा-विशेषण आदि का) रूपान्तर ही भाषा-भेद का नियामक नहीं है। पीछे हमने जो चार मुख्य तत्त्व भाषा के बतलाए हैं—क्रिया-पद, सर्वनाम, प्रत्यय-विभक्तियाँ और अव्यय—वे ही भाषा-भेद करते हैं। जब तक क्रिया-पद आदि एक-रूप हैं, भाषा-भेद न कहा जाएगा। 'उर्दू' नाम से हिन्दी का जो रूप चल रहा है, बेहद विदेशी प्रभाव से प्रभावित है! लिपि विदेशी, भाव और भावनाएँ विदेशी, संज्ञाएँ और विशेषण आदि अधिकांश विदेशी, उपमान आदि विदेशी, ढँग विदेशी और वाक्य-विन्यास भी विदेशी तर्ज पर! परन्तु तो भी यह ('उर्दू') हिन्दी ही है; चाहे जैसी भी हो। कारण वही—करता है, सोता है आदि क्रियाएँ हिन्दी की हैं; सर्वनाम (हम, तुम, कौन, कोई आदि) हिन्दी के है; प्रत्यय-विभक्तियाँ (का-के-की, ना-ने-नी तथा 'को' 'से' में आदि) हिन्दी की ही हैं और (जब, कब, तब, अब आदि) अव्यय भी हिन्दी के ही हैं। यदि ये तत्त्व भी बदल जाते, तो अवश्य भाषा दूसरी हो जाती। बहुत स्पष्ट बात है।

भाषा अपने उपादान की दृष्टि से प्राकृतिक है और निर्माण की दृष्टि से मानव-कृत प्रासाद और महादुर्ग में जो पत्थर लगे हैं, प्राकृतिक हैं; परन्तु वे प्रसाद और दुर्ग मानव-कृति हैं। प्राकृतिक सभी चीजें परिवर्तनशील हैं। उनके रूप-रंग में परिवर्तन होता है। यह परिवर्तन देश-काल आदि के भेद से होता है। लखनऊ के खरबूजे लाकर बरेली में उपजाए गए, तो ऊपरी रंग-रूप वैसा ही; पर रस बदल गया। मिठास जाता रहा! देश-भेद से चीज बदल गई। जल स्वरूपतः एक है; परन्तु पृथ्वी के भेद में उसमें भिन्नता आ जाती है। इसी तरह काल-भेद से रूप-भेद होता है। आम का फल पहले जरा सा होता है, फिर बढ़कर बड़ा हो जाता है। रंग भी बदलता है। पहले हरा, फिर रंग-बिरंगा। रस भी बदल जाता है। पहले कड़वा-सा; फिर खट्टा; पकने पर मीठा; या खटमिट्ठा। यही स्थति सर्वत्र है। प्रयोग-कृत रूप-भेद भी देखते हैं। चावलों का रूप-रंग और स्वाद देखिए; फिर पक जाने पर देखिए।

इसी तरह भाषा में परिवर्तन होता है। प्रयोग-कृत परिवर्तन भाषा-भेद नहीं करता; भाषा-वैशिष्ट्य करता है। कारण यह कि प्रयोग-भेद में वे चारों मूल तत्त्व बदलते नहीं हैं। परन्तु देश काल के भेद से भाषा में भेद होता है—भाषा बदल कर दूसरा नामरूप ग्रहण कर लेती है।

## 1. देश-भेद से भाषा-भेद

देश-भेद से भाषा-भेद का संकेत यास्क ने अपने निरुक्त में किया है। उस समय एक ही भाषा देश-भेद से कई रूपों में विभक्त हो गई थी। कम्बोज आदि का नामोल्लेख निरुक्त में हुआ है। ईरान, भारत और कम्बोज आदि में एक ही भाषा कुछ भिन्न रूप ग्रहण करके चल रही थी। उस समय ईरान बहुत बड़ा देश था और उसका नाम 'पारसीक' यहाँ प्रसिद्ध था। पारसी वहाँ के निवासी, जिनके धर्म-ग्रन्थ का नाम 'अवेस्ता' है। अवेस्ता की भाषा हमारी वैदिक भाषा से बहुत मिलती-जुलती है; यद्यपि रचना के काल में बहुत अन्तर है। यानी देश-भेद के साथ-साथ काल-भेद भी वैदिक तथा आवेस्तिक भाषा में है। आगे हम इन दोनों भाषाओं के उद्धरण देकर वस्तु स्पष्ट करेंगे।

## 2. वैदिक भाग

पहले 'वैदिक भाषा' के बारे में कुछ कह-सुन लेना चाहिए। संसार में जो भी जहाँ साहित्य उपलब्ध है, उसमें सबसे प्राचीन ऋग्वेद है; यह सर्वसम्मत बात है। वेद कब बने, कितने युग बीते वेद बने, इसका निश्चित पता नहीं। मत-भेद है; परन्तु मत-भेद में एक विशेषता है। जैसे-जैसे छान-बीन होती जा रही है, वेदों की प्राचीनता और भी पीछे जा रही है! इतने प्राचीन हैं वेद!

वेदों की भाषा ज्यों की त्यों बनी हुई है, उसमें कुछ किंचित् भी परिवर्तन नहीं हुआ है। यह दुनिया में सबसे बड़ी बात है। संसार में एक अद्‌भुत उदाहरण है। भाषा ही नहीं, उस भाषा के उस समय के उच्चारण को भी ज्यों का त्यों बनाए रखने का उद्योग किया गया है। स्वर और लहजा आदि भी वही स्थिर रखने का उद्योग हुआ है। कितनी बड़ी बात है। परन्तु यह सब सरलता से नहीं हो गया है। सहस्रों त्यागी ब्राह्मण विद्वानों ने जन्म के जन्म इसमें गला दिए हैं और परम्परा-रूप से तपस्या की है। 'ब्राह्मणेन निष्कारणं षड्गो वेदोऽध्येयो ज्ञेश्यच'—ब्राह्मण को निःस्वार्थ होकर सदा वेदों का अध्ययन करना चाहिए और समझना चाहिए। यह मूल मंत्र बना रखा गया था। इसी कारण वेद अपने असली रूप में स्थिर रह सके।

## 3. वेदों की भाषा का मूल या प्रकृत रूप

वेदों की भाषा का प्रकृत रूप क्या था; यह जानने के लिए निराधार कल्पना की जरूरत नहीं। वेदों की जो भाषा है, उससे मिलती-जुलती ही वह 'प्राकृत भाषा' होगी, जिसे हम

'भारतीय मूल भाषा' कह सकते हैं। उस 'मूल भाषा' को पहली 'प्राकृत भाषा' समझिए। 'प्राकृत भाषा' का मतलब है 'जनभाषा'। किसी जन-भाषा में जब साहित्य-रचना होती है, तब संस्कार-कृत किंचित् भेद हो जाता है। दो भाषाएँ तो नहीं; एक ही भाषा के दो रूप हो जाते हैं। साहित्यिक भाषा कुछ संस्कृत हो जाती है। साधारण जनों के रहन-सहन में और शिष्ट-शिक्षित जनों के रहन-सहन में कुछ अन्तर आ जाता है। यही बात साधारण जनभाषा में और उसके साहित्यिक रूप में समझिए। साहित्यिक लोग भाषा का प्रयोग सावधानी से करते हैं; कुछ शब्द-प्रयोग छोड़ देते हैं, जो जँचते नहीं और कुछ शब्द-प्रयोग अन्यत्र से भी ले लिए जाते हैं।

जब वेदों की रचना हुई, उससे पहले ही भाषा का वैसा पूर्ण विकास हो चुका होगा। तभी तो वेद जैसे साहित्य को वह वहन कर सकी। भाषा के इस विकास में कितना समय लगा होगा। फिर, वेद-जैसा उत्कृष्ट साहित्य तो देखिए! अनन्त-शक्ति काल भी उसे नष्ट नहीं कर सका! वेद की रक्षा में विद्वान ब्राह्मणों ने पीढ़ियाँ गला दीं! ऐसी चीज है वेद! ऐसा उत्कृष्ट साहित्य क्या तुरन्त बन गया होगा? क्या उस मूल भाषा या 'पहली प्राकृत' की पहली रचना ही वेद है? संभव नहीं! इससे पहले छोटा-मोटा और हलका-भारी न जाने कितना साहित्य बना होगा, तब वेदों का नंबर आया होगा। वह सब काल-कवलित हो गया! वेद सुस्थिर है।

सो, वेदों की रचना के समय तक वह मूल भाषा पूरी तरह विकसित हो चुकी होगी और देश-भेद से या प्रदेश-भेद से उसके रूप-भेद भी हो गए होंगे। उस प्रादेशिक भेदों में से जो कुछ साहित्यिक रूप प्राप्त कर चुका होगा, उसी में वेदों की रचना हुई होगी; परन्तु अन्य प्रादेशिक रूपों के भी शब्द-प्रयोग गृहीत हुए होंगे। सभी साहित्यिक भाषाओं की यही स्थिति है। बंगाल भर में जो भाषा चलती है—'बँगला'—वह कितने क्षेत्रीय रूपों में विभक्त है? परन्तु कलकत्ते के रूप ने साहित्य वहन किया। कलकत्ते की बँगला-'बोली' साहित्यिक भाषा बन गई और आज 'बँगला' कहने से उसी का ग्रहण होता है। बंगाल भर के लोग इस 'बँगला' में साहित्य-रचना करते हैं; परन्तु वे अपने क्षेत्र की 'बोली' से भी प्रभावित होते हैं। यों विभिन्न बोलियों के कुछ शब्द-प्रयोग साहित्यिक भाषा में आ जाते हैं; यद्यपि उसका कलेवर किसी एक ही क्षेत्रीय बोली से बनता है।

कुछ शब्द जनभाषा के साहित्य में गृहीत नहीं होते और कुछ शब्दों में कुछ हेर-फेर भी हो जाता है—किया जाता है। दूसरी बोलियों से या भाषाओं से भी शब्द ग्रहण किए जाते हैं। यही सब वेद-साहित्य में भी हुआ होगा।

इसे समझने के लिए कुछ दृष्टान्त लीजिए। व्रज में जो जन-भाषा है, उसे साहित्यिक रूप दिया गया है और वह (साहित्यिक भाषा) 'व्रजभाषा' नाम से चल रही है। परन्तु व्रज की जन-भाषा ज्यों की त्यों 'व्रजभाषा' नहीं बन गई है। परिष्कार-मूलक अन्तर है। व्रज में बोलते हैं—'सागु धरो ऐ' और साहित्यिक व्रजभाषा में कहा जाता है—'सागु धरयो है' या 'धरो है'। यानी व्रज में 'है' का 'ह' नहीं सुनाई देता। 'जात ऐं' व्रज में बोलते हैं और साहित्यिक व्रजभाषा में 'जात हैं' चलता है। यह क्यों हुआ? इसलिए कि

साहित्यिक भाषा की व्यापकता बढ़ाई जाती है। मेरठी में 'है' 'हैं' रूप चलते हैं और पूरब यानी (पांचाली-अवधी आदि) में भी 'है'-'हैं'। तब जरा से प्रदेश में प्रचलित रूप 'ऐ'-'ऐं' साहित्य में लेकर क्या किया जाता! व्रज के पड़ोस में जो रूप गृहीत हैं, वे ही साहित्यिक व्रजभाषा में लिए गए। इसी तरह 'मेरठी' बोली में चलता है—'धोत्ती ठा ला'। जब इस बोली को साहित्यिक रूप मिला, तो संस्कार हुआ—'धोती उठा ला'। क्या कारण? कारण यही कि मेरठ डिवीजन के चारों ओर 'धोती' बोला जाता है; 'धोत्ती' नहीं। दूसरे, मूल शब्द है भी 'धोती'। 'ती' प्रत्यय है। जो नित्य धोई जाए वह 'धोती'। इसी तरह 'छोट्टी' 'खोट्टा' आदि का भी परिष्कार किया गया। 'छोटी' 'खोटा' हिन्दी-उर्दू में चलते है। 'ठा ला' का 'उठा ला' किया गया; दूसरी बोलियों को देख कर और मूल धातु ('उठ-उठा') का ख्याल करके। मेरठ में भी 'उठता है' चलता है—'ठता है' नहीं। 'उठ' की प्रेरणा 'उठा' ही ठीक है। मेरठ डिवीजन में बोलते सब हैं—'निकड़ गया साड़ा'। हिन्दी-उर्दू (साहित्यिक) भाषा में परिष्कार किया गया—'निकल गया साला'। पड़ोस की बोलियों का अनुगमन और शब्द-विकास का ध्यान। इसी तरह अवध की बोली का संस्कार हुआ है, 'साहित्यिक अवधी' में। अवधी के कई अवान्तर रूप हैं। तुलसी ने अवधी का पश्चिमी रूप 'मानस' में रखा है। हिन्दी-परिवार में 'जा' धातु है, गमनार्थक; परन्तु भूतकाल में 'ग' है—'गम्' के 'म्' का लोप करके—'गयो'-'गया'। 'य' कृदन्त प्रत्यय है और 'ओ'-'आ' पुं-प्रत्यय। इसी तरह 'भू' का विकास 'हो' धातु है—'होत है' 'होता है'। परन्तु भूतकाल में कहीं-कहीं 'भ' है—'भयो'। इस 'ग' और 'भ' से 'अ' भूतकालिक प्रत्यय पांचाली में—'गा'भा'—तुलसी-प्रयोग। 'आव' 'आवा' साहित्यिक व्रजभाषा मे व्रजप्रचलित बहुत से शब्द नहीं लिए गए हैं। यही स्थिति सर्वत्र है। इसी तरह 'मूल भाषा' और 'वैदिक भाषा' को समझिए। परन्तु इससे भाषाएँ स्परूपतः दो नहीं हो गईं। थोड़ा अन्तर अवश्य पड़ गया। यदि वे चारों मूल तत्त्व पूरी तरह—सब के सब—बदल जाएँ, तब समझें कि दूसरी भाषा बन गई। परन्तु किसी जन-भाषा में और उस के साहित्यिक रूप में इतना अन्तर नहीं पड़ जाता।

मूल भाषा के साहित्यिक रूप (वैदिक भाषा) से थोड़ा-बहुत मेल यदि किसी भी उपलब्ध भाषा का है, तो वह 'आवेस्तिक' भाषा का है। पहले ऋग्वेद की भाषा देखिए—

ॐ अग्निमीले पुरोहितं यज्ञस्य देवमृत्विजम्।
होतारं रत्नधातमम्।

इसका हिन्दी-रूपान्तर करें, तो—

अग्नि की स्तृति करता हूँ, जो कि यज्ञ का पुरोहित है, देव है, ऋत्विज है, होता है और रत्नों को धारण करने वालों में सब से बढ़कर है।

कितना अन्तर आ गया? हिन्दी तो उस 'मूल भाषा' या 'प्रथम प्राकृत' की धारा में है, जिसके संस्कृत रूप में वेद बने। धारा-भेद हो गया। परन्तु संस्कृत की धारा भी आगे बढ़ते-बढ़ते एकदम भिन्नरूप हो गई।

साहित्यिक भाषा में जनभाषा की अपेक्षा कम परिवर्तन होता है; क्योंकि नियमबद्ध होती है। यह नियमबद्धता इसीलिए होती है कि जो कुछ साहित्य में दिया जाए, उसे दूर तक आगे लोग प्राप्त करते रहें। यदि साहित्यिक भाषा में भी जनभाषा की तरह अधिक परिवर्तन हों, तो साहित्यि का लाभ लोग बहुत दूर तक न उठा सकें। परन्तु तो भी परिवर्तन होता ही है। वेद-भाषा को 'प्रथम संस्कृत' कहा है। आगे चल कर संस्कृत का वह रूप आया, जिसमें 'ब्राह्मण ग्रन्थ' और उपनिषद् ग्रन्थ लिखे गए। इसे हम 'द्वितीय संस्कृत' कह सकते हैं। तीसरी संस्कृत वह है, जिसमें अश्वघोष और कालिदास आदि के ग्रन्थ मिलते हैं। बस, संस्कृत का यह रूप स्थिर हो गया, क्योंकि पाणिनि के व्याकरण का कड़ाई से अनुगमन किया गया।

'ब्राह्मण-ग्रन्थ हैं—'ब्रह्म' ('ब्रह्मन्') यानी वेद की व्याख्या। 'ब्रह्मन्' से 'ब्राह्मण। यानी वेद-सम्बन्धी साहित्य। उपनिषदों में अध्यात्म-विचार है।

साहित्यिक भाषा में ('संस्कृत में') यह परिवर्तन उस प्राकृत भाषा से प्रभावित होने के कारण हुआ होगा, जो वैदिक संस्कृत में समानान्तर जनता में व्यवहार का माध्यम थी। यानी 'प्रथम प्राकृत' जनता की बोली के रूप में बराबर चल रही थी, जिसके रूप में परिवर्तन भी हो रहा था। 'ब्राह्मण' तथा उपनिषद्ग्रन्थों की रचना जिस समय हुई, उस समय की जन-भाषा के रूप का प्रभाव उन साहित्यकारों पर जरूर पड़ा होगा। यही कारण है कि वैदिक संस्कृत से इस 'द्वितीय संस्कृत' में उतना अन्तर पड़ गया।

'तीसरी संस्कृत' अपने समय की प्राकृत से प्रभावित हुई होगी। इससे आगे की 'प्राकृत' इतनी भिन्न-रूप हो गई कि संस्कृत से एकदम दूर हो गई! तब इसका संस्कृत पर प्रभाव क्या पड़ता! यह भी एक कारण है संस्कृत के रूप-नियमन का। परन्तु वैसा होना कम लोगों के लिए अच्छा ही हुआ। हमें संस्कृत सुगम जान पड़ती है, उन 'प्राकृतों' की अपेक्षा; क्योंकि यह नियमबद्ध है। नियम समझ लो, संस्कृत आ गई। सच बात है, संस्कृत समझ कर लोग 'पालि' आदि अच्छी तरह समझ पाते हैं।

यह संक्षेप संस्कृत के बारे में। 'मूल भाषा' की जो 'प्राकृत धारा' चलती रही और जो आज भारत की हिन्दी, गुजराती, मराठी आदि जन-भाषाओं के रूप में है, उसकी चर्चा अभी आगे करेंगे। यहाँ हम 'आवेस्तिक' भाषा और पुरानी फारसी देखेंगे, जो वैदिक भाषा से तथा साधारण (तृतीय) 'संस्कृत' से बहुत मिलती-जुलती हैं।

वेदभाषा से 'तृतीय संस्कृत' में कितना अन्तर पड़ गया, ध्यान देने योग्य है। 'ईले' आगे चल कर 'ईडे' हो गया। तृतीय संस्कृत में 'ईडे' ही चलता है। संभव है, वैदिक युग में भी कहीं 'ईडे' बोलता हो, जैसे आज भी मेरठ में 'साड़ा निकड़ गया' बोलते हैं, जबकि दूसरे लोग 'साला निकल गया'। वेदों के भी एक सम्प्रदाय में 'ईडे' बोलते थे; इतना पता चलता है। इन्हीं लोगों की धारा आगे बढ़कर तृतीय संस्कृत में दिखाई देती है। 'धातमम्' का आगे चल कर 'धातृतमम्' रूप हो गया, जो व्याकरण की नियमबद्धता का परिणाम है। बस, ऋग्वेद का पहला मंत्र जो ऊपर उद्धृत किया है, उसमें और तृतीय संस्कृत में यही इतना मुख्य अन्तर है।

## 4. 'वैदिक' और 'लौकिक' संस्कृत

संस्कृत के तीन रूपों का उल्लेख हमने ऊपर किया है—1. वैदिक संस्कृत 2. 'ब्राह्मण'-ग्रन्थों की तथा उपनिषदों की संस्कृत और 3. पाणिनि-व्यवस्थित तृतीय संस्कृत। इस तृतीय संस्कृत का 'निर्माण' पाणिनि ने नहीं किया था; अन्वाख्यान भर किया था। एक व्यवस्थित रूप दिया था। जिस भाषा का उन्होंने व्याकरण बनाया, वह पूरी तरह प्रचलित था और उसका विकास बहुत पहले हो चुका था। परन्तु प्रयोगों में मनमानी थी। उसी को पाणिनि ने ठीक किया।

वैदिक संस्कृत में पहले के दोनों रूप हैं। 'लौकिक' का मतलब है, 'वैदिक से भिन्न'। 'अवैदिक' या वेदेतर शब्द अच्छे न लगे; क्योंकि 'अवैदिक' कहना एक तरह से अप्रतिष्ठा करना था। वेदों की मान्यता ही ऐसी थी। इसलिए 'लौकिक' शब्द चला। 'लौकिक' शब्द से यह भी ध्वनित होता है कि उस समय संस्कृत शिष्ट या शिक्षित समाज की व्यवहार-भाषा थी; जैसे कि आज हिन्दी देश भर की व्यवहार-भाषा है। जिस भाषा को 'हिन्दी' कहते हैं, जो सम्पूर्ण हिन्द की भाषा है—'भारती' या 'भारतीय भाषा' है—वह किसी एक प्रदेश की जनभाषा नहीं है। प्रादेशिक भाषाओं के नाम हैं—पंजाबी, गुजराती, मराठी आदि। परन्तु यह 'हिन्दी' है। राजस्थानी, बिहारी (भोजपुरी, मैथिली आदि) तथा मध्य-प्रदेश की 'मालवी' और 'छत्तीसगढ़ी' आदि भी प्रादेशिक भाषाएँ हैं। 'भाषा' का ही ठेठ हिन्दी नाम 'बोली' है; यद्यपि इन दोनों में किंचित् अर्थ-भेद हो गया है, जो आगे स्पष्ट होगा। एक भाषा की कई 'बोलियाँ' होती हैं। भाषा सैकड़ों मील में एक और उसकी बोलियाँ अनेक; थोड़ी-थोड़ी दूर पर भिन्न। उत्तर प्रदेश के विस्तृत भू-भाग में आठ-दस क्षेत्रीय भाषाएँ हैं—अवधी, बैसवाड़ी, पांचाली, व्रजीय, गढ़वाली, कूर्मांचलीय, मेरठी आदि। हमारे लिए जितनी कठिनाई मराठी या बँगला आदि समझने में पड़ती है, उससे कम कठिनाई अपने प्रदेश (उत्तरप्रदेश) की 'कूर्मांचली' तथा 'गढ़वाली' आदि समझने में नहीं पड़ती। 'मेरठी' या 'कौरवी' भाषा जिन ढाई-तीन जिलों में बोली जाती है, वहाँ भी यह 'हिन्दी' नहीं है; यद्यपि उसी का यह सुसंस्कृत रूप है। तो, हिन्दी इस समय देश भर में कहीं की भी भाषा नहीं और सम्पूर्ण देश की यह भाषा है। देश के किसी भी कोने में जाकर 'हिन्दी' से काम चला सकते हैं। विश्वविद्यालयों के अध्यापकों में आप हिन्दी के माध्यम से किसी गंभीर विषय पर भाषण दें; सब समझेंगे और कहीं भी साधारण मजदूर या दुकानदार भी आप की (हिन्दी में कही हुई) बात समझ लेगा।

कुछ यही स्थिति पाणिनि के समय संस्कृत की रही होगी, जिसे उन्होंने 'भाषा' कहा है। 'भाषा' शब्द का (निर्विशेष) प्रयोग व्यापक लोकभाषा के लिए ही होता है। 'विष्णुसहस्रनाम' 'भाषा टीका सहित' कहने-लिखने की चाल है। यहाँ 'भाषा-टीका' मतलब 'हिन्दी-टीका' या 'हिन्दी-अनुवाद' से ही है। 'भाषा' से कोई भी ऐसी जगह बँगला, मराठी-गुजराती आदि नहीं समझ लेता; यद्यपि ये सब भी भाषाएँ ही हैं और भारत की प्रचलित भाषाएँ हैं। इसके लिए विशेषण (प्रादेशिक) लगाने ही होंगे; या फिर विशेषण मात्र

का प्रयोग (विशिष्ट) अर्थ में करना होगा—मराठी गुजराती आदि। जो भाषा किसी भी प्रदेश में विशेष रूप से जनगृहीत नहीं और जो सम्पूर्ण देश में चलती है, वह 'भाषा'। परन्तु यह 'हिन्दी' राष्ट्रभाषा है 'मेरठी' का ही सुसंस्कृत रूपान्तर। उससे यह बहुत दूर नहीं। वहाँ 'जत्ता' है और यहाँ 'जाता' है। यदि 'जाता है' इस शिष्ट प्रयोग को 'भाषा' कहते हैं, तो मेरठी, 'विभाषा' हुई, कुछ विकृत भाषा! 'जत्ता है' में जो विकार है, एक 'त्' अधिक है, उसे छाँट दिया गया और 'जाता है' संस्कृत परिष्कृत रूप। इस संस्कार का ही उसमें और इसमें अन्तर है। किसी बच्चे के अँगूठे के साथ चार नहीं, पाँच अँगुलियाँ हों, तो वह 'छंगा' देखने में अच्छा न लगेगा; यद्यपि काम-काज बराबर करेगा। कोई कुशल डाक्टर उसकी अतिरिक्त अँगुली छाँट दे, तो वह अच्छा लगने लगेगा। संस्कार हो गया। 'प्राकृतिक' रूप कुछ परिष्कृत हो गया! इस परिष्कृत रूप को ध्यान में रखकर उस 'छंगा'-रूप को कोई 'विरूप' कहे, तो कह सकता है। वह विरूपता ही थी, जो हटा दी गई।

'लौकिक संस्कृत' के साथ साधारण जनभाषाएँ भी (प्रादेशिक) होंगी ही। 'मूल भाषा'(प्रथम प्राकृत) के विकास को किसी ने रोक तो दिया न था! किसी प्रदेश में ऐसी भी जनभाषा होगी, जो लौकिक संस्कृत से बहुत दूर न जा पड़ी होगी। पाणिनि ने कदाचित् उसी को 'विभाषा' कहा है। फिर कहा है—'न वेति विभाषा'। विभाषा का कोई शब्द कहीं साहित्यिक शिष्ट (संस्कृत) भाषा में नहीं लिया जाता है और कोई विकल्प से गृहीत होता है। 'कपाल' शब्द का रूपान्तर 'कपार' पूरबी बोलियों में प्रसिद्ध है, जो हिन्दी में नहीं लिया और 'मूड़' शब्द विकल्प से लिया है। 'सिर बाहर निकालिए' की जगह 'मूड़ बाहर निकालिए' न कहा जाएगा; परन्तु 'मूड़ मुड़ाने से ही कोई महात्मा नहीं बन जाता' यहाँ 'मूड़' की जगह 'सिर' न देना ही अच्छा। मूढ़ता प्रकट करने के लिए मूड़ का प्रयोग यहाँ ठीक। सो, हिन्दी के विशाल परिवार में (हिन्दी-'कामनवेल्थ' में) जो अनन्त शब्द-राशि है, उसमें से कुछ को हिन्दी कतई स्वीकार नहीं करती और कुछ को यथास्थान स्वीकार करती है। विभाषाओं की यह स्थिति साहित्यिक अवधी, व्रजभाषा आदि में भी है। परन्तु जन-भाषा के जो शब्द विरूप नहीं समझे गए, शिष्ट हिन्दी के अनुरूप समझे गए, वे ज्यों के त्यों गृहीत हैं। 'घर' 'बाहर' 'पानी' आदि जन-बोलियों के शब्द ही तो हिन्दी के अपने शब्द हैं।

हमारे कहने का मतलब यही कि पाणिनि के समय संस्कृत शिष्ट-भाषा के रूप में गृहीत थी और लोक-भाषा थी। इसलिए इसे 'लौकिक संस्कृत' नाम मिल गया। इस से मिलती-जुलती जो प्राकृत (जनभाषा) थी, वही पाणिनि के शब्दों में 'विभाषा' है। 'विभाषा' को ही आगे चल कर 'प्राकृत' नाम मिला; 'संस्कृत' नाम के कारण। फिर 'विभाषा' एक अव्यय जैसा शब्द लोगों ने 'वा' के अर्थ में समझ लिया! विभाषा ही 'पल्ली-भाषा' कही जाती थी, जिस का नाम आगे 'पालि' या 'पाली' पड़ा। 'पल्ली' गाँव को कहते हैं। 'पल्ली भाषा'—'ग्राम्य भाषा'। नागर जनों की भाषा संस्कृत थी। आज भी शहरों में ही (नागर 'शिक्षित' जनों में) हिन्दी चलती है। ग्रामीण जन अपनी-अपनी बोली-भाषा में ही बोलते हैं। आगे हम 'पाली' और संस्कृत की तुलना करने के लिए कुछ वाक्य उद्धृत करेंगे।

## 5. आवेस्तिक भाषा

पारसी लोगों की मूल धर्मप-पुस्तक का नाम 'अवेस्ता' है। इसकी भाषा को 'आवेस्तिक' कहते हैं, जैसे वेदों की भाषा को 'वैदिक भाषा'। ईरान का पुराना नाम 'पारसीक' (और 'पारस्य') भी है। 'पारस्य' ही 'पारस' है; जैसे 'आलस्य' से 'आलस'। 'पारस' ही आगे चल कर 'फारस' हो गया और वहाँ की भाषा—'फारसी'। परन्तु जब इस देश का नाम 'पारस' था, तभी कोई बहुत बड़ा विप्लव हुआ और धर्मप्राण पारसी लोग भागकर इधर चले आए; अपना धर्मग्रन्थ 'अवेस्ता' छाती से लगाए हुए; ठीक उसी तरह, जैसे देश-विभाजन के समय सिन्ध, पंजाब, बंगाल आदि से हिन्दू लोग भाग आए, या इधर खदेड़ दिये गए। बंबई की ओर पारसी अच्छी स्थिति में हैं—टाटा जैसे उद्योगपति पारसी-समाज ने दिए हैं। बैरिस्टर जहाँगीर जी सोराब जी (कलकत्ता-विश्वविद्यालय में तुलनात्मक भाषाविज्ञान के प्राध्यापक) की कृपा से 'अवेस्ता' और ऋग्वेद के तुलनात्मक रूप सामने आए। उनकी अंग्रेजी पुस्तक के आधार पर प्राध्यापक राजाराम जी शास्त्री (डी. ए. वी. कालेज, लाहौर) ने हिन्दी में एक पुस्तक 'अवेस्ता' नाम से संवत् 1991 में प्रकाशित कराई। डी. ए. वी. कालेज के संस्थापक (लाला लाजपत राय के साथी) लाला हंसराज जी की प्रेरणा से प्राध्यापक राजाराम जी ने यह छोटी-सी (परन्तु महत्त्वपूर्ण) पुस्तक लिखी थी। इस पुस्तक के देखने से ही ऋग्वेद और अवेस्ता की भाषागत समता सामने आ जाती है। अवेस्ता की भाषा देखिए—

आअत् अओख्त् जरथुश्त्रो नमो हओमाइ
कस थ्वाम् पओइर्यो हओम मश्यो
अस्त्वइथ्याह हुनूत गएथ्याह
का अह्माइ अषिश ऋग्नाव्रि
चित् अह्माइ जसत् आयप्तम्

इसकी छाया प्राध्यापक राजाराम जी ने यह दी है—

आत् अवोचत् जरथुस्त्रः। नमः सोमाय।
कस्त्वां पूर्व्यः सोम मर्त्यः
अस्थन्वत्यै सुनुत जगत्यै
का अस्मै आशीः ऋणावि
किम् अस्मै गच्छत् आप्तम्

यह छाया है, जो वैदिक युग की किसी जन-भाषा से मेल खा जाएगी, यद्यपि वह भाषा हमारे सामने नहीं है।

अवेस्ता की गाथा का अर्थ हिन्दी में यह है—

'तब जरथुस्त्र ने कहा। नमस्कार हो सोम को। हे राम, कौन वह पहला मनुष्य था, जिसने शरीरधारी जीवलोक के लिए तुझे निचोड़ा। कौन-सी इसकी कामना पूर्ण हुई? क्या इसको मिला?'

'सोम' का 'होम' है; जैसे 'सप्त' का 'हप्त' और हिन्दी में 'दस' का प्रयोग-भेद से 'दह'—'दहला'। हिन्दी का 'पैसा' पंजाब में 'पैहा' हो जाता है। 'नमो' के 'न' को देखिए। कृत्रिम प्राकृतों में 'णमो' बना दिया गया है। अवेस्ता की भाषा स्वाभाविक है, जो उस देश के किसी भाग की जनभाषा का साहित्यिक रूप है।

जो पारसी इधर-उधर भाग गए, वे अपना धर्म-ग्रन्थ साथ ले गए और जो वहाँ पड़े रहे, वे विदेशियों से आक्रान्त हो गए। अवेस्ता के बाद पुरानी फारसी का कोई साहित्य उपलब्ध नहीं। नष्ट हो गया होगा—नष्ट कर दिया गया होगा। वहाँ वैसा कोई मर-मिट वर्ग न था, जैसा कि भारत में 'ब्राह्मण'-वर्ग। इसीलिए कुछ न बचा। साहित्य बना ही न हो, इसकी बहुत कम संभावना है। मध्य युग की फारसी का नाम 'पहलवी' है। पहलवी का भी संस्कृत से मेल है। आधुनिक फारसी का पुराना कवि फिरदौसी है, जिसकी फारसी अरबी से बहुत कम प्रभावित है। इसके बाद की फारसी अरबी के प्रभाव में आ गई। परन्तु संस्कृत के 'खर' 'जानु' तथा 'अभ्र' आदि शतशः शब्द आधुनिक फारसी में भी ज्यों के त्यों हैं, केवल उच्चारण में अन्तर है, जिसे प्रकट करने के लिए नीचे बिन्दी लगा देते हैं—'ख़र' आदि। संस्कृत 'नारित' फारसी में 'नेस्त' है और 'अस्ति' वहाँ 'अस्त' है। 'पुस्तक नास्ति' संस्कृत और 'किताब नेस्त' फारसी। बहुत प्रसिद्ध और सर्वमान्य चीज है; इसलिए अधिक उदाहरण-उपपत्ति से ग्रन्थ-विस्तार करना व्यर्थ।

## संस्कृत और पाली

'पाली' या 'पालि' का रूप बौद्ध ग्रन्थों में सुरक्षित है। 'धम्मपद' बौद्ध धर्म का प्रमुख ग्रन्थ है। महापण्डित राहुल सांकृत्यायन ने इसका सम्पादन करके संस्कृत-छायासहित प्रकाशित करवाया है। इसी को हम संस्कृत की तुलना के लिए ले रहे हैं।

### 6. धम्मपद

#### 1. यमकवग्गो

यों प्रारम्भ देखिए। हिन्दी में हम लोग 'धम्मपद' कहते हैं; परन्तु पालि में 'धम्मपद' रहेगा; 'धम्मपद' प्रयोग न होगा यानी उस समय जनभाषा ने पदों के अन्त में व्यंजन नहीं रखे थे, सभी शब्द स्वरान्त हो गए थे; इसलिए 'धर्मपदम्' को 'धम्मपद' लिखा जाता था। बोलने में चाहे जो हो, लिखने में व्यंजनान्त की झंझट हटा दी गई थी। संस्कृत में 'पदम्' नपुंसकवर्गीय है; पाली में भी वैसा ही है। केवल 'म्' को अनुस्वार कर दिया है। आगे

चलते-चलते जन-भाषा ने बोलने में भी अन्त्य व्यंजन छोड़ दिया और 'पद का 'पद' ही रह गया! यानी नपुंसक श्रेणी लोकभाषा ने हटा दी।

'यमकवग्गो' में 'य' को 'ज' नहीं हुआ है। 'वर्गः' को 'वग्गो' हो गया है। यानी उस समय शब्दों को विसर्गान्त रखने की प्रवृति नहीं रही थी। अन्त्य व्यंजन और विसर्ग सन्धियों की उलझनें पैदा करते हैं। इसलिए 'म्' को अनुस्वार और विसर्गों को 'ओ'। संस्कृत में जो शब्द जिस श्रेणी में चलता था, पालि में भी वह उसी श्रेणी में चलता था। 'पद' नपंसुक-वर्ग में और 'वर्ग' पुंवर्ग में। यही पुंवर्गीय चिन्ह 'ओ' आगे चलते-चलते व्रजभाषा और राजस्थानी आदि में एक स्वतंत्र पुंविभक्ति के रूप में प्रकट हुआ, परन्तु संस्कृत तदूप शब्दों में नहीं, 'अपने' या 'तद्‌भव' जैसे शब्दों में ही उस ('ओ' पुं-प्रत्यय) का प्रयोग होता है–'बड़ो मीठो फल'। हिन्दी में और उसके 'संघ' में संस्कृत 'फल' आदि (नंपुसकवर्गीय) शब्द पुं-वर्ग में ही विसर्गों की जगह 'ओ' चलता था–वर्ग वर्ग>'वग्गो'।

मनापुब्बंगमा धम्मा मनोसेट्ठा मनोमया  
मनसा चे पटुट्ठेन भासति वा करोति वा।

संस्कृत छाया–

मनः पुंवर्गमा धर्म्मा मनःश्रेष्ठा मनोयतः  
मनसा चेत् प्रदुष्टेन भाषते वा करोति वा।

'अ के अन्तर विसर्गों को 'ओ' है सर्वत्र। संस्कृत में 'मनः पूर्वम्' और पालि में 'मनोपुब्बं'। पद के अन्त में ही 'म्' को अनुस्वार होता या, अन्यत्र परसवर्ग–'पुब्बर्मा'।

बहुवचन में 'आ' से परे 'ओ' नहीं, विसर्गों का लोप–'मनोमया'। 'चेत्' को 'चे' रह गया है, अन्त्य व्यंजन (त्) उड़ गया है। 'ष' को 'स' हो गया है–'भासति'। 'आत्मनेपद' की झंझट भी दूर; जैसे 'गच्छति', उसी तरह 'भासति'। संस्कृत में 'भाषते' होता है।

स्पष्ट है कि 'लौकिक संस्कृत' से यह जन-भाषा (पालि) बहुत दूर नहीं हटी थी।

इध मोदति पेच्च मोदति  
कतंपुञो उभत्थ मोदति।  
सो मोदति से पमोदति  
दिस्वा कम्मविसुद्धिमत्तनो।

संस्कृत छाया–

इह मोदते, प्रेत्य मोदते,  
कृतपुण्य उभयत्र मोदते।

स मोदते, स प्रमोदते,
दृष्ट्वा कर्मविशुद्धिमात्मनः ।।

पालि में 'इध' है और संस्कृत में 'इह' है। ऐसा जान पड़ता है कि 'मूल भाषा' में 'इध' ही था। संस्कृत में 'ध' के 'द्' अंश का लोप कर के 'इह'। हिन्दी ने कदाचितृ दोनों से काम लिया है। 'इह' से 'इहाँ' और इसके वजन पर 'उहाँ'। 'इ' से आगे का स्वर 'उ' है। 'इ'-'उ' को 'य'-'व' करके राष्ट्रभाषा में–'यहाँ'-'वहाँ'।

हिन्दी का 'इधर' पालि के 'इध' से जान पड़ता है; जैसे 'मधु>मधुर' संस्कृत। 'इधर' के वजन पर ही 'उधर' दूर के लिए। पंजाबी के 'इत्थे' भी ('यहाँ' के अर्थ में) पालि के 'इध' से ही जान पड़ता है।

हमने 'इध' से 'इह' का विकास बतलाया; पर यह भी संभव है कि 'इह' से ही 'पालि' का 'इध' हो; 'ह' से पूर्व 'द्' का आगम होकर; जैसे 'गुहा' से 'गुफा' और 'मेह' से 'मेघ'। व्रज का 'मेह' 'मेघ' से हो सकता है।

'ण' पालि में नहीं है। 'पुण्यः' की जगह 'पुंचो' है। हिन्दी की पूरबी बोलियों में भी (आज भी) 'ण' की जगह लोग 'न' ही बोलते हैं। कृत्रिम प्राकृतों में 'न' की जगह भी 'ण'! सर्वत्र 'ण' है! यह क्या बात है! कौरवी (बाँगरू या मेरठी) में, पंजाबी में और राजस्थानी में भी 'ण' बोलने की प्रवृत्ति है। वहाँ 'बहन' भी 'बहण' और 'भैण' बोला जाता है। हिन्दी (राष्ट्रभाषा) ने वह प्रवृत्ति नहीं ग्रहण की। यहाँ 'बहन' रूप चलता है। परन्तु 'ण' को पसन्द करने वाली भी बोलियाँ किसी शब्द के आदि में 'ण' नहीं रखतीं। दुनिया भर में कोई भी भाषा ऐसी नहीं, जिसके शब्द 'ण' से प्रारम्भ होते हों! परन्तु यहाँ की कृत्रिम प्राकृतों में यही सब से बड़ी विशेषता है! शब्द के आदि में भी 'ण'!

खैर, कहने का मतलब यह कि 'पालि' बड़ी मीठी भाषा है। जहाँ प्राकृत के मिठास का वर्णन है, इसी से मतलब है। बाद में कड़ी-कठोर कृत्रिम 'प्राकृत' के साहित्यकारों ने इस कथन को अपनी ही ओर लगा लिया और 'ण'-बहुल कृत्रिम प्राकृतों को 'मधुर भाषा' कहने लगे, जैसे अफीमची अफीम को सुस्वादु कहता है। हमने सुविधा के लिए वैसी कृत्रिम प्राकृतों का नाम 'णाऊ णाऊ भाषा' रख लिया है।

# चौथा अध्याय

## प्राकृत का विकास : आधुनिक जनभाषाएँ

पीछे बतलाया गया है कि 'मूल भारतीय भाषा' का पूर्ण विकास होने पर उसमें साहित्य-रचना होने लगी और साहित्यिक उन्नति होते-होते ऐसा स्वर्ण-युग उपस्थित हुआ कि 'वेद' जैसे उत्कृष्ट साहित्य का निर्माण हुआ। यह महान् आश्चर्य कि 'भाषा' जैसी चीज मनुष्य को मिली और उसमें फिर 'वेद' जैसी चीज मिली। इसे भगवान् की अनुकम्पा ही समझना चाहिए। इसीलिए लोगों ने कहा कि 'भाषा भगवान् की देन है; वेद भगवान् की रचनाएँ हैं'।

जन-भाषा से साहित्यिक भाषा में कुछ अन्तर पड़ जाता है और आगे चल कर जब नियमों की एक श्रृंखला बन जाती है, तो यह भेद ऐसा हो जाता है, जैसा कि स्वच्छन्द-विहारी वन्य जनों से सुनियंत्रित सभ्य नागरिक जनों का। नागरिक जीवन में तरह-तरह के नियमों का निर्माण करना पड़ता है और उनका पालन करना होता है। वन्य जीवन स्वच्छन्द गति से चलता है। सो, मूल भाषा के साहित्यिक रूप को 'संस्कृत' कहो, तो फिर स्वच्छन्द जन-प्रचलित रूप को 'प्राकृत' कहना ही होगा। संस्कृत भी आगे चल कर कुछ रूपान्तरित हुई; क्योंकि समानान्तर चलती हुई जनभाषा के समसामयिक रूप में इसका प्रभावित होना स्वाभाविक था। परन्तु पाणिनि के नियमों ने उसे सुव्यवस्थित करके अजर-अमर कर दिया। आगे उसका रूप-परिवर्तन नहीं हुआ और अब यह प्रलय पर्य्यन्त अपने इसी सुव्यवस्थित रूप में स्थित रहेगी।

### 1. प्रथम प्राकृत

इधर जनभाषा का प्रवाह आगे बढ़ता रहा और उसके काल-भेद के साथ-साथ देश-भेद से भी रूप-भेद होते गए। वे ही रूप-भेद आज हिन्दी, गुजराती, मराठी, बँगला आदि अद्यतन भारतीय जन-भाषाओं के रूप में हमारे सामने हैं। बीच-बीच में किसी जनप्रचलित रूप में बनते-बनते उत्कृष्ट साहित्य भी बना और तब उसके लिए भी नियम बने। 'प्रथम प्राकृत' वेदों की प्रकृत भाषा;—वह भाषा, जिसमें वेद बने। दूसरी प्राकृत वह, जो 'पालि' नाम से प्रसिद्ध है और पाणिनि ने जिसे संस्कृत की 'विभाषा' कहा है। इसी का कृत्रिम रूप (ण-बहुल) 'प्राकृत' नाम से प्रसिद्ध है। तीसरी प्राकृत वह, जो आज 'अपभ्रंश' नाम

से प्रसिद्ध है और जिसके प्रादेशिक रूपों से आज की भारतीय भाषाएँ हैं। शिष्ट-परिष्कृत (साहित्यिक) रूप जहाँ के तहाँ रहे; परन्तु जन-प्रचलित रूप आगे बढ़ते गए। आज की भी अधिकांश भारतीय भाषाओं में साहित्य बन रहा है। और इनके ये साहित्यिक रूप भी नियमबद्ध हो रहे हैं। पर, साधारण जन-प्रवाह अपने रूप में आगे बढ़ रहा है। साहित्यिक हिन्दी में और साधारण जन-प्रचलित (असाहित्यिक या 'प्राकृत') हिन्दी में कुछ अन्तर सामने है। बस, इतना ही अन्तर 'प्रथम प्राकृत' में और वैदिक संस्कृत में रहा होगा।

सो, वह 'प्रथम प्राकृत' ही आज हिन्दी आदि भारतीय भाषाओं के रूप में हमारे सब काम चला रही है। कितना रूप-परिवर्तन हुआ है! कुछ ठिकाना है! परन्तु है यह वही। 'करोति' से 'करता' है मिलता-जुलता है; पर 'स्नुषा' से पंजाबी का 'नू' क्या वैसा मिलता है? किन्तु यह 'नू' शब्द उसी 'स्नुषा' का रूपान्तर है; वही है इस रूप में। आप के बचपन का चित्र मिल जाए तो अपने वर्तमान रूप से उसका मिलान कीजिए देखिए कि कहीं कुछ मिलता है। बड़ी सूक्ष्म दृष्टि से देखने पर ही ज्ञात होगा कहीं कुछ साम्य। परन्तु यह इतना रूप-भेद हो जाने पर भी आप हैं तो वही न। भाषा के रूप-भेद में कहीं-कहीं नाम-भेद भी हो गया है, बस! आप के बचपन, तारुण्य तथा वार्द्धक्य के नाम अलग-अलग रख दिये जाते, तो बड़ी कठिनाई होती; व्यवहार में। परन्तु भाषा के नाम-भेद भी हो गए—शौरसेनी, मागधी, महाराष्ट्री आदि और आज हिन्दी, पंजाबी, गुजराती, मराठी, बँगला आदि।

इस अध्याय में हम इसी 'प्राकृत धारा' का परिचय देंगे। 'प्रथम प्राकृत' के रूप की कल्पना कोई दुष्कर नहीं है; क्योंकि उसका साहित्यिक रूप (वेद-भाषा) हमारे सामने है। वेद-भाषा देखने से पता चलता है कि 'मूल भाषा' के प्रदेश-भेद से कई रूप हो गए होंगे। इसीलिए वेदों में तरह-तरह के प्रयोग मिलते हैं। साहित्य में ऐसा होता ही है। तुलसी के 'रामचरित-मानस' की भाषा पांचाली-अवधी है, जहाँ 'आव' 'लाव' 'पाव' जैसे धातु-रूप हैं—आवत है, लावत है, पावत है; जैसे क्रिया-पद चलते हैं। मेरठी बोली में 'आ' 'ला' 'पा' धातु-रूप हैं। आत्ता है, जात्ता है, लात्ता है; जैसे क्रिया-पद वहाँ हैं। 'आ' का भूतकालिक रूप 'आया' होता है और 'आव' का 'आवा' चलता है। परन्तु तुलसी-प्रयोग 'अवधी' के 'मानस' में है—'जानि न जाय निसाचर-माया, काम रूप केहि कारन आया'।

यहाँ 'आया' प्रयोग 'मेरठी' का दिया है; 'माया' के साथ मिलान करने के लिए। अवधी और मेरठी सगी बहनें हैं, उसी 'मूल प्राकृत' की पुत्रियाँ हैं। इसलिए 'आवा' की जगह 'आया मजे का प्रयोग है। तथापि, भाषा-विवेचन करते समय कहा जाएगा कि 'आया' अवधी का पद नहीं है। इसी तरह सूरदास के व्रज-भाषा 'पदों' में अवधी और मेरठी के भी पद-प्रयोग यत्र-तत्र दिखाई देते हैं। सब समझ में अच्छी तरह आ जाते हैं। इसी तरह वेद-भाषा में प्रयोग समझिए। वेदों के 'गाथा'-छन्दों में कुछ मूल भाषा की छटा है। आज भी हम लोग साहित्यिक हिन्दी में (किसी साहित्यिक रचना में) जन-गृहीत शब्द-प्रयोग करते हैं—कभी-कभी वाक्य-रचना भी वैसी ही देते हैं। साधारणतः साहित्यिक

लोग जन-गृहीत (ग्राम्य) शब्द-प्रयोगों से बचते हैं; इसलिए कि सर्वत्र हमारी रचना पढ़ी-समझी जाए। यदि ऐसा न करें, तो साहित्य का प्रसार न हो। हमारे कानपुर में पकी हुई दाल को 'पहिती' कहते हैं; जैसे पके हुए चावलों को 'भात'। यों 'पहिती' अच्छा शब्द है; परन्तु सर्वत्र प्रचलित नहीं है। इसीलिए 'दाल-भात खाया' लिखते हैं। 'दाल लाओ' कहते हैं; 'पहिती लाओ' नहीं। इसी तरह सहस्रों शब्द बचाने पड़ते हैं और प्रचलित शब्द देने होते हैं, भले ही दूसरे क्षेत्र-प्रदेश के हों। परन्तु किसी देहाती के मुँह से (नाटक आदि में) उसी की भाषा उस के मुँह से निकलवाना अच्छा लगता है—खिलता है। वेदों में 'गाथा' छन्दों की भाषा कुछ वैसी ही है। ज्यों की त्यों उस समय की जन-भाषा। देहाती भाषा कहिए।

वह 'प्रथम प्राकृत' आगे बढ़ते-बढ़ते उस रूप में आई, जिसके एक भेद का साहित्यिक रूप आज भी 'पाली' या 'पालि' नाम से हमारे सामने है। इसे हम 'द्वितीय प्राकृत' कहते हैं। इसी समय कुछ लोगों ने साहित्यिक प्राकृतों में कुछ कृत्रिमता ला दी। इन कृत्रिम प्राकृतों को ही आज-कल लोग 'प्राकृत' कहते-समझते हैं और 'पाली' को प्राकृत से भिन्न मानते हैं। हमारा मत इससे भिन्न है। हम 'पाली' को ही असली प्राकृत उस समय की मानते हैं और उन णकार-बहुल 'प्राकृतों' को 'कृत्रिम प्राकृत' कहते हैं। 'पाली' या 'द्वितीय' प्राकृत के प्रदेश-भेद से बहुत से रूप-भेद हो गए होंगे; परन्तु हमारे सामने केवल उस का एक ही रूप है, जो 'मागधी' नाम से भी उल्लिखित हुआ है। यानी मगध (बिहार) में 'द्वितीय प्राकृत' या 'पाली' का जो रूप प्रचलित था, वही बौद्ध साहित्य के द्वारा हमारे सामने है। दूसरे रूप कहाँ-कैसे थे, कुछ पता नहीं।

प्राकृत का यह दूसरा रूप—जिसे 'पालि' नाम मिला और (संभवतः) जिसके ही लिए पाणिनि ने 'विभाषा' शब्द का प्रयोग किया—आगे साहित्यिक भाषा का रूप ग्रहण करके बहुत कुछ नियमित-व्यवस्थित हो गया। तब (उस समय की) जन-भाषा से उसमें भी उतना ही अन्तर पड़ गया, जितना कि 'मूल भाषा से 'वेद-भाषा' में पड़ गया था।

'द्वितीय प्राकृत' पाली के साहित्यिक रूप की परवा न करके उसका जन-गृहीत रूप बराबर आगे बढ़ता गया। यानी 'प्राकृत धारा' आगे बढ़ती गई, विकसित होती गई और बहुत आगे चल कर उस स्थिति में पहुँची, जिसे हम 'तृतीय प्राकृत' कहते हैं। इस 'तृतीय प्राकृत' को ही लोग 'अपभ्रंश' कहते हैं। 'अपभ्रंश' और 'विभाषा' शब्द एक ही दर्जे के हैं और 'पाली' (गँवारू) भी कुछ वैसा ही है। इस 'तृतीय प्राकृत' में भी साहित्य-रचना होने लगी; परन्तु यहाँ साहित्यिक भाषा जन-भाषा से प्रायः बहुत दूर हट गई। इसका कारण यह कि इस तृतीय प्राकृत ('अपभ्रंश') के साहित्यकारों ने द्वितीय (कृत्रिम) प्राकृतों के साहित्य का पल्ला पकड़ा! उसी के नियमों का अनुसरण किया। फलतः इस समय का साहित्य कुछ खड़खड़ा और श्रवणकटु तथा दुर्बोध भी हो गया। किन्तु इस तृतीय अवस्था में भी जन-भाषा अपने रूप में ही रही। उस पर हम 'साहित्यिक भाषा' का कोई प्रभाव न पड़ा और देश-भेद से उसके बहुत से रूप-भेद हुए। के ही रूप-भेद आज की 'हिन्दी' आदि जन-भाषाएँ हैं।

यह संक्षेप है, इस अध्याय का। अब आगे इसे विस्तार से समझिए।

## 1. द्वितीय प्राकृत का साहित्यिक रूप—'पाली'

संस्कृत भाषा के प्रकरण में जहाँ 'तृतीय संस्कृत' या संस्कृत के 'तृतीय रूप' की चर्चा हुई है, वहीं 'द्वितीय प्राकृत' के साहित्यिक रूप का उल्लेख हुआ है, जिसकी प्रसिद्धि 'पाली' नाम से है। पाली को कहीं-कहीं 'मागधी' भी कहा गया है। 'मागधी प्राकृत भाषा'—'मागधी'। मगध (बिहार) में आज भी तीन भाषाएँ हैं। इसी तरह बुद्ध के समय भी 'द्वितीय प्राकृत' के कई रूप वहाँ क्षेत्र-भेद से चलते होंगे। उन्हीं में से एक भेद को साहित्यिक रूप दे दिया गया और साधारण प्राकृतों से भेद करने के लिए उसका 'पाली' नाम स्वीकार कर लिया गया। तत्वतः 'प्राकृत' और 'पाली' एक हैं। एक जन-व्यवहार का साधारण रूप और दूसरा साहित्यिक रूप।

यहाँ 'प्राकृत' असली जन-भाषा समझिए; कृत्रिम प्राकृत नहीं। प्राकृतों को 'पालि' 'विभाषा' 'अपभ्रंश' आदि संस्कृत के पंडितों ने कहा है।

यहाँ इस प्राकृत-प्रकारण में पाली को अच्छी तरह समझ लेना चाहिए। इससे उस समय साधारण 'प्राकृत' रूप समझ में स्वतः आ जाएगा, जैसे वेद-भाषा के सहारे 'मूल भाषा' का आभास मिल जाता है। यही नहीं, उस समय देश भर में बोले जाने वाले अन्य भी प्राकृत-रूपों का आभास मिल जाएगा। आज भी 'हिन्दी संघ' की सब भाषाएँ—स्वरूपतः भिन्न होने पर भी—मूलतः एक होने के कारण परस्पर मिलती-जुलती हैं।

हम पाली के लिए 'धम्मपद' ही लेंगे, जो बौद्धों की परम प्रतिष्ठित चीज है। 'धम्मपद' साक्षात् बुद्ध भगवान् के श्रीमुख से, समय-समय पर और स्थान-स्थान पर, निकली हुई 423 उपदेश-गाथाओं का संग्रह है। बुद्ध भगवान् को अपनी मातृभाषा के साथ-साथ संस्कृत की भी शिक्षा मिली होगी। परन्तु लोक-शिक्षा के लिए उन्होंने लोक-भाषा का ही उपयोग किया।

'धर्मपदम्' का पाली में अपना रूप है—'धम्मपदं'। 'पद' के बारे में हम पीछे कह आए हैं। यहाँ पाली 'धम्म' शब्द पर विचार करना है। हिन्दी की सभी बोलियों में—बिहार में भी आज—'धर्म' को कोई 'धम्म' नहीं कहता। 'धर्म' का तद्भव रूप सर्वत्र 'धरम' प्रसिद्ध है, जो पुं-प्रत्यय 'उ' के साथ 'धरमु' भी बोला जाता है। बुद्ध के समय बिहार की जन-भाषा में 'धर्म' की द्विधा विकसित रूप 'धरम' और 'धम्म' ये दोनों प्रचलित होंगे। जिस क्षेत्र में 'धम्म' बोला जाता होगा, वहीं की बोली का साहित्यिक रूप 'पाली' नाम से प्रसिद्ध हुआ—उसी में भगवान् बुद्ध ने उपदेश दिया। परन्तु आगे चल कर वह जन-भाषा भी 'धम्म' छोड़ 'धरम' 'धरमु' बोलने लगी। अधिक प्रचार 'धरम' का ही रहा होगा। दूसरे, हिन्दी संघ की सभी भाषाओं में आज 'धम्म' एक अनुकरणात्मक अव्यक्त ध्वनि के लिए चलता है—'वह धम्म से आ गिरा'। 'धम्म' फिर 'धम' भी हो गया—'वह धम से आ गिरा'। इसी 'धम्म' से बचाने के लिए 'धर्म' का तद्भव रूप 'धम्म' न लिया गया होगा। भ्रम क्यों पैदा किया जाए। यदि 'धर्म' का तद्भव रूप 'धम्म' ही चलता, तो 'राम धम्म से गिर गया' इस वाक्य के समझने में दिक्कत पड़ती। 'राम धम्म से गिर गया' का क्या

अर्थ लिया जाता? धर्म से गिर पड़ा, या वह इस तरह गिरा कि 'धम्म' जैसा शब्द हुआ। प्रकरण आदि से अर्थ लग जाता; परन्तु फिर भी झमेला तो बढ़ता। उसे दूर रखने के लिए ही जन-भाषा ने 'धर्म' का तद्भव रूप 'धम्म' नहीं, 'धरम' लिया। परन्तु 'कर्म' का 'कम्म' और 'करम' रूप से द्विधा विकास चला; अर्थ-भेद से। आगे फिर 'कम्म' का 'काम' हो गया—'जो काम करो, सोच-समझ कर करो'। संस्कृत तद्रूप 'काम' शब्द पृथक् है। साधारण जनता में उस 'काम' का वैसा प्रयोग नहीं, 'नाम'-'धाम' आदि का अवश्य है। 'नाम' और 'धाम' दोनों संस्कृत (तद्रूप) है—'नावँ'-'गावँ' तद्भव। 'हमारे करम में ही ऐसा लिखा था' यहाँ 'करम' है। यहाँ 'कर्म' का तद्भव रूप 'काम' न चलेगा। 'काम' की जगह 'करम' भी न चलेगा। गन्ने के रस से गुड़ भी है, चीनी भी है। चाय में चीनी चलती है और भुने हुए चने गुड़ के साथ चबाए जाते हैं। प्रयोग-भिन्नता ही रूप-भेद पैदा करती है—'यावन्तः अर्थाः तावन्तः शब्दाः'—जितने अर्थ, उतने ही शब्द। जब विभिन्न अर्थों में शब्दों का संकेत किया जाता है, तो प्रत्येक अर्थ के लिए भिन्न शब्द दिया जाता है। कोई यह नहीं कह सकता कि 'इस शब्द से तुम यह अर्थ समझना और यह भी समझना'। ऐसा अर्थ-संकेत तो भाषा-निर्माण के उद्देश्य को ही चौपट कर देता। 'यह शब्द अनेकार्थक है' यह आपात-प्रयोग है। वस्तुतः एक शब्द एक ही अर्थ देता है। एक जैसे रूप वाले (भिन्न-भिन्न अर्थ रखने वाले) शब्द जब इकट्ठे हो जाते हैं और उनका सह-प्रयोग होने लगता है, तो लोग कह देते हैं कि 'यह शब्द अनेकार्थक है'। हिन्दी में 'काम' कार्य भी और 'मदन' भी। परन्तु दोनों शब्द भिन्न हैं। संस्कृत तद्रूप 'काम' शब्द कामनार्थक 'कम्' धातु से बना है और 'कार्य' का पर्य्याय 'काम' शब्द संस्कृत 'कर्म' का विकास है—'कर्म> कम्म>काम। यदि एक ही वाक्य में 'काम' शब्द आ कर दोनों अर्थ प्राकराणिक दे, तो 'श्लेष' समझना चाहिए। 'श्लेष का मतलब है—'आश्लेष'—सटना। यानी जहाँ 'काम' शब्द से दोनों बराबरी के अर्थ निकलें, वहाँ एक शब्द न समझ लेना चाहिए। समझना चाहिए कि यहाँ दो 'काम' शब्द हैं; पर एक-रूप हैं और तर-ऊपर जम कर सट गए हैं—शिलष्ट हो गए हैं। कवि जन ऐसे शिलष्ट प्रयोग करते हैं। पृथक् चीज है।

सो, 'कर्म' शब्द का द्विधा विकास हुआ। 'धर्म' भी 'धम्म' होकर हिन्दी में कहीं 'धाम' रूप से देखा जाता है। परन्तु साधारणतः नहीं दिखाई देता। 'इन के कुछ काम-धाम तो है नहीं।' यहाँ 'काम' 'कर्म' का विकास है और 'धाम' 'धर्म' का। 'काम-धाम'—'करम-धरम'। यहाँ 'धर्म' शब्द कर्तव्य के अर्थ में है, जिसका विकास 'धाम' है। साधारणतः 'धर्म' का विकास 'धरम' या 'धरमु' चलता है।

यह प्रासंगिक चर्चा 'धम्म' पर। यहाँ हम ने 'धर्म' से 'धम्मा' और 'धरम' दो शब्दों का विकास बतलाया है, जो समानार्थक है। 'धम्म' से बना 'धाम' शब्द भी ('काम-धाम') मूल अर्थ से दूर नहीं है। कर्म्म से 'काम' है। 'करम' भी मूल अर्थ से संबद्ध है। परन्तु अर्थतः असंबद्ध, प्रत्युत विपरीत अर्थ देने वाले शब्द किसी एक ही शब्द के विकास नहीं कहे जा सकते। दक्षिण भारत का सम्मान-प्रयुक्त 'पिल्लै' शब्द और हिन्दी का 'पिल्ला' शब्द दो भिन्न शब्दों का विकास है; भले ही हमें उन का पता न हो। तरलता मात्र देखकर

कोई कह दे कि (गन्ने का) रस और तेजाब किसी एक ही चीज से बने हैं, तो आप उसे क्या कहेंगे? यही स्थिति दक्षिण कें 'पिल्लै' तथा हिन्दी के 'पिल्ला' शब्द को एक ही शब्द का विकास बतलाने वालों की है! यह सब भाषाविज्ञान के हिन्दी-ग्रन्थों में बतलाया गया है! इसी तरह से 'भद्र' का विकास 'भला' और 'भद्दा' दोनों बतलाए गए हैं! कैसी 'भद्दी' बात है! 'भद्र' से 'भला' है और अनुकरणात्मक 'भद्द' शब्द से 'भद्दा' विशेषण है। 'वह 'भद्द' से गिर गया'! जो कमजोर हो, जिसकी बनावट गलत हो, ऊटपटाँग हो, वह 'भद्द' से गिर पड़ेगा! इसीलिए वह 'भद्दा'!

प्रासंगिक चर्चा बहुत बढ़ गई। अब आप 'धम्मपद' की कुछ गाथाएँ पढ़िए–

> अकोच्छि मं अवधि मं, अजिनि मं, अहासि मे।
> ये च तं उपनाहन्ति, वेरं तेसं न सम्मति।।

इसका संस्कृत रूप–

> अक्रोशीत् मां, अवधीत् मां, अजैषीत् मां अहार्षीत् मे।
> ये च तत् उपनह्यन्ति, वैरं तेषां न शाम्यति।।

हिन्दी–

मेरा इसने आक्रोश किया–मुझे कोसा, या गाली दी; मुझे मारा-डाँटा; मुझे जीत लिया; इस तरह की बातें जो गाँठ बाँधे रहते हैं; उनका बैर कभी शान्त नहीं होता।

संस्कृत छाया में पदों की सन्धि नहीं की गई है, जिससे रूप-तुलना ठीक-ठीक हो सके।

'अक्रोशीत्' की जगह 'आकोच्छि' रूप है। यानी 'त्' अन्त से उठकर 'शी' के पहले आ बैठा है और फिर 'श्' को 'छ्' तथा 'त्' को 'च्' हो गया है। यह सन्धि संस्कृत में भी होती है। 'ई' अन्त की ह्रस्व हो गई है। उस समय की जनभाषा में ह्रस्वान्त प्रवृत्ति होगी। हिन्दी में दीर्घान्त प्रवृत्ति है–'मुरारी लाल शर्मा'। 'मुरारि' संस्कृत का यहाँ 'मुरारी' है।

संस्कृत का 'माम्' सर्वत्र 'मं' है। वही ह्रस्वान्त प्रवृत्ति उसी समय जन-भाषा ने शब्दों के अन्त में व्यंजन (स्वर-रहित व्यंजन) रखना नापसन्द कर दिया था। इसीलिए 'म्' का अनुस्वार है। 'में' विभक्ति में कोई परिवर्तन नहीं। संस्कृत 'उपनह्यन्ति' का पाली-रूप 'उपनय्हन्ति' हो गया है। 'ह' महाप्राण है; कूद कर आगे पहुँच जाता है। जो आगे था 'अल्पप्राण' 'य्', वह पीछे पड़ गया है। हिन्दी में भी देखिए, संस्कृत 'चिह्न' का 'चिन्ह' हो गया है। जान पड़ता है, बहुत मधुर प्रकृति भी घाटे की होती है। इसीलिए संस्कृत 'याच्ञ' भी 'यांचा' बन गया है। संस्कृत वाले भी 'यांचा' ही उच्चारण करते हैं। कम से कम उच्चारण में 'ञ' पीछे पड़ गया।

'वैरम्' का 'वेर' हो गया। आज की कई जनभाषाओं में भी 'ऐ' की जगह 'ए' ही उच्चारित होता है। गुजरात आदि में यह प्रवृत्ति है। 'शाम्यति' का 'सम्मति' है। 'श्' का 'स' हो जाना स्वाभाविक है। गुरुत्व दीर्घता को छोड़ आगे संयुक्त वर्णों के कारण ह्रस्व हो गया है। 'य्' का लोप हो गया है। 'य' और 'व' को 'ज्' 'ब' नहीं हुआ है।

नहि वेरेन वेरानि समन्तीध कदाचनं।
अवेरेन च सम्मन्ति, एस धम्मो सनन्नो।।

छाया-संस्कृत–

नहि वैरेण वैराणि शाम्यन्तीह कदाचन।
अवैरेण च शाम्यन्ति, एष धर्मः सनातनः।।

कारक-विभक्तियाँ और क्रिया-रूप एक ही हैं; कुछ अन्तर है। सन्धि 'सम्मन्ति इध =समन्तीध' हो गई है। एक 'म्' लुप्त हो गया है। 'कदाचन' का 'कदाचनं' छन्द-सुश्रवता के लिए है। पुंवर्ग-नंपुसगवर्ग शब्द संस्कृत की तरह हैं—वैरम्>वेरं; धर्मः> धम्मो। 'वचन'-व्यवस्था भी एक ही है—वैराणि>वैरानि। ध्यान देने की बात यह है कि संस्कृत में 'ण' है और पाली में 'न' है—वैराणि-'वेरानि'। मधुरता की ओर झुकाव है। यही स्वाभाविक स्थिति है। उसी समय (उसी लोक-भाषा की) एक दूसरी साहित्यिक भाषा चल रही थी और उसे भी लोगों ने 'मागधी प्राकृत' बतलाया है। वह 'न' की जगह सदा 'ण' पसन्द करती है। पाली को भी 'सा' मागधी मूलभासा कहा है। 'ष' को 'स'; जैसे 'षोडश का सोलह'। यों 'न' तथा 'ण' का भेद उस समय की साहित्यिक प्राकृतों में भाषा-भेद करता है। णकार-बहुल प्राकृत में व्यंजनों का लोप भी अति का है। इसका परिचय अभी आगे दिया जाएगा।

यहाँ इतना समझिए कि पाली 'ण' की जगह 'न' पसन्द करती है। जिस जनभाषा के साहित्यिक रूप ये हैं ('न'-प्रिय और 'ण' प्रिय) साहित्यिक भाषाएँ, उसकी 'अपनी' क्या स्थिति रही होगी? क्या वह 'न' की जगह 'ण' पसन्द करती होगी? संभव नहीं। मधुरता छोड़ कठोरता की ओर कौन जाएगा। 'ज्ञाति' का 'नाइ' तो जन-भाषा में सम्भव है; पर 'णाई' या 'णाइ' हो जाना जँचता नहीं। फल पक कर मृदु होता है, और कड़ा नहीं हो जाता। परन्तु 'पाइय सदद महण्णव' (प्राकृत शब्द महार्णव) कोश में 'णाइ' शब्द ही दिया है, 'नाइ', नहीं! न का तो सर्वथा बहिष्कार है! तो, साधारण जन क्या बोलते होंगे, इसका पता हिन्दी के 'नैहर' जैसे शब्द देते हैं। इसे 'णैहर' कहीं कोई नहीं बोलता। 'ज्ञातिगृह' का 'नैहर' रूपान्तर है। मा-बाप, भाई-भतीजे, चाचा-ताऊ आदि का घर 'ज्ञातिगृह'। 'ज्ञाति' मा-बाप, भाई-भतीजे आदि को कहते हैं। 'नैहर' को व्रज में 'पीहर' कहते हैं। पांचाली में 'मायका'। 'पितृगृह'>'पीहर'। 'माई का घर' >'मायका'। 'मायका' हिन्दी का तद्धित-शब्द है।

हमें मतलब 'नैहर' से है, जिसे किसी-किसी भाषा-विज्ञानी ने 'निजगृह' का विकास समझ लिया है। 'निजगृह' तो लड़की का उसकी सुसराल है! कहते हैं—'ब्याही लड़की अपने घर भली'। 'अपना घर' ससुराल; नैहर (पीहर या मायका) नहीं। सो, यह 'नैहर' शब्द बतलाता है कि उस समय भी 'ण' की जगह 'न' बोलने की लोक-प्रवृत्ति थी और पाली भाषा ने वही प्रकृति अपनाई है।

'सनातनः' का 'सनन्नो' विचित्र रूप है। 'ना' ह्रस्व हो गया है और 'त' बन गया है 'न्'। पंजाबी में 'इतना' का 'इन्ना' हो जाता है।

अनिक्कसावो कासावं यो वत्थं परिदहेस्सति।
अपेतो दमसच्चेन न स कासावमहरित।

छाया-संस्कृत–

अनिष्कषायः काषायं यो वस्त्रं परिधास्यति।
अपेतो दमसत्याभ्यां न स काषायमर्हति।

जो राग-द्वेषादि कषायों (मलों) को छोड़े बिना काषाय (गेरुए) कपड़े धारण करे दम-सत्य से भी दूर हो, वह वैसे (काषाय) वस्त्र धारण करने का अधिकारी नहीं, वह वैसे वस्त्रों के योग्य नहीं।

शब्दों का नंपुसक वर्ग तब तक चल रहा था, जो आगे चल कर 'तृतीय प्राकृत' में छूटा; परन्तु द्विवचन उसी समय उड़ गया था। इसीलिए 'दमसत्याभ्याम्' की जगह 'दमसच्चेन' है। 'कषाय' और 'काषाय' के वकारान्त प्रयोग 'कसाव'-'कासाव' है। पूरब में 'व' और 'उ' की ओर झुकाव अब भी है। इसी प्रकृति के कारण 'घृत' का रूप वहाँ 'घिउ' आज भी चलता है। वैसे 'त' को 'य' होना स्वाभाविक है, दोनों समस्थानीय हैं। इसीलिए (तवर्गीय) 'द' को भी देशान्तर में 'य' होते देखा जाता है–मद>'मय'। 'घृत'>घिय>'घी' एक जगह और 'घिय' के 'य' को 'व' और फिर 'उ' करके 'घिउ' अन्यत्र। इसीलिए 'जाया करता है' पूरब में 'जावा करित है' के रूप में चलता है। इधर पश्चिमोत्तर इ और य की ओर रुझान देखते हैं। इसी प्रवृत्ति का फल है कि संस्कृत का 'नवः' भी यहाँ 'नया' हो गया है। यह देश-भेद या प्रदेश-भेद से शब्द-भेद। प्रवृत्ति साधारणतः समझिए। कहीं अपवाद भी संभव है। पंजाब में 'घी' को 'घ्यौ' कहते हैं, जो 'घिउ' की ओर झुका है। 'घ' आदि महाप्राण वर्णों का उच्चारण पंजाब में एक विशेष ढंग का है।

बस, इतने से ही 'द्वितीय प्राकृत' का रूप सामने आ गया होगा, जिसका साहित्यिक रूप यह 'पाली' है।

## 2. एक और साहित्यिक 'प्राकृत' (!)

उसी समय एक और 'मागधी प्राकृत' का साहित्यिक रूप चल रहा था, जो एकदम कृत्रिम जान पड़ता है–जन-प्रवाह से बहुत दूर हटा हुआ! इसे भी देखिए–

'अम्हहे ! दलंतणवणीलुप्पलसामलसिणिद्धमसिणसोहमाणमंसलदेहसोहग्गेण विम्हअत्थिमिद, तादद्दीसंतसोम्मसुन्दरसिरी अणागत्थुडिदसंकरसराहणो सिहंडमुद्धमुहमंडलो अज्जउत्तो आलिहिदो!'

कुछ समझ में आया? नहीं आया! तो फिर संस्कृत शब्दों में समझिए, जिन्हें अस्वाभाविक रीति से तोड़-मरोड़ कर वह 'साहित्यिक प्राकृत' गढ़ी गई है। सीता जी राम का चित्र देख रही हैं, धनुष-भंग के समय का। वे हर्षद्रिक से कहती हैं–

'अहो, दलन्नवनीलोत्पलश्यामलस्निग्धमसृणशोभमानमांसलदेहसौभाग्येन, विस्मयस्तिमिततातदृश्यमानसौम्यसुन्दरश्रीः, अनादरत्रुटितशंकरशरासनः, शिखण्डमुग्धमुखमण्डल आर्यपुत्र आलिखितः!'

'अम्हहे' कोई हर्षाश्चर्य-व्यंजक निपात उस समय भाषा में चलता होगा। संस्कृत के 'अहो' से उसका कोई लगाव नहीं जान पड़ता। अनुवाद 'अहो' से होगा ही। 'दलत्-नवनीलोत्पल' खिलते हुए नवीन नीलोत्पल (की तरह) 'श्यामल' स्निग्ध, मसृण, सुन्दर और मांसल देह के सौभाग्य (सौन्दर्य) से तात (पिताजी, जनक) विस्मित हो रहे हैं और वे सौम्य-सुन्दर यह श्री निहार रहे हैं। इसी तरह स्पष्ट अर्थ आगे है। आप शब्दों की बनावट पर ध्यान दें।

'नव' का 'णव' कर दिया गया है। 'नील' को 'णील' बनाया गया है। 'नीलोत्पल' का 'णीलुप्पल' रूप है। 'स्निग्ध' का 'सिणिद्ध' है। 'सौभाग्येन' का मधुर रूप–'सोहग्गेण' है! 'विस्मय-स्तिमित' बन गया है–'विम्हअत्थिमिद'। 'त्रुटित' का मोहक रूप है–'त्थुडिद'। 'शिखण्ड-मुग्ध' को 'सिहंडमुद्ध' रूप मिला है!

'ना' तो रखा ही नहीं है। सर्वत्र मधुर 'ण' है! देखिए–

संस्कृत, हिन्दी आदि– तथोक्तत 'प्राकृत'–

| 'न' | 'ण' |
|---|---|
| नयन | णअण |
| नगर | णअर |
| नन्द | णन्द |
| नगण | णगण |
| नव | णव |
| नाराच | णाराअ |
| नारायण | णाराअण |
| नाग | णाअ |
| नायक | णाअक्क |
| नागराज | णाअराअ |

उदाहरण अधिक देने की जरूरत ही नहीं, जब कह दिया कि 'न' का एकदम बहिष्कार है! और तो और, घोड़ी की ध्वनि जो 'टप-टप' होती है जिस के कारण ही हिन्दी में 'टाप' संज्ञा है, उस (टापों की ध्वनि) का भी–

'ण, ण, ण, ण'

से निर्देश है! व्यंजन-लोप की भी बहार है। क्या यह 'मधुर-मसृण' भाषा है? क्या उस समय लोगों के कान दूसरे ढंग के थे? तब फिर उसी समय के साहित्याचार्यों ने टवर्ग (ट, ठ, ड, ढ, ण) की गिनती कठोर वर्णों में क्यों कर दी? तब तो 'न' को कठोर बतलाना चाहिए था न! बड़ी अजीब बात है!

कभी-कभी भाषा का स्वरूप लोग बेतरह बिगाड़ देते हैं—जन-भाषा का नहीं, साहित्यिक भाषा का। और फिर उस 'साहित्यिक भाषा' की प्रशंसा करके उसे जनता के सिर मढ़ने का उद्योग किया जाता है! उदाहरणार्थ हिन्दी का वह साहित्यिक रूप देखिए, जो 'उर्दू' नाम से प्रसिद्ध है। फारसी-अरबी आदि के अनावश्यक शब्दों की ठूँस-ठाँस ने और उन विदेशी भाषाओं के ढर्रे पर इसे ले चलने के दुराग्रह ने क्या-कुछ कर दिया, सामने है। हिन्दी की (हिन्दी) भाषा का यह साहित्यिक रूप फिर जनता पर लाद दिया गया, यह कह कर कि यह इस देश की भाषा है। अदालतों से जो सूचनाएँ निकलती थीं, कोई तब तक समझ न सकता था, जब तक अरबी-फारसी न पढ़ आए। उस कृत्रिम 'प्राकृत' में कुशल यह रही कि लिपि नहीं बदली। उर्दू ने तो गजब ढा दिया। ऐसा रूप लिया कि उसे लोग एक दूसरी भाषा ही कहने लगे! उसके लिए फिर इतना मोह कि देश का विभाजन ही करा लिया गया! यह सब हिन्दी के उस विरूप परिणाम (उर्दू) का दुष्परिणाम! एक ही भाषा के दो साहित्यिक रूप—1. हिन्दी और 2. उर्दू। इसी तरह 'द्वितीय प्राकृत' के दो साहित्यिक रूप—1. पाली और 2. तथोक्त 'प्राकृत'।

और भी देखिए। 'छायावादी' और 'रहस्यवादी' काव्यों की भाषा देखिए। क्या वह भाषा स्वाभाविक है? ऐसी साहित्यिक भाषा, जिसे आचार्य पं. महावीर प्रसाद द्विवेदी भी न समझ पाए हों, क्या प्रकृत हिन्दी है? परन्तु वह भी 'हिन्दी' ही कहलाती है। कहने का मतलब यह कि साहित्यिक लोग कभी-कभी भाषा का रूप कुछ से कुछ कर देते हैं। 'उर्दू' देश भर में फैली। इसी तरह वह कृत्रिम 'प्राकृत' भी देश भर में फैली थी। ग्यारहवीं शताब्दी के अन्त तक प्राकृत का यह 'साहित्यिक' रूप संस्कृत के साथ-साथ बराबरी की स्थिति में, देश भर में चल रहा था। कभी-कभी तो संस्कृत से अधिक महत्त्व-माधुर्य इसका प्रकट किया जाता था। हवा चलती है। उसी में लोग बहने लगते हैं। ग्यारहवीं शताब्दी में काशमीर विद्या का गढ़ था। महाकवि विल्हण काशमीरी थे। उन्होंने काश्मीर की चर्चा करते हुए लिखा है कि 'जहाँ औरतें भी संस्कृत और प्राकृत उसी सरलता से समझती-बोलती हैं, जैसे अपनी मातृभाषा।'

> 'यत्र स्त्रीणामपि किमपरं जन्मभाषावदेव।
> प्रत्यावासं विलसति वचः प्राकृतं संस्कृत च।।'

इससे स्पष्ट है कि काश्मीर की प्राकृत (जनभाषा) उसी तरह थी, जैसे उत्तर प्रदेश में आजकल गढ़वाली, कुमायनूी, भोजपुरी, अवधी आदि। साहित्यिक 'प्राकृत' पृथक् थी, जैसे कि कुछ दिन पूर्व यहाँ उर्दू चल रही थी। अन्तर इतना कि वह प्राकृत साहित्यकारों की लहर का विकार थी; विदेशी प्रभाव उस पर न था; इसलिए जाति-भेद नहीं हुआ; 'नेशेनेलिटी' नहीं बदली। उर्दू में बात दूसरी थी।

वह विकृत 'प्राकृत' ग्यारहवीं शताब्दी तक चलती रही; ऊपर कहा गया है। इस समय तक प्राकृत जन-भाषा में स्वाभाविक परिवर्तन बहुत हो चुका था; इतना परिवर्तन कि जिसे एक दूसरी भाषा कहा जा सके। अवस्थान्तर से भी अन्यता का अभिधान होता है। दूध ही परिवर्तित रूप में दही है। रूप-भेद से नाम-भेद। दूध से दही भिन्न चीज है। इसी तरह द्वितीय प्राकृत से 'तृतीय प्राकृत' भिन्न चीज है, जिसे लोगों ने 'अपभ्रंश' नाम दिया है। बारहवीं शताब्दी 'तृतीय प्राकृत' ('अपभ्रंश') का उदय-काल है। इस समय तक साहित्य-रचना उस 'द्वितीय प्राकृत' में ही होती रही, जिसे हमने 'विकृत भाषा' कहा है। तृतीय प्राकृत का रूप प्रस्फुटित हो रहा था, दूसरी का तिरोहित हो रहा था; जैसे तारुण्य का उदय और उससे पूर्व की अवस्था का तिरोभाव साथ-साथ। कारक-विभक्तियाँ, सर्वनाम, अव्यय तथा क्रिया-रूप इतने परिवर्तित हो गए थे कि जिससे अन्य भाषा उसे कहा जा सके।

इस समय का जो साहित्य मिलता है, उसके दो रूप हैं। कुछ साहित्य तो प्राकृत की द्वितीय अवस्था की उस विकृत साहित्यिक भाषा से प्रभावित है, जिसमें 'ण' की भरमार और व्यंजन-लोप की धमाचौकड़ी है। और कुछ साहित्य प्राकृत (सामयिक) जन-भाषा में है। इस नई भाषा ('तृतीय प्राकृत' या 'अपभ्रंश') का देशव्यापी साहित्यिक रूप एक ही था। वही सर्वत्र चलता था। उस साहित्यिक भाषा का मूल रूप क्या समझा जाए? उस साहित्यिक 'अपभ्रंश'—(काव्य या गद्य की भाषा) को हम व्रज की बोली का साहित्यिक रूप नहीं कह सकते; क्योंकि भविष्यत् काल की क्रियाएँ (उस साहित्यिक भाषा में) 'गो' 'गे', 'गी' प्रत्ययों से रहित हैं। सम्भव है, पांचाली (कन्नौजी) जन-भाषा को वह व्यापक साहित्यिक रूप मिल गया हो, जिस पर सभी प्रादेशिक भाषाओं की छाप भी पड़ गई हो। महापण्डित राहुल सांकृत्यायन का यही मत है। भाषा के प्रसार में राजसत्ता भी काम करती है। वह समय कन्नौज के उत्कर्ष का था।

# पाँचवाँ अध्याय

## तृतीय प्राकृत : भारत की वर्तमान भाषाएँ

जैसा कि पीछे कहा गया, ग्यारहवीं अथवा बारहवीं शताब्दी तक 'द्वितीय प्राकृत' की छाया है और इसी समय 'तृतीय प्राकृत' का उदय है, जिसे लोग 'अपभ्रंश' कहते हैं। देश भर में इस 'तृतीय प्राकृत' या अपभ्रंश के शतशः रूप-भेद थे, जिनमें से बीसों रूप ऐसे, जो आगे चल कर मुख्य भाषाओं की स्थिति में आए। परन्तु उस समय एक साहित्यिक भाषा ऐसी चल रही थी, जो सम्पूर्ण देश की चीज समझी जाती थी; भले ही उसका मूल रूप (जन-प्रचलित प्रकृत रूप) किसी एक ही जगह का सही। इस समय साहित्य-रचना इसी अखिल भारतीय 'तृतीय प्राकृत' में होती थी, प्रादेशिक या क्षेत्रीय प्राकृतों में वैसी नहीं। इस समय तक आज की प्रादेशिक भाषाओं का पूर्ण विकास न हो पाया था; वे प्रस्फुटित हो रही थीं। इसे आप 'तृतीय प्राकृत' और वर्तमान 'प्राकृत' (आधुनिक हिन्दी-मराठी आदि भारतीय भाषाओं) की 'सन्धि-भाषा' भी कह सकते हैं। सन्धि भी ऐसी, जहाँ झुकाव आगे की ओर है। यदि 'अपभ्रंश' को 'तृतीय प्राकृत' कहें, तो आज की हिन्दी, गुजराती, मराठी आदि 'चतुर्थ प्राकृत' है—प्राकृत की चौथी पीढ़ी। अपभ्रंशों के ही विकसित रूप हैं आज की भाषाएँ, तब इन्हीं के पूर्व-रूप अपभ्रंश। प्रादेशिक भाषाओं का जो वर्तमान पूर्ण विकसित रूप है, उस समय न था और इसीलिए साहित्यिक भाषा वह थी, जो परम्परा-गृहीत सरणि और स्वरूप को लेकर चल रही थी। बारहवीं, तेरहवीं और चौदहवीं शताब्दी का यह स्थिति है। पन्द्रहवीं शताब्दी में आधुनिक भाषाओं का रूप-गठन प्रायः सम्पन्न हो गया और किसी-किसी प्रादेशिक भाषा में साहित्य भी बनने लगा; परन्तु वह उस 'साहित्यिक भाषा' (अपभ्रंश) से बहुत कुछ प्रभावित दिखाई देता है, जो उस समय तक देश भर में चल रही थी। इसके आगे विभिन्न प्रादेशिक और क्षेत्रीय भाषाओं ने पूरी तरह रूप-ग्रहण कर लिया और उनमें से बहुतों ने आगे चल कर अच्छा साहित्य धारण किया। आज तो वैसी अनेक साहित्यिक भाषाएँ अपने-अपने प्रदेश बना कर शासनिक 'राज्य' बनाने की आधारशिलाएँ बन गई हैं। बँगला आदि सभी समृद्ध भाषाएँ इसी स्थिति में हैं। 'हिन्दी' का क्षेत्र व्यापक है। यह हिन्द भर की भाषा है; इसीलिए किसी प्रदेश-विशेष पर इसका नाम नहीं है। हिन्द भर की भाषा—हिन्दी। बँगला आदि सभी भाषाएँ हिन्द की हैं; 'हिन्द' के विभिन्न प्रदेशों की हैं और यह भाषा 'हिन्दी' है, जिसमें हम ये पंक्तियाँ

लिख रहे हैं और हमारे संविधान में जो सम्पूर्ण राष्ट्र की, केन्द्रीय सरकार की, व्यवहार-भाषा के रूप में स्वीकृत हुई है।

## 1. हिन्दी का उद्‌भव और मूल रूप

हिन्दी का उद्‌भव भी अन्य प्रादेशिक भाषाओं के साथ-साथ हुआ और विकास भी साथ-साथ। हमारी केन्द्रीय सरकार की राजधानी 'देहली' है, जिसे लोग 'दिल्ली' कहते हैं। वह सचमुच 'देहली' है। उसके इधर उत्तर की ओर देखो, तो 'कुरुजनपद' है, मेरठ संभाग या डिवीजन उत्तर प्रदेश का। यहाँ की भाषा 'कौरवी' या 'मेरठी' का नाम 'खड़ी बोली' है—'मीट्ठा पाणी लात्ता है'। यों 'मीट्ठा' और लात्ता' के अन्त में जो खड़ी पाई दिखाई देती है, लाठी की तरह; उसी से इस का नाम 'खड़ी बोली'। 'कौरवी' भाषा की दो धाराएँ हैं—एक ही भाषा की दो धाराएँ हैं—एक ही भाषा की दो प्रमुख 'बोलियाँ' हैं—1. 'खड़ी बोली'-मेरठी और 2. बाँगरूँ या 'हरिपानवी'। दिल्ली से लेकर देहरादून तक (और उधर मुरादाबाद तक) का प्रदेश 'कुरुजनपद' है और दिल्ली से उधर अम्बाला तक तथा इधर सहारनपुर से अम्बाला तक 'बाँगर', जिसका पुराना नाम 'कुरुजांगल' है।

'कौरवी' के ये दो रूप ऐसे ही हैं, जैसे राजस्थानी के 'जयपुरी' और 'जोधपुरी'। 'खड़ी बोली' मेरठी है। इस 'खड़ी बोली' का ही एक साहित्यिक रूप 'उर्दू' है और दूसरा है 'हिन्दी'। दक्षिण की 'दक्खिनी की प्रकृति 'बाँगरू' जान पड़ती है। उर्दू पर विदेशी या अराष्ट्रीय प्रभाव है; हिन्दी पर राष्ट्रीय। 'देहली' से उधर मथुरा-क्षेत्र सटा हुआ है। वहाँ की वह भाषा है, जिसका साहित्यिक रूप सूरदास आदि के काव्यों में आपको प्राप्त है। उसी 'देहली' से छोटी लाइन की गाड़ी पर चलो, तो थोड़ा ही चल कर 'रेवाड़ी' स्टेशन आ जाएगा, जो 'राजस्थानी' भाषा का क्षेत्र शुरू करता है। उसी 'देहली' से पश्चिम की ओर पाँव रखो, तो 'कुरुजांगल' है, जिसे 'बाँगर' भी कहते हैं। यहाँ की भाषा या 'बोली' 'बाँगरू' है; कौरवी का ही रूपान्तर। 'देहली' से पूरब चलो, तो पूर्वाभिमुखी भाषाएँ मिल जाती हैं। और 'देहली' है सबकी; सबसे अलग भी और सबमें भी। फिर भी, मेरठी या 'कौरवी' से ही उसका निकटतम सम्पक्र है। 'देहली' से मेरठ है ही कितनी दूर! देहली हिन्दी का केन्द्र है; घर है और सब भाषाओं की यह 'देहली' है। दिल्ली हिन्द का केन्द्र, हिन्दी का केन्द्र।

देहली के मुसलमान शासकों ने यहीं की भाषा को अपना कर उसे सम्पूर्ण देश में 'उर्दू' नाम से फैलाया। परन्तु विदेशी (फारसी) लिपि में उसे लिखने लगे और आगे चलकर विदेशी भाषाओं के शब्दों से उसे इतना लाद दिया कि वह एक 'विदेशी भाषा' समझी जाने लगी! उर्दू में साहित्य भी बनने लगा और भाषा मँजे-सँवरने लगी। आगे चल कर उर्दू में अच्छी से अच्छी कविता हुई।

परन्तु विदेशी शब्दावली, विदेशी लिपि और विदेशी भावनाओं के घटाटोप के कारण कौरवी (मेरठी) भाषा के इस साहित्यिक रूप को राष्ट्रीयता-प्रेमी जनों ने हृदय से ग्रहण नहीं किया। अत्यधिक अराष्ट्रीय (विदेशी) तत्वों की भरमार से लोग इसे एक विदेशी चीज

समझने लगे, यद्यपि राज-सत्ता के बल पर देश भर में इसकी पहुँच-पैंठ हो गई। इसी समय पड़ोस की एक दूसरी भाषा को भी साहित्यिक रूप दिया गया, जो 'व्रजभाषा' नाम से प्रसिद्ध है। उर्दू से भी पुराना साहित्य व्रजभाषा में है और दिल्ली के मुसलमान शासक भी इससे परिचित थे। कई मुसलमान विद्वानों ने 'हिन्दी' नाम इसी 'व्रजभाषा' को दिया है। कइयों ने इस 'हिन्दी' (व्रजभाषा) का व्याकरण-परिचय आदि भी लिखा है। पर, हिन्दू लोग प्रायः राज-व्यवहृत होने के कारण ही उर्दू पढ़ते-पढ़ाते थे। आगे चल कर उनमें से कुछ उसके हृदय से भी समर्थक हो गए। इधर हिन्दू साहित्यकारों ने व्रजभाषा को अपनाया और इसमें ऊँचे दर्जे की कविता की। इस तरह दिल्ली के उत्तर की (कौरवी या मेरठी) भाषा 'उर्दू' नाम से 'साहित्यिक भाषा' बन कर देश भर में फैली और उस के पड़ोस (व्रज) की भाषा साहित्यिक रूप लेकर 'व्रजभाषा' नाम से राष्ट्र भर की सामान्य और सम्मान्य साहित्यिक भाषा बन गई। इससे पहले 'तृतीय प्राकृत' का एक रूप (कदाचित् पांचाली, यानी कन्नौजी) साहित्यिक भाषा का रूप लेकर 'अपभ्रंश' नाम से देश भर में व्याप्त था। अब उसकी जगह दिल्ली के उधर-इधर की दो बोलियों के साहित्यिक रूपों ने (उर्दू और व्रजभाषा ने) ले ली। गुरु नानक देव ने भी अपने उपदेश-पदों की रचना व्रजभाषा में ही की है और गुरु गोविन्द सिंह की भी साहित्यिक कृतियाँ व्रजभाषा में ही हैं। वर्तमान उत्तर प्रदेश के सभी क्षेत्रों ने व्रजभाषा को साहित्य-समृद्धि दी। गुजरात, महाराष्ट्र, बिहार और बंगाल आदि दूरवर्ती प्रदेशों में भी व्रजभाषा साहित्यिक भाषा के रूप में गृहीत हुई। अपनी प्रादेशिक भाषा के साथ-साथ लोग व्रजभाषा में भी कविता करते थे, देश भर में प्रचार पाने के उद्देश्य से।

दिल्ली के इधर-उधर की दो भाषाएँ इस तरह सम्पूर्ण हिन्दी में व्याप्त हुईं। परन्तु साहित्य केवल कविता तक ही सीमित था। थोड़ा-थोड़ा गद्य भी कहीं सामने आया। अठारहवीं-उन्नीसवीं शताब्दी में संस्कृत-पुस्तकों की 'भाषा टीका' देखिए; 'टीका' व्रजभाषा में ही मिलेगी। व्रजभाषा को ही 'भाषा' कहते थे। कथावाचक लोग सर्वत्र व्रजभाषा में ही 'कथा' सुनाते थे। यहीं तक गद्य की और लोक-व्यवहार की बात थी। उर्दू भी साधारण बात-चीत तक ही लोक-व्यवहार में थी; यहीं कोई साधारण गद्य साहित्य भी।

अंग्रेजी शासन आने पर नए ढंग से विशेष राष्ट्रीय जागरण हुआ। विविध साहित्य अपनी भाषा में लाने की इच्छा उत्पन्न हुई। हमने ऊपर देशव्याप्त उर्दू और व्रजभाषा की चर्चा की है। उसी तरह बँगला, गुजराती, मराठी आदि प्रादेशिक भाषाओं ने भी साहित्यिक रूप ग्रहण किया और यों वह पहले की साहित्यिक ('अपभ्रंश') भाषा प्रायः सब भूल बैठे। इन प्रादेशिक भाषाओं में भी पहले काव्यमय साहित्य ही बना। आगे नव जागरण में सर्वत्र एक-सी प्रवृत्ति जागृत हुई। विविध साहित्य सब भाषाओं में बनने लगा।

इस समय विविध साहित्य के लिए राष्ट्रप्रेमियों ने व्रजभाषा को न लेकर उसी भाषा का पल्ला पकड़ा, जो विदेशी रंगढंग में 'उर्दू' नाम से देश-व्याप्त हो चुकी थी। लोगों ने सोचा, विदेशी रंग-ढंग के कारण किसी अपनी चीज को छोड़ क्यों दिया जाए? उसका वह विदेशीपन हटाकर, शुद्ध प्राकृत बनाकर, उसे अपनाया क्यों न जाए? इसी भावना और चेतना ने उसी 'कौरवी' या 'मेरठी' भाषा को राष्ट्रभाषा के रूप में अपनाया, जो 'उर्दू' नाम

से प्रचलित थी। उससे अनावश्यक विदेशी शब्द हटा दिए, लिपि (फारसी के बदले) 'नागरी' और वाक्य-विन्यास अरबी-फारसी के ढंग पर न करके अपने प्रकृत रूप में—बन गई 'हिन्दी'। यही हिन्दी भाषा आगे राष्ट्र ने ग्रहण की और संविधान ने भी स्वीकार की।

## 2. मेरठी का परिष्कार

मेरठी या कौरवी भाषाओं का ज्यों का त्यों रूप उर्दू-हिन्दी में गृहीत नहीं हुआ है। उसका परिष्कार किया गया है। तब साहित्यिक भाषा वह बनी है।

मेरठी भाषा में 'जात्ता' है बोलते हैं। उर्दू-हिन्दी में 'जाता है' चलता है। उर्दू ने 'जाता है' लिया; क्योंकि सर्वत्र 'त' सुनाई दिया, जो कि पूर्व-परम्परा से प्राप्त है। व्रजभाषा में 'जात है' और पूरबी बोलियों में भी 'जात है'। यही नहीं, सुदूर महाराष्ट्र में भी 'त' है; यद्यपि उदीच्य-पद्धति (कृदन्त-प्रयोग) वहाँ नहीं—'जात आहे' (पुंवर्ग में भी, और स्त्रीवर्ग में भी)। बहुवचन 'जात आहेत' पुंवर्ग में भी और स्त्रीवर्ग में भी। परन्तु 'त' है। इसीलिए उर्दू ने 'जाता है' रूप लिया। 'जात है' जैसे प्रयोगों के कारण ही मेरठ के 'जाहै'-'जावै' है आदि प्रयोग उर्दू ने नहीं लिए। 'जात है' से मेल खाते 'जाता है' आदि प्रयोग ही गृहीत हुए। 'जावै है' जैसे प्रयोग बाँगरू के 'जावै सै' आदि के रूपान्तर हैं।

मेरठी में अन्त्य 'न' को प्रायः 'ण' बोलने की प्रवृत्ति है—बहण, जाण दे, सुण, इत्यादि। व्रज, पांचाल तथा अवध आदि में 'न' चलता है—बहिनी या बहिन, जान दै, सुनु या सुन इत्यादि। फारसी में भी 'ण' नहीं है। अपनी 'द्वितीय प्राकृत' पाली में भी 'ण' की जगह प्रायः 'न' है। सो, प्रकृत्या 'न' की ओर झुकाव हुआ और उर्दू ने 'बहन' 'जाने दे' 'सुन' जैसे शब्द ही ग्रहण किए।

'कुरुजनपद' में अन्त्य 'ल' कभी-कभी 'ड़' जैसा बोला जाता है—'काड़ा स्या' (काला स्याह) 'जाड़ा पड़ गया आम में' (जाला पड़ गया आम में), 'पाड़ा मार गया' (पाला मार गया) ; इत्यादि। अन्यत्र सर्वत्र 'काला' 'जाला' 'पाला' रूप चलते हैं और अर्थान्तर में 'जाड़ा' 'पाड़ा' (भैंस का बच्चा) आदि भी। उर्दू ने भी 'काला' 'जाला' 'पाला' जैसे रूप ही लिए।

यों परम्परा, व्यापकता तथा सुश्रवता आदि की दृष्टि से कौरवी का परिष्कार कर के ही उसे साहित्यिक 'उर्दू' रूप दिया गया, जिसका विदेशी विकार हटा कर अविकृत राष्ट्रीय रूप 'हिन्दी' है। मेरठी का शासकीय और साहित्यिक रूप 'उर्दू' और उर्दू का परिष्कृत रूप 'हिन्दी'।

## 3. मेरठी का उद्‌गम

जिस मेरठी भाषा को राष्ट्रभाषा का रूप मिला, उसका उद्गम जानने की इच्छा स्वाभाविक है। किस 'प्राकृत'-'अपभ्रंश' से यह निकली? किसका यह विकास है? इसके लिए प्राप्त 'प्राकृत' भाषाओं के रूपों की इससे तुलना करनी होगी। तभी कुछ पता लग सकता है।

भाषा में 'क्रिया' की प्रधानता होती है और 'प्रत्यय' भी भाषा भेद का बहुत-कुछ प्रत्यय कराते हैं। संज्ञा-विभक्तियाँ भी भाषा का तत्त्व-भेद बताती हैं। यही सब देखकर कहा जा सकता है कि कौरवी या मेरठी बोली का निकास किस पूर्व प्राकृत से है।

'द्वितीय प्राकृत' में देख आए हैं कि विसर्गों को 'ओ' रूप मिला है और 'द्विवचन' रूप प्रायः उड़ गए हैं। क्रिया का प्रत्ययांश 'त' की जगह 'द' हो गया है—

| संस्कृत—(पुंवर्ग) | प्राकृत—(पुंवर्ग) |
|---|---|
| एकवचन— पुत्रः आगतः | पुत्तो आगदो |
| पुत्रः गतः | पुत्तो गदो |
| बहुवचन— पुत्राः आगताः | पुत्ता आगदा |
| पुत्राः गताः | पुत्ता गदा |

यानी 'अ' से परे विसर्गों को 'ओ' हो गया और 'अ' से परे उन (विसर्गों) का लोप हो गया है।

राजस्थानी में 'द' की जगह 'य' है और सब व्यवस्था 'द्वितीय प्राकृत' की ही है—

| द्वि प्राकृत— | राजस्थानी |
|---|---|
| एकवचन— पुत्तो आगदो | लड़को आयो |
| पुत्तो गदो | लड़को गयो |
| बहुवचन— पुत्ता आगदा | लड़का आया |
| पुत्ता गदा | लड़का गया |

हम हिन्दी में जहाँ कहते हैं—'लड़के गए' वहाँ राजस्थानी में कहा जाता है—'लड़का गया'। राष्ट्रभाषा में 'लड़का गया' एकवचन है, जो उपलब्ध 'द्वितीय प्राकृत' से मेल नहीं खाता; परन्तु राजस्थानी में 'लड़को गयो' एकदम 'पुत्ती गदो' का अनुगमन है। द्वि, प्राकृत में देखा जाता है आकारान्त बहुवचन—'पुत्ता गदा' और राजस्थानी का भी बहुवचन है—'लड़का गया'।

यही प्रवृत्ति आगे गुजरात-सौराष्ट्र में भी है—

| राजस्थानी— | गुजराती— |
|---|---|
| एकवचन— लड़को गयो | छोकरो गयो |
| बहुवचन— लड़का गया | छोकरा गया |

तद्वितीय संबंध-प्रत्यय भी इसी तरह—

| राजस्थानी— | गुजराती— |
|---|---|
| एकवचन— राम को लड़को | राम नो छोकरो |
| बहुवचन— राम का लड़का | राम ना छोकरा |

राजस्थानी की जोधपुरी शाखा में—

| एकवचन | बहुवचन |
| --- | --- |
| राम रो लड़को– | राम रा लड़का |

आज की राष्ट्रभाषा (हिन्दी) में 'राम का लड़का' एकवचन है और राजस्थानी-गुजराती आदि में बहुवचन का यह रूप होता है! वहाँ एकवचन ओकारान्त होता है। गुजराती में तद्धितीय संबंध-प्रत्यय ('क' की जगह) 'न' है; परन्तु संज्ञा-विभक्तियाँ राजस्थानी की ही हैं, जो 'द्वितीय प्राकृत' से परम्परा प्राप्त हैं।

परन्तु 'खड़ी बोली' 'मेरठी' (यानी हिन्दी-उर्दू में) वह परम्परा नहीं है। बहुवचन तो एकदम उलट गया है। यह क्यों? तब फिर यह 'हिन्दी' किस प्राकृत का विकास है? 'पाली' और 'विकृत प्राकृत', दोनों ही 'मागधी' नाम से प्रसिद्ध हैं। उनमें नियमतः अकारान्त पुंवर्गीय शब्द ओकारान्त देखे जाते हैं; परंतु वर्तमान मगध (बिहार) की किसी भी भाषा में यह ओकारान्त प्रवृत्ति नहीं देखी जाती। और राजस्थान-गुजरात आदि में उसका पूरा अनुगमन है। यह क्या बात? क्या 'मागधी' नाम अन्वर्थ नहीं है? किसी समय 'महाराष्ट्री' नाम की प्राकृत कदाचित् सम्पूर्ण राष्ट्र की साहित्यिक भाषा थी; परन्तु वर्तमान 'महाराष्ट्र' प्रदेश से उस 'महाराष्ट्री' नाम का कोई मेल नहीं है। क्या 'मागधी' नाम भी कुछ इसी स्थिति में है? अन्यथा, वहाँ से 'ओ' कैसे गायब हो गया? वह राजस्थान और गुजरात की जनता में कैसे समा गया? आगे कच्छी और सिन्धी भाषाओं में भी 'ओ' इसी तरह है और बहुवचन 'ओ' भी इसी तरह। विचारणीय बाते हैं।

हम यहाँ केवल 'मेरठी' के उद्‌गम पर विचार कर रहे हैं, जिसके प्रसंग में यह इतना कहा गया।

द्वितीय प्राकृत के जो रूप साहित्य के द्वारा आज प्राप्त है, उनसे मेरठी (कौरवी) का मेल बैठता नहीं है। यानी हमारी राष्ट्रभाषा हिन्दी के मूल रूप का विकास किस प्राकृत से है, इसका पता नहीं चल रहा है। यह तो निश्चय ही है कि प्राकृत के ही किसी न किसी प्रवाह से मेरठी भी आई है। कोई भाषा सहसा आकाश से तो गिर नहीं पड़ती। परन्तु उस प्राकृत रूप का पता नहीं! सम्भव है, उस प्राकृत में कोई स्थायी साहित्य बना ही न हो; या बनकर लुप्त हो गया हो, जिसकी परम्परा में 'मेरठी' है। जब उसका साहित्य सामने नहीं, तब क्या किया जाए!

राजस्थानी का मेल द्वितीय प्राकृत से पुंवर्गीय एकवचन और बहुवचन में ठीक बैठ जाता है; परन्तु क्रिया के भविष्यत् रूप अलग जा पड़ते हैं। राजस्थानी में भविष्यत्-क्रियाओं के रूप कृदन्तपद्धति पर 'ग' प्रत्यय में 'ओ' संज्ञाविभक्ति लगा कर बनते हैं–

| एकवचन– | बहुवचन– |
| --- | --- |
| छोरो जाय गो | छोरा जाय गा |

खड़ी बोली में इसी 'ग' में 'आ' विभक्ति–

| | |
| --- | --- |
| छोरा जाएगा | छोरे जाएँगे |

स्त्रीवर्गीय रूप हिन्दी की सभी बोलियो में प्रायः समान हैं–

लड़की जाय गो खड़ी बोली
छोरी जाए गी ब्रजभाषा
छोरी जाए गी राजस्थानी

भूतकाल–
लड़की आई खड़ी बोली
छोरी आई ब्रजभाषा
छोरी आई राजस्थानी
बिटिया आई पूरबी क्षेत्र

पूरब में पु. एकवचन 'आवा' होता है पर स्त्रीवर्गीय रूप 'आवी' नहीं, 'आई' ही होता है। यह एकरूपता बहुत दूर तक है; ध्यान देने योग्य है। पुरुष ही बहुरूपिया अधिक होता है। स्त्री-वेश सर्वत्र धोती-साड़ी है; भले ही पहनने में अन्तर हो।

हाँ, तो भविष्यत् का 'ग' प्रत्यय प्राप्त प्राकृत-अपभ्रंश में दिखाई नहीं देता। यह फिर खड़ी बोली में, राजस्थानी में और ब्रजभाषा में कहाँ से आ गया? ऐसा जान पड़ता है कि 'मूल भाषा' में भविष्यत् की कृदन्त किया में यह 'ग' प्रत्यय या इससे मिलता-जुलता कोई रूप चलता होगा, जो कि वैदिक (साहित्यिक भाषा) में गृहीत नहीं हुआ। आगे चल कर 'द्वितीय प्राकृत' में भी नहीं लिया गया और तृतीय प्राकृत (अपभ्रंश) का जो रूप साहित्य प्राप्त है, उसमें भी इसके दर्शन नहीं! राजस्थानी के भी पुराने साहित्य में 'गो'-'गी' आदि के दर्शन नहीं होते। साहित्य में तो एक परम्परा चलती है न! वैदिक साहित्य में नहीं, तब संस्कृत के अगले रूपों में भी नहीं और उससे प्रभावित द्वितीय प्राकृत के साहित्य में भी नहीं। इसी कारण 'तृतीय प्राकृत' के आद्य साहित्य में भी नहीं। यदि तृतीय प्राकृत के उस देशव्यापी साहित्यिक रूप (अपभ्रंश-साहित्य) की प्रकृति पांचाली (कन्नौजी) मानी जाए, तब तो 'ग' प्रत्यय की कोई बात ही नहीं; क्योंकि वहाँ 'ग' नहीं ; 'इहै' तिङन्त पद्धति का प्रत्यय चलता है। 'जैहै' 'करिहै' जैसे भविष्यत्-क्रिया के रूप ही पांचाली में होते हैं, जो वैकल्पिक रूप से (ब्रज की जन-भाषा में तो नहीं) ब्रजभाषा साहित्य में, यानी साहित्यिक ब्रजभाषा में भी गृहीत है–

'ऐहैं न प्यारे, तौ जैहैं ये प्रान'

जब 'खड़ी बोली' साहित्यिक भाषा बन कर 'उर्दू'-'हिन्दी' नाम से चली, तब 'करे गा' 'करें गे', जैसे रूप देशभर के सामने आए और ब्रजभाषा-साहित्य के द्वारा भी 'करै गो' 'करैं गे' रूप प्रचलित हुए। यानी 'मूल भाषा' के ही किसी रूप की यह चीज ('ग' प्रत्यय') आज हमें खड़ी बोली, ब्रजभाषा तथा राजस्थान की विविध बोलियों में उपलब्ध है।

केवल संज्ञा-विभक्ति का ही अन्तर 'खड़ी बोली' में और 'राजस्थानी में है, जिसके कारण बहुवचन में भी रूप-भेद होता है।

## 4. पुंवर्गीय संज्ञा विभक्ति 'ओ' और 'आ'

'आयो' और 'आया' पुंवर्गीय एकवचन रूपों में कृदन्त प्रत्यय 'य' सर्वत्र समान है; पर उसमें लगी संज्ञा-विभक्ति में अन्तर है। राजस्थानी में 'ओ' है और खड़ी बोली में ('आया' 'गया' आदि रूपों में) 'आ' है। यह 'आ' पुंविभक्ति 'कुरुजनपद' से 'कुरुजांगल' (बाँगर) होती हुई पंजाब के अन्त तक चली गई है। पंजाबी में भी 'मुंडा जाँदा है' 'मुंडे जाँदे हन' रूप 'आ' से होते हैं—गया सी, गए सन, गई सी, रूप भूतकाल में भी। 'जाँदा' में 'त' को 'द' हो गया और स्वर अनुनासिक। इसी तरह—

हिन्दी— राम का, राम के, राम की
पंजाबी— राम दा, राम दे, राम दी

यों संबंध-प्रत्यय ('क' तथा 'द') 'आ' विभक्ति से युक्त हैं। यह 'आ' पुंविभक्ति 'द्वितीय प्राकृत' के उपलब्ध साहित्य में उपलब्ध नहीं। वहाँ 'ओ' गृहीत है—

संस्कृत— पुत्रः, वर्गः
प्राकृत— पुत्तो, वग्गो

यानी विसर्ग, जो पुंवर्ग-एकवचन की निशानी संस्कृत में है, उसे द्वितीय प्राकृत में 'ओ' रूप मिल गया है। यही 'ओ' राजस्थानी में है, गुजराती में है, काठियावाड़ी में है, कच्छी में है और सिन्धी में भी है।

सिन्धी— मोहन जो दड़ो
गुजराती— मोहन नो दड़ो (टीलो)
राजस्थानी— मोहन को दड़ो (टीलो)
जोधपुरी— मोहन रो दड़ो (टीलो)
व्रजभाषा— मोहन को दड़ो (टीलो)

सर्वत्र 'ओ' संज्ञाविभक्ति एक है, तद्धितीय संबंध-प्रत्यय 'ज' 'न' 'क' तथा 'र' में भेद है। (इसी 'मोहन जो दड़ो' को लोग 'महेंजो दारो' जैसा न जाने क्या-क्या लिखा करते हैं।) 'मोहन को लड़को आयो' राजस्थानी, 'मोहन जो छोकरो आयो' सिन्धी। बहुवचन भी समान। परन्तु—

खड़ी बोली— मोहन का दड़ा (टीला)
और पंजाबी— मोहन दा दड़ा (टीला)

यानी यहाँ तद्धितीय प्रत्यय 'क' तथा 'द' में भेद है, पुंप्रत्यय एक है—'आ'। इसके बहुवचन में सर्वत्र 'ए' और स्त्रीवर्ग में 'ई' रूप होता है। यानी 'ओ' प्रत्यय का स्त्री-रूप 'ई' और 'आ' प्रत्यय का भी।

स्पष्ट ही 'पुत्रः' आदि के पुंवर्ग-चिन्ह (विसर्ग) का विकास द्विधा है—'ओ' और 'आ'।

विसर्गों का 'ओ' रूप साहित्य प्राप्त है; इसलिए उस पर कुछ कहना नहीं। 'रामो गच्छति' में 'रामो' रूप देखकर सर्वत्र वही कर दिया। विसर्ग-सन्धि की हजार झंझटों से बचे। भारतीय भाषाओं का प्रवाह सरलता की ओर है; इसलिए आगे सभी शब्द स्वरान्त कर लिए गए; न कोई विसर्गान्त्, न व्यंजनान्त। इसीलिए 'पुत्रः' का सर्वत्र 'पुत्तो' और 'वर्गः' का 'वग्गो'। यही 'ओ' राजस्थान से गुजरात होता हुआ सिन्ध तक चला गया है। सिन्धी में संबंध का तद्धितीय प्रत्यय 'ज' है, गुजरात में 'न' और राजस्थान में 'क' (क्वचित् 'र' भी)। परन्तु 'ओ' संज्ञाविभक्ति सर्वत्र एक ही है।

सिन्धी का 'ज' प्रत्यय संस्कृत 'य' का ही रूपान्तर है—'भारतीय विद्वान्'—भारत का विद्वान्। 'य' का 'ज' रूप और 'यो' का—'जो'। 'शाह जो रिसालों'—शाह का रिसाला। उस 'मूल भाषा' के ही ये सब प्रादेशिक भेद हैं, जो उसी समय प्रस्फुटित हो रहे होंगे। आगे बढ़ते-बढ़ते इतना रूप-भेद हो गया।

राजस्थानी में जो 'क' संबंध-प्रत्यय है, वही हिन्दी-संघ की प्रायः सब भाषाओं में है। वस्तुतः यह 'क' प्रत्यय ही 'हिन्दी-संघ' का प्रमुख संबंध-सूत्र है। यह 'हिन्दी-संघ' की सभी भाषाओं में मिलेगा, राजस्थानी की 'जोधपुरी' बोली को छोड़—

खड़ी बोली— राम का निहोरा
राजस्थानी— राम को निहोरो
व्रजभाषा— राम को निहोरो
पूर्वी-अंचल— राम क निहोर

व्रजभाषा में भी (राजस्थानी की ही तरह) 'राम को निहोरो' है; जैसे 'तेरो कहनो' आदि; परन्तु 'राम को छोरो' व्रजभाषा में न होगा—'राम को छोरा' होता है। यह भेद आगे हम स्पष्ट करेंगे। यहाँ तो 'क' प्रत्यय की चर्चा है। 'राम को बोलिबो न नीको लगै', साहित्यिक व्रजभाषा और 'राम क बोलब नीक न लागै' पूर्वी अंचल में। 'क' प्रत्यय हिन्दी-संघ में व्यापक है। पंजाबी में 'द' संबंध-प्रत्यय है, गुजराती में 'न' है और सिन्धी में 'ज' है। मराठी में 'च' संबंध-प्रत्यय है। 'ओ' संज्ञाविभक्ति गुजराती में भी है; परन्तु संबंध-तद्धित प्रत्यय 'क' न होने के कारण 'हिन्दी-संघ' में वह नहीं और 'द' के कारण पंजाबी अलग; यद्यपि 'खड़ी बोली' का ही एक रूप पंजाबी है। पंजाबी की पृथक् बनी 'गुरुमुखी' लिपि ने भी भेद डाल दिया है।

हिन्दी का यह 'क' तद्धितीय प्रत्यय 'राजनीतिकः मार्गः'—('राजनीतिक का मार्ग') स्रोत से है। विसर्गों का विकास 'आ'। कः>'का'। इस 'आ' को आगे एक स्वतंत्र प्रत्यय मान कर व्यापक चलन हुआ।

हिन्दी में एक 'र' तद्धित प्रत्यय भी देखा जाता है।

खड़ी बोली— तेरा लड़का, तेरी लड़की, तेरे लड़के
राजस्थानी — थारो छोरो, थारी छोरी, थारा छोरा

ब्रजभाषा— तेरो छोरा, तेरी छोरी, तेरे छोरा (क्वचित् तेरे छोरे)

पूरब— त्वार घरू, तोरि धोती, त्वार चारौ घर

यही 'र' राजस्थानी की जोधपुरी शाखा में व्यापक रूप से चलता है—राम रो घोड़ो—राम रा घोड़ा, राम री गौ।

पूरब में चलते-चलते संज्ञा-विभक्ति 'आ' या 'ओ' का लोप होता जाता है। 'हमार घरु' आदि में 'ओ' का घिसा हुआ रूप 'रु' दिखाई देता है, एकवचन में। परन्तु 'भेदक' में वह भी नहीं।

ब्रज में— हमारो बागु

पूरब में— हमार बागु

और आगे चलते-चलते 'उ' भी उड़ जाता है। यही कारण है कि 'राम का' और 'राम को' में दृष्ट 'आ' और 'ओ' पूरब में नहीं है—

'राम का कवन निहोर' (कबीर)

नन्द क नन्दन कदम क तरुतर (विद्यापति)

(नन्द का नन्दन, कदम के तरु तले)

इसी प्रवृत्ति का फल है कि आगे बँगला में—

आमार जन्मभूमि—आमार देश

दोनों जगह 'आमार' है। उस के इधर—

हमा<u>रि</u> जन्मभूमि—हमा<u>र</u> देसु

ऐसा जान पड़ता है कि कभी 'पुत्तो' 'वग्गो' आदि की तरह 'ओ' उधर की भाषा में भी चलता होगा, जो कि क्रम बदलकर अन्त्य स्थान छोड़ आगे खिसक आया। 'कलस' को बंगाल में 'कोलस' जैसा कुछ बोलते हैं। अन्त में भी क्वचित् 'ओ' सुनाई देता है। 'गोविन्द' का उच्चारण बंगाल में 'गोविन्दो' जैसा होता है; पर लिखते हैं 'गोविन्द' ही। कुछ भी हो, बंगाल में 'र' विभक्ति-रूप से गृहीत है; प्रत्यय-रूप से नहीं। सदा एकरस विभक्ति रहती है और प्रत्यय-रूप बदलता है; संलग्न संज्ञाविभक्ति के कारण। राजस्थान की जोधपुरी शाखा में 'र' प्रत्यय है और बंगाल में 'र' विभक्ति है।

जोधपुरी— राम रो वचन, राम रा सब छोरा, राम री छोरी

बँगला— रामेर वचन, रामेर सर्व पुत्र, रामे पुत्री

हिन्दी के मध्यम पुरुष तथा उत्तम पुरुष सर्वनामों में सट कर 'र' प्रत्यय लगता है—तेरा, तेरे, तेरी—तुम्हारा, तुम्हारे, तुम्हारी

और—

मेरा, मेरे, मेरी—हमारा, हमारे, हमारी

एक संबंध-प्रत्यय 'न' भी है, जो संज्ञाविभक्ति के योग से—<u>अपना</u> लड़का, <u>अपने</u> लड़के, <u>अपनी</u> लड़की जैसे रूपों में सट कर चलता है। 'आत्मनः' का ही रूप 'अपना' है। अन्यत्र 'पश्चिमी धारा' में 'अपनो' आदि प्रयोग होते हैं।

## 5. हिन्दी की 'रे' विभक्ति

ऊपर हमने बँगला की 'र' विभक्ति का जिक्र किया है। और हिन्दी के 'र' प्रत्यय का। परन्तु 'र' प्रत्यय के साथ यहाँ 'रे' विभक्ति भी है, जो सदा एकरस रहती है, बदलती नहीं है–

तेरे एक गौ है, चार घोड़े हैं
मेरे चार गोएँ हैं, एक बकरी है
तुम्हारे एक लड़का है, दो लड़कियाँ हैं
हमारे एक लड़की है, चार लड़के हैं

सर्वत्र 'रे' है। यह विभक्ति है। इसी तरह 'के' तथा 'ने' विभक्तियाँ हैं–

राम के एक गौ है, चार घोड़े हैं
सीता के एक भी लड़की नहीं हुई
केकई के एक लड़का हुआ–'भरत'

'ने' भी एक विभक्ति है–

अपने तो एक गौ है, चार घोड़े हैं

यों 'रे' 'के' 'ने' हिन्दी की संबंध-विभक्तियाँ हैं और 'र' 'क' 'न' संबंध-प्रत्यय हैं। यह भेद क्यों किया गया, कहाँ कैसी प्रयोग-व्यवस्था है; यह सब यहाँ बतला कर इस पुस्तक को हम 'व्याकरण' न बना देंगे। इसके लिए 'हिन्दी शब्दानुशासन' देखिए। अत्यन्त कलात्मक और वैज्ञानिक पद्धति यहाँ हिन्दी ने अपनाई है। भविष्यत् 'ग' प्रत्यय का भी विश्लेषण तथा प्रयोग की कलात्मकता वहीं देखने को मिलेगी। ऐसी व्यवस्था कदाचित् ही संसार की किसी दूसरी भाषा में मिले! देखने और समझने की चीज है।

यहाँ भाषा-विकास की चर्चा है। यह 'रे' विभक्ति 'हरेर्गृहम' आदि के 'एर्' अंश को अलग करके और वर्ण-व्यत्यय से बनी है। 'एर्' को 'र् ए' कर दिया, 'रे' विभक्ति बन गई। इसी तरह 'बालकेन' के 'एन्' अंश को अलग करके हिन्दी की (कर्ता कारक में लगने वाली) 'ने' विभक्ति है। 'एन्' को उलट कर 'न् ए' कर दिया, 'ने' विभक्ति बन गई–

बालकेन कृतम्–बालक ने किया

यदि 'एन्' न निकाल कर 'इन' निकाले, तो वर्ण-व्यत्यय से 'न इ' और न इ ='ने' रूप।

आगे चल कर 'रे' विभक्ति ने ही 'र' प्रत्यय को जन्म दिया, जो संज्ञा-विभक्ति लगने से रूप बदलता है। 'क' प्रत्यय से ('रे' को देखकर) 'के' विभक्ति बना ली गई और इसी तरह संबंध की 'ने' विभक्ति।

जान पड़ता है कि 'करण' की 'भिस्' विभक्ति का 'इस्' अलग करके वर्ण-व्यत्यय से 'स् इ' और 'इ' को 'ए' कर लिया, तो बन गई 'कारण' की 'से' विभक्ति। 'अपादान' की 'भ्यस्' विभक्ति के 'य' को 'इ' और वर्ण-व्यत्यय आदि करके हिन्दी में 'अपादान' की 'से' विभक्ति है।

# 6. हिन्दी की 'आ' पुंविभक्ति

हम 'खड़ी बोली' के साहित्यिक रूप को ही 'हिन्दी' यहाँ कह रहे हैं। इस 'खड़ी पाई' को हम हिन्दी की 'पुंविभक्ति' कहते हैं ; जो कि बड़ी लाठी सी रखी है, आ (ा) में दिखाई देती है। संस्कृत के पुंवर्गीय शब्दों की पहचान या चिन्ह विसर्ग हैं। रामः, वृक्षः, हरिः, कविः, गिरिः, आदि शब्द पुंवर्गीय है; क्योंकि इनके निर्देश में विसर्गों की स्थिति है। 'रमा' 'लता' या 'नदी' आदि स्त्रीवर्गीय हैं। इन के अन्त में विसर्गों की स्थिति नहीं है। अपवादतः कहीं उपलब्धि होना अलग बात है। जलम, फलम्, आदि में 'म्' अन्त में है। यह तृतीय वर्ग का चिन्ह है। हिन्दी में विसर्गान्त, व्यंजनान्त तथा ऋकारान्त अपने शब्द (प्रतिपादिक, धातु, या विशेषण आदि) रखे ही नहीं है। प्रतिपद जिस के रूप का आभास मिले, वह 'प्रातिपादिक'। हरिः हरेः, हरीणाम् आदि 'पद' हैं। सर्वत्र 'ह' और 'रि' दिखाई देते हैं। मूलतः सार्थक शब्द 'हरि' है इनमें; 'हरे': आदि नहीं। सो, संस्कृत में 'हरि' प्रातिपादिक है। 'राजा' 'राजानम्' 'राज्ञः' आदि पदों का प्रातिपदिक 'राजन्' है। इसी में विभिन्न विभक्तियों का प्रयोग है। हिन्दी की 'ने' आदि विभक्तियाँ जिन शब्दों में लगती हैं, वे यहाँ 'प्रातिपदिक'। 'बालकों से' 'बालकों पर' आदि पदों में 'बालक' प्रातिपदिक है। संस्कृत 'पयसा' 'पयासाम्' आदि में 'पयस्' प्रातिपदिक है, और 'पितरम्' 'पितृन' आदि में 'पितृ' है। हिन्दी ने संस्कृत तद्रूप जो शब्द लिए हैं, उनमें एक विधि है। चूँकि विसर्गान्त व्यंजनान्त और ऋकारान्त प्रातिपदिक यहाँ ग्राह्य नहीं; हिन्दी की प्रकृति स्वरान्त-प्रधान है; इसलिए संस्कृत से तद्रूप (तत्सम) शब्द ग्रहण करने में एक विधि रखी है कि 'प्रथमा' के एकवचन में जो रूप बनता है, उसके आगे का अनभीष्ट अंश हटा कर शेष का ग्रहण। 'हरिः' से विसर्ग हटाकर 'हरि' हिन्दी का प्रातिपदिक। 'राजन्' का रूप प्रथमा के एकवचन में 'राजा' होता है। यहाँ अन्त में न विसर्ग है, न व्यंजन ही। सो, ज्यों का त्यों 'राजा' हिन्दी का प्रातिपदिक। इसी में विभक्तियाँ लगती हैं। 'राजा ने' 'राजा से' आदि। 'नभस्' संस्कृत का प्रातिपदिक है। 'स्' व्यंजन है; इसलिए हिन्दी ने 'नभस्' प्रातिपदिक नहीं लिया। प्रथमा के एकवचन ('नभः') के विसर्ग हटा कर 'नभ' प्रातिपदिक यहाँ है–'नभ में उड़ते है पंछी'। 'नभस् में' यहाँ न चलेगा। इसी तरह 'पय' आदि चलते हैं, 'पयस्' आदि नहीं। 'पितृ' 'मातृ' आदि ऋकारान्त प्रातिपादिक भी ग्राह्य नहीं। इनके प्रथमा-एकवचन रूप 'पिता' 'माता' आदि यहाँ प्रातिपादिक हैं। 'चन्द्रमस्' का 'चन्द्रमाः' 'पद' है संस्कृत में। विसर्ग हटा कर 'चन्द्रमा' हिन्दी का प्रातिपदिक। 'जलम्' का 'म्' हटा कर 'जल' मात्र यहाँ प्रातिपदिक है।

इस भूमिका का प्रयोजन है। हम कहना चाहते हैं कि हिन्दी ने–चतुर्थ प्राकृत ने–नपुंसक वर्ग हटा दिया। शब्दों के दो ही वर्ग यहाँ हैं–1. पुंवर्ग और 2. स्त्रीवर्ग। परन्तु संस्कृत में पुंवर्ग का जो प्रमुख चिन्ह है–विसर्ग, उसकी यहाँ सत्ता नहीं स्वीकार। विसर्ग हटा कर 'राम' पुंवर्गीय शब्द और उसी तरह 'पर्वत' भी। हिन्दी ने जब 'जलम्' 'फलम्'

आदि का नंपुसक चिन्ह ('म्') हटा दिया, तो 'राम' और 'पर्वत' जैसे ही 'जल' और 'फल' भी हो गए। ये सब पुंवर्गीय शब्द। रमा-लता और नदी-लक्ष्मी आदि स्त्रीवर्ग में हैं ही।

जब हिन्दी ने शब्दों के दो वर्ग रखे, पुंवर्ग और स्त्रीवर्ग, तो फिर इनकी पहचान क्या? पहचान है। 'रेल आई' और 'तार आया'। किसी की क्रिया से, चाल-ढाल से, गति से पहचान हो जाएगी कि यह स्त्रीवर्गीय है, या पुंवर्गीय। 'आई' क्रिया से स्पष्ट है कि 'रेल' स्त्रीवर्गीय शब्द है और 'तार आया' में 'आया' की लंबी लाठी बतला रही है कि 'तार' पुंवर्गीय शब्द है। कहीं विशेषण से ही पुं-स्त्री का भेद जान पड़ता है—'मीठा भात लाओ' 'मीठी खीर लाओ'। 'लाओ' से कुछ नहीं जान पड़ता; परन्तु 'मीठा-मीठी' विशेषण पुं-स्त्री भेद-प्रकट कर रहे हैं। यानी 'आ' पुंवर्ग का चिन्ह है और 'ई' स्त्रीवर्ग का। संज्ञा में नहीं, तो क्रिया में और प्रायः विशेषण में वह चिन्ह रहेगा।

यह 'आ' चूँकि संस्कृत के पुंवर्गीय प्रथमा-एकवचन 'पुत्रः' आदि का विकास है; इसलिए हम इसे पुंविभक्ति कहते हैं। 'पुत्रः' में विसर्ग प्रथमा विभक्ति के एकवचन का रूप है। परन्तु हिन्दी में यह 'आ' (संस्कृत के विसर्गों की तरह) कर्तृत्व आदि प्रकट नहीं करता, इसीलिए हम इसे हिन्दी का 'पुंप्रत्यय' कहते हैं और इसके स्त्री-रूप 'ई' को 'स्त्रीप्रत्यय'। यही स्थिति 'ओ' की है। 'ओ' भी हिन्दी की पुंविभक्ति है। दोनों का प्रयोग पुंवर्गीय शब्दों के एकवचन में ही होता है। 'पुंप्रत्यय' जो ठहरे! 'पुत्रः' का 'पुत्तो' द्वितीय प्राकृत में ही हो गया था। वहीं से 'ओ' अलग कर के स्वतंत्र प्रत्यय के रूप में हिन्दी-संघ ने लिया, परन्तु प्रयोग की अपनी विशेष व्यवस्था है। जहाँ 'आ' लगता है, वहीं 'ओ' लगता है। परन्तु कहाँ लगता है, कहाँ नहीं, और क्यों लगता है, क्यों नहीं; यह सब विस्तार से देखना-बताना व्याकरण का काम है; शब्दानुशासन का विषय है। वहीं समझना चाहिए।

हम 'आ' विभक्ति के विकास पर कुछ कह रहे थे। 'ओ' द्वितीय प्राकृत के विभिन्न रूपों में दिखाई देता है; परन्तु 'आ' कहीं दिखाई नहीं देता। तब यह जन-भाषा में कहाँ से आ गया? उत्तर प्रदेश के मेरठ डिवीजन से लेकर पंजाब तक 'आ' का क्षेत्र चला गया है और पूरब में पांचाली तथा अवधी भी इससे थोड़ा-बहुत प्रभावित हैं। बहुत दूर प्रदेश महाराष्ट्र में भी 'आ' प्रत्यय क्वचित् है; यद्यपि पड़ोस (गुजरात) में 'ओ' है। 'जाता है—जाती है' आदि की तरह मराठी क्रियाएँ (वर्तमान की) 'आ' प्रत्यय से नहीं हैं। वहाँ पुं-स्त्री दोनों वर्गों में 'जात आहे' एकवचन और 'जात आहेत' बहुवचन है; परन्तु भूतकाल के सकर्मक क्रिया में 'आ' है—दिला, दिले, दिली। यह सब कैसे हुआ? निश्चय ही प्राकृत के कुछ रूपों में पहले भी 'आ' रहा होगा; परन्तु उसका साहित्य हमें प्राप्त नहीं। जनभाषा में परम्परा चला आया हौर हमारे सामने 'आ' है। यह 'आ' प्रत्यय संज्ञाओं में, विशेषणों में और कृदन्त क्रियाओं में प्रयुक्त होता है।

हिन्दी-संघ की किसी भाषा में 'आ' प्रत्यय है, कहीं 'ओ' है; कहीं 'आ' और 'ओ' दोनों हैं; कहीं 'ओ' का घिसा हुआ रूप 'उ' है और कहीं कोई नहीं है। हिन्दी (राष्ट्रभाषा) में 'आ' प्रत्यय है। राजस्थानी में 'ओ' है। व्रजभाषा में 'आ' और 'ओ' दोनों

हैं; क्योंकि यह इधर ‘खड़ी बोली’ के क्षेत्र से मिलती है और उधर राजस्थानी से। पांचाली में ‘लरिकवा आओ है’ आदि में ‘ओ’ भिन्न चीज है। ‘आव’ धातु के ‘व’ का ‘ओ’ रूप है।

‘ओ’ का घिसा हुआ रूप ‘उ’ पांचाली में है, जो व्रज में भी चलता है; क्योंकि व्रज का मेल पूरब में पांचाल से भी है। अवधी में ‘आ’ जो दिखाई देता है ‘आवा’ आदि क्रियाओं में और ‘लरिका’ आदि संज्ञाओं में, सो भिन्न चीज है। ‘आव’ ‘पाव’ आदि धातुओं से ‘अ’ भूतकालिक प्रत्यय है—आव  अ =‘आवा’। ‘लरिका’ आदि के बहुवचन ‘लरिके’ नहीं होते, इसलिए यहाँ भी वह चीज नहीं है। छाया भर जान पड़ती है।

काशी से ‘भोजपुरी’ शुरू है और बिहार तक चली गई है। बिहार में भोजपुरी, मगही और मैथिली; ये तीन भाषाएँ चलती हैं, जिनमें ‘मैथिली’ साहित्य-श्री से भी पूर्ण है। ये तीनों पूरबी भाषाएँ—‘आ’ या ‘ओ’ विभक्ति से रहित हैं। ‘हिन्दी संघ’ की सभी भाषाओं में व्यापक ‘क’ संबंध-प्रत्यय यहाँ भी है; परन्तु ‘क’ मात्र (किसी भी संज्ञा-विभक्ति के बिना) चलता है—‘राम क कवन निहोर’ ‘नन्द क नन्दन’। अन्यत्र ‘राम का’ ‘राम को’ जैसे रूप चलते हैं। बिहार की तीनों ही भाषाएँ ‘क’ के कारण तथा भाषा-संबंधी अन्य मान्यताओं के कारण ‘हिन्दी-संघ’ में हैं। ‘आ’-‘ओ’ विभक्तियाँ छूट गईं, सो छूट गईं। आगे बंगाल और आसाम आदि में भी नहीं! बिहार में तो ‘तुम्हार’ का स्त्री-रूप ‘तुम्हारि’ सुन भी पड़ता है और ‘हमार’ का ‘हमारि’ भी। परन्तु बंगाल में यह ‘ई’ का घिसा हुआ रूप ‘इ’ भी नहीं! ‘आमार देश’ और ‘आमार जन्मभूमि’। दोनों जगह ‘आमार’। बिहार में ‘हमारि’ स्त्री-रूप सुन पड़ता है।

हिन्दी का ‘आ’ पुंप्रत्यय संस्कृत विसर्गों का विकास है—‘पुत्रः’ आदि अकारान्त पुंवर्गीय शब्दों के प्रथमा एकवचन के विसर्गों का रूपान्तर है; यह हम ने कई बार कहा। यह स्वाभाविक चीज है। ‘अ’ का कण्ठ स्थान है और विसर्गों का भी। इसीलिए विसर्गों की जगह कभी-कभी ‘अ’ ले लेता है। ‘उषः’ संस्कृत में नपुंसकवर्गीय शब्द है। इसके विसर्गों को कहीं ‘अ’ हो गया और तब उष + अ = ‘उषा’ रूप हो गया। विसर्गों का और ‘ह’ का उच्चारण मिलता-जुलता है और इसीलिए ‘ह’ को भी ‘अ’ होते देखा जाता है—ज्यादह> ‘ज्यादा’, तर्जुमह>‘तर्जुमा’ और तमन्नह>‘तमन्ना’। परन्तु इनमें हिन्दी की वह पुंविभक्ति नहीं है; इसलिए ‘ज्यादे से’ ‘तर्जुमे से’ ‘तमन्ने से’ जैसे प्रयोग नहीं होते। प्रयोग होते हैं—ज्यादा से, तर्जुमा से, तमन्ना से आदि। हमें केवल यह बतलाना है कि विसर्गों का या उनसे मिलते-जुलते वर्ण का प्रयोग यदि ह्रस्व ‘अ’ के बाद हो, तो उसका समुदित रूप ‘आ’ होते देखा जाता है।

जिस प्राकृत से ‘लड़का’ मीठा खीरा लाया’ जैसे वाक्यों का विकास है, उसका रूप हमारे सामने नहीं है। यद्यपि राजस्थानी के ‘लड़को’ की परम्परा मिलती है। परन्तु वैसा रूप इधर की किसी प्राकृत का अवश्य रहा होगा। हम हिन्दी को देखकर उसके प्राचीन रूप (‘द्वितीय प्राकृत’) की कल्पना कर सकते हैं। उस (‘अप्राप्त’) प्राकृत के रूप कुछ यों रहे होंगे—

| | एकवचन | बहुवचन |
|---|---|---|
| | पुत्ता आगदा | पुत्ते आगदे |
| | (लड़का आया) | (लड़के आए) |

प्राप्त प्राकृत में–

| | एकवचन | बहुवचन |
|---|---|---|
| | पुत्तो आगदो | पुत्ता आगदा |
| राजस्थानी– | लड़को आयो | लड़का आया |

कितना अन्तर है? 'आगदा' वहाँ बहुवचन है, यहाँ एकवचन है। विसर्गों का विकास 'आ'। जब एकवचन 'आ' से है, तो बहुवचन 'ए' से करना ही ठहरा। आगे चल कर अप्राप्त तृतीय प्राकृत (अपभ्रंश) के विकसित रूप में, हिन्दी में, 'आ' स्वतंत्र प्रत्यय मान लिया गया, जिसका प्रयोग अपनी पद्धति पर विशेषणों में तथा कृदन्त क्रियाओं में भी होता है।

'आ' हिन्दी में पुंप्रत्यय, तब 'ई' स्त्रीप्रत्यय। संस्कृत में 'ई' के साथ 'आ' भी स्त्रीप्रत्यय है; और अधिक व्यापक 'आ' ही है। विशेषणों में और कृदान्त में 'आ' ही चलता है। परन्तु हिन्दी ने 'आ' न लेकर 'ई' स्त्रीप्रत्यय अपनाया–'रमा आई 'रमा जाती है' 'खीर मीठी है'। यह इसलिए कि 'आ' जब पुंप्रत्यय बन चुका, तब संस्कृत के 'आ' स्त्रीप्रत्यय को यहाँ लेना भ्रम का कारण बनता। पुंस्त्री-भेद मालूम ही न पड़ता। संस्कृत आकारान्त स्त्रीवर्गीय शब्द 'लता' आदि यहाँ भी स्त्रीवर्ग में ही चलते हैं। यह अलग बात है; परन्तु ठेठ 'अपने' या तद्भव आकारान्त पु शब्द 'ई' प्रत्यय से स्त्रीवर्गीय बनाए जाते हैं।

यों 'आ' प्रत्यय की विकास-चर्चा संक्षेप से हुई। 'मूल भाषा' से विकसित सभी भारतीय भाषाओं को पाँच भागों में बाँटा जा सकता है–

1. 'ओ' विभक्ति की जहाँ सत्ता हो।
2. 'आ' विभक्ति का जहाँ एकाधिपत्य हो।
3. 'आ' तथा 'ओ' का मिश्रित प्रयोग जहाँ हो।
4. 'ओ' या 'आ' का जहाँ क्वाचित्क प्रयोग हो; या इनका आभास मात्र जहाँ दिखाई देता हो।
5. जहाँ 'आ' या 'ओ' की कोई सत्ता न हो। आगे हम हिन्दी-संघ की भाषाओं का वर्गीकरण इसी आधार पर करेंगे।

## 7. 'हिन्दी' और 'हिन्दी-संघ' की अन्य भाषाएँ

पहले कहा गया कि इस विशाल देश में शतशः-सहस्राशः बोली-भाषाएँ हैं, पहले भी रहीं हैं; परन्तु सर्वत्र व्यवहार के लिए कोई एक सामान्य भाषा भी सदा रही है, जिससे अन्तरप्रान्तीय व्यवहार चलता रहा है। 'मूल भाषा' के भी बहुत भेद हो गए होंगे, प्रदेश-भेद से। परन्तु तब भी किसी एक जगह की बोली-भाषा किसी कारण सर्वत्र फैल कर सामान्य

भाषा (सब की भाषा) बन गई और उसी में फिर वेदों की रचना हुई होगी, जिससे कि सब समझ सकें। ठीक वही स्थिति आज हिन्दी की है, जो 'कुरुजनपद' (मेरठी क्षेत्र)की जन-भाषा है; परन्तु सरल है और दिल्ली तक पहुँची है; इसलिए मुसलमान शासकों ने 'उर्दू' नाम से इसे देश भर में फैला दिया। कलकत्ता, बम्बई और कराची जैसे बड़े नगरों में विविध प्रदेशों के व्यापारी इसी भाषा में आज बात-चीत करते हैं; फारसी-अरबी शब्दों की भरमार के बिना। इसी व्यापक भाषा का साहित्यिक रूप 'हिन्दी' नाम से प्रसिद्ध है; क्योंकि यह पूरे हिन्द की चीज है। इस 'हिन्दी' से मिलती-जुलती और 'क' प्रत्यय तथा नागरी लिपि के संबंध-सूत्र से गुँथी भाषाएँ 'हिन्दी की बोलियाँ कहलाती हैं। इनमें कई उत्कृष्ट साहित्य से पूर्ण हैं। हिन्दी की 'अवधी' (बोली) में तुलसीदास का 'रामचरित-मानस' है, जो अन्तरप्रान्तीय ही नहीं, अन्तर्राष्ट्रीय ममता की चीज है। अंग्रेजी और रूसी आदि विदेशी भाषाओं में भी इसके अच्छे से अच्छे अनुवाद हुए हैं और संस्कृत तक में इसका अनुवाद हुआ है। मूल अवधी-रचना भी देश भर में बड़ी सरलता से पढ़ी समझी जाती है। राजस्थानी भाषा में मीरा की 'बानी' सुरक्षित है, जो सम्पूर्ण देश में गीयमान है। सूरदास और रहीम आदि के व्रजभाषा-काव्य देश भर में गाए-पढ़े जाते हैं। कबीर की भाषा में खड़ी बोली, भोजपुरी और अवधी का संगम है। कबीर की 'बानी' भी देश भर में व्याप्त है। यों ये सब 'हिन्दी की बोलियाँ' 'हिन्दी' ही हैं—सम्पूर्ण हिन्द में समझी जाती हैं। बिहार की तीन भाषाओं में एक 'मैथिली' है। मैथिली के विद्यापति सब के हैं। ये 'व्रजभाषा' और 'अवधी' आदि स्वतंत्र भाषाएँ हैं। 'हिन्दी की बोली' कह देने का मतलब इतना ही है कि 'हिन्दी भाषा-संघ' या 'हिन्दी-'कामनवेल्थ' की ये सब सदस्याएँ हैं। जिन भाषाओं में वैसा साहित्य नहीं, साधारण है, उनकी चर्चा हम यहाँ नहीं करेंगे। परन्तु अवधी और व्रजभाषा आदि में तो ऐसा साहित्य है, जिस ने विश्व-साहित्य के सम्मुख आधुनिक भारत का सिर ऊँचा किया है। वैसा साहित्य अभी हमारी आज की राष्ट्रभाषा ('हिन्दी') में भी नहीं है। फिर भी, व्यापकता के कारण और सरल वैज्ञानिक गठन के कारण इसे 'राष्ट्रभाषा' का पद प्राप्त हुआ है। वैसे इस का मूल रूप 'खड़ी बोली' ('कौरवी') भी हिन्दी की एक 'बोली' ही है। सब 'हिन्दी' और सब 'हिन्दी की बोलियाँ'। हम लोग 'हिन्दी' कहने से हिन्दी की सभी 'बोलियों' को ग्रहण करते हैं; परन्तु हमारे 'अहिन्दी'-प्रदेशों के भाई (और विदेशी लोग भी) 'हिन्दी' से आज उसी रूप को ग्रहण करते हैं—जिसमें ये पंक्तियाँ लिखी जा रहीं हैं।

## 1. 'हिन्दी भाषा-संघ'

जैसा कि हमने कहा है और आगे भी स्पष्ट करेंगे, 'हिन्दी-भाषी प्रदेश' जिस सुविस्तृत भू-भाग को लोग कहते हैं, उसमें कौरवी, व्रजभाषा, अवधी, गढ़वाली, कुमायूनी, राजस्थानी, भोजपुरी आदि स्वतंत्र प्रमुख भाषाएँ हैं। इनमें से 'कौरवी' को 'उर्दू' नाम से पहले और अब 'हिन्दी' नाम-रूप से देशभर में प्रसार मिला है। अवधी, व्रजभाषा तथा राजस्थानी आदि में प्राचीन साहित्य भी ऊँचे दर्जे का है। बिहार की भोजपुरी, मगही और मैथिली भी स्वतंत्र

भाषाएँ हैं। इसी तरह मध्य प्रदेश की 'छत्तीसगढ़ी' और 'मालवी' आदि स्वतन्त्र भाषाएँ हैं। फिर भी, इन स्वतंत्र भाषाप्रदेशों को लोग 'हिन्दीभाषी' कहते हैं। इसका कारण यह है कि इन प्रदेशों में अपनी मातृभाषा के साथ-साथ हिन्दी 'राष्ट्रभाषा' भी स्वतः समझी जाती है—'मातृभाषावदेव'। इसका कारण है।

मुसलमानी शासन-काल में ये सब प्रदेश आत्म-रक्षा के लिए एक सूत्र में बँधे, एक आत्मीयता का सूत्र सबने स्वीकार किया। इन सभी प्रदेशों ने 'नागरी' लिपि नहीं छोड़ी; क्योंकि सम्पूर्ण संस्कृत वाङ्मय इसी लिपि (नागरी) में है। कई नई लिपियाँ चलाने का उद्योग किया लोगों ने; परन्तु राष्ट्रीय और सांस्कृतिक एकता की भावना ने वैसे उद्योगों की जड़ नहीं जमने दी। सब अपनी-अपनी भाषा नागरी लिपि में ही लिखते थे, जिसे दूसरे लोग भी कुछ न कुछ समझ लेते थे। अवधी का, मैथिली का और राजस्थानी का साहित्य सर्वत्र पढ़ा-समझा जाता था और सब को 'भाषा'-ग्रन्थ कहते थे। उर्दू की लिपि शासकों ने 'फारसी' रखी; परन्तु इन 'नागरी'-प्रदेशों में उसे भी लोग 'नागरी' में ही लिखते थे। जब उर्दू की जगह हिन्दी ने ली, तो लिपि-संबंधी एकता के कारण इन प्रदेशों में वह सुख-बोध रही और मातृभाषा-तुल्य हो गई।

इस समय भी सर्वत्र यथास्थित भाषाएँ चल रही हैं; परन्तु व्यापक साहित्य, लोक-शिक्षण तथा राज-काज की भाषा सर्वत्र हिन्दी ही है। यानी अपनी-अपनी भाषाओं का आग्रह न कर के इन सब प्रदेशों की जनता ने हिन्दी को ही वह स्थान दिया। सब स्वतन्त्र भी है। इसलिए हम 'हिन्दी भाषा-संघ' या 'हिन्दी'-'कामनवेल्थ' की सदस्याएँ अवधी, व्रजभाषा, राजस्थानी आदि भाषाओं को कहते हैं। इस संघ की सब सदस्याएँ स्वतन्त्र अस्तित्व रखती हैं—सबके अलग-अलग विधि-विधान हैं। सबके व्याकरण भिन्न-भिन्न हैं। 'हिन्दी की बोली' इनके लिए औपचारिक प्रयोग है।

## 2. 'हिन्दी-संघ' की भाषाओं का गठन

'हिन्दी-संघ' की विभिन्न भाषाओं का गठन पृथक्-पृथक् है। कहीं 'आ' पुंप्रत्यय है, कहीं 'ओ' है; कहीं ये दोनों हैं और कहीं इन दोनों का ही लगभग अभाव है। संस्कृत 'देहि' को द्विधा विकसित करके एकवचन में—'तू दे' बोलते हैं कहीं, 'दै'। बहुवचन में पूरा 'देहि' लेकर 'इ' की जगह 'उ' कर दिया—'देहु'। 'देहु', 'देउ' 'देओ' 'देव' और 'दो' रूप क्षेत्र-भेद से चलते हैं—'तुम' कर्ता सर्वत्र। कहीं 'ह्' है; पर 'इ' की जगह 'उ' करके बहुवचन। कहीं 'ह्' का लोप—'देउ'। कहीं 'उ' का 'व'—'देव'—'कबहूँ देव न लेव'। कहीं 'उ' को 'ओ' और धातु-स्वर का लोप—'दो'। यानी 'उ' की सत्ता विभिन्न रूपों में सर्वत्र है; परन्तु 'भोजपुरी' ('काशिका') में इसका अभाव है—वहाँ 'दा' रूप चलता है। 'लो' की जगह वहाँ 'ला' चलता है—'दा न अमरूद'। दो न अमरूद। और—'ला न अमरूद'—लो न अमरूद। भिन्न चीज है। 'लाओ' की जगह 'लावा' चलता है—'लावा, दा न'—लाओ, दो न!

भूतकाल की स्त्रीवर्गीय क्रियाएँ एकरूप हैं—आई, गई, लाई आदि; किन्तु वहीं, जहाँ 'आ' अथवा 'ओ' पुंप्रत्यय है, या इनकी छाया है—

राजस्थानी— छोरो आयो—छोरी आई

व्रजभाषा— छोरा आयो—छोरी आई

खड़ी बोली— लड़का आया—लड़की आई

पांचाली— लरिका आओ—बिटिया आई

अवधी— लरिकता आवा—बिटिया आई

अवधी से आगे स्थिति भिन्न है; फिर भी स्त्रीवर्गीय रूप 'ई' से ही बनते हैं। 'अवा' पुंप्रत्यय और 'इया' स्त्री-प्रत्यय उधर संज्ञाओं में लगते हैं—'कगजवा ला न'।—कागज लो न। और—'टिकटिया दा न'।—टिकट दो न। 'अवा' में 'आ' पुंप्रत्यय का आभास है और 'इया' में 'ई' की परोक्ष सत्ता है। फिर भी भाषा-भेद है; तत्त्व-भेद है। सब भाषाओं के 1. कृदन्त-प्रधान, 2. तिङन्त-प्रधान और 3. मिश्रित ये तीन वर्ग हमने किए हैं और ये तीनों ही 'हिन्दी-संघ' की भाषाओं में विद्यमान हैं। किसी विशेष उद्‌देश को ले कर एक 'संघ' बन गया है - बनाया गया है। विशेष उद्‌देश्य से सात समुद्र पर के (इंग्लैंड आदि) देशों के साथ भारत जैसे देश मिल कर कोई 'मण्डल' या 'संघ' बना लेते हैं—'राष्ट्रमण्डल। और इसे 'कामनवेल्थ' कहते हैं—सम्पदा में साझेदारी। इतनी-इतनी दूर के देश एक जगह! साझेदारी भी क्या! 'हिन्दी-संघ' की सब भाषाएँ भौगोलिक दृष्टि से एकत्र हैं और साझेदारी भी है। अवधी-साहित्य सब का, राजस्थानी-साहित्य सब का, व्रजभाषा-साहित्य सब का और 'खड़ी बोली' आदि का भी साहित्य सब का। परन्तु—इस साझेदारी के होते हुए भी—अपना-अपना स्वरूप और शासन पृथक्-पृथक् है। यह बात है कि कोई सदस्य अधिक शक्तिशाली और सम्पन्न हो, दूसरा कुछ कम शक्तिशाली और गरीब हो! दर्जा सबका एक है। सबको बढ़ने की छूट है। सब सम्पन्न हो सकते हैं।

## 8. शब्दों में वर्ग-भेद

शब्दों में वर्ग-भेद बहुत पुराना है। हिन्दी-संघ की भाषाओं में बहुत सरलता है और इसीलिए परस्पर एक दूसरे की भाषा—कामचलाऊ—समझ लेते हैं। संज्ञा (तथा विशेषण भी प्रायः) वर्ग-भेद रखते हैं। क्रिया में भी वर्ग-भेद होता है, कृदन्त-क्रिया में।

बहुत पुराने समय में सुनते हैं, इन्द्र ने 'देवभाषा' का पहला व्याकरण बनाया था; देव-वर्ग की प्रार्थना पर। उसी समय शब्दों का वर्गीकरण हुआ होगा। परन्तु इन्द्र ने आज्ञा नहीं दी थी कि कहीं 'वृक्षः' बोलो; कहीं 'लता' बोलो और कहीं 'फलम्' बोलो। सब 'वृक्षम्' लतम्, फलम्' यों एक-जैसे होते, यदि आज्ञा की गई होती और वह आज्ञा मान भी ली गई होती। शास्त्रकार व्यवस्था करता है, अव्यवस्था नहीं फैलाता। सो, भाषा में पहले से ही तीन पद्धतियों पर शब्द चल रहे थे—वृक्षः, लता, फलम्। ऐसे शब्दों का वर्गीकरण इन्द्र ने कर दिया। 'रामः' पुरुष के लिए चल रहा था और 'रमा' स्त्री के लिए। सो, 'रामः'

जैसे शब्दों में पुंव्यंजक चिन्ह (विसर्ग) देखकर वही 'वृक्षः' 'मार्गः' 'पवनः' आदि में देखे, तो कह दिया कि इस तरह के (विसर्गान्त कर्ता आदि) 'पुंवर्गीय' शब्द हैं। 'रमा' में दीर्घ 'आ' अन्त में है और विसर्ग नहीं है। ऐसे लता, द्राक्षा, माला आदि शब्दों को 'स्त्री-वर्गीय' कहा गया–

वृक्षः अपतत् (वृक्ष गिरा)–पुंवर्गीय

लता अपतत् (लता गिरी)–स्त्रीवर्गीय

जैसे कि अन्यत्र देखे थे–

रामः अपतत् (राम गिरा)।

रामा अपतत् (रमा गिरी)

इसी तरह 'देवी' की तरह बनावट वाले शब्द 'नदी' आदि स्त्रीवर्ग में और 'हरिः' जैसे ('पवि' आदि) पुंवर्ग में। 'मनु' जैसे उकारान्त ('भानु' आदि) पुंवर्ग में और 'वधू' जैसे ('कर्कन्धू' 'अलावू' आदि) स्त्री-वर्ग में। कुछ शब्दों को देखा कि कभी पुव्यंजक चिन्ह विसर्ग आदि लेकर चलते हैं, कभी कहीं अन्यथा भी, तो उन्हें 'उभयवर्गीय' कह दिया। व्याकरण तो भाषा का अन्वाख्यान भर करता है न! वह भाषा को अपनी आज्ञा के अनुसार चलाता नहीं है–शासन नहीं करता; अनुशासन करता है–भूले-भटकों को मार्ग बताता है।

वैसे दो वर्ग कर देने पर फिर देखा कि कुछ शब्द ऐसे हैं, जो इन दो वर्गों में से किसी से भी मेल नहीं खाते–

जलत् अपतत् (जल गिरा)

फलम् अपतत् (फल गिरा)

वारि अपतत् (जल गिरा)

मधु अपतत् (शहद गिरा)

'जलम्' न 'रामः' की तरह विसर्ग लिए हुए है और न 'रमा' की ही तरह है। इसी तरह 'फलम्' 'वनम्' 'धनम्' 'कलत्रम्' आदि शब्द देखे। 'वारि' ने 'हरिः' की तरह है और न 'देवी' की ही तरह। न विसर्ग लिए है, न दीर्घान्त ही है। 'मधु' भी न 'मनुः' की तरह विसर्गान्त और न 'वधू' की ही तरह ऊकारान्त! ऐसे शब्दों का एक तीसरा वर्ग बना दिया–'नंपुसक वर्ग'। न स्त्री, न पुमान्–'नंपुसक'। जो न स्त्रीवर्ग में आए, और न पुंवर्ग में, वह 'नपुंसक वर्ग'।

यों संज्ञा-शब्द तीन वर्गों में कर दिए गए। प्रत्येक वर्ग की कृदन्त क्रिया उसी के अनुसार रहेगी ही! पुरुष की क्रिया में और स्त्री की (सिद्ध) क्रिया में साफ अन्तर दिखाई देता है। नंपुसक की क्रिया अलग रहेगी ही–

वृक्षः पतितः (वृक्ष गिरा)

वृक्षाः पतिताः (वृक्ष गिरे)

बहुत वृक्षों का गिरना और एक वृक्ष का गिरना भेद रखता है।

लता पतिता (लता गिरी)

लताः पतिताः (लताएँ गिरीं)

'लता' के अनुसार ही उसकी क्रिया है—'पतिता'। वृक्ष कुछ और ढंग से गिरता है और लता दूसरे ढंग से गिरती है।

फलम् पतितम् (फल गिरा)

'फलम्' के अनुसार 'पतितम्' है। यों शब्द के तीन वर्ग और प्रत्येक वर्ग की (कृदन्त या सिद्ध) क्रिया उसी वर्ग की।

आगे चल कर कर्ता आदि के चिन्ह बदले। प्राकृत-पाली में विसर्ग नहीं और शब्दान्त में व्यंजन भी नहीं रहे—सब कुछ स्वरान्त। 'पुत्रः गतः' का 'पुत्तो गदो' रूप हो गया। रमा आदि में कोई परिवर्तन नहीं, क्योंकि वैसे शब्द पहले से ही (कर्ता आदि में) ज्यों के त्यों स्वरान्त थे। 'जलम्' आदि का 'म्' उड़ा कर 'जलं' जैसा रूप प्राकृत—पाली में रहा। आगे चल कर अनुस्वार भी उड़ा दिया गया और तब तृतीय-प्राकृत (अपभ्रंश) में और उसके विकसित रूप (आधुनिक भारतीय भाषाओं) में भी 'जल' 'फल' 'वन' जैसे शब्द ही प्रयुक्त होने लगे। यानी राम, वृक्ष, जल, फल आदि एक-से हैं। सब 'राम' के वर्ग क; 'राम' जैसी बनावट के। न विसर्ग और न 'म्'। परन्तु 'ओ' की स्थिति एक व्यवस्था के साथ आगे बनी रही। राजस्थानी में—

एकवचन—फल गयो (फल गया)

बहुवचन—फल गया (फल गये)

प्रयोग होते हैं। जैसे कि—

छात्र गयो

छात्र गया

'छात्र' मात्र है; 'ओ' के बिना। परन्तु—

छोरो गयो (प्राकृ. पुत्तो गदो)

छोरा गया (प्रा. पुत्ता गदा)

यहाँ 'ओ' विद्यमान है और उसकी गतिविधि प्राकृत के अनुसार ही है। 'छात्र' की जगह 'पुत्र' हो तो भी 'ओ' न रहेगा; परन्तु 'छोरो' के लगह 'लड़को' ओकारान्त ही रहेगा और बहुवचन में 'लड़का' हो जाएगा—

सब लड़का गया (राजस्थानी, बहुवचन)

सब लड़के गए (राष्ट्रभाषा; बहुवचन)

इसके विपरीत, प्राकृत—पाली में 'वर्गः' का 'वग्गो' रूप होता है। 'हिन्दी-संघ' की भाषाओं में यह व्यवस्था है कि संस्कृत तद्रूप शब्दों में 'ओ' या 'आ' पुंप्रत्यय न लगेगा; यद्यपि है यह 'पुत्रः' आदि के विसर्गों का ही विकास। संस्कृत शब्द 'छात्र' 'पुत्र' आदि रूपों में ही रहेंगे; परन्तु अपने परम्परा-प्राप्त या संस्कृत तद्भव शब्दों में 'ओ' या 'आ' पुंप्रत्यय लगता है—अपनी-अपनी जगह—

लड़को आयो (पुत्रः आगतः)

लड़का आया (पुत्राः आगताः)

इसी तरह विशेषणों में भी–

मीठो फल

मीठा फल

संस्कृत (तद्रूप) विशेषण में 'ओ' या 'आ' पुंप्रत्यय न लगेगा–

मधुर फल गिरय्यो (राजस्थानी)

मधुर फल गिरा (राष्ट्रभाषा)

इ 'ओ' तथा 'आ' का स्त्रीवर्गीय रूप 'ई' कारान्त सर्वत्र हो जाता है–

छोरो आयो–छोरो आई

लड़का आया–लड़की आई

मीठी आम छै–मीठी खीर छै

मीठा आम है–मीठी खीर है

## 9. 'आ' पुंप्रत्यय

जो व्यवस्था 'ओ' प्रत्यय की है वर्ग-भेद में, वही 'आ' की भी है। परन्तु बहुवचन भिन्न पद्धति पर है। 'छोरो' का बहुवचन 'छोरा' हो गया राजस्थानी में। परन्तु राष्ट्रभाषा में तो 'लड़का' एकवचन है। विसर्गों का विकास यहाँ 'आ' है। तब बहुवचन में 'ए' करना ही पड़ा-लड़का–लड़के। 'ई' स्त्री-प्रत्यय है–'लड़की' 'छोरी' आई-गई।

संस्कृत 'आगता' और 'गता' के रूपान्तर प्राकृत पाली में 'आगदा'-'गदा'; आकारान्त् 'रमा'-'लता' के अनुसार; परन्तु हिन्दी-संघ की विभिन्न भाषाओं में–'आई' 'गई' रूप हैं–'आयी' 'गयी' के रूपान्तर। पर, 'गदा' की ही तरह हिन्दी में भी स्त्रीवर्गीय क्रिया आकारान्त क्यों न हुई? मार्ग बदल कर ईकारान्त 'गई' 'आई' आदि क्यों हो गई?

इसका मोटा उत्तर तो यह है कि जब हिन्दी में 'आ' पुंप्रत्यय हुआ–'लड़का गया'; तो फिर स्त्रीवर्ग का चिन्ह 'आ' कैसे हो सकता था? 'लड़का गया' पुंवर्ग और 'लड़की गया' स्त्री-वर्ग? बहुत भद्दा और भ्रामक मार्ग होता। 'लड़की' की तरह 'गई' स्त्रीवर्गीय क्रिया ठीक। 'गता'>'गदा' की पद्धति नहीं अपनाई गई। राजस्थानी में यद्यपि पुंवर्ग 'ओ' है; पर उसके बहुवचन में 'आ' हो जाता है–'छोरा' गया। 'छोरी गया' रूप बहुत भद्दा रहता। इसीलिए सभी कृदन्ताभिमुखी भाषाओं में 'ई' स्त्री-प्रत्यय है–

आयो–आई

आया–आई

आवा–आई

पंजाबी आदि में और गुजराती आदि में भी 'ई' स्त्री-प्रत्यय है।

संस्कृत में विशेषण कहीं आकारान्त है (स्त्री-वर्ग में) और कहीं ईकारान्त–

सरलः बालकः

सरला कन्या

और—

सुन्दरः बालकः

सुन्दरी कन्या

हिन्दी ने सर्वत्र 'अपने' शब्दों को स्त्री-वर्ग में ईकारान्त ही रखा है—

अच्छा लड़का—अच्छी लड़की

आछो छोरो—आछी छोरी

संस्कृत तद्रूप विशेषण ज्यों के त्यों रहते हैं—

सुन्दर बालक—सुन्दर कन्या

मधुर फल—मधुर खीर

परन्तु क्रियाएँ संस्कृत में स्त्रीवर्गीय प्रायः आकारान्त ही रहती हैं—

लता पतिता – नदी आगता

(लता गिरी—नदी आई)

संस्कृत में 'नदी' के साथ भी 'आगता' और हिन्दी में 'लता' के साथ भी 'गिरी'। वहाँ आकारान्त, यहाँ ईकारान्त। हाँ; 'कृतवती' आदि क्रियाएँ संस्कृत में ईकारान्त अवश्य रहती हैं—

रमा कार्यम् कृतवती

देवी कार्यम् कृतवती

'रमा कृतवती'। हिन्दी में 'रमा गई' और 'देवी गई' सर्वत्र 'ई'।

संस्कृत की पद्धति देखते जान पड़ता है कि 'कृतवती' की ही तरह (उस समय की किसी जन-भाषा में) 'गतः' का स्त्री-वर्गीय प्रयोग 'गती'-जैसा होता होगा। कहीं 'रमा गता' और कही 'रमा गती'। 'गता' को संस्कृत में सर्वमान्य रूप मिल गया, जिस का अनुकरण प्राकृत-पाली में 'गदा' आदि है। 'गती' जैसे रूप 'विभाषा' (विरूप भाषा) समझ कर छोड़ दिए गए होंगे, जो कि अपने क्षेत्रों में अपनी प्राकृतों में चलते रहे होंगे और फिर व्यंजन-लोप से 'गती' का रूप 'गई' हो गया होगा—'गतः'का 'गयो'-'गया' और 'गती' का 'गई'। यह है विकास की बात। व्याकरण में यों समझाया जाएगा—'गया' का स्त्री-रूप 'गयी' होता है—'ई' स्त्रीप्रत्यय होकर। फिर 'य्' का (श्रुति-विरह में) वैकल्पिक लोप—'गई'।

संक्षेप यह कि 'ओ' तथा 'आ' हिन्दी-संघ में पुंप्रत्यय है। पांचाली और अवधी में भी इनकी छाया है; पर आगे भोजपुरी, मगही और मैथिली में प्रायः अभाव है। संज्ञाओं में तो सर्वत्र सत्ता मिलेगी ही।

मध्यवर्ती (पूर्वभिमुखी) भाषाओं का यह क्षेत्र पूर्वी क्षेत्र से मिलता है, जहाँ (बँगला, उड़िया, असमिया में) तिङन्त पद्धति की क्रियाएँ हैं और विशेषण भी प्रायः वर्ग-भेद से शून्य है। तब फिर वहाँ 'आ' या 'ओ' की चर्चा ही क्या? भोजपुरी, मगही और मैथिली में भी क्रियाएँ प्रायः तिङन्त या तिङन्मताभिमुखी है। इसीलिए वर्ग-भेद प्रायः नहीं जान पड़ता। हाँ, विशेषण अवश्य 'सूतल' पुंवर्ग और 'सूतलि' स्त्रीवर्ग में। विशेषण कृदन्त होंगे ही।

क्रिया 'सूतल' तिङन्त है और विशेषण कृदन्त। 'ल' मात्र देखकर दोनों को एक न समझ लेना साहिए। 'भवति' और 'कृति' को देखकर संस्कृत अनभिज्ञ जन ('ति' उभयत्र देखकर) एक ही चीज समझ सकता है। परन्तु भाषाविद् समझते हैं कि दोनों जगह 'ति' भिन्न-भिन्न हैं। एक जगह तिङ-प्रत्यय है, जो पुंस्त्री-भेद से बदलता नहीं, दोनों जगह एक-रूप चलता है और दूसरा 'ति' कृत प्रत्यय है। 'कृति' कृदन्त शब्द है। इसमें संज्ञा-विभक्ति लगती है। सो, सूतल, भइल, आइल आदि क्रियाएँ तिङन्त हैं। 'गतः' से 'गइल' या 'गेल' आदि का विकास समझना गलती है। 'गत' में 'त' कृत्-प्रत्यय है, जिसमें संज्ञा-विभक्ति लगती है—गतः गता, गतम्। 'गंइल' 'गेल' आदि में यह बात नहीं है। 'गतः' पद्धति पर हिन्दी की या अन्य उदीच्य भाषाओं की जो भूतकालिक क्रियाएँ हैं, उनमें पुंस्त्री-भेद होता है और इसीलिए 'आ' या 'ओ' प्रत्यय का प्रयोग होता है। इसीलिए राजशेखर ने कहा है—

'कृत्प्रिया उदीच्याः'

उदीच्य जन कृदन्त-प्रिय होते हैं। भारत के उत्तरी प्रदेश में कृदन्त क्रियाओं का बाहुल्य है, जो राजशेखर के समय भी था। उस समय प्रादेशिक भाषाएँ पर्याप्त प्रस्फुटित हो चुकी थीं। राजशेखर ने 'उदीच्य' शब्द का प्रयोग वर्तमान 'उत्तर प्रदेश' के उत्तर-पश्चिमी भाग के लिए ही नहीं, बहुत दूर तक के लिए किया है। सम्पूर्ण पंजाब और आगे पेशावर तक का भू-भाग 'उत्तरी भारत' ही है; भले ही शासन की दृष्टि से पृथक् मान लिया जाए। सो, उत्तर प्रदेश के 'अवध' से लेकर पेशावर तक और इधर व्रज से लेकर राजस्थान, गुजरात, कच्छ और सिन्ध तक की जनता राजशेखर की दृष्टि में 'उदीच्य' है। यानी 'उदीच्यः पश्मिोत्तरः' समझिए। भाषाओं की पश्चिमी धारा (राजस्थानी, गुजराती, कच्छी आदि) तथा उत्तरी धारा (कौरवी, बाँगरू, पंजाबी आदि) 'उदीच्य' हैं। कृदन्त बहुल उदीच्यों की भाषाएँ कृदन्त-प्रधान और प्राच्यों की तिङन्त प्रधान। प्राच्य भाषाएँ (भोजपुरी, मगही और मैथिली से आगे) बँगला, असमिया आदि सब तिङन्त प्रधान हैं। इन के क्रिया रूप पुंस्त्री-भेद से बदलते नहीं है। इसीलिए विसर्ग-विकास 'आ' या 'ओ' को प्रयोग वहाँ नहीं है। यह चर्चा क्रिया की है। संज्ञाओं में तो 'आ' 'ई' का लगाव है ही। बंगाल में भी 'खोखा'-'खोखी' (लड़का-लड़की) में 'आ'-'ई' है ही।

यों क्रिया के तिङन्त और कृदन्त भेदों को लेकर देश के इस छोर से उस छोर तक की सब भाषाओं को मुख्यतः दो भागों में बाँटा जा सकता है। पहले उदीच्य भाषाएँ देखिए।

## 11. उदीच्य भाषाओं के दो वर्ग

कृदन्त-प्रधान उदीच्य भाषाओं के दो मुख्य भेद हैं। एक लंबी पट्टी उन भाषाओं की चली गई है, जिनमें विसर्गों का पुंवर्गीय 'आ' प्रत्यय है। कुरुजनपद से दिल्ली होती हुई यह धारा बाँगर-हरियाना; पंजाब और बहुत कुछ पेशावर तक चली गई है। इस धारा में पुंवर्गीय

क्रिया आकारान्त और स्त्रीवर्गीय ईकारान्त है। पुंवर्ग-बहुवचन 'ए' से है। दिल्ली से मिला हुआ व्रज है। यहाँ भी इस 'आ' प्रत्यय ने प्रभाव डाला है। यानी राजस्थानी का 'ओ' और 'खड़ी बोली' का यह 'आ'; दोनों की स्थिति व्रज में है।

पांचाली एक ओर व्रज से मिली है, दूसरी ओर खड़ी बोली के मुरादाबादी क्षेत्र से। उधर अवधी से भी इसकी सीमा मिलती है। इसलिए यहाँ 'आ' और 'ओ' दोनों की झलक है; परन्तु यहाँ के 'आ' और 'ओ' उन उदीच्य प्रत्ययों से प्रायः भिन्न चीजें हैं। 'राम अभै नाई आओ है' पांचाली-प्रयोग है। 'आओ' में 'ओ' है। 'रमा अभै नाईं आई है'। 'अभी' का 'अभै' है। खड़ी बोली का प्रभाव। 'उओ तौ चलोगा'—वह तो चला गया। 'चलो' में 'ओ' है और 'गा' में 'आ' है। स्त्रीवर्ग में 'चली गै'। 'गई' का 'गै' है।

यही स्थिति बहुत कुछ अवधी की है; पर वहाँ 'ओ' के दर्शन नहीं होते। 'आ' का ही चलन है—

'राकसु आवा' और 'पूतना आई'

पहले यह 'आवा' उदीच्य 'आया' का ही रूपान्तर जाता था; क्योंकि बहुवचन 'आए' तथा स्त्री रूप 'आई' समान हैं। परन्तु विश्लेषण से जान पड़ा कि अवधी भूतकाल में 'अ' प्रत्यय धातु से करती हैं—आव  अ = 'आवा'। अनुकरण पर 'गवा'। 'आ' का स्त्रीवर्ग में 'ई' रूप—'आई'। बहुवचन पुंवर्ग में—'आए' ही होता है—'आवे' नहीं। 'प्रभु आए' और 'गए रामपुनि' आदि अवधी-प्रयोग हैं। परन्तु धातुओं में कहीं व्रज से भी मेल है। 'हुआ' की जगह 'भवा' चलता है। तुलसीदास राजापुर (बाँदा जिले) के थे, जो पांचाली क्षेत्र में है। पश्चिमी अवधी और पूरबी पांचाली एक जगह मिलती हैं। तुलसी ने पांचाली कि 'गा' (गया) और 'भा' (हुआ) क्रियाओं का ही प्रयोग अपनी रचना में किया है; परन्तु पांचाली के 'चलो गा' आदि को 'चलि गा' जैसा रूप दिया है। यानी अवधी में 'ओ' नहीं है।

यही 'आ' आगे बढ़ता हुआ 'अवा' जैसे स्वतन्त्र पुंप्रत्यय के रूप में आ गया है—लरिका-लरिकवा, खरिका-खरिकवा, बोकरा-बोकरवा, खेतु-खेतवा आदि। पांचाली में 'खेतु' है। 'ओ' का घिसा हुआ रूप 'उ'। 'कानु क' विद्यापति का (मैथिली का) प्रयोग है; 'कान्हा का' खड़ी बोली। 'कानु' में 'उ' 'ओ' आ घिसा हुआ रूप है। पर पांचाली और अवधी दोनों में—'लरिका आए' प्रयोग होते हैं। यानी संज्ञा का 'आ' 'ए' नहीं बनता; क्रिया का बन जाता है। यही स्थिति 'लरिकवा' की है। आओ है, आवा है, आई है, आए हैं, आदि प्रयोगों से स्पष्ट है कि पांचाली तथा अवधी पर कृदन्त की छाप है। 'लरिका' ज्यों का त्यों रहता है। 'लरिका ते' आदि में वही स्थिति है। 'आ' की जगह 'ए' नहीं होता। व्रजभाषा में भी—'छोरा ते' होता है। 'आ' तदवस्थ। अवधी के आगे 'भोजपुरी' शुरू हो जाती है। फैजाबाद और जौनपुर जिले आपस में मिलते हैं। जौनपुर जिले का पश्चिमी भाग अवधी-भाषा के क्षेत्र में है और पूरबी भाग 'भोजपुरी' के हिस्से में है। इसके आगे काशी होती हुई यह भोजपुरी बिहार तक चली जाती है। भोजपुरी, मगही और मैथिली भाषाएँ तिङन्त क्रियाओं की प्रधानता या विशेषता रखती हैं। यही स्थिति आगे बँगला और असमिया-उड़िया जैसी भाषाओं की है। परन्तु भोजपुरी, मगही और मैथिली (तिङन्त-प्रधान

होने पर भी) 'हिन्दी-संघ' की भाषाएँ हैं। 'क' संबंध प्रत्यय भेदक है। और भी बातें ऐसी हैं, जो हमारे मत की पुष्टि करती हैं। 'क' तद्वितीय सम्बन्ध प्रत्यय तो सबसे बड़ी चीज है–बहुत बड़े भू-भाग को अपने अधिकार-क्षेत्र में लिए है। गुजराती भाषा कृदन्त-प्रधान है और कच्छी-सिन्धी भी; परन्तु संबंध-प्रत्यय वहाँ भिन्न हैं–'न' और 'ज'। इसीलिए वे 'हिन्दी-संघ' में नहीं है। पंजाबी भी कृदन्त-प्रधान है; परन्तु सम्बन्ध-प्रत्यय 'द' है; इसलिए वह भी 'हिन्दी-संघ' की भाषा नहीं है; यद्यपि वह 'खड़ी बोली' के निकटतम है। लिपि-भेद ने भी पंजाबी को 'हिन्दी-संघ' में नहीं आने दिया। जोधपुरी में सम्बन्ध प्रत्यय 'र' है–'ढोला मारू रा दूहा' (ढोला मारू के दोहे)। इस 'र' के होते हुए भी वह हिन्दी-परिवार में है। कारण यह कि और सब बातें इसकी शेष राजस्थानी से मिलती हैं; न पंजाबी से, न गुजराती से ही। लिपि भी नागरी है। सो, जोधपुरी बोली 'राजस्थानी' है और राजस्थानी 'हिन्दी-संघ' में है।

मतलब यह कि तिङन्त क्रियाओं की प्रधानता होने पर भी बिहार की तीनों भाषाएँ हिन्दी-परिवार में हैं और कृदन्त-प्रधान होने पर भी गुजराती, काठियावाड़ी, कच्छी, सिन्धी और पंजाबी हिन्दी-परिवार में नहीं; क्योंकि सम्बन्ध-प्रत्यय और लिपि भिन्न हैं। लिपि-भेद भी प्रायः भाषा-भेद के कारण बन जाता है। पंजाबी की लिपि यदि भिन्न न कर ली जाती, तो हिन्दी की ही एक 'बोली' कहलाती। जोधपुर–बीकानेर में 'र' संबंध-प्रत्यय होने पर भी लिपि-भेद नहीं। नागरी लिपि का ही चलन वहाँ है। इसलिए वह हिन्दी की 'बोली'। यानी 'क' संबंध-प्रत्यय और नागरी लिपि ने मिलकर हिन्दी-परिवार या 'हिन्दी-संघ' बनाया है; परन्तु केवल लिपि की एकता ही कुछ नहीं कर सकती। लिपि एक होने पर भी भाषा-भेद होता है; यदि अन्य तत्वों में एकता न हो। हिन्दी और संस्कृत एक ही लिपि (नागरी) में लिखी जाती है; परन्तु इससे दोनों के एक होने का भ्रम कहाँ होता है? मराठी और नेपाली भी नागरी लिपि में ही चलती हैं; परन्तु उनकी गिनती हिन्दी-परिवार में कोई नहीं करता। हाँ, भाषा के मूल तत्वों में अतिशय समानता हो, तब लिपि की एकता काम कर जाती है–'भाषा-परिवार' बनाने में। वंश तो सभी एक है ही।

## 12. उदीच्य भाषाओं का तीसरा वर्ग

उदीच्य भाषाओं के दो वर्ग जो हमने 'आ' 'ओ' विभक्ति के भेद से किए हैं; स्पष्ट हो गए। 'आ' का विस्तार 'उत्तरी वर्ग' में है; तो 'ओ' की धारा दिल्ली से पश्चिम सुदूर सिन्ध तक चली गई है–

रामस्यः पुत्रः गतः (संस्कृत)
रामस्य पुत्तो गदो (द्वितीय प्राकृत)
राम को लड़को गयो (राजस्थानी)
राम रो लड़को गयो (जोधपुरी)
राम ने छोकरो गयो (गुजराती)

राम जो छोकरो गयो (सिन्धी)

'आत्मनो गृहम्' के 'नो' का ही व्यापक प्रयोग गुजराती में है—संबंध-प्रत्यय के रूप में। 'ओ' सर्वत्र पुंप्रत्यय है।

पुंवर्ग बहुवचन—

रामस्य पुत्राः गताः (संस्कृत)

रामस्स पुत्ता गदा (द्वितीय प्राकृत)

राम का लड़का गया (राजस्थानी)

राम रा लड़का गया (जोधुपरी-राजस्थानी)

राम ना छोकरा गया (गुजराती, काठियावाड़ी)

राम जा छोकरा गया (सिन्धी, कच्छी)

स्त्रीवर्ग में सर्वत्र 'ई'-'गई'

यों वे दो वर्ग हुए। एक तीसरा वर्ग वह है, जहाँ 'आ' तथा 'ओ' दोनों का यथास्थान प्रयोग होता है। 'पांचाली' में 'आ' तथा 'ओ' दोनों पुंप्रत्ययों का आभास मात्र मिलता है।

## 13. व्रजभाषा एक मिश्रित भाषा

व्रजभाषा का क्षेत्र दिल्ली और जयपुर के बीच में पड़ता है—'आ' तथा 'ओ' के मध्य। फलतः यहाँ दोनों प्रत्ययों का चलन है। भाववाचक संज्ञाएँ तथा (भाववाचक) क्रियाएँ नियमतः 'ओ' विभक्ति के साथ व्रजभाषा में रहती है—

तेरो घर जानो अच्छो

मोकौ कर जानो है

यहाँ 'जाना' कभी भी न होगा। विशेषणों में 'ओ' विभक्ति ही लगती है; राजस्थानी की तरह—

मीठो पानी, मीठो फल

यहाँ 'मीठा' प्रयोग कभी भी न होगा। भाववाचक (संज्ञा या क्रिया) का बहुवचन होता ही नहीं है; इसलिए उसकी चर्चा नहीं। परन्तु विशेषण तो बहुवचन होंगे ही और ये विशेष्य के अनुसार होंगे। यहाँ (बहुवचन में) व्रजभाषा दिल्ली की ओर मुँह किया है; जयपुर की ओर नहीं। संज्ञा का रूप ब्रजभाषा ने ने 'खड़ी बोली' की तरह रखा है, अकारान्त पुंवर्ग मेंः परन्तु क्रिया का रूप राजस्थानी की तरह ओकारान्त—

लड़का गया (खड़ी बोली)

लड़को गयो। (राजस्थानी)

छोरा गयो (व्रजभाषा)

'छोरा' है 'लड़का' जैसा ; परन्तु 'गयो' क्रिया में 'ओ' है; राजस्थानी की तरह। व्रजभाषा में 'छोरो गयो' न होगा; न 'छोरा गया' ही। संज्ञा एक तरह से और क्रिया दूसरी तरह से।

बहुवचन में क्रिया 'खड़ी बोली' की तरह व्रजभाषा में रहती है—गए, आए, लाए आदि। राजस्थानी के अनुसार—गया, आया, लाया जैसे क्रिया-रूप व्रजभाषा में नहीं होते। संज्ञा बहुवचन में राजस्थानी की तरह (और कहीं खड़ी बोली की तरह भी) राजस्थानी में आता है—

| एकवचन | बहुवचन |
|---|---|
| लड़को आयो— | लड़का आया |
| 'खड़ी बोली' में— | |
| लड़का आया— | लड़के आए |

व्रजभाषा में क्रिया का पुंवर्गीय बहुवचन रूप तो निश्चित रूप से 'खड़ी बोली' और पांचाली के अनुसार रखा है। 'छोरा आयो' का बहु. 'छोरा आए'। एकवचन राजस्थानी के अनुसार है—'आयो'। 'छोरो आयो' में कर्ता खड़ी बोली की तरह एकवचन है—'छोरा'; जैसे 'लड़का'। परन्तु क्रिया राजस्थानी की तरह है—'आयो'। बहुवचन में संज्ञा (का बहुवचन) राजस्थानी की तरह है और क्रिया 'खड़ी बोली' की तरह—'छोरा आए'। राजस्थानी में पु. बहुवचन—'छोरा आया'। व्रज में 'आए' क्रिया 'खड़ीबोली' की तरह; पर कर्ता ('छोरा') राजस्थानी की तरह। यों दोनों का प्रभाव है और स्वतन्त्र गति है।

विभक्ति लगने पर 'आ' को 'ए' रूप मिल जाता है—'लड़के को' (हिन्दी) और 'मुंडेनू' पंजाबी। व्रजभाषा में 'छोरा आयो' जैसे प्रयोगों में 'ओ' स्पष्ट है क्रिया में और 'आ' कर्ता में—'छोरा'। परन्तु विभक्ति लगने पर इस 'ए' का रूप नहीं मिलता—छोरा ते, छोरा पै छोरा सों-जैसे आकारान्त ही प्रयोग रहते हैं। पंजाबी में 'आ' पुंप्रत्य है—'जाँदा है मुंडा' 'जाँदी है कुड़ी'। बहुवचन में—'जाँ द हन'—एकरान्त; जैसे हिन्दी में—'जाते है लड़के'। पंजाबी में 'जाँ दे हन मुंडे'। 'हन' पांचाली में उत्तम-पुरुष बहुवचन क्रिया है—'हम जात हन'।

सो, 'आ' पुंप्रत्यय का ही बहुवचन में एकरान्त रूप होता है। व्रजभाषा एक ओर 'खड़ी बोली' से, दूसरी ओर राजस्थानी से और तीसरी ओर पांचाली से प्रभावित है। पांचाली में 'लरिका आओ है' आदि में 'आ' और 'ओ' दोनों दिखाई देते हैं; पर भिन्न चीजें हैं। 'लरिका ते कहौ' आदि में 'लरिके' नहीं होता; इससे स्पष्ट है कि वहाँ 'आ' नहीं है। 'आओ है' में 'ओ' दिखाई देता है; पर यह 'ओ' उस पुंप्रत्यय से भिन्न है। 'आयो' का रूपान्तर 'आओ' नहीं है। कारण, पांचाली में 'हमार घरु' 'तुम्हार घरु' चलता है—'हमारो'—'तुम्हारो' नहीं। तब क्रिया में ही कहाँ से 'ओ' आ जाएगा। 'आवा' भूतकाल की क्रिया 'आव' रूप से भी चलती है—'आव न वचन'—वचन नहीं आया। इसी 'आव' के 'व' को 'ओ' हो गया। जहाँ 'व' नहीं, वहाँ 'गा'-'भा' क्रियाएँ हैं; 'ग'-'भ' में 'अ' प्रत्यय से।

जहाँ तक 'हमारो'—'तुम्हारो' और 'मीठो'—'खट्टो' चलते हैं,, वहीं तक व्रजभाषा का क्षेत्र है और जहाँ से 'हमार'—'तुम्हार' तथा 'मीठ आम' जैसे प्रयोग आरम्भ, वहाँ से 'पांचाली' प्रारम्भ। परन्तु 'बड़ा आमु' पांचाली में चलता है; 'खड़ी बोली' की छाया; यद्यपि 'छोटा' नहीं चलता; 'छ्वाट-म्वाट' चलते हैं; न 'छोटो-मोटो' और न 'छोटा-मोटा'।

# 14. हिन्दी के 'धातु'—शब्द

जिन सार्थक शब्दों में 'ने' 'को' आदि संज्ञा-विभक्तियाँ लगती हैं, उन्हें 'प्रातिपदिक' कहते हैं और जिन सार्थक शब्दों के आगे 'त' 'य' आदि प्रत्यय लगकर 'आता' 'आया' आदि क्रिया-पद बनते हैं, उन्हें 'धातु' कहते हैं। जैसे एक-एक धातु 'पीतल आदि' से सैकड़ों तरह के पात्र बनते हैं, उसी तरह शब्दशास्त्रीय 'आ' आदि 'धातु' शब्द—आया, आता, आना, आए, आदि विविध 'क्रिया पद' बनाते हैं। इन्हीं धातुओं से विविध प्रातिपादिक भी बनते हैं, जिन्हें व्याकरण में 'कृदन्त' शब्द कहते हैं; जैसे 'खाना'। जो खाया जाए वह 'खाना'। 'खा' धातु है, न कृदन्त प्रत्यय और उसमें 'आ' पुंप्रत्यय—'खाना'। 'पी' धातु से 'पीना' है; परन्तु 'पना' दूसरी चीज है। हिन्दी में कोई 'प' धातु नहीं कि उससे 'पना' बन जाए। संस्कृत में जिसे 'प्रपानक' कहते हैं, वही हिन्दी का 'पना' है। 'प्र' और 'क' अलग कर के 'पान' में अपनी पुंविभक्ति और 'पा' को 'प' करके 'पना'। यानी 'पना' हिन्दी का 'कृदन्त शब्द' नहीं है। अनेक जगह संस्कृत शब्दों का विकास काम में लाया गया है; अनेक जगह स्वतन्त्र शब्दों का निर्माण है। संस्कृत के 'श्मश्रु' शब्द का विकास न कर के दो पृथक् शब्द गढ़ लिए गए हैं—'मूँछ' और 'दाढ़ी'। मुँह पर छाई रहती हैं; इसलिए 'मूँछ'। ये दाँतों के ऊपर हैं। दाढ़ों के ऊपर होने से—'दाढ़ी' दूसरी चीज। 'मुँह' संज्ञा और 'छा' धातु से 'मूँछ'। 'मुँह' को 'मूँ' और 'छा' को ह्रस्वता। यों, यह उपपद ('मुँह') के साथ 'छ' धातु का बना 'मूँछ' कृदन्त शब्द हिन्दी का। परन्तु 'दाढ़ी' में किसी धातु का योग नहीं। 'दाढ़' से 'दाढ़ी' तद्धित-शब्द। 'छा' को ह्रस्वता स्त्रीत्व देने के लिए। 'दाढ़ी' स्त्रीवर्गीय है, उसके साथ 'मूँछ' भी। दाख, खाट, सीख आदि शब्द भी द्राक्षा, खट्वा, शिक्षा के विकास अन्त्य ह्रस्व कर के ही हैं। यह सब स्पष्टता के अर्थ। पुंवर्गीय 'अपने (क्रमागत या संस्कृत तद्भव शब्द) 'कंडा' 'डंडा' आदि पुंवर्गीय हैं। 'आ' इनमें पुंविभक्ति है। इसीलिए स्त्री-वर्गीय तद्भवों को ह्रस्वता और 'अपने' कृदन्त शब्द भी स्त्री वर्ग में ह्रस्व—चाह, चाट आदि। 'लाख' संज्ञा 'लाक्षा' का तद्भव रूप है। 'मूँछ' को स्त्रीवर्गीय रूप इसलिए भी कि यह शक्ति का प्रतीक है—पुरुष का चिन्ह है। 'शक्ति' स्वयं स्त्रीवर्गीय शब्द है और शक्ति-सम्पन्न प्रायः सभी शब्द हिन्दी में स्त्रीवर्गीय हैं—सरकार, अदालत, असेंबली, पुलिस, फौज, तलवार, बन्दूक, तोप आदि। शक्ति का प्रतीक 'मूँछ' भी स्त्रीवर्गीय। 'दाढ़ी' का पुंवर्गीय रूप है—'दाढ़ा'।

'अदहन' जैसा कोई-कोई शब्द हिन्दी में ऐसा कृदन्त है, जिसके लिए एक पृथक् शब्द-श्रेणी की कदाचित् जरूरत है। 'अदहन' उस खौलते हुए जल को कहते हैं, जिसमें दाल-चावल आदि पकाते हैं। यह शब्द हिन्दी का कृदन्त नहीं है। 'दह' हिन्दी में कोई धातु नहीं है; 'जल' धातु है—'कपड़ा जलता है'। 'न दहन हो', जिसके कारण पकने वाली चीज का, वह 'अदहन'। वह पानी पकती चीज (दाल, चावल आदि) को जलने नहीं देता। जब 'अदहन' ही न रहे, सब जल जाए; तब तो वह चीज जलेगी ही, सो,

यह हिन्दी-प्रश्नों में चलता 'अदहन' शब्द कृदन्त-प्रेणी में है; पर 'हिन्दी-कृदन्त' नहीं। संस्कृत में 'अदहन' शब्द देखा नहीं; इसलिए इसे 'तत्सम' या 'तद्रूप' कैसे कहें। ऐसा जान पड़ता है कि संस्कृत जब कभी व्यवहार भाषा होगी, तो 'अदहन' शब्द चलता होगा। साहित्य में ऐसे शब्द नहीं आए। परन्तु जन-भाषा ने अपनाए रखा। पांचाली में 'अदहन' शब्द खूब चलता है। संस्कृत 'पांचाली' रीति या शैली बहुत प्रतिष्ठित रही है।

हम हिन्दी के 'धातु' शब्दों की चर्चा कर रहे थे।

## 15. सब धातु स्वरान्त, कोई भी व्यंजनान्त नहीं

हिन्दी के सभी 'धातु' शब्द स्वरान्त है, एक भी व्यंजनान्त नहीं; ऋकारान्त भी नहीं। विसर्गान्त की तो कोई कल्पना ही नहीं। पढ़, सो, कर, खा, जा, सह आदि हिन्दी के 'धातु' शब्द हैं। प्रायः सभी भारतीय भाषाओं में 'धातु' एक है; या मिलते-जुलते। हिन्दी की सभी 'बोलियों' में तो फिर धातुओं की एकरूपता होनी ही ठहरी। परन्तु 'खड़ी बोली' में कुछ कहीं विशेषता है।

खड़ी बोली में क्रियाएँ हैं–

सोता है, रोता है, लाता है, पाता है

यानी धातु रूप हैं–सो, रो, ला, पा। इन्हीं के आगे विविध प्रत्यय या क्रिया-विभक्तियाँ लगाकर–सोता है, सोया, सोएगा आदि रूप होते हैं। हिन्दी के कोश-ग्रन्थों में धातु-निर्देश 'सोना' 'रोना' 'पढ़ना' जैसे भावप्रत्ययान्त शब्दों से किया गया है, जो गलती है। धातु 'सोना' नहीं; 'सो' है। 'सोनता है' कोई नहीं बोलता। पिछले दिनों मैं काशी रहा; तब 'सभा' के 'संक्षिप्त हिन्दी शब्दसागर' में धातु-निर्देश कहकर ठीक कराए।

खैर, हम कह रहे थे 'खड़ी बोली' के धातु-रूप कुछ रूपान्तर से है। कर, पढ़ लिख आदि तो सर्वत्र समान है, परन्तु 'सो' आदि कुछ धातुओं में अन्तर है। क्रिया-रूप देखिए–

सोता है–खड़ी बोली
सोवत है–व्रजभाषा
सोवँदा है–पंजाबी
सोउत है–बुँदेलखण्डी

'सोउत है' में 'व' का 'उ' हो गया है। पांचाली में 'स्वावति' है। यानी 'ओ' को 'वा' हो जाता है। इसी तरह 'खड़ी बोली' में 'आता है' क्रिया रूप; परन्तु–

आवत है ('ऐ') व्रज
आवति है–पांचाली
आवति है
आवत है–अवधी
आउत है–बुँदेलखण्डी
आवँदा है–पंजाबी

यानी खड़ी बाली में 'सो' तथा 'आ' धातु रूप हैं और अन्यत्र 'सोव' तथा 'आव' हैं। परन्तु हो सर्वत्र समान है–

होता है–'खड़ी बोली'

होत है–अन्य हिन्दी-बोलियाँ

होंदा है–पंजाबी

इसी तरह 'खा' सर्वत्र समान है–

खाता है–खड़ी बोली

खात है–अन्यत्र

खाँदा है–पंजाबी

वकारान्त रूप आगे 'भोजपुरी' आदि में बहुत काम देता है; क्योंकि वहाँ प्रत्यय काफी भिन्न हैं। आदेश-निर्देश आदि में लगने वाला 'हु' प्रत्यय बहुत व्यापक है–

लावहु, देह, करहु, जाहु,

'ह्' का लोप करके कहीं–

लावउ, देउ, करउ, जाउ

कहीं सन्धि करके–

लावौ, आवौ, आदि रूप।

'व्' का लोप कर के और 'औ' का 'ओ' करके–

'लाओ-आओ' रूप खड़ी बोली में विकास समझिए। इसी तरह–

करहु, करउ, करौ-करो आदि में सर्वत्र हु की स्पष्ट या अस्पष्ट सत्ता है। परन्तु भोजपुरी में 'औ' की जगह 'आ' चलता है–

ला न! (लो न!)

कागजवा दा(कागज दो)

लावा त (लाओ तो)

'लावा' आदि क्रिया-पद अवधी में भूतकाल प्रकट करते हैं; भोजपुरी आदि में आज्ञा-प्रार्थना आदि। यदि 'लता है' दृष्ट 'ला' धातु ही उधर भी चलती है; 'लाव' धातु-रूप न होता, तो 'लो' और 'लाओ' के स्थान पर–'ला' रूप ही बनता। 'लो' के लिए भी 'ला' और 'लाओ' के लिए भी 'ला'। तब भाषा का उद्देश्य ही समाप्त हो जाता। स्पष्ट प्रतिपत्ति भाषा का उद्देश्य है। 'ला' की जगह 'लाव' धातु रहने से प्रयोग ठीक–

'ला' (लो)

'लावा' (लाओ)

इसी तरह अन्यत्र समझिए। पंजाब में 'कह' धातु का 'कै' जैसा रूप हो जाता है–'कैंदा है' (कहता है)। परन्तु भूतकाल में वहाँ 'आख्या' बोलते हैं। क्या यह संस्कृत 'आ' उपसर्ग के साथ 'ख्या' धातु है? 'आख्याहि भद्रे प्रियादर्शनस्य'–भद्रे-प्रियदर्शन से कह दे। यों 'आख्या' का प्रयोग 'कथ्' (कह) के अर्थ में हुआ है। क्या वहीं से भूतकाल

के लिए पंजाबी ने 'आख्या' ले-बना लिया? हो सकता है। हिन्दी ने और हिन्दी की सभी बोलियों ने संस्कृत 'या' को 'जा' बनाकर धातु-रूप से ग्रहण किया है; पर भूतकाल में 'गम्' का 'ग' चलता है–'गया' 'गयो' 'गवा' 'गैल' 'गा' आदि। संस्कृत में भी 'अस्' का भविष्यत् काल में प्रयोग न कर के 'भू' का किया जाता है। यह भी हो सकता है कि 'मैं कह्या' का ही 'मैं ख्या' रूप होकर 'आख्या' हो गया है। उधर भूतकालिक 'य' प्रत्यय का लोप प्रायः नहीं होता और–'पढ्या' जैसे प्रयोग होते हैं। 'पढ्या' का हिन्दी-रूप 'पढ़ा'। सो 'कह्या' का 'ख्या' संभावित है और उसके पहले 'आ' का आगम। परन्तु यह बात कट जाती है कि 'कहा' से वह सब है। कारण, 'कैंदा है' के साथ ही आखदा है' भी चलता है – अधिक चतता है। इसलिए पंजाबी की 'आख' धातु संस्कृत 'आख्या' से ही है। इसी तरह पंजाबी में 'देख' की जगह 'वेख' धातु है, जो कि संस्कृत 'वीक्ष' का विकास है। हिन्दी की 'देख' धातु उसी से प्रभावित है; यद्यपि है यह संस्कृत 'दृश' से पानी 'दृश्' का 'द्' 'वेख' के 'व्' की जगह रखकर हिन्दी ने अपनी 'देख' धातु बना ली। अन्यथा, 'पश्यति' से 'पश्' लेकर 'पस' धातु बनती है और 'पसता' है–जैसे क्रिया-रूप होते। हिन्दी में 'पसना' आजकल एक अलग धातुरूप है–'फोड़ा पसता है'। 'पस' बाहरी शब्द में 'अपना' प्रत्यय 'त' लगाकर अपना क्रिया-पद; 'आजमाता' है की तरह। सो, दर्शनार्थक 'पस' धातु न बनी; बहुत अच्छा हुआ। 'दृश्' का विकास भी 'दरस' होता। वह भी ठीक न रहता; क्योंकि दिखाई देने के अर्थ में 'कर्मकर्तृक' प्रयोग हिन्दी की विविध बोलियों में होता है–'दरसत जल भीतर'–जल के भीतर दिखाई दे रहा है। 'दरसाना' का अर्थ है–दिखाना–'छवि दरसावत'–छवि दिखाता है। इसलिए 'देख' धातु हिन्दी ने एक अलग बना ली। बहुत स्पष्ट भाषा है; सब साफ है। पूरब में 'निरख' धातु भी है; 'निरखत है'। यह है 'निरीक्ष' का विकास। 'निरीक्ष' का ही अन्य विकास 'निहार' है–'निहारत जात'।

# छठा अध्याय

## भारतीय भाषाओं का वर्गीकरण

पिछले अध्यायों में भाषा के उद्‌भव, विकास और परिष्कार आदि की चर्चा की गई और सामान्यतः भारतीय भाषाओं के कुछ भेदों का उल्लेख हुआ। 'हिन्दी-संघ' की 'खड़ी बोली' (कौरवी), राजस्थानी, पांचाली, अवधी आदि की चर्चा हुई और बतलाया गया कि विविध भाषाओं का एक संघ 'हिन्दी' नाम से प्रसिद्ध हुआ, जिस (संघ) की कोई न कोई भाषा देश भर की 'सामान्य' भाषा सदा रही है—मगधी, पांचाली, व्रजभाषा, उर्दू और अब 'हिन्दी'। यह 'हिन्दी' नाम-रूप से प्रसिद्ध आज की राष्ट्रभाषा भी इसी 'भाषा-संघ' में हैं।

इस अध्याय में हम देश की सभी भाषाओं का वर्गीकरण प्रस्तुत करेंगे।

### 1. भारतीय भाषाएँ

इस महादेश में छोटी-बड़ी मिल कर कई सौ 'बोली'-भाषाएँ' हैं; परन्तु मूलतः उनके केवल दो वर्ग हैं। एक वर्ग में तो वे सब भाषाएँ आ जाती हैं, जिनका उद्‌भव और विकास यहीं हुआ। और, दूसरे वर्ग में वे भारतीय भाषाएँ हैं, जिनका उद्‌भव कदाचित् कहीं अन्यत्र हुआ; परन्तु यहाँ आकर जो भारतीयता के रंग में ऐसी रंग गई कि कोई पहचान भी नहीं सकता कि ये कहीं बाहर की भाषाएँ हैं। यहाँ तक कि इनके मूलस्रोत का पता लगाना—निश्चित रूप से पता लगाना—संभव ही नहीं है। प्रथम वर्ग की भाषाओं में शतशः अवान्तर भेद हैं; परन्तु वे सब दो भागों में समा जाती हैं—1. नागरिक भाषाएँ और 2. वन्य भाषाएँ। दूसरे वर्ग की चार भाषाएँ हैं - 1. तमिल, 2. तेलगु, 3. कन्नड़, 4. मलयालम। ये चारों भाषाएँ दक्षिण भारत के चार राज्यों की हैं। इस प्रकार सब भाषाएँ तीन भागों में विभक्ति हो गईं—1. भारतीय 'मूल भाषा' से विकसित वर्तमान भाषाएँ, हिन्दी, गुजराती, मराठी, बँगला, सिन्धी आदि 2. भारतीय वन्य भाषाएँ, 'मुंडा' आदि 3. बाहर से आकर भारतीयता प्राप्त तमिल आदि दक्षिण की चार भाषाएँ।

भारतीय 'मूल भाषा' से जिन भाषाओं का विकास हुआ है, उनमें कुछ साहित्य-समृद्ध हैं और बहुत-सी केवल बोल-चाल तक ही सीमित हैं। इनमें भी बहुत भेद हैं। वैदिक काल में, या उससे भी पहले 'मूल भाषा' का बहुत प्रसार हो चुका था और प्रदेश-भेद से उसके अनेक रूपान्तर हो गए थे। उन प्रादेशिक भाषाओं में से ही कहीं कोई 'साहित्यिक भाषा'

भी बनी। किसी प्रदेश में कुछ मंत्रों की रचना हुई, किसी में कुछ की। इन मंत्रों का संग्रह ('संहिता') ध्यान से पढ़ने पर सूक्ष्म भाषा-भेद का पता लग सकता है। वे भाषा-भेद कुछ उसी तरह मिलते-जुलते रहे होंगे, जैसे कि हिन्दी की अवधी, खड़ीबोली, पांचाली, बैंसवाड़ी, राजस्थानी और व्रजभाषा आदि वर्तमान भेद। सब सब की समझ में आ जाते हैं, ये अवान्तर-भेद। 'मूल भाषा' के वे सब अवान्तर भेद ही आज की प्रादेशिक भाषाओं के उद्गम-स्रोत हैं। किसी का विकास किसी से और किसी का किसी से। परन्तु मूल सब का एक है और इसीलिए आज भी ये सब भारतीय प्रादेशिक भाषाएँ एक दूसरी के इतने समीप हैं। इन भाषाओं का तुलनात्मक अध्ययन बड़ा मनोरंजक है। यह भी देखा जाता है कि किसी एक ही भाषा में वैदिक युग की भाषा के विभिन्न रूपों का विभिन्न अर्थों में शब्द-विकास हुआ है। उस समय 'स्तम्भः' और 'स्कम्भः' ये दोनों शब्द कदाचित् प्रचलित होंगे; एक ही शब्द के दो प्रादेशिक भेद। ऋग्वेद में 'स्कम्भः' भी मिलता है। परन्तु इस से यह निष्कर्ष नहीं निकाला जा सकता कि 'स्तम्भ' तब न था और 'स्कम्भ' का ही रूप आगे 'स्तम्भ' हो गया। उलटे यह भी कहा जा सकता है कि 'स्तम्भ' का ही उस समय साहित्यिक प्रयोग 'स्कम्भ' के रूप में हुआ होगा। परन्तु इस मत की काट यह है कि हिन्दी में 'खंभा' शब्द चलता है, जो 'स्कम्भ' का ही विकास है। यदि 'स्कम्भ' शब्द साहित्य गृहीत रूप 'स्तम्भ' का ही रूपान्तर होता, तो हिन्दी में 'खंभा' शब्द कहाँ से आ जाता? साधारण जनता की भाषा में 'खंभा' है, जो साधारण जनभाषा से ही आ सकता है। तो, फिर क्या 'स्कम्भ' शब्द का ही विकास आगे की संस्कृत में 'स्तम्भ' हो गया? यह भी नहीं जान पड़ता; क्योंकि हिन्दी की 'थाँभना' (>'थामना') क्रिया में 'स्तम्भ' की विद्यमानता है। 'साहित्यिक भाषा' की 'स्तम्भ' धातु से हिन्दी धातु 'थाँभ' का उद्भव संभव नहीं। 'खंभा' संज्ञा और 'थाँभ' धातु से हिन्दी धातु 'थाँभ' का उद्भव संभव नहीं। 'खंभा' संज्ञा और 'थाँभ' धातु देखने से स्पष्ट है कि 'मूलभाषा' के प्रादेशिक रूपों में 'स्कम्भ' तथा 'स्तम्भ' दोनों ही शब्द प्रचलित थे और दोनों धातु-रूप से भी गृहीत थे। आगे चलकर जनभाषा में शब्द-व्यवस्था हुई और संज्ञा 'स्कम्भ' से तथा धातु 'स्तम्भ' से विकसित हुई। मूलतः ये दोनों शब्द एक-रूप रहे होंगे; परन्तु यह निश्चय करना सरल नहीं कि इनमें से कौन पहले का है और कौन उसका विकास।

हिन्दी की व्रजभाषा आदि बोलियों में 'मैं' के अर्थ में 'हूँ' तथा 'हौं' शब्द चलते हैं—'हौं जमुना जल भरन जाति ही'। 'ही'-'थी'। हूँ तौ मानूँगो नायँ'। 'हूँ' यहाँ 'मैं' के अर्थ में हैं। 'नायँ'-'नहि'। ह् का लोप और 'इँ' को 'यँ' ये 'हूँ' तथा 'हौं' अव्यय हैं। इन के रूप में कभी कोई परिवर्तन नहीं होता। संस्कृत में 'अहम्' के अर्थ में 'अस्मि' अव्यय चलता है—'त्वामस्मि वच्मि'—मैं तुझ से कहता हूँ। 'अस्मि' यहाँ 'अहम्' के अर्थ में है—अव्यय है। व्रजभाषा का 'हूँ'>'हौं' इसी 'अस्मि' का विकास है; या उसी ढर्रे पर एक स्वतन्त्र शब्द-प्रयोग; यह निर्णय करना कठिन है। 'अस्मि' से स्वारस्यपूर्वक 'हीं'>'है' अव्यय बन सकते थे; 'हूँ' और 'हौं' वैसे नहीं हैं। स्वर का भी परिवर्तन हो जाता है और यहाँ भी 'ई' का 'ऊ' रूप में विकास मान लें, सब सही; और फिर 'ऊ' को तो 'औ' होता

ही रहता है। परन्तु यों शब्द-विकास न मानकर कोई कहे कि 'अस्मि' को देख कर व्रजभाषा में या इसके मूल रूप में 'हूँ' 'हौं' की स्वतन्त्र कल्पना हुई, तो भी ठीक। 'अस्मि' सत्तार्थक क्रिया है; उत्तमपुरुष, एकवचन की। इसका कर्ता 'अहम्' ही हो सकता है, दूसरा नहीं। इस अविच्छेद्य सम्बन्ध के कारण 'अहम्' की जगह भी 'अस्मि' बोलने लगे होंगे और फिर आगे उसकी गिनती एक स्वतन्त्र अव्यय के रूप में होने लगी होगी। साधारण जनभाषा में भी वैसा प्रयोग होता होगा। तभी आगे, उसी तरह 'हूँ' और 'हौं' शब्द चले। अनुकरण पर भी हिन्दी ने अपने स्वतन्त्र शब्द गढ़े हैं। 'उन्मूलन' को देखकर 'उजड़ना' स्वतन्त्र शब्द। 'उत्' की जगह अपना 'उ' उपसर्ग और 'मूल' की जगह 'जड़'। इसी तरह किसी शब्द का प्रयोग विशेष देखकर अपना वैसा प्रयोग संभव है। यानी 'अस्मि' संस्कृत-प्रचलित अव्यय का विकास 'हूँ' 'हौं' नहीं, स्वतन्त्र प्रयोग है। अस्>स>'ह' धातु बनी जिससे 'है' 'हूँ' आदि क्रिया-रूप। इसी 'हूँ' का उस तरह अव्यय-रूप से प्रयोग और उसी का विकास 'हौ'। यों एक ही शब्द के दो भेद हो गए। 'हूँ' तथा 'हौं' उत्तम पुरुष, एकवचन (क्रिया-शब्द) और 'हौ' जाति ही' आदि में ये 'क्रियाप्रतिरूप' 'अव्यय'।

परन्तु हिन्दी की अन्य बोलियों में ये 'हूँ'-'हौं' अव्यय नहीं है–न खड़ी बोली में, न पांचाली में, न अवधी या भोजपुरी में ही। इससे स्पष्ट है कि 'अस्मि' का अव्यय-रूप से प्रयोग उस भाषा-विशेष में हुआ होगा, जो वर्तमान व्रज में प्रचलित होगा।

इस तरह की बहुत-सी बातें प्रादेशिक भेद प्रकट करती हैं; परन्तु मुख्य भेद है प्रत्यय-विभक्तियों का।

## 2. वैदिक युग की भाषाएँ

वैदिक युग की लोकभाषाओं की कल्पना हम वेद-भाषा से या 'आवेस्तिक' भाषा से बहुत कुछ कर सकते हैं। पुरानी भाषाओं का रूप समझने के लिए प्राप्त तत्कालीन साहित्य ही एक मात्र आधार हो सकता है। कहीं शिलालेख आदि मिल जाने से भी सुविधा होती है; परन्तु ऐसे शिलालेखों की भाषा में साहित्यिक ही होती है। युग-युगान्तर तक चलते रहने की इच्छा से जो कुछ कहीं लिखा जाएगा, वह परिष्कृत (अपने समय की साहित्यिक भाषा) में ही संभव है। अशोक के शिलालेख भी अपने समय की साहित्यिक भाषा में ही हैं, जो निश्चय ही जनभाषा से बहुत दूर हटी नहीं हो सकती। यानी अपने समय की जनभाषा (प्रकृत भाषा) का वह साहित्यिक रूप है और उससे सरलता-पूर्वक हम उसके प्रकृत रूप का आभास पा सकते हैं। 'णाऊ-णाऊ' प्राकृत (उस समय साहित्यिक प्राकृत) से भी हम जनभाषा का अन्दाजा लगा सकते हैं। इस के विकार (णकारबहुलता तथा व्यंजन वर्णों का लोपातिशय) हटा दें, तो यही अपने समय की तात्विक साहित्यिक भाषा बन जाएगी और फिर उससे हम उस समय की जनभाषा सरलता से समझ सकते हैं।

इसी तरह वैदिक युग की 'जनभाषा' के अतिशय निकट 'वैदिक भाषा' है। उस युग की जनभाषा में और वेदभाषा में उतना ही अन्तर हो सकता है, जितना व्रज की बोली

में और साहित्यिक व्रजभाषा में; अवध की जनभाषा में और 'रामचरित मानस' की साहित्यिक अवधी में; मेरठ डिवीजन की लोकभाषा 'कौरवी' में और उसके साहित्यिक रूप (हिन्दी) में।

ऋग्वेद के दसवें मण्डल में एक पूरा 'सूक्त' (प्रकरण या परिच्छेद) भाषा-संबंधी ही है। भाषा पर ही उसमें विचार प्रकट किए गए हैं। उसी सूक्त के एक मंत्र में साहित्यिक भाषा का स्वरूप बनाया गया है। कहा गया है कि कोई भाषा जब विकसित होकर परिपक्व हो जाती है, तब उसमें स्थायी साहित्य की रचना होती है और साहित्यिक जन उस भाषा की शब्दराशि छान कर अपने काम लायक सार-शब्द ग्रहण कर लेता है; शेष दूर रखता है। ऐसी परिष्कृत भाषा में ही साहित्य-श्री अधिष्ठित हो सकती है और उसे दूसरे साहित्यिक ही ठीक-ठीक समझ सकते हैं। सहृदय जन ही वैसा साहित्य हृदयंगम कर सकते हैं। साधारण जन वैसा साहित्य नहीं समझ सकते; क्योंकि एक तो वह सुसंस्कृत भाषा और फिर उसमें वैसे ही सुसंस्कृत भाव और विचार। वह मंत्र ही लीजिए–

सक्तूमिव तितउना पुनन्तो यत्र धीरा मनसा; वाचमक्रतः।
अत्रा सखायः सख्यानि जानते भद्रैषां लक्ष्मीर्निहिताधिवाधि।

साधारण जन जैसे चालनी से सत्तुओं को छान कर साफ करते हैं और चोकर फेंक कर सार काम में लाते हैं; उसी तरह विद्वान् साहित्यकार अपने मनन-विवेक के द्वारा भाषा को परिष्कृत कर के अपने काम में लाते हैं। अर्थात् असार और भोंडे शब्द वे छोड़ देते हैं, सुश्लिष्ट-गंभीर शब्द ग्रहण कर लेते हैं। वे फिर ऐसी वाणी में जो कुछ देते हैं, उसे उनके समान ही जन समझ कर ग्रहण करते हैं; क्योंकि उनकी उस वाणी में बहुत ऊँचे दर्जे की साहित्य-श्री (लक्ष्मी) निहित रहती है।

बहुत अच्छी तरह जनभाषा और उसी के साहित्यिक रूप को समझाया गया है। कोई-कोई इस मंत्र में आए 'तितउ' को 'अनार्य भाषा' से आया हुआ शब्द कहते हैं; क्योंकि इसकी बनावट संस्कृत से मेल नहीं खाती। संस्कृत में दो स्वर आनन्तर्य्य से एक जगह नहीं रह सकते; हों भी, तो सन्धि होकर एक हो जाएँगे। परन्तु 'तितउ' में दो स्वर अलग-अलग हैं—दूसरे वर्ण 'त' में अन्त्य 'अ' और उसके आगे 'उ' साथ-साथ आनन्तर्य्य से हैं। बीच में कोई व्यंजन नहीं है। संस्कृत में ऐसे शब्द नहीं मिलते। इसलिए यह किसी अनार्य-भाषा का शब्द है; यह विचार प्रकट किया गया है।

हमें कोई विप्रतिपत्ति नहीं; साहित्य में परकीय भाषा का भी कहीं कोई शब्द आ ही जाता है। परन्तु शब्द की बनावट मात्र से कल्पना जोरदार नहीं; सबल नहीं कही जा सकती। सन्धि के जो नियम आगे चल कर संस्कृत में बने, उस आद्य संसकृत (वेद-भाषा) में वैसे नहीं हैं। वेद-भाषा में सन्धि अनिवार्य नहीं, ऐच्छिक है। आज भी हम देखते हैं कि हिन्दी की बोलियों में 'करहु' 'करउ' 'करौ' और 'करो' ये चार रूप एक ही शब्द के चल रहे हैं। अवधी-साहित्य में तो पहले तीनों ही रूप देखे जाते हैं। 'हु' विभक्ति के साथ 'करहु' रूप 'मानस' में बार-बार प्रयुक्त हुआ है। 'ह्' का लोप कर के 'करउ' भी है और अ+ उ='औ' सन्धि कर के 'करौ' भी। राष्ट्रभाषा में 'ओ' सन्धि 'करो'। राष्ट्रभाषा में

सन्धि अनिवाय है—'करो'। यहाँ 'करउ' जैसे प्रयोग नहीं होते। यहाँ पहले के वे तीनों रूप नहीं चलते और वहाँ यह चौथा नहीं चलता; यद्यपि हैं सब एक ही शब्द के रूपान्तर। इसी तरह वैदिक युग की जनभाषाओं में चलन संभव है। सन्धि आदि के अनिवार्य नियम वेद-भाषा में नहीं हैं। हो सकता है कि 'तितउ' का मूल रूप 'तित्तुः' जैसा भी कुछ चलता हो और उसी का रूपान्तर 'तितउः' भी जन प्रचलित हो। सत्तुओं का उदाहरण है, जिसके मेल में ग्राम्य शब्द 'तितउ' ले लिया गया होगा। छन्द बनाने के लिए भी रूपान्तर का ग्रहण संभव है। पूरबी बोलियों में आज भी ('बच्चा' के प्रादेशिक रूप) 'बच्चू' और 'बचऊ' दोनों चलते हैं और 'लल्लू' के साथ 'ललऊ' भी। इसी तरह चाचा, चच्चू, चचऊ आदि सहस्रशः शब्द रूप-भेद से चलते हैं। वैदिक युग की जनभाषा में भी यही स्थिति होगी। इसलिए किसी अनार्य-भाषा से 'तितउ' शब्द केवल बनावट के आधार पर ही बतलाना वैसा साधारण नहीं है।

हम मान भी लें कि 'तितउ' जैसे शब्द अनाग्र-भाषा के हैं, तो भी यह विचार करना होगा कि 'अनार्य' से क्या अभिप्राय है। वैदिक युग में 'आर्य' तथा 'अनार्य' शब्द उसी अर्थ में चलते थे, जिसमें आज 'सभ्य' तथा 'असभ्य' शब्द; या 'विकसित' और 'अविकसित' शब्द चलते हैं। देश के कुछ भागों में मानव का विकास पर्य्याप्त हो चुका था और कुछ भाग अविकसित् थे, साधारण। इनके अतिरिक्त कुछ वन्य जन भी बहुत बड़ी संख्या में रहते थे; दूरवर्ती वनों में। इन वन्य जनों की भी अपनी भाषा थी। परन्तु भाषा का विकास बुद्धि के साथ होता है। फलतः नागरिक जनों की भाषा का जैसा विकास हुआ, उसकी तुलना में वन्य जनों की भाषा कुछ भी न थी! साधारण काम चल जाता था। अधिक के लिए आवश्यकता ही न थी। वे वन्य लोग नगरों में आकर लूट-मार भी मचाते थे। इसीलिए उन्हें 'दस्यु' भी कहा गया है—'लुटेरा'। जो वन्य जन नागरिकों के संपक्र में आ जाते थे; धीरे-धीरे बदल जाते थे। पहले वन से नगर में आने पर छोटे-मोटे काम पर लगाए जाते थे—'दास'—रूप में। इनके बच्चे कुछ और अधिक नागरिक बन जाते थे और तब अच्छा काम मिल जाता था। कई वनेचर-पुत्र तो (आर्य ऋषियों के सम्पक्र से) बहुत बड़े ऋषि और महान् साहित्यिकार हो गए हैं। महर्षि वाल्मीकि कभी वैसे ही 'लुटेरा' थे। कई 'अर्दली' लोगों के लड़के पढ़-लिखकर 'बाबू' बन गए और इन बाबुओं के लड़के आज बड़े-बड़े अधिकार हैं। यों कई पुश्तों में वे वन्यता (अनार्यता या दस्युता) छोड़ 'आर्य' या 'नागरिक' बन जाते थे। ऐसे ही, समीप में आए हुए वन्य (अनार्य) जनों की भाषा का कोई शब्द ऊँचे दर्जे की आर्य-भाषा में भी आ जाए, तो स्वाभाविक ही है। 'जर्फरी 'तुर्फरी' जैसे शब्द ऐसे ही हैं, जो कहीं वेद-भाषा में मिल जाते हैं। आज भी भारतीय भाषाओं में 'मुंडा' आदि वन्य भाषाओं का एक पृथक् वर्ग है। वन्य जन नगर में आकर दस्यु-जीवन छोड़ कर साधारण नौकर-चाकर ('दास') बन जाते थे। मालिक की भाषा कभी 'दास' की भाषा से भी प्रभावित हो, तो अचरज नहीं। कंजरों की भाषा में 'जर्फर' जैसी ध्वनि सुनाई देती है।

हम कह रहे थे कि सुदूरपूर्व काल की भाषा या सुदूरवर्ती देशान्तर की जनभाषा का पता हमें उसके साहित्यिक रूप में बहुत कुछ चलता है। वैदिक युग की जनभाषा का रूप

हम वैदिक भाषा से ही जान सकते हैं और इंगलैंड की साधारण जनभाषा का रूप हम (भारत में बैठे हुए) उसके प्रचलित साहित्य से समझ लेते हैं। साहित्य से भाषा का पूरा पता मिल जाता है। जिन अविकसित भाषाओं में साहित्य का पूरा अभाव है, उनका ज्ञान तब तक संभव नहीं, जब तक उनके क्षेत्रों में जाकर कुछ दिन बसा न जाए। उस तरह उन भाषाओं का ज्ञान प्राप्त कर के कोई अध्यवसायी उनका परिचय हमें कुछ शब्दों या वाक्यों के द्वारा दे, तो सफलता न मिलेगी। हम उन भाषाओं से परिचित न हो सकेंगे। हिन्दी में भाषाविज्ञान संबंधी जो ग्रन्थ निकले हैं, उन में ऐसी शतशः अपरिचित भाषाओं के नाम गिनाए गए हैं, उनके बारे में कुछ कहा गया है, कुछ वाक्य दिए गए हैं; परन्तु इससे पाठकों को जानकारी क्या होती है? पाठक ही नहीं, इन हिन्दी-ग्रन्थों के लेखक भी उन भाषाओं के बारे में वैसे ही कोरे हैं! दूसरे की कही हुई बात तोते की तरह दुहरा देने से ज्ञान थोड़े ही होता है! छात्र भी तोता-रटन्त कर के 'पास' हो जाते हैं और यों यह एक परम्परा चल रही है! हम वैसे परिचय का खण्डन नहीं कर रहे हैं; कहना केवल इतना ही है कि साहित्य के द्वारा ही कोई किसी अन्य भाषा से परिचित हो सकता है।

ऊपर हमने जो कुछ कहा, उससे स्पष्ट हुआ कि वर्तमान भाषाओं के मुख्यतः तीन वर्ग हैं—1. भारतीय मूल भाषा से विकसित नागरिक भाषाएँ 2. बाहर से आकर भारतीयता ग्रहण कर लेने वाली नागरिक भाषाएँ 3. वन्य भाषाएँ। इन्हें हम आगे 'प्रथम' 'द्वितीय' तथा 'तृतीय' वर्ग कहेंगे और प्रत्येक वर्ग का संक्षिप्त परिचय देंगे।

'उर्दू' की विचित्र स्थिति है! यह उपजी तो इसी देश में है; दिल्ली में; और इसके अंग-प्रत्यंग इसी भूमि के हैं; पूरा ढाँचा भारत का है; परन्तु आत्मा इसकी विदेशी है! इसकी लिपि (यानी परिधान) विदेशी है—'फारसी'। इसमें अरबी-फारसी आदि विदेशी शब्दों की आवश्यक भरमार है और भाव-भंगी भी विदेशी है; परन्तु फिर भी यह भाषा है इसी देश की। इस ने रँग-ढँग विदेशी ग्रहण कर लिया है! दक्षिण की द्रविड़ भाषाएँ दूसरी तरह की हैं। इन के मूल स्रोत का तो पता ठीक-ठीक नहीं; परन्तु सहस्रों वर्षों से इनकी राष्ट्रीयता भारतीय है। भारतीय संस्कृति इन भाषाओं में भरी हुई है और संस्कृत भाषा से ये सराबोर है। इतनी संस्कृतमयता है कि यदि संस्कृत शब्द हटा दें, तो वहाँ काम ही नहीं चल सकता। ये निर्विवाद रूप से ऊँचे दर्जे की 'भारतीय भाषाएँ' हैं।

## 3. प्रमुख तीन वर्ग

जैसा कि पीछे कहा गया है, भारतवर्ष की सब भाषाओं को मुख्य तीन वर्गों में रखा जा सकता है। पहला वर्ग उन भारतीय भाषाओं का है, जो कि मूल आर्य-भाषा से विकसित होकर वर्तमान रूप में सामने हैं। दूसरा वर्ग उन भारतीय भाषाओं का है, जिन का मूल यहाँ की आद्य आर्य-भाषा नहीं है, जो बाहर कहीं से आई हैं और आकर यहाँ की प्रकृति जिन्होंने ग्रहण कर ली है। तीसरा वर्ग उन भाषाओं का है, जिसका पूर्ण विकास नहीं हो

पाया, परन्तु जिनका स्रोत बाहरी नहीं है। इस अध्याय में इन तीनों वर्गों का पृथक्-पृथक् परिचय दिया जाएगा।

हमारे पुरखे बहुत पहले ही देश भर में बसे-फैले थे और उनकी अपनी 'मूल-भाषा' ने स्थान-भेद से अनेकों रूप ग्रहण कर लिए थे। उनमें से कई भाषाओं को साहित्यिक रूप भी मिला—उनमें वेदों की रचना हुई। विभिन्न ऋषियों की भाषा में अन्तर स्वाभाविक है; यद्यपि मूलतः वे सब एक ही भाषा के थे। जायसी की अवधी में और तुलसी की अवधी में अन्तर है; यद्यपि दोनों की प्रकृति एक है। तुलसीदास उत्तरप्रदेश के बाँदा जिले के थे; फलतः इनकी भाषा पश्चिमी अवधी है, जिसे हम 'पूर्वी पांचाली' भी कह सकते हैं। जायसी (श्री मलिक मुहम्मद जायसी) पूरबी अंचल के थे; इसलिए उनकी ('पद्मावत' की) भाषा 'पूरबी अवधी' है। कुछ भेद साहित्यिक के संस्कारों का भी होता है। जायसी और तुलसी के संस्कारों में भेद है। इसी तरह शैली आदि कुछ अन्य बातें भी हैं, जिन के कारण कोई एक ही भाषा कुछ भिन्न रूप से साहित्य में दिखाई देती है। साधारण जनभाषा से साहित्यिक भाषा में थोड़ा बहुत अन्तर होता ही है; यह पहले कहा गया है। यहाँ यह कहना है कि लेखक-भेद से भी साहित्यिक भाषा में भेद पड़ जाता है। वेद-मंत्र विभिन्न ऋषियों के हैं। वे सब ऋषि एक ही जगह के होंगे। ऐसा नहीं कहा जा सकता है। सभी प्रतिभाशाली एक ही जगह पैदा हो जाएँ, अन्यत्र उजाड़ ही रहे; यह कोई बात नहीं। 'भारतीय प्राचीन लिपिमाला' में जो विचार-विश्लेषण पं. गौरी शंकर हीराचन्द ओझा ने किया, उससे हिन्दी-जगत् का मुख उज्ज्वल हुआ है और सिर ऊँचा हुआ है। ओझाजी ने अपना ग्रन्थ—लोगों के बहुत प्रेरणा करने पर भी—अंग्रेजी में नहीं लिखा; हिन्दी में लिखा और उनके इस एक ही ग्रन्थ को पढ़ने के लिए कितने ही अंग्रेज और जर्मन विद्वानों को हिन्दी सीखनी पड़ी! ये ओझा जी राजस्थान के थे, जिनके पुरखे कभी गुजरात से आए थे। छन्दशास्त्र में हिन्दी को सब से अधिक समृद्ध करने वाले बाबू जगन्नाथ प्रसाद 'भानु' मध्यप्रदेश के थे। हिन्दी के परमाचार्य पं. महावीर प्रसाद द्विवेदी उत्तर प्रदेश के थे। इन सबकी हिन्दी में अन्तर संभव है; परन्तु है वह हिन्दी ही—सुसंस्कृत हिन्दी। इसी तरह वैदिक ऋषियों की भाषा में अन्तर हो सकता है। परन्तु इतना निश्चय है कि इतने बड़े देश में फैले हुए हमारे पुरखों ने अपनी एक साहित्यिक भाषा बना ली थी, जो सम्पूर्ण राष्ट्र में गृहीत थी। प्रदेश-भेद से अपनी-अपनी भाषा कुछ अलग भी होगी। यद्यपि बहुत भेद न पड़ा होगा। उस समय की उस साहित्यिक भाषा का नाम आगे चल कर 'संस्कृत' पड़ा; क्योंकि वह संस्कृत जनों के द्वारा साहित्य में प्रयुक्त होती थी। साधारण जनभाषा अपने साधारण प्रवाह में चलती है। जनभाषा में परिवर्तन होता गया और होते-होते आज वे हमारी आधुनिक भाषाओं के रूप में उपलब्ध हैं। आज की भारतीय भाषाओं में बहुत-सी ऐसी हैं, जिनमें साहित्य है और बहुत-सी केवल बोल-चाल के काम आती हैं।

इस वर्ग की भाषाओं की (चार दिशाओं की) चार मुख्य धाराएँ हैं; जिनके अवान्तर भेद भी हैं। पाँचवाँ भेद मध्यवर्ती भाषाओं का है। छठा भेद हिमालय की (पहाड़ी) भाषाओं का है।

## 4. भारतीय भाषाओं की देहली

यदि हम अपनी केन्द्रीय राजधानी देहली को भारतीय भाषाओं की 'देहली' मान कर चलें तो वे भेद बहुत साफ सामने आ जाएँगे। देहली (दिल्ली) वस्तुतः भारतीय भाषाओं की 'देहली' है। इस के इधर राष्ट्रभाषा का उद्‌गम क्षेत्र कुरुजनपद (मेरठी क्षेत्र) है और उधर राजस्थानी का क्षेत्र 'राजस्थान'। एक ओर 'बाँगरू' और पंजाबी भाषाएँ हैं, तो दूसरी ओर व्रजभाषा और पांचाली। देहली स्वयं राष्ट्रभाषा हिन्दी का केन्द्र है; परन्तु उस पर राजस्थानी, पंजाबी, व्रजभाषा आदि का भी प्रभाव है। हम देहली को केन्द्र मान कर भाषाओं के 'प्राच्य' आदि भेद बहुत अच्छी तरह कर सकते हैं। हिन्दी (राष्ट्रभाषा) की प्रकृति ('खड़ी बोली' या 'कौरवी') दिल्ली-मेरठ की बोली है, जिसमें 'आ' पुंप्रत्यय की प्रधानता है। यह 'आ' प्रत्यय की धारा उत्तरी पट्टी के रूप में ठेठ पंजाब तक चली जाती है। 'आ' पुंप्रत्यय सर्वत्र समान है–

लड़का जात्ता है (राष्ट्रभाषा की प्रकृति मेरठी)
लड़का जाता है (मेरठी का साहित्यिक रूप 'हिन्दी')
मुंडा जाँदा है (पंजाबी)

❐ ❐ ❐

लड़की जात्ती है (मेरठी)
लड़की जाती है (हिन्दी)
कुड़ी जाँदी है (पंजाबी)

'आ' की जगह 'ई' स्त्री-रूप सर्वत्र है। बहुवचन में 'आ' को 'ए' सर्वत्र–

लड़के जात्ते हैं (मेरठी)
लड़के जाते हैं (हिन्दी)
मुंडे जाँदे हन (पंजाबी)

विभक्ति सामने आने पर एकवचन में भी 'आ' को 'ए'–

लड़के का सिर (मेरठी)
लड़के का सिर (हिन्दी)
मुंडे दा सिर (पंजाबी)

यानी 'आ' पुंप्रत्यय की स्थिति तथा उसके प्रयोग-भेद से रूपान्तर सर्वत्र समान है। पंजाबी में सम्बन्ध प्रत्यय 'द' है, जबकि हिन्दी में 'क'। परन्तु 'आ' संज्ञा–विभक्ति उभयत्र समान है; ठीक उसी तरह, जैसे राजस्थानी, गुजराती, कच्छी तथा सिन्धी आदि पश्चिमी भाषाओं में 'ओ' विभक्ति समान है; यद्यपि संबंध-प्रत्यय 'क' 'र' 'न' 'ज' आदि भिन्न हैं–

राम को छोरो आयो (राजस्थानी, जयपुरी)
राम रो छोरो आयो (राजस्थानी, जोधपुरी)

राम नो छोकरो आयो (गुजराती, काठियावाड़ी)

राम जो छोकरो आयो (सिन्धी)

केवल संबंध-प्रत्यय भिन्न हैं—क, र, न, ज। शेष सब समान हैं। बहुवचन और स्त्री-वर्गीय रूप भी समान हैं। यही स्थिति हिन्दी तथा पंजाबी की है।

पूर्बी (बँगला, उड़िया आदि) भाषाओं में न 'आ' के प्रति निष्ठा है, न 'ओ' के प्रति ही। वह एक अलग धारा है। मध्यवर्ती (पूर्वाभिमुखी) पांचाली, अवधी आदि भी 'आ'-'ओ' से बँधी नहीं हैं; यद्यपि कहीं आभास है। ब्रजभाषा मं 'ओ' - प्रत्यय है; परन्तु उस पर खड़ी बोली का भी प्रभाव है। व्रजभाषा से आगे पूरब में 'पांचाली' का क्षेत्र आ जाता है, जहाँ न 'आ' की वैसी प्रतिष्ठा है, न 'ओ' की ही, यद्यपि थोड़ा-बहुत आभास इन दोनों का है। जैसे व्रजभाषा 'ओ' प्रधान है; परन्तु 'खड़ी बोली' से प्रभावित है; उसी तरह 'पांचाली' पूरबी ('अवधी' आदि) भाषाओं की श्रेणी में है; यद्यपि पड़ोस की व्रजभाषा से प्रभावित है। आगे 'अवधी' भी अपने पड़ोस की 'भोजपुरी' से प्रभावित है और 'भोजपुरी' 'मगही' तथा 'मैथिली' (बिहारी भाषाएँ) अपने पड़ोस की 'बँगला' से प्रभावित है। पांचाली, अवधी, भोजपुरी, मगही, मैथिली आदि मध्य की पूर्वाभिमुखी भाषाएँ हैं, जहाँ 'आ' तथा 'ओ' पुंप्रत्यय क्रमशः छीजते गए हैं; क्योंकि इन भाषाओं की प्रवृत्ति कृदन्त-प्रियता को छोड़ती हुई तिङन्त-प्रियता प्रकट करती गई है। कृदन्त क्रिया में ही संज्ञा विभक्ति लगती है। और पुं स्त्री-भेद होते हैं—

बालकः गतः, बालिका गता

'गतः' और 'गता' कृदन्त क्रियाएँ हैं और इसीलिए उनमें संज्ञा-विभक्ति लगी है—पुंस्त्री-भेद है—'गतः' 'गता'। 'बालकः' के अनुसार 'गतः' और 'बालिका' के अनुसार 'गता'। 'कृदभिहितो भावः सत्तवद्भवति'—कृदन्त क्रिया के रूप 'सत्त्व' या 'द्रव्य' की तरह होते हैं; यानी उन में पुं-स्त्री-भेद होता है। उदीच्य, यानी उत्तरी और पश्चिमी धाराएँ कृदन्त-प्रधान हैं और पूर्बी तिङन्त-प्रधान, जहाँ क्रिया में पुं-स्त्री-भेद नहीं होता। बँगला, उड़िया, असमिया आदि भाषाएँ पूर्बी हैं, जहाँ तिङन्त-प्रवृत्ति है; यानी क्रिया में पुं-स्त्री-भेद नहीं होता। संस्कृत में दोनों तरह के प्रयोग होते हैं—

बालकः गतः बालिका गता (कृदन्त)

बालकः अगच्छत—बालिका अगच्छत (तिङन्त)

तिङन्त में उभयत्र 'अगच्छत्' है। इस प्रवृत्ति को पूर्बी (बँगला आदि) भाषाओं ने अपनाया है और 'गतः' 'गता' की कृदन्त पद्धति को उत्तरी (हिन्दी, मेरठी तथा पंजाबी आदि) भाषाओं ने तथा पश्चिमी (राजस्थानी) आदि ने अपनाया है। अन्तर यह कि धारा ने विसर्गों का 'आ' रूप अपनाया और दूसरी ने 'ओ' रूप।

पूर्बी (बँगला आदि) भाषाएँ तिङन्त-प्रवृत्ति की हैं; क्रिया में पुं-स्त्री-भेद नहीं करतीं। फलतः वहाँ विशेषण आदि भी उसी प्रवृति के हैं। उनमें भी पुं-स्त्री-भेद नहीं होता।

बीच की पांचाली, अवधी, भोजपुरी आदि में उभयथा प्रवृत्ति है; यद्यपि पूर्व की ओर चलते-चलते तिङन्त-प्रवृत्ति बढ़ती ही गई है। दूसरी तरह से कहें, तो पूर्व से पश्चिम की

ओर बढ़ो, तो कृदन्त-प्रवृत्ति बढ़ती गई है और दिल्ली (देहली) ने तो सर्वथा रूप-भेद सबका कर दिया है। वह भाषाओं की देहली है। उधर पाँव रखो, तो राजस्थानी, और इधर रखो तो हिन्दी की प्रकृति मेरठी (खड़ी बोली)। 'उत्तर रेलवे' पर उत्तर की पटरी पकड़ो, तो पंजाबी आ जाती है और 'पूर्वोत्तर रेलवे' के फर्रूखाबाद से उधर पांचाली है। इधर हरदोई, सीतापुर, शाहजहाँपुर आदि भी पांचाली क्षेत्र हैं; भले ही ब्रजभाषा की छाया हो। कानपुर की पांचाली पर अवधी की छाया है। पांचाली ब्रज को भी प्रभावित भी करती है और उधर अवधी को भी।

पूर्व, पश्चिम और उत्तर की धाराएँ स्पष्ट हैं। उत्तर-पश्चिम की (उदीच्य) धारा कृदन्त-प्रधान है—उत्तर 'आ' संज्ञा-विभक्ति और पश्चिम 'ओ' संज्ञा-विभक्ति से परस्पर भिन्न हैं। फिर उत्तरी तथा पश्चिमी धाराएँ अनेक रूपों में भिन्न हैं ; अपनी ('ओ' तथा 'अ') विभक्तियाँ न छोड़ते हुए। ये 'ओ' तथा 'आ' विभक्तियाँ ही धारा बनाती है। पूर्वाभिमुखी मध्ययवर्ती धारा में पांचाली, अवधी आदि अपनी अलग स्थिति रखती हैं। पूर्बी धारा में बँगला, उड़िया, असमिया मुख्य भाषाएँ हैं—तिङन्त-प्रधान। दक्षिण की मराठी भाषा अपनी सर्वथा भिन्न प्रवृत्ति रखती है। वह पड़ोस की गुजराती पर न वैसा प्रभाव डालती है; न उससे प्रभावित ही होती है। मराठी को न कृदन्त-प्रधान कह सकते हैं, न तिङन्त-प्रधान ही। दोनों तरह के रूप हैं और कहीं-कहीं कृदन्त प्रत्यय का भी मराठी ने तिङन्तीकरण कर लिया है। 'त' प्रत्यय कृदन्त है—

जाता है—जाते हैं, जाती है। (हिन्दी)

जात है—जात है, जाति है (ब्रजभाषा आदि)

'जात है'—'जाति है' में पुं-स्त्री-भेद स्पष्ट है, कृदन्त की चीज है! ब्रजभाषा-पांचाली आदि में संज्ञा-विभक्ति 'त' में नहीं लगती; पर स्त्रीवर्गीय रूप के कारण कृदन्तता स्पष्ट है। परन्तु मराठी में 'त' प्रत्यय पुं-स्त्री-भेद नहीं करता और 'आहे' (है) तथा 'आहेत' (हैं) के साथ मिल जाता है, तिङन्त-भाव ग्रहण कर लेता है—

मुलगा जात आहे, मुलगे जात आहेत

(लड़का जाता है, लड़के जाते हैं)

और—

मुगली जात आहे, मूलीं जात आहेत

(लड़की जाती है, लड़कियाँ जाती हैं)

'जात आहे' और 'जात' आहेत' पुं-स्त्री-प्रयोगों में समान रूप हैं। 'मुलीं' अनुनासिक बहुवचन है; 'लड़कियाँ' की तरह। 'मुलगे' हमने 'लड़के' से तुलना के लिए दिया है—'लड़का-लड़के' 'मुलगा-मुलगे'। वैसे मराठी में 'मुलगे' ग्रामीण प्रयोग है। 'मुलगा' का बहुवचन 'मुले' साहित्यिक प्रयोग है। परन्तु 'दिला, दिले, दिली' कृदन्त क्रियाएँ हैं, भूतकाल में। एक बार और देखिए—

'रामाने मला लाडू दिला, मला सहा लाडू दिले, मला रोटी दिली'। (राम ने मुझे लड्डू दिया, मुझे छह लड्डू दिए मुझे रोटी दी)

स्पष्ट कृदन्त प्रत्यय 'ल' है और 'आ संज्ञा विभिक्ति।

हम ने देहली (दिल्ली) को अपनी भाषाओं की 'देहली' कहा है—उसे केन्द्र मान कर चले रहे हैं। दिल्ली के उत्तर हिमालय है, जिसकी उपत्यका में 'कुरुजनपद' है, जो कि दिल्ली से लेकर मेरठ, मुजफ्फरनगर, सहारनपुर, देहरादून (का कुछ भाग) और मुरादाबाद के उत्तर-पचिश्मी अचंल तक फैला हुआ है। यहाँ की बोली का नाम 'खड़ी बोली' चल आ रहा है, जो कि हमारी राष्ट्रभाषा की प्रकृति है। इसे हमने उदीच्य भाषाओं की कृदन्त-प्रधान शाखा बतलाया है, जिसमें 'आ' पुंविभक्ति का वरण है।

सहारनपुर जिले की सीमा अम्बाला जिले से मिलती है। अम्बाला जिले का पश्चिमी भाग पंजाबी भाषा का क्षेत्र है और पूर्बी भाग हिन्दी भाषी है, जहाँ सहारनपुर जिले से मेल है। इसी का नाम 'बाँगर' है, जिसे 'हरियाना' भी कहते हैं। शासनिक दृष्टि से यह भू-भाग पंजाब में है; परन्तु भाषा की दृष्टि से भिन्न है, यहाँ की जनता अपने आपको 'हिन्दी-भाषी' बतलाती है, जो बहुत ठीक है। यहाँ 'मुण्डे दा'-'मुण्डे दी' जैसे प्रयोग नहीं होते; 'छोरे का'-'छोरे की' जैसे होते हैं। इस प्रदेश का पुराना नाम 'कुरुजांगल' है। यहाँ की भाषा ('बाँगरू' या 'हरियानवी') पर कुछ प्रभाव पंजाबी का है और कुछ राजस्थानी का भी; क्योंकि इसका एक कोना (हिसार) राजस्थान से मिलता है। परन्तु भाषा की प्रकृति प्रायः वही है, जो कि 'कुरुजनपद' की। कुछ अन्तर तो है ही। यानी 'खड़ी बोली' तथा पंजाबी की यह एक तरह से 'सन्धि भाषा' है; जैसे व्रजभाषा 'खड़ी बोली' की और राजस्थानी की वस्तुतः 'कुरुजनपद' और 'कुरुजांगल' की बोलियाँ 'कौरवी भाषा' की दो शाखाएँ हैं; जैसे कि राजस्थानी भाषा की शाखाएँ—'जयुपरी' और 'जोधपुरी'। यों कौरवी, (खड़ी बोली), बाँगरू और पंजाबी 'उदीच्य' (उत्तरी) भाषाएँ हैं, जिनमें कृदन्त क्रियाओं की और 'आ' पुंप्रत्यय की बहुलता है।

हिमालय के ऊपर की गढ़वाली, कूर्मांचली तथा नेपाली आदि भाषाएँ तो ढोल बजा कर 'उदीच्य' हैं। परन्तु इन भाषाओं को हम कृदन्त बहुल तथा 'आ' प्रत्यय-बहुल नहीं कह सकते। ये पर्वतीय भाषाएँ अपना अलग स्वरूप रखती हैं और मध्यवर्ती (पांचाली-अवधी आदि) भाषाओं की तरह कृदन्त-तिङन्त (उभयविधि) प्रयोग इनमें समान रूप से होते हैं। यानी उत्तरी भाषाओं की दो श्रेणियाँ हो गईं कृदन्त-प्रधान और 'आ' पुंप्रत्यय वाली श्रेणी, जिसमें 'खड़ी बोली', बाँगरू तथा पंजाबी भाषाएँ हैं और, साधारण (अनुभयप्रधान) पर्वतीय श्रेणी जिसमें गढ़वाली, कूर्मांचली और नेपाली आदि हैं।

पश्चिमी भाषाओं में भी कृदन्त-प्रधानता है; पर 'ओ' पुंविभक्ति की बहुलता। राजस्थानी, गुजराती, काठियावाड़ी, कच्छी और सिन्धी भाषाएँ पश्चिमी हैं। व्रजभाषा है 'खड़ी बोली', राजस्थानी और पांचाली का मिश्रित रूप। वस्तुतः 'खड़ी बोली' का और राजस्थानी का ही वह मिश्रित रूप है; पांचाली की तो क्वचित् छाया भर पड़ी है। व्रजभाषा की भी छाया पांचाली पर है।

मध्यप्रदेश की मालवी, छत्तीसगढ़ी और आगे की मराठी आदि भाषाएँ दक्षिणी धारा में हैं।

बँगला, असमिया और उड़िया 'पूर्बी भाषाएँ' हैं। बीच की पांचाली, अवधी, भोजपुरी, मगही, मैथिली आदि मध्यवर्ती भाषाएँ हैं। यों भौगोलिक दृष्टि से ये पाँच विभाग भाषाओं के हुए जिन्हें प्रकृति के अनुसार तीन वर्गों में बाँटा गया है। 1. उदीच्य (कृदन्त-बहुल) भाषाएँ। उत्तरी 'खड़ी बोली' आदि और पश्चिमी राजस्थानी आदि। इनमें से एक 'आ' प्रधान है; दूसरी 'ओ'-प्रधान। 2. तिङन्त-प्रधान पूर्बी भाषाएँ—बँगला, उड़िया, असमिया आदि। 3. मध्यवर्ती भाषाएँ हैं पांचाली, अवधी आदि, जो न कृदन्त-प्रधान हैं, न तिङन्त-प्रधान; वरन् दोनों तत्वों का इनमें समाहार है। ये अवधी आदि भौगोलिक दृष्टि से भी मध्यवर्ती हैं। परन्तु भाषा-तत्त्व की दृष्टि से उत्तर-दक्षिण की वे सब भाषाएँ भी मध्यवर्ती स्थिति में हैं, जिनमें कृदन्त या तिङन्त रूप समान भाव से हैं। यदि कहीं किसी भाषा में कृदन्त-प्रधानता है, तो उसे उसी वर्ग में रखा जायगा, जिसमें हिन्दी, पंजाबी, राजस्थानी आदि हैं; भले ही भौगोलिक दृष्टि से कोई भी स्थिति हो। इसी तरह तिङन्त-प्रधान होने पर भी उस वर्ग में गिनती होगी, जिसमें बँगला आदि हैं। यों तत्वतः भाषाओं के तीन वर्ग हुए हैं 1. कृदन्त-प्रधान 2. तिङन्त प्रधान और 3. अनुभव-प्रधान, या मिश्रित।

दिल्ली के इधर-उधर व्रजभाषा तथा 'खड़ी बोली' है और आगे पूरब थोड़ा बढ़ने पर 'पाचांली' है, जिसका 'कन्नौजी' नाम प्रसिद्ध है। उत्तर प्रदेश का 'कन्नौज' भी पांचाली क्षेत्र में ही है इसकी इतिहास-प्रसिद्ध श्री भी ऐसी है कि क्षेत्र भर की भाषा का नाम 'कन्नौजी' ठीक ही है। परन्तु फिर भी, एक नगर की अपेक्षा पूरे क्षेत्र के नाम पर भाषा का नाम अधिक अच्छा। इसीलिए हमने 'पांचाली' नाम पसन्द किया है। वैसे कन्नौज पांचाली के पश्चिमी सिरे पर ही है। प्रायः यहीं से पांचाली चलती है; जैसे कि दिल्ली से उर्दू-हिन्दी। दिल्ली कुरुजनपद और कुरुजांगल के सिरे पर ही है, बीच में नहीं।

## 5. 'पांचाली' और व्रजभाषा

फर्रुखाबाद और इटावा के पूर्वी भाग से 'पांचाली' शुरू होती है; उधर हरदोई-शाहजहाँपुर आदि से। कुछ प्रदेश व्रजभाषा और पांचाली के मिश्रण का है। उधर मुरादाबाद के पूर्व का भी भाग 'खड़ी बोली' तथा व्रजभाषा के प्रभाव में, जिस में पांचाली का भी पुट है। यह प्रदेश सन्धि-भाषा का है। आगे पूरब से फिर पांचाली तथा अवधी का क्षेत्र है।

भाषाविज्ञानियों ने 'कन्नौजी' (यानी 'पांचाली') को अलग भाषा न मान कर व्रजभाषा का ही एक रूप माना है, जो गलती है। विभक्ति और प्रत्ययों की भिन्नता ही भाषा-भेद में नियामक है। 'गतः' संस्कृत है और 'गदो' प्राकृत है। 'ग' धात्वंश उभयत्र एक है; किन्तु प्रत्यय-विभक्ति भिन्न हैं। एक जगह 'त' है; अन्यत्र 'द' है। एक जगह विसर्ग है; अन्यत्र 'ओ' है। 'गदो' प्राकृत है और 'गयो' राजस्थानी, गुजराती और व्रजभाषा है। 'गतः' और 'गदो' के भी धात्वंश समान हैं; परन्तु प्रत्यय में भिन्नता है। एकत्र 'तः' है; अपरत्र 'दो' है। 'गयो' से 'गया' भिन्न भाषा है। 'गया' खड़ी-बोली या राष्ट्रभाषा है।

व्रजभाषा में 'छोरा गयो' होता है; जबकि राजस्थानी आदि में 'छोरो गयो'। यों 'छोरो' और 'छोरा' के भेद से भी भाषा-भेद हो गया। राजस्थानी में 'छोरा गया' बहुवचन है; परन्तु हिन्दी में एकवचन का रूप है–'लड़का गया'। यों संज्ञा-विभक्ति के भेद से भी भाषा-भेद। व्रजभाषा में 'छोरा सब गए' बहुवचन है; परन्तु राष्ट्र भाषा में एकारान्त रूप है–'लड़के सब गए'। यों संज्ञा-विभक्ति के भेद से भाषा-भेद स्पष्ट है।

इसी तरह 'पांचाली' का व्रजभाषा से मौलिक भेद है–

## 1. भविष्यत्-क्रियाएँ

व्रजभाषा कृदन्त-प्रधान है और इसीलिए वहाँ की भविष्यत् काल की क्रियाएँ भी 'ग' प्रत्यय से कृदन्त हैं; पुंस्त्री-भेद होता है–

छोरा पढ़ैगो–छोरी पढ़ेगी

'छोरा' के अनुसार 'पढ़ै गो' पु. और 'छोरी' के अनुसार 'पढैगी' क्रिया-भेद। परन्तु पांचाली पूर्वाभिमुखी मध्यवर्ती (अवधी आदि) भाषाओं की शृंखला में है–जहाँ कृदन्त-बहुलता नहीं है। यहाँ भविष्त् काल की क्रियाएँ तिङन्त-पद्धति की हैं–

लरिका पढ़िहै–बिटिया पढ़िहै

(लड़का पढ़ेगा–लड़की पढ़ेगी)

'उभयत्र' पढ़िहै क्रिया है। यह 'इहै' प्रत्यय आगे अवधी और बघेली आदि में भी है; परन्तु अवधी से पूर्व 'भोजपुरी' में 'इहै' का 'इ' मात्र रह गया और दीर्घता भी प्राप्त हो गई है–

लरिका वेद पढ़ी–बिटिया वेद पढ़ी

उभयत्र 'पढ़ी' है। इसी तरह 'लरिका आई' 'बिटिया आई' आदि भविष्यत्-प्रयोग 'ई' से (तिङन्त-पद्धति पर) 'भोजपुरी' में है। यही धारा मगही-मैथिली आदि में चली गई है। सो, व्रजभाषा से एकदम अलग है पांचाली। व्रजभाषा का संबंध उदीच्य भाषाओं से है और यह पांचाली प्राच्य (बँगला आदि) तथा उदीच्य भाषाओं की मध्यवर्ती है, जहाँ न कृदन्त की बहुलता है, न तिङन्त की; यद्यपि तिङन्त की ओर मुँह है।

स्पष्ट सीमा-रेखा 'ग तथा 'इहै' प्रत्ययों की। जहाँ तक 'पढ़ैगो' 'करैगो' क्रिया-रूप चलते हैं, वहाँ तक व्रजभाषा और जहाँ 'पढ़िहै'-'करिहै' तिङन्त-क्रियाएँ चलीं कि पांचाली का क्षेत्र शुरू। यह अलग बात है कि 'इहै' प्रत्यय बहुत व्यापक है और इसीलिए साहित्यिक व्रजभाषा में भी इसी का अधिक जोर है। 'करैगो' जैसे प्रयोग तो व्रजभाषा-साहित्य में हैं ही, व्रज की प्रकृति है; परन्तु 'करिहै' आदि तिङन्त क्रियाएँ तो और भी अधिक हैं। भाषाविज्ञान की दृष्टि से विचार करने पर 'करिहै' आदि क्रियाएँ व्रज की नहीं, पांचाली की घोषित की जाएँगी। अवधी-साहित्य में 'काम-रूप केहि कारन आया' जैसे प्रयोग देखकर कोई भी भाषाविज्ञानी 'आया' को अवधी भाषा की क्रिया न कह देगा। साहित्य में अन्यत्र से भी शब्द लिए जाते हैं और हिन्दी की सब

बोलियों का तो एक 'कामन वेल्थ' है, जहाँ क्रियाएँ तक दूसरी से ले ली जाती हैं, साहित्य में। जनभाषा अपने रूप में चलती है; परन्तु जहाँ दूसरी भाषा से मिलती है, वहाँ सम्मिश्रण हो ही जाता है।

## 2. भूतकाल की क्रियाएँ

भूतकाल की क्रियाओं में भी व्रजभाषा से पांचाली की मौलिक भिन्नता है–

सवेरो भयो–व्रजभाषा
सबेरु भा–पांचाली
सबेरु भवा–अवधी
सबेरा हो गया–राष्ट्रभाषा

व्रजभाषा में 'सबेरा भयो' राजस्थानी की तरह; यद्यपि 'छोरा भयो' में 'छोरा' 'खड़ी बोली' की पद्धति पर रहता है। राजस्थानी में 'सबेरो भयो' की तरह 'छोरो भयो' होता है। व्रजभाषा की यह प्रकृति अन्यत्र स्पष्ट की गई है। यहाँ तो 'भयो' क्रिया का पांचाली 'भा' से मिलान भर करना है। 'भयो' ओकारान्त रूप है और 'भा' आकारान्त। स्पष्ट भेद है। क्रियांश में 'भ' धातु उभयत्र एकरूप है; परन्तु प्रत्यय-भेद है। पांचाली में 'अ' प्रत्यय है–भ + अ ='भा'। व्रज में 'य' प्रत्यय है और 'ओ' पुंप्रत्यय।

यह 'भ' धातु केवल भूतकाल में काम आती है और 'ग' भी ऐसी ही है। 'हो' धातु के रूप सर्वत्र चलते हैं–होत है–होता है, होय गो–हुइ है–होई आदि। परन्तु भूतकाल में 'भ'–भयो, भा भवा।' 'खड़ी बोली' में 'भ' नहीं है; 'हो' के ही 'होगा' 'होगी' जैसे रूप चलते हैं। 'भू' का ही विकास 'हो' धातु है। 'ऊ' को 'ओ' और 'ब्' अंश का लोप हो गया है। 'होत है' आदि में भी यही 'हो' धातु है। 'है' पृथक् चीज है। यह 'ह' धातु का रूप है। 'हहि' प्रयोग भी अवधी में है। 'ह्' का लोप–'हइ' और सन्धि होकर 'है'। यह 'ह' धातु संस्कृत 'अस्' का विकास है। 'स्' को 'स' और 'अ' का लोप। फिर 'स' को 'ह' हो गया, जैसे 'दस' के 'स' को 'ह' करके 'दहला'–'दहाई' आदि। 'होता है' 'होत है' जैसे क्रिया-रूप दो धातुओं से हैं–'हो' तथा 'ह'। कहीं 'अ' का लोप नहीं भी हुआ और 'अह' धातु रही। इसी से 'अहै' जैसे क्रिया-रूप हैं। 'अह' से 'हि' विभक्ति–'अहहि'। 'ह्' का लोप–'अहइ'। सन्धि होकर 'अहै'। इसी 'अह' से जायसी के 'पद्मावत' में 'अहा' भूतकालिक प्रयोग है; जैसे 'आव' से 'आवा' और 'मर' से 'मरा' आदि। पंजाबी में भी ('था' की जगह) 'आह' प्रयोग होता है–

'आया अहा राखस जेहड़ा खबर लै के'
(जो राक्षस खबर लेकर आया था)
और–
'बैठा अहा जदाऊ विच राह अग्गे'
'बैठा अहा'–बैठा था।

यानी 'ह' तथा 'अह' धातु के रूप 'है'—'अहै' आदि-दक्षिण की मराठी में 'आहे' और 'आहेत' ('है-हैं' की जगह) चलते हैं। 'खड़ी बोली', व्रजभाषा, पांचाली आदि में 'स' को 'ह' हो जाता है। परन्तु 'खड़ी बोली' और पंजाबी के बीच की भाषा 'बाँगरू' में 'ह' नहीं होता; 'स' का 'सै' रूप हो जाता है। कुरुजांगल में 'सै' और 'कुरुजनपद' में 'है'। बाँगरू एक जगह राजस्थानी से भी मिलती है और वहाँ 'सै' बन जाता है—'छै'। 'के करे सै' बाँगरू; 'के करै है' कुरुजनपद में और 'क्या करता है' राष्ट्रभाषा में। 'कहा कत्तु है' व्रजभाषा में चलता है। 'करतु है' का रूप 'कत्तु' है। व्रज की बोली में ऐसे पर-सवर्ण के रूप चलते हैं; साहित्यिक व्रजभाषा में नहीं। व्रज की बोली में 'ह्' का लोप भी बहुधा हो जाता है—

| व्रज की बोली | साहित्यिक व्रजभाषा |
| --- | --- |
| हम जात ऐं | हम जात हैं |
| तू सोयो ऐ | तू सोयो है |
| तोसों कई तौ | तोसों कही तो |

साहित्यिक भाषा में परिष्कार और व्यापकता की विशेषता रहती है। 'खड़ी बोली' तथा पांचाली-अवधी आदि में सर्वत्र 'ह' रहता है, तब व्रजभाषा के साहित्यकार उसका लोप कैसे करते! सो, बोलचाल की भाषा में और उसकी साहित्यिक भाषा में जो अन्तर होता है, वही व्रज की जनभाषा में और साहित्यिक व्रजभाषा में है। यह बात न समझ कर लोगों ने 'सोयो ऐ' को आधुनिक व्रजभाषा तथा 'सोयो है' को 'पुरानी व्रजभाषा' लिख दिया है! यह भी नहीं देखा कि आज के भी व्रजभाषा कवि 'है' ही लिखते हैं; 'ऐ' नहीं। पं. नवनीतलाल चतुर्वेदी तो मथुरा खास के थे और मैंने अपने कान से उनकी कविताएँ पं. पद्मसिंह शर्मा के साथ सुनी हैं। वे कविता में 'है' 'ही' आदि ही रखते थे; यद्यपि बात-चीत 'ऐ' 'ई' बोलते थे। मेरठ में 'जात्ता है' बोलते हैं; परन्तु साहित्य में 'जाता है' चलता है; क्योंकि सर्वत्र 'जात है' जैसे प्रयोग है; कहीं भी 'जात्त है' जैसे नहीं। व्यापकता तथा श्रुति-ग्राह्यता आदि को देख कर साहित्य में भाषा का परिष्कार होता है।

प्रसंग बहुत बढ़ गया है; पर एक बात और समझ लीजिए। भूतकाल की 'था' क्रिया की जगह अवधी आदि में 'रहा' आता है और व्रजभाषा आदि में 'रह्यो'। यह 'रह' धातु कैसी? 'रह' निवासार्थक से तो यह 'रहा' है नहीं—

'रहा एकु बनमानुस' (अवधी)

'रह्यो एकु बनमानुस' (व्रजभाषा)

'एक बनमानस था'। 'रहता था' के अर्थ में यहाँ 'रहा' 'रह्यो' नहीं है। परन्तु 'है' की जगह 'रहत' कोई नहीं बोलता। यानी सत्तार्थक 'रह' धातु हिन्दी में नहीं है, जिससे कि 'रहा' 'रह्यो' प्रयोग समझे जाएँ। जान पड़ता है कि 'अह' धातु के 'अहा' को 'र्' का आगम हो गया—'अहा' > 'रहा'। इसी 'रहा' का व्रजभाषा—रूप 'रह्यो' है। व्रज में 'था' के अर्थ में 'हो' भी चलता है—'एक राजा हो, वाकी एक रानी ही और चारि कुँवर हे'। 'अहा' के 'अ' का लोप करके 'हा' का व्रजभाषा संस्करण—'हो'। उसी का बहुवचन

'हे' और स्त्री-रूप ही'। 'हतो' के 'त' का लोप कर के भी 'हो' संभव है। 'हो' से 'हतो' का मतलब उसी तरह निकलता है, जैसे कि 'ऐ'-'ऐं' से 'है'-'हैं' का!

परन्तु 'हतो' रूप भी चलता है—'राजा हतो' 'रानी हती'। 'हत' में 'ओ' विभक्ति लगकर 'हतो'। ('अह' के) 'ह' के आगे भूतकालिक 'त' प्रत्यय करके—'हत'। इसमें फिर 'ओ' संज्ञा-विभक्ति—'हतो'। उसी कृदन्त ('हत') में 'आ' संज्ञा-विभक्ति लगाकर 'हता'-'हते'-'हती' रूप। 'हत' का वर्ण-व्यत्यय से 'तह' होकर 'त' के 'अ' का लोप और त्‌ ह='थ'। इस 'थ' में 'आ' संज्ञा-विभक्ति लगकर—'था' रूप और 'ओ' संज्ञा-विभक्ति लग कर कहीं—'थो' रूप भी, व्रज की लटक में।

सो, वर्तमान तथा भूतकाल की क्रियाएँ 'अस्' के 'ह' या 'अह' से है और भविष्यत् आदि की हैं 'भू' के विकास 'हो' से। 'होगा' 'होय गो' 'हुइहै' आदि 'हो' धातु से हैं।

ऊपर 'है'—'था' तथा 'हो'-'होगा' आदि का उल्लेख स्वतंत्र क्रियाओं के रूप में हुआ है। था, हता, हतो, हा, हो, रहा, रह्यो आदि क्रियाएँ भूतकाल की 'अस्' के ('अस'-'स'>) 'अह'-'ह' धातु रूपों से हैं। 'रहो' पांचाली में है—'आओ' के वजन पर।

परन्तु संयुक्त क्रिया में 'हो' धातु सभी कालों में रहती है। पांचाली का 'सब काम हुइगा' (सब काम हो गया)। यहाँ 'हुइ' में 'हु' अंश 'हो' धातु का ही है। 'हु' के आगे 'इ' प्रत्यय है। 'गा' भूतकालिक क्रिया-रूप है, भविष्यत् प्रत्यय 'ग' नहीं। 'हुइगा'—हो गया। इसी तरह 'करि गा' 'कढ़ि गा' आदि भूतकाल की संयुक्त क्रियाएँ हैं, जिनमें 'ओ' विभक्ति जड़ कर लोगों ने व्रजीय रूप दे दिया है—'कढ़ि गो अबीर पै अहीर को कढ़ै नहीं'—गुलाल तो (आँखों से) निकल गया ('कढ़ि गो') पर अहीर का नहीं निकल रहा है! इसी तरह राष्ट्रभाषा में 'हो' धातु का प्रयोग—

हो जाता है, हो गया था, हो जाएगा, हो गया होगा।

इत्यादि रूप से सब कालों में हो आएगा; परन्तु काल प्रकट करने का काम वह ('हो' धातु) अपने ऊपर न लेकर सहायक 'जा' आदि पर डालेगी। स्वयं तो भविष्यत् के लिए ही आगे बढ़ेगी—हो गा, होय गो, हुइहै, होई आदि। 'भगवान् करे, काम सफल हो' यों आशीर्वाद, संभावना शाप आदि की क्रियाएँ भी एक तरह से भविष्यत् की ही हैं और इसीलिए 'हो' का प्रयोग। 'तुम जाते हो' आदि में 'हो' है 'ह' का रूप।

'होता है' और 'होता था' प्रयोगों में भी सहायक क्रियाओं से ही वर्तमान तथा भूतकाल प्रकट है—'हो' के 'होता' 'होते' 'होती' रूपों से काल-प्रकटन नहीं है। परन्तु 'हो गा' में 'गा' कृदन्त प्रत्यय है, कोई क्रिया नहीं। पांचाली में 'नाजु होति है'-'नाजु होत रहो है'-यों 'हो' धातु है। 'है' और 'रहो' से वर्तमान तथा भूतकाल प्रकट हैं।

सो, भूतकाल में 'भयो' रूप व्रजभाषा में और 'भा' पांचाली में होता है; पर है दोनों कृदन्त। अवधी में भी 'अ' भूतकालिक प्रत्यय और सवर्ण-दीर्घ सन्धि—'आवा'। राष्ट्रभाषा में 'आ' धातु है—'आता है' जैसे क्रिया-रूप। इसी 'आ' से 'य' भूतकालिक प्रत्यय और 'आ' पुंप्रत्यय लगकर 'आया' क्रिया-रूप। अवधी में आगे 'आवा' के अनुकरण पर 'ग' तथा 'भ' से 'गवा'-'भवा' भी भूतकालिक रूप बने।

पांचाली में न 'गयो' न 'गवा'। यहाँ 'गा' रूप होता है—'लरिकवा घर चलो गा है'। तुलसी की मातृभाषा पांचाली थी, पूर्बी पांचाली है। वे उत्तर-प्रदेश के बाँदा जिले के थे। इसीलिए 'मानस' की 'अवधी' पर पांचाली की छाप है—

'सत जोजन गा लंका पारा'

और—'भा भिनसारा'

'गा'—'गया'। भा—हुआ। अवधी में 'गवा' और 'भवा' चलते हैं।

अवधी में 'गवा' 'भवा' रूप 'आवा' आदि के अनुकरण पर ढले हैं। पांचाली ने 'ग' तथा 'भ' धातुओं से 'अ' भूतकालिक प्रत्यय करके 'गा' 'भा' क्रियाएँ बना लीं। यहाँ 'आवा' आदि चलते नहीं हैं। 'आओ' जैसे रूप यहाँ भूतकाल में होते हैं—

लड़का आया है (राष्ट्रभाषा)

छोरा आयो है (व्रजभाषा)

छोरो आयो है (राजस्थानी आदि)

लरिकवा आवा है (अवधी)

लरिकवा आओ है (पांचाली)

'आयो है' के 'य' का लोप कर के यह 'आओ' रूप नहीं है; क्योंकि यहाँ 'ओ' पुंविभक्ति का प्रवेश ही नहीं है—

हमारा घर (राष्ट्रभाषा)

हमारो घरु (व्रजभाषा)

हमारा घरु (पांचाली)

'हमार' में न 'आ' है और न 'ओ'। इसी तरह विशेषणों में भी—

मीठा पानी (राष्ट्रभाषा)

मीठो पानी (व्रजभाषा)

मीठ पानी (पांचाली)

'मीठ' में न 'आ' और न 'ओ'। सो, 'आओ है' जैसी क्रियाओं में 'ओ' पुंप्रत्यय हो नहीं सकता।

बात यह है कि 'आवा' 'पावा' आदि में अवधी भूतकालिक 'अ' प्रत्यय विकल्प से लगता है। 'आव' तथा 'पाव' जैसे रूप भी भविष्यत् काल के देखे जाते हैं—

'मुख आव न वचना'

इसी तरह 'पाव' आदि रूप भी टकसाली है। अवधी की यह बात है। पांचाली ने 'पाव' के 'व' को 'ओ' कर लिया है—'पाव' का 'पाओ' भूतकालिक रूप। 'व' का 'ओ' हो जाना अन्यत्र भी देखा जाता है—'स्व' (पु) के 'व' को 'ओ होकर हिन्दी धातु 'सो' है—'राम सोता है'। 'उ' या 'ओ' को 'व' भी—देहु, देउ, देओ,>देव।

सो, 'पाव' आदि के स्वतंत्र भूतकालिक रूप पांचाली में 'पाओ' आदि हैं। इसी अनुकरण पर फिर 'खाओ है' आदि ढले। यानी 'ग' 'भ' के अतिरिक्त अन्य सभी धातुओं के लिए अपना 'ओ' भूतकालिक प्रत्यय बना लिया—

हम इयो सब पढ़ो है

(हम ने यह सब पढ़ा है)

बहुवचन में 'पढ़े हैं' और स्त्री-वर्ग में 'पढ़ी है' आदि–'हम तुम्हारि पोथी पढ़ी है।

कहीं-कहीं (पश्चिम में) 'गओ' 'भओ' भी बोलते हैं–'गा' 'भा' की जगह। 'गओ' आदि पर 'पढ़ो' आदि की छाप है। आज्ञा आदि के म. पु. बहुवचन का 'ओ' पृथक् है। वह तिङन्त-श्रेणी का है–

'बिटिया, तुम आओ, तब चलनु'

(बेटी, तुम आओ, तब चलें)

भूतकाल के 'आओ' का स्त्री-वर्ग में रूप 'आई' हो जाएगा–

लरिका आओ है

बिटिया आई है

वह विचित्र बात है कि कृदन्त क्रिया के स्त्री-वर्गीय रूप सर्वत्र एक से होते हैं। 'आवा' का भी 'आई' होता है। 'व्' का लोप हो जाता है।

वानरु आवा

और–

सुपनखा आई

सो, क्रियाओं में वैसा भेद होने के कारण पांचाली को व्रजभाषा बताना भारी गलती है।

'ने' विभक्ति

'ने' विभक्ति व्रजभाषा में क्वचित् नियमित रूप से कर्ता-कारक में लगती है–

याने मेरी एक न मानी

वाने जो बात कही, ठीक उतरी

यों 'याने' 'वाने' जैसे रूप (सर्वनामों के) 'ने' विभक्ति के साथ रहते हैं; यह 'खड़ी बोली' की छाया। वैसे साधारणतः व्रजभाषा में 'ने' विभक्ति नहीं लगती; राजस्थानी के ढँग पर। 'मैया, मोहि दाऊ बहुत खिझायो'। 'दाऊ ने' नहीं। कहीं-कहीं 'खड़ी बोली' की छाया पर 'ने' विभक्ति लगा भी लेती है, यह अलग बात है। परन्तु कुछ सर्वनाम नियमतः 'ने' विभक्ति लगाते ही हैं। शायद ही कहीं इसका अपवाद मिले। परन्तु पांचाली में कभी भी, किसी भी तरह, किसी भी रूप में 'ने' नहीं चलती। 'खड़ी बोली' के साथ जहाँ मिलती है, वहाँ कोई बोल देता हो, तो यह अलग बात है। किसी भी पूर्बी या मध्यवर्ती भाषा में 'ने' विभक्ति नहीं है। पंजाबी में कहीं भूले-भटके मिल सकती है। वह 'खड़ी बोली' से मिली-सटी है। राजस्थानी अलग पड़ जाती है, बीच में व्रजभाषा आ जाती है। इसलिए राजस्थानी (तथा गुजराती आदि) में कर्ताकारक में लगने वाली 'ने' विभक्ति कतई नहीं है। बहुत दूर मराठी में 'ने' ज्यों की त्यों है; यह मजे की बात!

राजस्थानी में भी एक 'ने' विभक्ति है; परन्तु वह अलग चीज है। लोगों ने भूल से लिख दिया है कि 'खड़ी बोली' की 'ने' विभक्ति राजस्थानी और गुजराती में भी चलती

है। उस 'ने' का इस 'ने' से कोई सम्बन्ध नहीं। राजस्थानी और गुजराती में 'ने' विभक्ति कर्म-सम्प्रदान आदि में लगती है; यानी जहाँ हिन्दी में 'को' विभक्ति लगती है, वहीं राजस्थानी आदि में 'ने'। 'फलानि पश्यामि' आदि के 'नि' के ही 'नू' 'ने' 'नै' रूपान्तर हैं क्या?

म्हाने चाकर राखो जी' (राजस्थानी)

(मुझे अपना चाकर बना लो)

'म्याने माने 'मुझे'–'मुझ को'। गुजराती में भी–

'तत्त्व ने शूं जाणे व्याकरणी'

तत्त्व (काव्य-तत्त्व) को कोरा वैयाकरण क्या जाने!

सम्प्रदान में भी–

'म्याने थै लाडू दियो' (राजस्थानी)

(मुझ को तुम ने लड्डू दिया)

इसी तरह गुजराती में भी। कर्ता-कारक में जहाँ हिन्दी 'को' लगाती है, अवश्यकर्तव्यता आदि प्रकट करने के लिए वहाँ राजस्थानी वही 'ने' या 'नै' लगाती है–

राम को काम करना है–हिन्दी

राम ने काम करणो छै–(राजस्थानी)

यहाँ क्रिया भूतकाल की नहीं, भविष्यत् की है। हिन्दी 'ने' विभक्ति भूतकाल के कर्ता-कारक में ही लगती है, यदि क्रिया सकर्मक हो। यों राजस्थानी की 'ने' पृथक् चीज है। सेंधा नमक को फिटकरी न समझ लेना चाहिए; रूप-रंग मात्र देखकर। स्वाद देखो, शब्दों का अर्थ देखो–'अथभेदात् शब्द-भेदः'–अर्थ-भेद से शब्द-भेद होता है।

राजस्थानी एक जगह पंजाबी से मिलती है। ऐसा जान पड़ता है कि पंजाबी की 'नू' या 'नूँ' विभक्ति राजस्थानी में 'ने' या 'नै' हो कर पहुँच गई है और फिर गुजरात से आगे तक पहुँची है। यानी 'नू' तथा 'ने'-'नै' एक ही तत्व से हैं।

राम को रोटी खानी है (हिन्दी)

राम नूँ रोटी खाणी है (पंजाबी)

राम ने रोटी खाणी छै (राजस्थानी)

हिन्दी राष्ट्रभाषा में जो 'ने' विभक्ति भूतकाल की क्रिया में लगती है, उसकी 'अपनी' चीज है। व्रज में कुछ सर्वनामों में ही उसका नियमित प्रयोग है और बस। हाँ, पर्वतीय भाषाओं में इसका रूपान्तर देखने में आता है। हिमालय पर उत्तर प्रदेश का 'कुमायूँ' संभाग है, जहाँ की भाषा 'कुमायूनी' कहलाती है। 'कूर्मांचली' भी कहते हैं। प्रदेश है 'कूर्मांचल'। इस बोली में ठीक वही 'ले' का प्रयोग होता है, जहाँ खड़ी बोली 'ने' का करती है। 'ले' विभक्ति 'नेपाली' में भी है। कूर्मांचली प्रयोग–

राम ले मैकाणी लड्डू द्योछ

(राम ने मुझे लड्डू दिया)

मैं ले राम काणि लड्डू द्योछ

(मैंने राम को लड्डू दिया)

स्पष्टतः 'ने' का रूपान्तर 'ले' है; जैसे 'नूँ' पंजाबी का 'ने' राजस्थानी-गुजराती में। 'न' को 'ल' हो ही जाता है; 'नँगोटी' > 'लँगोटी'। और 'ल' को 'न' भी—लँगोटी > नँगोटी। नंगे की जरा-सी ओट—'नँगोटी' और रूपान्तर लँगोटी। अथवा अंग विशेष मात्र की ओट—'लँगोटी' और उस का रूपान्तर 'नँगोटी'। यह प्रासंगिक।

मतलब इतने से कि 'खड़ी बोली' के संसर्ग से व्रजभाषा के कुछ शब्दों में 'ने' विभक्ति का प्रयोग भूतकालिक क्रिया के कर्ता-कारक में होता है; परन्तु पांचाली में कतई नहीं। मध्यवर्ती (अवधी आदि) सभी भाषाओं में यही स्थिति है। 'हमने दिया है' की जगह 'हम दीन है' पांचाली में बोलते हैं। व्रजभाषा में 'दियो है' चलता है। 'दीना है' 'लीन है' आदि में 'न' भूतकालिक प्रत्यय पांचाली में कृदन्त ही है—'हम तुम्हें कागजु दीन रहै' और 'हम तुम्हें कापी दीनि रहै'।

पांचाली में 'दियो है' नहीं चलता; यद्यपि कहीं 'दओ है' इत्यादि रूप चलते हैं; 'आओ' आदि की पद्धति पर। व्रज में भी यह 'न' प्रत्यय चला गया है—'वाने मोय चिट्ठी लिखि दीनी'। 'मोय'—मुझे। 'मोहिं' साहित्यिक व्रजभाषा में चलता है। 'ह्' लोप और 'इ' का 'व' करके 'मोय' जनभाषा में। 'मोकौं' भी व्रज में चलता है; परन्तु पांचाली में यह 'कौ' विभक्ति नहीं है। इसी तरह व्रजभाषा में चलने वाला 'सो' विभक्ति भी पांचाली में कतई नहीं है। यहाँ 'ते' विभक्ति से ही सब काम चलता है—

'मोसो कहत मोल कौ लीयो' (व्रजभाषा)

'हम ते कहत हैं कि तुम मोल लीन गै हौ' (पांचाली)

'कौ'—

हम कौं सब जानत हैं बीर! (व्रजभाषा)

हमैं सब जानत है, बहिनी! (पांचाली)

कहीं-कभी 'क' विभक्ति लगती है—'हम का सब जानते हैं'।

कहीं ह्रस्व—'राम क सब जानत हैं'।

इस तरह के और भी बहुत से मौलिक भेद हैं। व्रज में 'करण' आदि में 'सो' लगती है; पांचाली में 'भे'। फिर भी यदि कोई दोनों को एक कहे, तो हम उस पर मुकदमा तो चलाएँगे नहीं।

## 7. पांचाली और अवधी

पांचाली और अवधी की सीमाएँ मिलती हैं और इसलिए इनका परस्पर आदान-प्रदान स्वाभाविक ही है। जैसे व्रजभाषा में और पांचाली में 'ग' और 'इहै' आदि प्रत्ययों का—कृदन्त-तिङन्त का—मौलिक भेद है और 'ओ' पुंप्रत्यय का होना-न-होना साफ है, उस तरह का कोई बहुत बड़ा भेद पांचाली और अवधी में नहीं है; परन्तु फिर भी कुछ भेद ही है। यह और बात है कि इतना कम भेद होने के कारण इन्हें दो भाषाएँ न कह

कर एक ही भाषा के दो रूप मान लिए जाएँ। देश की सभी भाषाएँ किसी एक ही मूल से हैं; परन्तु तो भी, इनमें कुछ भेद ऐसे मौलिक हैं कि भाषा-भेद का व्यवहार करना पड़ा। भेद वही, विभक्ति-प्रत्यय आदि का देखा जाता है। पांचाली और अवधी में विभक्ति-प्रत्यय आदि का बहुत कम अन्तर है। 'आवा'–'आओ' और 'गवा'–'गा' जैसे कुछ स्पष्ट रूप-भेद हैं। शेष 'इहै' आदि प्रत्यय उभयत्र हैं। 'कौ' विभक्ति अवधी में भी नहीं है और न 'सों' है। हाँ, 'सन' विभक्ति अवश्य अवधी में है, जो पांचाली में नहीं है–'सब सन विदा लीन्हि तब दोउन'–तब दोनों ने सब से बिदा ले। पांचाली में 'सब ते' प्रयोग होता है। 'कौ' की जगह परम्परा प्राप्त 'हि' (या इसका रूपान्तर 'इ') और 'क' का प्रयोग होता है–

हमहिं दीन्ह बनबासु

या–

हमैं दीन्ह बनबासु

'ह्' का लोप और अ + इ ='ऐ'। पांचाली में 'हमै' ही चलता है। कहीं-कहीं 'क' या 'का' का भी प्रयोग दोनों भाषाओं में होता है–

हम का तुम का देत हौ?

(हमें तुम क्या देते हो)

राम क हम बहुत मिठाई दे दीनि है

(राम को हम ने बहुत मिठाई दे दी है)

पांचाली और अवधी में 'ने' विभक्ति नहीं है और यह जो 'का' और कहीं इसका हलका उच्चारण 'क' ('कौ' की जगह) चलता है; सो यह 'का' या 'क' उस सम्बन्ध-प्रत्यय से भिन्न है। इसके रूप बदलते नहीं हैं। सम्बन्ध-प्रत्यय के रूप बदलते हैं–

राम का घरु–राम कै कुटिया

यदि किसी शब्द या प्रत्यय में केवल एक ही स्वर 'आ' हो, तो उसका स्त्री-वर्गीय रूप अवधी पांचाली में 'ऐ' हो जाता है–'भोरु भा'-साँझ भै' और 'रावनु गा'–'मदोदरि गै'। इसी तरह 'का' का स्त्री-वर्गीय रूप 'कै'। व्रजभाषा आदि में 'भई' 'गई' स्त्री-वर्ग में रूप होते हैं। यदि कई स्वर हों तो फिर अवधी पांचाली में भी 'इ' किंवा 'ई' स्त्री-प्रत्यय होते हैं–

बैठि पढ़ति है (बैठी पढ़ती है)

बहुवचन–

बैठी पढ़ती है

यों दीर्घान्त ही बहुवचन में अधिक देखने-सुनने में आता है। पुंवर्गीय प्रयोग होते हैं–

बैठ पढ़ति है–(बैठा पढ़ता है)

यानी 'पढ़त' की जगह 'पढ़ति'। परन्तु बहुवचन में 'इ' नहीं रहती–

बैठ पढ़त हैं (बैठे पढ़ते हैं)

इसी तरह संज्ञा आदि के एकवचन में 'उ' अन्त में लगता है—'फागु खेलि आए' (फाग खेल आए)। बहुवचन में 'उ' नहीं रहता, 'अ' रहता है—

'सो मारग हम दीख' (वह मार्ग हमने देखा)

'सब मारग हम दीख' (सब मार्ग हमने देखे)

यह 'उ' उस पुंविभक्ति का ही घिसा हुआ रूप है, जो प्राकृत-पाली आदि में दिखाई देता है—'मग्गो' 'वग्गो' आदि। 'ओ' का प्रयोग राजस्थानी-गुजराती आदि में ज्यों का त्यों और व्यवस्थित है; परन्तु इस घिसे हुए रूप ('उ') की यहाँ (अवधी-पांचाली में) कोई वैसी व्यापक व्यवस्था नहीं है। व्यवस्था इतनी ही है कि पुंवर्गीय एकवचन में ही लगता है; यदि लगे तो। अन्यत्र कहीं नहीं। राजस्थानी और व्रजभाषा आदि में 'ओ' विभक्ति संस्कृत तत्सम शब्दों में नहीं लगती; 'अपने' या तद्भव शब्दों में ही लगती है—

मीठो पानी पियो

मधुर पानी पियो

'मीठो' में 'ओ' का प्रयोग है। यही स्थिति 'खड़ी बोली' में 'आ' की है—

मीठा पानी पिया

मधुर पानी पिया

'मधुर' में न 'ओ' का प्रयोग' न 'आ' का ही। परन्तु 'उ' का प्रयोग अवधी-पांचाली के विशेषणों में कहीं नहीं होता। स्त्री-वर्गीय विशेषणों में 'ई' का प्रयोग होता है, 'अपने' या वैसे ही तद्भव शब्दों में—

मीठ पानी पीन (मीठा पानी पिया)

मीठ अमरूदौ खाओ (अमरूद भी मीठा खाया)

मीठ खीर हम खाई (हमने मीठी खीर खाई)

'भयो' आदि क्रियाएँ व्रज में चलती हैं, 'ओ' प्रत्यय से; परन्तु यहाँ न 'ओ' और न 'उ'—'भवा' 'भा' आदि का चलन है। 'आओ है आजु माधव में' 'आओ' क्रिया में 'ओ' संज्ञा-विभक्ति नहीं है; यह पीछे बता आए हैं। हाँ, 'आयउ' जैसे प्रयोग अवधी में होते हैं। 'आयउ'—'आया'। 'आयउ' में सन्धि कर दें, तो 'आयो' रूप हो जाता है, जो व्रज में चलता है। परन्तु वस्तुतः 'आयउ' और 'आयो' का कोई सम्बन्ध नहीं है—दोनों भिन्न चीजें हैं। यदि 'आयउ' का सन्धि-रूप 'आयो' होता; या 'आयो' का सन्धि-विच्छेद से रूप 'आयउ' होता, तो अवध-पांचाल में कहीं न कहीं 'आयो' का प्रयोग जरूर होता; जैसे कि 'करहिं'-'करइ'-'करै' के रूप दिखाई देते हैं। व्रज में भी कहीं 'आयउ' सुन पड़ता, जैसे कि 'करौ' का रूपान्तर 'करउ' सुना जाता है। दूसरी बात यह कि 'आयो' का स्त्री-वर्गीय रूप 'आई' होता है। यदि 'आयो' का ही रूपानतर 'आयउ' होता, तो इसका भी स्त्री-वर्गीय रूप 'आई' होता। 'आवा'-'आयो' का स्त्री रूप 'आई' होता ही है। परन्तु 'आयउ' का स्त्रीवर्गीय रूप होता है—'आइउ'। 'आयो' एकवचन है; पर 'आयउ' आदि बहुवचन में—

तुम आयउ अति देर करि (तुम बहुत देर कर के आए)

तुम आइउ अति देर करि(तुम बहुत देर करके आई)

'भामिनी भइउ दूध की माखी'

'भइउ'—हो गईं। यों बहुवचन में 'आयउ'-'आइउ' चलते हैं। यह अवधी का अपना 'यउ' प्रत्यय है, जिसके 'य' को स्त्रीवर्ग में 'इ' रूप मिल जाता है। 'आयो' तीनों 'पुरुषों' का एकवचन है और 'आयउ' मध्यमपुरुष-बहुवचन में देखा जाता है। पांचाली में 'आयउ' की जगह 'आयौ' चलता है—

'तुम फिरि आयौ नाईं' (तुम फिर आए नहीं)

'नाही' का 'नाईं' 'है' 'ह' का लोप। 'नाहीं' भी चलता है—'नाहीं, हम पढ़न न जैबे'—(नहीं, हम अब पढ़ने न जाएँगे)

इसी तरह—

'तुम हम का फिरि कौनिउ चीज नाईं दीन्हेउ'

(तुमने फिर हमें कोई चीज नहीं दी।)

'कौन' का 'कौनिउ' रूप है। पुंवर्ग में होता है—'कौनौ। 'कौनो ठगवा गठरिया लूटल हो' कबीर साहब का प्रयोग है। यहाँ 'कौ' का उच्चारण 'कउ' जैसा है; जैसा कि संस्कृत के 'सौभाग्य' आदि में 'सौ' का होता है; या 'औदार्य' आदि में 'औ' का। यह 'इउ' उस 'यउ'-'इउ' से भिन्न चीज है। 'पुनि ध्यान करेहु'—फिर ध्यान कर लेना। यह 'करेहु' भविष्यत्-प्रयोग है और 'करेउ' भूतकाल की चीज है यहाँ 'ए' का उच्चारण हलका है। 'करहु' वर्तमान है; वहीं म. पु. बहुवचन। 'ह्' का लोप 'करउ'। सन्धि-रूप 'करौ' और (खड़ी बोली में) 'करो'। यानी यह 'हु' प्रत्यय हिन्दी की प्रायः सभी बोलियों में चलता है—आज्ञा, विनय, प्रार्थना आदि में। परन्तु पूरब में अवधी तक ही इसकी सीमा है। आगे 'भोजपुरी' के क्षेत्र में यह नहीं है। इसकी जगह वहाँ 'आ' प्रत्यय लगता है, जिसका खुलासा आगे भी होगा।

इस प्रकरण को समाप्त करने से पहले एक बात और कहनी है। अवधी और पांचाली में वर्तमान काल के उत्तमपुरुष बहुवचन में प्रयोग होते हैं—'हम आवत हन'। अन्यत्र हैं—'उड़ आवत हैं'। 'लरिकवा आता है' आदि। परन्तु साहित्यिक अवधी में 'है' ही चलता है; 'हन' नहीं। यह परिष्कार व्यापकता के लिए; क्योंकि 'खड़ी बोली' तथा व्रजभाषा आदि के साहित्य में 'हैं' रूप ही है। व्रज की जनभाषा में 'हैं' नहीं; 'ऐं' चलता है और 'खड़ी बोली' के प्रकृत रूप में 'है' की जगह कुछ झटके के साथ 'ह' बोला जाता है—'साँप ह, साँप इंघे' (साँप है, साँप इधर)। परन्तु इसके साहित्यिक रूप (हिन्दी-उर्दू) में 'है' चलता है, 'ह' नहीं। व्यापकता की दृष्टि से यह परिष्कार। भोजपुरी में भी 'है' की जगह 'ह' जैसा ही उच्चारण झटके से होता है। सो 'हैं' की जगह बहुवचन 'हन' उत्तमपुरुष-बहुवचन में चलता है—पांचाली और अवधी (जनभाषा) में। पंजाबी में अन्यपुरुष-बहुवचन में 'हन'—'मुण्डे गए हन'—लड़के गए हैं।

पांचाली 'उत्तर'-'दक्षिण' भेद से द्विधा विभक्त है—थोड़ा-थोड़ा अन्तर है। जितना 'जयपुरी राजस्थानी' में और 'जोधपुरी राजस्थानी' में अन्तर है, उतना नहीं; बहुत कम। उत्तर पंचाल में बोलते हैं—

हम आइत है, तुम चलौ
(हम आते हैं, तुम चलो)

हम 'आइत' है बहुवचन-प्रयोग है। पांचाली का यह गौरव है कि (उत्तर-दक्षिण दोनों ओर) 'तू' और 'मैं' के प्रयोग प्रायः सुनाई नहीं देते; जैसे कि अंग्रेजी के 'यू' का एकवचन नहीं सुनाई देता। यह उस उन्नत साम्राज्य के केन्द्र होने का ही परिणाम है क्या? शिष्ट प्रयोग बहुवचन है। हाँ, उत्तर पांचाल में उ. पु. बहुवचन 'आइत' है आदि प्रयोग होते हैं; यद्यपि अन्यत्र 'लरिका आवति है' 'बिटिया जाति है' जैसे रूप (एकवचन में) चलते हैं। 'लरिका आवति' में 'ति' स्त्रीवर्गीय नहीं। उभयत्र समान प्रयोग चलते हैं।

दक्षिण पांचाल में 'हम जात हन' जैसे प्रयोग होते हैं, 'जाइत' है' जैसे नहीं। 'जाइत है' में निरनुनासिक 'है' भी बहुवचन है। 'जाइत' बहुवचन है ही। राजस्थानी में भी 'छोरो आयो छै' और 'सब छोरा आया छै' में 'छै' एक रूप है। कृदन्त 'आया' से बहुवचन की प्रतीति।

'उत्तर पांचल' और 'दक्षिण पांचाल' की ही तरह पहले 'उत्तर कोसल' और 'दक्षिण कोसल' राज्य या प्रदेश थे। उत्तर कोसल में लखनऊ, फैजाबाद, बाराबंकी आदि जिले हैं और 'दक्षिण कोसल' उस भू-भाग को कहते थे, जहाँ आज उत्तर प्रदेश के प्रतापगढ़, मिर्जापुर, इलाहाबाद (कुछ भाग) तथा मध्यप्रदेश के रीवाँ आदि जिले हैं। रीवाँ की भाषा को लोगों ने 'बघेली' बताया है; क्योंकि यह (रीवाँ) बघेलों का राज्य था। ठीक उसी तरह, जैसे बुँदेलों के राज्य की भाषा 'बुँदेली' कही गई है। परन्तु वस्तुतः यह नाम-करण ठीक नहीं। दक्षिण कोसल की भाषा को आज 'दक्खिनी अवधी' और 'बुँदेली' को 'दक्खिनी व्रजभाषा' कहना अधिक अच्छा। दक्खिनी व्रजभाषा का केन्द्र ग्वालियर है; जैसे उत्तरी व्रजभाषा का मथुरा। 'व्रजभाषा' के पर्य्याय-रूप से 'ग्वालियर' का प्रयोग भी मिलता है। 'व्रज' कहते हैं गौ-गोपों के रहने की जगह को और 'ग्वालियर' में भी 'ग्वाल' दिखाई देता है। ग्वालों का केन्द्र 'ग्वालियर'। 'गूजर' और 'अहीर' मिलते-जुलते वर्ग हैं और किसी समय ये बड़ी उन्नत स्थिति में थे। 'गूजर' भी 'गोचर' से ही जान पड़ता है। संभव है, 'गूजर' से 'गुजरात' का भी सम्बन्ध हो। गूजर व्रज में भी बहुत हैं। एक ही वर्ग के अहीर और गूजर ये दो भेद किसी समय हो गए होंगे। गूजरों से 'गुजरात;' जैसे 'मेव' लोगों से 'मेवात'। अहीरों ने तो समुद्र-तट तक धावा मारा था और 'द्वारका' अपनी राजधानी बनाई थी; परन्तु शासन ने वहाँ की भाषा न बदल दी।1 वहाँ की जनभाषा 'व्रजभाषा' न बन गई। ठीक उसी तरह, जैसे मुसलमान शासक प्रयत्न कर के भी 'उर्दू' को फारसी न बना सके और अंग्रेजी शासन अंग्रेजी को भारत की राष्ट्रभाषा न बना सका। ग्वालियर की बात भिन्न है। खैर, हम कह सकते हैं कि 'ग्वालियर' दक्षिणी व्रजभाषा का केन्द्र है और यह झाँसी (उत्तर प्रदेश) के चारों ओर दूर तक चली गई है। झाँसी से इधर यह बाँदा में पांचाली से प्रभावित हो गई है; यानी एक नया रूप ग्रहण करती है। ऐसा सन्धि भाषाएँ सर्वत्र हैं, जहाँ दो भाषाओं का मिलन है।

## 8. अवधी और भोजपुरी

फैजाबाद जिला अवधी का है। 'अयोध्या' इस जिले में है। आगे पूरब में फैजाबाद जिले की सीमा जौनपुर से मिलती है। जौनपुर जिले का पश्चिमी भाग अवधी क्षेत्र है और पूर्वी भाग 'भोजपुरी' का प्रारम्भ-क्षेत्र है। आगे काशी गढ़ है 'भोजपुरी' का। फिर आगे बिहार के बहुत बड़े भू-भाग की व्यवहार-भाषा है 'भोजपुरी। परन्तु काशी की भोजपुरी में और बिहार की भोजपुरी में कम से कम उतना अन्तर तो पड़ ही जाता है, जितना कि मेरठी (खड़ी बोली) और बाँगरू में, या पांचाली और अवधी में। परन्तु इस अन्तर पर ध्यान न देकर उस व्यापक और विस्तृत प्रदेश की जनभाषा 'भोजपुरी' है। काशी के उधर-इधर की 'भोजपुरी' की 'काशिका' और पूरब की भोजपुरी को 'मल्लिका' पहले कहते थे; यह श्री राहुल जी ने हमें बताया है। बिहार में 'मगही' तथा 'मैथिली' ये दो अन्य भाषाएँ भी चलती हैं और 'मैथिली' में साहित्य-सम्पद् भी अच्छी है। यहाँ पहले हम 'भोजपुरी' का ही परिचय देंगे।

1. 'द्वारका यानी भारत का (समुद्री रास्ते से) 'प्रवेश द्वार' या बाहर जाने का द्वार। 'गेट आफ इंडिया' उस समय था। 'पुरी' होने से स्त्रीवर्गीय प्रयोग।

## 9. भोजपुरी भाषा

हिन्दी की 'खड़ी बोली', बाँगरू, पांचाली, अवधी आदि प्रायः सभी 'बोलियों में आज्ञा आदि प्रकट करने के लिए 'हु' प्रत्यय मध्यम पुरुष के बहुवचन में लगता है। यह 'हु' प्रत्यय विविध रूप बदलता है। करहु, करउ, करो और करौ जैसे क्रिया-पद इसी से बनते हैं। पुरानी जन-भाषा से-प्राकृत के किसी व्यापक रूप से—यह आज की हमारी जनभाषाओं को प्राप्त है। संभव है 'देहि' का 'द्विधा' विकास कर के 'दे' 'दै' आदि एकवचन में और 'हि' को 'हु' करके बहुवचन में ले लिया हो। द्विधा विकास होता है। 'द्वौ' का एक अंश 'दो' और अपर अंश 'ब'; 'बारह, बाईस' आदि में। परन्तु 'भोजपुरी' में इस ('हु') की जगह एक दूसरा प्रत्यय चलता है—'आ'। किसी भी धातु के आगे 'आ' प्रत्यय लगा देने से आज्ञा आदि प्रकट करने वाला रूप बन जाता है।

आम लाओ, घर जाओ

यहाँ 'हु' के 'उ' को 'ओ' हो गया है।

पढ़ो, करो, लड़ो

जैसी क्रियाओं में अ उ ='ओ' है। एकवचन में धातु के अन्त्य 'अ' का लोप हो जाता है। 'पढ़' आदि धातुएँ म. पु. एकवचन में 'पढ़' जैसे रूप ग्रहण कर लेती हैं और 'उ' से जा मिलती हैं व्रजभाषा आदि में—

पदु, करु, टोरु आदि

राष्ट्रभाषा में (एकवचन में) 'उ' का लोप हो जाता है—

पढ़, कर, तोड़, जा, खा

जैसे क्रिया-पद बनते है; इसी तरह 'दे' 'ले' आदि।

लो, दो

जैसे रूप बहुवचन के हैं; धातु के अन्त्य 'ए' का लोप कर के। 'ले' 'दे' धातु हैं। 'लेहु' 'देहु' अन्यत्र कहीं 'लेउ' 'देउ' भी। कहीं 'उ' का 'व' कर के 'लेव' 'देव' जैसे रूप भी चलते हैं। पांचाली आदि में 'लेव'-'देव' ही अधिक चलते हैं–'कबहूँ देवन लेव'।

और–

'बाम्हन का दछिना देव दूध पूत सब हम ते लेव, हर गंगा। यह पांचाली-वाक्य है; पं. प्रतापनारायण मिश्र का। 'लेउ' के अति निकट है–'लेव'। कहीं 'व' को 'उ' जाता है। 'आवत है' का दक्षिणी ब्रजभाषा में रूप है–'आउत है।' पांचाली में 'उ' का 'व' है– 'देव'। धातु के अन्त में 'व' हो, तो पांचाली रूप होगा–ओकारान्त–'लाओ हमैं कागजु देव' (लाओ, हमें कागज दो) यानी 'लाव' के 'व' को 'ओ' हो गया है। अन्यत्र 'लावहु' 'लावउ' 'लाओ' आदि। राष्ट्रभाषा में 'लाव' धातु हैं; 'ला' नहीं–'लाता है' 'लाएगा' 'लाया' जैसे क्रिया-रूप होते हैं। सो, 'ला' के आगे 'उ' आ कर 'ओ' बन जाता है–'लाओ'। पांचाली में 'लाव' धातु है; 'ला' नहीं। 'लावत-लावत लैबे; तब लग तुम हीं काहे नाईं लावत हौ' (लाते-लाते लाएँगे; तब तक तुम्हीं क्यों नहीं ले आते हो!) इसलिए 'पांचाली' का 'लाओ' भिन्न पद्धति से है–'लाव' धातु के 'व' को ही 'ओ' करके।

'भोजपुरी' में सबसे भिन्न पद्धति से है–

कितबिया ला (किताब लो)

यानी 'ले' धातु के 'ए' का लोप है, आग 'आ' प्रत्यय है। इसी तरह 'दा'–'कितबिया दा न!' (किताब दो न!)।

यदि धातु अकारान्त या आकारान्त है, तो धातु के स्वर में प्रत्यय 'आ' में 'सवर्ण–दीर्घ सन्धि हो जाती है–

पढा न! करा न! आवा न! जा न!

(पढ़ो न!) (करो न!) (आओ न!) (जाओ न!)

संज्ञा-विभक्तियों में भी बहुत अन्तर है। आज की 'भोजपुरी' देखिए; 'आज' (काशी) के एक पृष्ठ पर–

'स्वस्ति श्री सर्व उपमा जोग श्रीपत्री लिखी जौनपुर से अखबार का पढुआ लोगन का...।'

'से' विभक्ति 'खड़ी बोली' वाली ही है। 'पढुआ' की जगह पांचाली आदि में 'पढ़वैया' होता है। भोजपुरी में 'का' ध्यान देने योग्य है। 'पढुआ लोगन का समेत सम्पादक जी'–पाठक जनों के सहित सम्पादक जी। यानी यहाँ 'खड़ी बोली' की 'के' विभक्ति नहीं है। सर्वत्र 'का' का ही प्रयोग प्रायः है।

'आगे यहाँ का समाचार अच्छा बाटे।'

यह 'साहित्यिक भोजपुरी' है, जो प्राकृत जनभाषा से कुछ हट भी सकती है। यहाँ 'अच्छा' प्रयोग है। परन्तु काशी में रह कर मैंने साग-भाजी बेचने वालों के मुँह से 'अच्छा' नहीं सुना। 'नीक बाटे' जैसे प्रयोग सुने हैं।

'रउआ सभे के समाचार खातिर रोज-रोज दसों नोंह जोरि के बाबा बीसनाथ जी से मिनती करत बानी कि ऊ रउवा सभे के जीव--जांगर से नीके राखस।'

'आप' के अर्थ में आदरार्थक 'रउआ' है। 'सभी के' लिए 'सभे के' है। 'के' चिन्त्य है। 'दसों' 'दसो' है। 'नहँ' (>'नख') का 'नोंह है। हाथ जोड़कर मतलब है। 'दसो नख जोड़ कर'। 'बिनती' का रूपान्तर 'मिनती' है। 'करत बानी'–करते हैं, उ.पु. बहुवचन। 'बाटे'–है; प्रथम पुरुष एकवचन।

'अस्' धातु की भी सत्ता 'भोजपुरी' में है। 'बाटे' की जगह 'ह' तथा 'हवै' भी चलते हैं। आगे बँगला में भी है–'भालो आछो'। 'आछो' निश्चयात्मक रूप से 'अस्' परिवार का है। 'स' का 'छ' रूप राजस्थानी और गुजराती के अतिरिक्त अन्यत्र भी देखा जाता है–

राम का पुत्र पढ़छ (कूर्मांचली)
(राम का पुत्र पढ़ता है)

और–

'गोविन्द की पुत्री खेलछि'
(गोविन्द की पुत्री खेलती है)

उदीच्य भाषाओं की एक विशिष्ट धारा है 'पर्वतीय'। इसका उल्लेख हम आगे करेंगे। यहाँ तो 'अस्' का रूप 'छ' दिखाने के लिए दो वाक्य हैं। यह ध्यान देने योग्य बात है कि मध्यवर्ती भाषाओं की ही तरह कूर्मांचली में 'राम क पुत्र है' ; न 'राम का' और न 'राम को'। दक्षिण की मराठी भाषा में भी–'आहे' जैसे प्रयोगों में 'अस्' है। हिन्दी-परिवार में–'जानै को आहि बसै केहि गामा' जैसे प्रयोगों में भी 'अह' का 'आह' रूप देखा जाता है। 'आछो' में भी 'ओ' का 'आ' दीर्घ रूप है। बाँगरू, पंजाबी, राजस्थानी, पांचाली, अवधी आदि सभी भाषाओं में 'अस्' के रूपान्तर दिखाई देते हैं। परन्तु 'भोजपुरी' में 'बा' धातु भी है–'बाटे', 'बानी' आदि क्रिया-पद हैं। 'वर्तते' के 'वर्त' से 'बट्ट' और फिर 'बाट' रूप का अन्दाजा है। 'बाट' से 'बा' अलग कर के धातु-रूप बनाया जान पड़ता है। वर्त > बट्ट > बाट > 'बा'।

'वे' के अर्थ में 'ऊ' है। 'राखस' में धातु तो 'राख' ही है–'राखत हैं नीके' आदि, अवधी-व्रजभाषा। 'राख' का 'रख' खड़ी बोली–'रखते हैं'।

वस्तुतः 'रख' से 'राख' धातु है–'रक्ष' > रक्ख > रख > 'राख'। 'जाको राखे साइयाँ। 'कागज रख दो' आदि की 'रख' धातु अलग है, जिसकी जगह पूरब में 'धर' है। प्रत्यय भोजपुरी का अपना है–'स'–'राखस'। आशीः-भविष्यत् प्रयोग है।

'रउआ सभे एकइस होखी'
(आप सब खूब अच्छी तरह होंगे)

पूरी तरह के लिए 'एकइस' है, मुहविरा। बीस बिस्वे का एक बीघा होता है। 'सोलह आने बात पक्की है'—पूरी तरह पक्की है। 'सौ' से दाशमिक प्रणाली की पूर्णता—'सो फीसदी' और 'शत प्रति शत' 'सेंट पर 'सेंट' आदि। इसी तरह 'बात इक्कीस उत्तरी।' भोजपुरी में 'एकइस'। पांचाली में भी 'एकइस' चलता है। 'ए' का उच्चारण यहाँ हलका है।

'होखी' होंगे। 'होखी' तिङन्त पद्धति पर है; पुं-स्त्री में समान रूप। 'हो' धातु 'भू' का विकास वहीं है, जो अन्यत्र सर्वत्र। 'खी' संभावना-आशंसा में प्रत्यय।

"आगे समाचार ई बाटे कि आजु काल्हि हम आपन घर-दुआर मनबोध मास्टर आ लक्ष्मीलाल पर छोड़ि के जौनपुर में चतुरमासा बितावै चलि आइ बानी।"

'यह' की जगह 'ई' है। 'और' के लिए 'आ' है। अवधी-पांचाली आदि में 'औ' है। भोजपुरी 'आ' की ओर अधिक प्रवृत्त है। 'में' सोचने की चीज है। मैं ने काशी में 'माँ', तथा 'मँ' के प्रयोग सुने हैं—'घर माँ नाजु बाटे ना! साहित्यिक भाषा में कुछ हेर-फेर हो ही जाता है।

'चलि आइल बानी'—चले आए हैं। खड़ीबोली तथा राजस्थानी-अवधी आदि में 'गतः' के 'त' को 'य' करके उसे भूतकाल का प्रत्यय बना लिया गया है और यहाँ 'पठितम्' आदि के 'पठति' अंश से 'इत' अलग करके 'इल' कर लिया गया। 'त' का 'ल' हो जाना प्रसिद्ध ही है। विशेष बात यह है कि 'पठित' आदि कृदन्त प्रयोगों से 'इल' निकाल कर भोजपुरी ने उसको तिङन्त-प्रयोग किया है—पुंस्त्री-भेद से इसके रूप-भेद नहीं होते। कारण, तिङन्त-प्रधान प्राच्य भाषाओं का क्षेत्र (बंगाल आदि) समीप आ गया है। और कृदन्त-प्रधान क्षेत्र (दिल्ली तथा उसके इधर-उधर का भू-भाग) दूर पड़ गया है। मध्यवर्ती भाषाओं की यह अन्तिम कड़ी है—भोजपुरी, मगही, मैथिली की भूमि। आगे फिर प्राच्य भारतीय भाषाएँ हैं, तिङन्त-प्रधान—बँगला, उड़िया, असमिया। 'भोजपुरी' में 'ई' अन्त में है, जैसे अवधी, कन्नौजी आदि में। 'बानी' तिङन्त है ही। 'चलि आइल बानी' संयुक्त क्रिया है—'चले आए हैं'। पद्धति में एकता है। मराठी में भी 'त' का 'ल' हो गया है, (जब कि उदीच्य भाषाओं में 'य' हुआ है) दिला, दिले, दिली मराठी और 'दिया, दिये, दी' राष्ट्रभाषा। पद्धति मराठी में कृदन्त है; पर 'भोजपुरी' आदि में तिङन्त। अन्यत्र मराठी ने भी कृदन्त प्रत्यय ले कर तिङन्त-पद्धति पर चलाया है—'जाता है' 'जाती है' में 'त' कृदन्त है; पर मराठी में 'जात आहे' पुं-स्त्री दोनों वर्गों में समान, यानी तिङन्त-पद्धति। भोजपुरी में 'इत' के 'त' को 'ल' कर के 'इल' तिङन्त पद्धति पर।

'भरि बरसात रहे के बाटे'

(बरसात भर रहना है)

'रहे के बाटे'—रहने को है। 'को' की जगह 'के' विभक्ति है।

"घरे रहत-रहत आ नून तेल लकड़ी का किचकिच से नकदम हो गइल रहल हवे।"

घर में रहते-रहते और नून-तेल-लकड़ी की किचकिच से नकदम हो गई थी—नाकों दम आ गया था।

'लकड़ी का किचकिच' 'मूसन का महतारी' आदि में जो 'का' है, उसका उच्चारण पूर्ण दीर्घ नहीं होता; अर्द्ध-दीर्घ उच्चरित होता है। परन्तु ऐसा उच्चारण प्रकट करने के लिए नागरी लिपि में कोई व्यवस्था नहीं है। जो उस भाषा को जानते हैं, वे सब समझ लेते हैं। 'लकड़ी क किचकिच' और 'मूसन क महतारी' भी लिख सकते हैं। उच्चारण वही रहेगा। आगे चल कर 'मैथिली' में तो निश्चित रूप से ह्रस्व उच्चारण हो जाता है—'नन्द क नन्दन कदँब क तरु तर धिरे-धिरे मुरलि बजाव'—नन्द का नन्दन कदम्ब वृक्ष के नीचे धीरे-धीरे मुरली बजा रहा था। ह्रस्वान्त की ओर प्रवृत्ति का ही फल 'धिरे-धिरे' है। भोजपुरी का यह 'का' खड़ी बोली के 'का' से भिन्न है। वहाँ 'का' में पुंविभक्ति है और इसीलिए स्त्रीवर्गीय भेद्य आने पर 'की' रूप हो जाता है—'दिन भर की किचकिच' 'मूसों की मा' आदि। बहुवचन में 'ए' रूप हो जाता है—'दिन भर के झगड़े-बखेड़े' आदि। परन्तु भोजपुरी का यह 'का' सदा इसी तरह रहता है। मगही-मैथिली में भी 'क' एकरस रहता है। यानी यहाँ न 'आ' पुंप्रत्यय है और न 'ओ'। तिङन्त-प्रधान भाषा है न! और आगे बँगला में तो इस प्रवृत्ति की पराकाष्ठा है। सब एक जैसे। वहाँ एकरसता की इतनी प्रबलता है कि 'क' भी हट गया है; सर्वत्र 'र' ही चलता है। जबकि 'र' एकरस रहता है, तो उसे तद्धितीय संबंध-प्रत्यय न कह कर 'संबंध-विभक्ति' ही कहेंगे—'तोमार पुत्र' और 'तोमार पुत्री'। संबंध-प्रत्यय में एकता की प्रवृत्ति 'राजस्थानी' की 'जोधपुरी' शाखा में भी है; परन्तु वह कृदन्त प्रधान भाषाओं की श्रेणी में है; 'ओ' विभक्ति लगाती है—'राम रो छोरो' 'राम रा छोरा' 'राम री छोरी' (राम का लड़का, राम के लड़के, राम की लड़की)। यों 'ओ' विभक्ति से संबंध-प्रत्यय 'र' भिन्न रूप ग्रहण करता है। इससे स्पष्ट है कि सभी भारतीय भाषाओं का विकास अपनी-अपनी पद्धति पर स्वतंत्र रीति से हुआ। 'र' राजस्थानी की जोधपुरी शाखा में है और जयपुरी (राजस्थानी) में 'क' है; केवल दो सर्वनामों में ही 'र' है—'तेरो छोरो' और 'मेरो छोरो'। बंगाल में भी जोधपुरी की तरह 'र' ही है; परन्तु 'ओ' या 'आ' विभक्ति इसमें नहीं; यह स्वयं विभक्ति है। 'खड़ी बोली' की तरह ही 'राजस्थानी' में भी भूतकालिक 'य' प्रत्यय है; परन्तु पुंप्रत्यय 'आ' नहीं, 'ओ' है—'छोरो गयो'। यहाँ है—'लड़का गया'। 'य' उभयत्र है; पर संज्ञा-विभक्ति से भाषा-भेद। 'खड़ी बोली' में बहुवचन 'ए' से होता है—'राम के लड़के गए' और राजस्थानी में 'आ' से (बहुवचन) होता है—

राम का छोरा गया (जयपुरी)
राम रा छोरा गया (जोधपुरी)

गुजराती में भी 'ओ' विभक्ति है और उसकी प्रवृत्ति भी राजस्थानी की ही तरह है; परन्तु संबंध-प्रत्यय (तद्धितीय) 'न' है —

राम नो छोकरो गयो (एकवचन)
राम ना छोकरा गया (बहुवचन)

सिन्धी में 'ज' प्रत्यय है—

राम जो छोकरो गया (एकवचन)

राम जा छोकरा गया (बहुवचन)

व्रजभाषा 'खड़ीबोली' और राजस्थानी के बीच में है; इसलिए दोनों से प्रभावित है–

राम को छोरा गयो

'राम को' और 'गयो' राजस्थानी के अनुसार; परन्तु 'छोरा' खड़ी बोली के अनुसार। 'लड़का गया' में जैसा 'लड़का' है; उसी तरह 'छोरा गयो' में 'छोरा' है। व्रजभाषा ने एकवचन की क्रिया तो राजस्थानी की तरह रखी–'गयो': परन्तु बहुवचन 'खड़ी बोली' के अनुसार–

राम के दोऊ छोरा गए

(राम के दोनों लड़के गए)

यानी बहुवचन में क्रिया 'खड़ी बोली' की तरह–'गए हैं; तो कर्ता है राजस्थानी के ढँग पर 'छोरा'। राजस्थानी में 'छोरा' बहुवचन है, 'छोरो' एकवचन है। व्रजभाषा में 'छोरा'–एकवचन ('खड़ी बोली' के 'लड़का' की तरह) और 'छोरा' बहुवचन राजस्थानी के अनुसार। उभयत्र 'छोरा', एकवचन में भी और बहुवचन में भी। परन्तु व्रजभाषा है इधर 'खड़ी बोली' की ही ओर झुकी हुई।

'भोजपुरी' 'मगही' और 'मैथिली' भाषाएँ भी कुछ ऐसी ही स्थिति रखती हैं। कुछ प्रवृत्ति बँगला की ओर है; परन्तु हैं ये मध्यवर्ती भाषाएँ; अवधी-पांचाली की श्रेणी में। सो, इनमें उभयथा प्रवृत्ति है।

'भोजपुरी की 'बा' 'बाटे' 'बानी' आदि क्रियाएँ इसकी अपनी रचना है। परन्तु 'बा' धातु के साथ ही प्रयोगान्तर में 'ह' का भी प्रयोग है–

'नकदम हो गइल रहल हवै'

यह 'हवै' हिन्दी में व्यापक 'ह' धातु से है पर 'बढ़िया चीज होखी' आदि में 'होखी' जैसी क्रियाएँ 'हो' धातु से हैं। मूल आर्यभाषा से जिन भारतीय आर्यभाषाओं का विकास है, उन सब में 'अस्' तथा 'भू' धातुओं का अस्तित्व है। अन्य सब धातु भी प्रायः एकरूप ही सर्वत्र हैं; परन्तु 'अस्' और 'भू' तो अनिवार्यतः हैं।

'भोजपुरी' से मिलता-जुलता ही रूप 'मगही' का भी है। तीसरी भाषा 'मैथिली' है बिहार की, जो उपर्युक्त दोनों भाषाओं से मिलती-जुलती है; परन्तु बँगला से कुछ अधिक प्रभावित जान पड़ती है। मैथिली में साहित्य भी अच्छा है। महाकवि विद्यापति की रचना 'मैथिली' में ही है; वे थे भी मैथिली ही।

## 10. 'मैथिली' और उसका साहित्य

मैथिली में पुराना साहित्य ऊँचे दर्जे का है। दरभंगा के ब्राह्मण-राज्य ने भी 'मैथिली' को श्रीसम्पन्न करने में बड़ी मदद दी है और संस्कृत का तो गढ़ है मिथिला। संस्कृत के प्रसार से ही मैथिली का साहित्य वैसा अच्छा बन सका। परन्तु पांचाली (कन्नौजी) के लिए यह बात बिलकुल उलटे पड़ती है। 'पांचाली रीतिरिष्यते' कह कर संस्कृत साहित्य के

परमाचार्यों ने पांचाल प्रदेश में प्रचलित संस्कृत-शैली को जो महत्त्व दिया है, उससे उस प्रदेश की संस्कृत-उपासना का पता चलता है। 'गौड़' (बंगाल) की भी संस्कृत-शैली का उल्लेख है; पर वहाँ बंगीय जनता ने अपनी मातृभाषा का प्रेम छोड़ा नहीं। संस्कृत के साथ-साथ अपनी मातृभाषा को भी साहित्य दिया। यही स्थिति मैथिली-अंचल की है। परन्तु 'पांचाली' बेचारी को किसी ने पूछा-पछोरा नहीं। 'वैदर्भी रीति' वालों के देश का राजा (नल) भी पंचाल में ही संस्कृत-कीर्तित हुआ। श्रीहर्ष महाकवि थे। यदि वे चाहते, तो पांचाली को भी अमर साहित्य दे सकते थे। परन्तु किसी का ध्यान ही इधर न था। यही स्थिति मैथिली की रहती; यदि मातृभाषा-प्रेमी बंग-प्रदेश का प्रभाव उस पर न पड़ता। बंगाल का 'नदिया' तीर्थ संस्कृत के 'न्यायालय' दर्शन का गढ़ है। मैथिली विद्वान् वहाँ जाते-आते थे। मिथिला भी 'नव्यन्याय' में प्रौढ़ हुआ। इस आवागमन के सम्पर्क से मैथिल संस्कृतज्ञों में अपनी मातृभाषा के लिए अनुराग पैदा हुआ और उन्होंने उत्तम साहित्य से इसकी श्रीवृद्धि की। महाकवि विद्यापति बंगाल में रहे भी थे कुछ दिन।

हम यहाँ विद्यापति के ही कुछ वाक्य भाषा-बानगी के लिए उद्धृत करेंगे। भाषा इतनी जल्दी नहीं बदल जाती, जितनी कि लोग समझते हैं। जो मैथिली विद्यापति के समय थी, लगभग वही आज भी है। हाँ, यह बात और है कि साहित्यिक भाषा में और उसकी प्रकृति में—प्राकृत जनभाषा में—कुछ अन्तर जा जाता है। वैसा अन्तर तो समकाल में भी आता है। 'भोजपुरी' के प्रकरण में हम ने एक साहित्यिक भोजपुरिया विद्वान् की साहित्यिक चिट्ठी से कुछ उद्धरण दिए हैं। ये साहित्यिक विद्वान् 'आज' में लिखा करते हैं। इनकी यह 'साहित्यिक भोजपुरी' निश्चय ही 'प्राकृत भोजपुरी' से कुछ इधर-उधर है। परन्तु प्रकृति तो वही है न! उसी जनभाषा का वह साहित्यिक रूप है। अन्तर तो देखिए, महाकवि पन्त, निराला और महादेवी वर्मा आदि की साहित्यिक हिन्दी में तथा साधारण जनों की बोल-चोल की हिन्दी में! आज की ही हिन्दी में इतना अन्तर! परन्तु महाकवि विद्यापति की मैथिली में और आज की जनव्यवहृत मैथिली में वैसा अन्तर नहीं है। जितना अन्तर तुलसी-'मानस' की साहित्यिक अवधी में और आज की अवध-भाषा में है, उतना ही समझिए। या फिर जितना अन्तर मेरी इस 'भाषाविज्ञान' की हिन्दी में और साधारण जनभाषा में है, उतना समझिए। साहित्यिक भाषा से उसकी प्रकृत भाषा का आभास मिल जाता है। वेद-भाषा से वैदिक युग की जन-भाषा का अन्दाज लग जाता है। पालि-साहित्य की भाषा से उस समय की जन-भाषा समझी जा सकती है। इसी तरह तथाक्त 'प्राकृत' के साहित्य से यदि णकार-बाहुल्य तथा व्यंजन-लोप का आतिशय्य हटा दें, तो फिर यह साहित्यिक भाषा भी हमें उस युग की जनभाषा का आभास देगी। विद्यापति की साहित्यिक मैथिली में तथोक्त 'प्राकृत' का भी कहीं असर है; क्योंकि वे संस्कृत के विद्वान् थे और संस्कृत के पण्डितों पर उस कृत्रिम 'प्राकृत' की धाक बैठा दी गई थी। परन्तु यह वैसी रचना केवल यह दिखाने के लिए है कि हम उस धारा से अनभिज्ञ नहीं हैं। उनकी अपनी सहज प्रवृत्ति तो जनभाषा के मधुर रूप की ओर ही है। नीचे उन के वाक्य देखिए—

'सैसव जौवन दुहू मिलि गेल;
स्रवन क पथ दुहु लोचन लेल।
वचन क चातुरि, लहु लहु हास;
धरनिय चाँद कयल परगास।'

'वयः सन्धि' का वर्णन है। जीवन तारुण्य में प्रवेश कर रहा है, बाल्य छूट रहा है। दोनों अवस्थाओं की सन्धि है; जैसे कि मैथिली भाषा मध्यवर्ती भाषाओं की और पूर्बी भाषाओं की सन्धि-वस्तु है।

'दुहु मिलि गेल'—दोनों मिल गए हैं। 'शैशव' और 'यौवन' की सन्धि है। 'दुहु' में 'हु' अव्यय है। 'ह्' का लोप करके 'दुउ' और 'उ' को 'औ' करके 'दुऔ' साहित्यिक व्रजभाषा में चलता है—

'तरुनीरस-बंचित जु कवि, बरनत रस सिंगार।
विषयी भनत 'अनन्त'—पथ, दुऔ अनन्त गँवार'

—'तरंगिणी'

'मिलि गेल'—मिल गए है। 'भोजपुरी' में 'गइल' है। यहाँ सन्धि होकर 'गेल'। भूतकाल की क्रियाएँ 'ल' युक्त बिहार से बहुत दूर महाराष्ट्र में भी चलती है। यानी संस्कृत के भूतकालिक 'त' प्रत्यय को मराठी ने 'ल' कर लिया है। हिन्दी 'खड़ी बोली' राजस्थानी-गुजराती, पंजाबी आदि में वही 'त' बन गया है 'य'। परन्तु भोजपुरी-मैथिली आदि तिङन्त-प्रवृत्ति रखती हैं, जब कि अन्य सब कृदन्त पद्धति पर हैं। मराठी ने 'त' को 'ल' किया; भोजपुरी मैथिली के ढँग पर; परन्तु कृदन्त-पद्धति अपनाई 'खड़ी बोली' की। यही नहीं, 'खड़ी बोली' का पुंप्रत्यय भी वहाँ 'ल' में दिखाई देता है। परन्तु यह भोजपुरी-मैथिली का तथा 'खड़ी बोली' का प्रभाव मराठी पर नहीं है। कहाँ मराठी और कहाँ ये उत्तर भारत की भाषाएँ! सब का स्वतंत्र विकास है। प्रभाव तो 'खड़ी बोली' और राजस्थानी का ही पंजाबी पर नहीं पड़ा। सर्वत्र 'य' और पंजाबी में 'य' 'त' दोनों। 'गया सी मुण्डा' में 'गया' हिन्दी की तरह और 'कीता-सी' में 'कीता' स्वतंत्र रीति से। हिन्दी में यहाँ भी 'य' होता है—'किया था'। 'सी' और 'था' में भी अन्तर है। पंजाबी की 'सी' क्रिया तिङन्त है और हिन्दी की 'था' क्रिया कृदन्त है। यह सब पंजाबी का परिचय देते हुए आगे बतलाया जाएगा। यहाँ तो 'त' के विविध विकासों पर चर्चा है। संस्कृत में भी 'त' को कहीं 'न' हो जाता है—'क्लिन्न' 'स्विन्न' 'भिन्न' आदि। इसी अनुकरण पर पांचाली आदि में 'दीन' 'लीन' जैसी क्रियाएँ हैं, कृदन्त। 'हम तुम्हैं दूधु दीन, रोटी दीनि' —हम ने तुम्हें दूध दिया और रोटी दी। पांचाली में 'आ' या 'ओ' पुंप्रत्यय नहीं हैं। परन्तु बहुत दूर जाकर मराठी में 'अ' प्रत्यय फिर प्रकट हुआ। भोजपुरी-मैथिली में ऐसा कोई प्रत्यय नहीं है। मराठी में मैथिली और 'खड़ी बोली' का सुन्दर झिलमिल रूप दिखाई देता है। विचित्रता और भी है। 'खड़ी बोली' की 'ने' विभक्ति ज्यों की त्यों मराठी में है। उत्तर

प्रदेश की कूर्मांचली भाषा में 'ने' का रूपान्तर 'ले' दिखाई देता है; परन्तु मराठी में ज्यों का त्यों रूप 'ने' है। प्रसंग प्राप्त चीज है; देख लीजिए–

रामने मला लाडू दिला

(रामने मुझ लड्डू दिया)

केवल सम्प्रदान में 'मुझे' की जगह 'मला' है। सर्वनाम एक ही है; प्रत्यय-भेद है। दूसरी बात यह कि विभक्ति का सटा हुआ प्रयोग होता है और (विभिक्त लगने पर) प्रकृति का अन्त्य स्वर दीर्घ हो जाता है–'रामाने'–राम ने। शेष सब एक है। बहुवचन में 'आ' को 'ए' हो जाएगा–

रामाने मला सहा लाडू दिले

(राम ने मुझे छह लड्डू दिए (दिये))

स्त्रीवर्गीय प्रयोग में 'आ' की जगह 'ई' भी उभयत्रः–

रामाने मला रोटी दिली

सीताने मला रोटी दिली

सम्पूर्ण भारत की भाषाएँ विचित्र एकता रखती हैं; अपनी भिन्नरूपता में भी। पंजाबी में–

तुसी मैं नू फूल दीता (या 'दित्ता')

तुसी मैं नू रोटी दीती (या 'दित्ती')

तुसी मैं नू चार फल दीते (या 'दित्ते')

पंजाबी में कर्ता-कारक 'ने' विभक्ति से प्रायः रहित है। कर्म-सम्प्रदान आदि में हिन्दी 'को' लगाती है, पंजाबी 'नू' या 'नूँ'। यही 'नू' राजस्थानी आदि में 'नै' या 'ने' है–'राम नै लाडू मिल्यो'–राम को लड्डू मिला। 'म्हाने सासू समझायो'–हम को सास ने समझाया। राजस्थानी 'खड़ीबोली' के पड़ोस में है; पर वहाँ कर्ता;–(भूतकाल की क्रियाओं में) 'ने' विभक्ति नहीं रखता और सुदूरवर्ती मराठी भाषा में वह स्पष्टता के साथ उसी रूप में स्थित है!

अब अपनी उसी मैथिली पर आ जाइए–

'स्रवन क पथ लोचन लेल'

दोनों नेत्रों ने श्रवणों का रास्ता पकड़ लिया है। ये शिकारी (नयन) 'काननचारी' होने जा रहे हैं! बड़े हो रहे हैं। 'क' संबंध-प्रत्यय पुंविभक्ति 'आ' या 'ओ' से रहित है। हिन्दी की प्रायः सभी बोलियों में 'क' संबंध प्रत्यय है। जहाँ 'क' छूट जाएगा और 'हमार'-'तुम्हार' का रूप 'आमार'-'तोमार' होकर यही 'र' 'सर्वत्र ('क' का भी) काम करने लगेगा, वहीं मध्यवर्ती भाषाओं का (हिन्दी की 'बोलियों' का) क्षेत्र समाप्त होकर पूर्बी करने (बँगला आदि) भाषाओं की सीमा आ जाएगी। हिन्दी की एक 'बोली' (राजस्थानी की जोधपुरी शाखा में) भी 'र' का साम्राज्य है–'राम रो घर'–राम का घर। परन्तु अन्य सब बातों में इसका मेल 'क' प्रत्यय रखने वाली 'जयपुरी राजस्थानी' से है, जो कि 'हिन्दी कामनवेल्थ' की भाषा है। इसलिए राजस्थान की जोधपुरी शाखा में

भी हिन्दी है, न पंजाबी, न गुजराती। गुजरात में तो 'न' संबंध-प्रत्यय है–'राम नो घर'। तब जोधपुरी उसके साथ क्या जाए! पंजाबी में 'द' है–'राम दा घर'। यों पंजाबी में भी उसकी स्थिति नहीं। वैसे पंजाबी भी हिन्दी-परिवार में ही समझी जाती; यदि सिख-गुरुओं ने गुरुमुखी लिपि अलग न बना ली होती। लिपि की ही एक-सूत्रता समस्त हिन्दी परिवार में है और जोधपुरी-राजस्थानी की भी लिपि नागरी ही है। कहने का मतलब यह कि 'आ' या 'ओ' प्रत्यय के बिना 'क' संबंध-प्रत्यय भोजपुरी-मैथिली आदि में है और इसकी जगह 'र' है पूर्वी भाषाओं में।

'वचन क चातुरि लहु लहु हास'

बोल चाल में कुछ चतुराई आ गई है और हलकी-हलकी मुसकान प्रकट हो गई है। 'लघु-लघु' > 'लहु-लहु'।

'धरनिय चाँद कयल परगास'

–पृथ्वी पर ही चन्द्रमा ने अपनी ज्योत्सना छिटका दी है। मुसकान की ज्योत्स्ना है, इस 'चाँद' में। साधारण जन भोजपुरी-मैथिली में 'चान' बोलते हैं। मराठी में प्रयोग होगा–'चन्द्राने प्रकाश केला'। मैथिली में यद्यपि 'आ' या 'ओ' प्रत्यय नहीं है और क्रियाओं की प्रवृत्ति तिङन्त की ओर है; परन्तु तो भी 'क्रिया' में कहीं-कहीं पुंस्त्री-भेद जान पड़ता है।

एक गोपी अपनी किसी सखी से श्रीकृष्ण के रूप का वर्णन साध्यवसाना (सादृश्यमूलक) 'लक्षणा' वृत्ति से कर रही है–

'ए सखि, पेखलि इक अपरूप'

–अरी सखी, एक विचित्र रूप मैंने देखा–

'सुनइत मानबि सपन-सरूप'

–तू सूनेगी, तो सपना-सा मानेगी। 'मानबि' पीछे 'मनबै' और 'मनबौ' रूपों में चलता है। क्या है वह–

'कमल जुगल पर चाँद क माला'

(कमल के दो पुष्पों पर चन्द्रमाओं की माला थी)

चन्द्र-पंक्ति थी कमलों पर। चरणों से ऊपर को दृष्टि जा रही है। उज्जवल नखों का अध्यवसान चन्द्र से है। 'श्रीबल्लभ नखचन्द्रछटा बिनु सब जग माँझ 'अँधेरो' आदि में भी नखों को चन्द्र कहा है।

'ता पर उपजल तरुन तमाला'

(उस के ऊपर एक तरुण तमाल उपजा है)

श्याम कलेवर का अध्यवसान है। छरहरा लंबा कद। 'तापर'-'तामै' आदि व्रजभाषा में भी चलते हैं।

'ता पर बेढ़लि बिजुरि-लता'

(उस तमाल पर विद्युल्लता वेष्टित थी)

पीताम्बर जो ओढ़ रखा था; उसका अध्यवसान है।

'कालिन्दी-तट धिरे चलि जता'

(धीरे-धीरे वह तमाल कालिन्दी-तट पर चल रहा था)

'साखा-सिखर सुधाकर-पाँती'

—उस तमाल की शाखाओं पर (लंबे हाथों के शिखरों पर, चोटियों पर, अगली टहनियों पर, यानी अँगुलियों पर) सुधाकर की पाँत बैठी थी, चन्द्रमाओं की पंक्ति। अँगुलियों के नख छटा बिखेर रहे थे।

'ताहि नव पल्लव अरुन क भाँति'

—शिखर-पल्लव अरुणोदय की छटा दे रहे थे। (यहाँ हथेलियों का अध्यवसान है)।

बस, इसी तरह ऊपर बढ़ते हुए मुख-मण्डल, नेत्र तथा कुन्तल-राशि पर मोर-मुकुट आदि का वर्णन है। हमें भाषा देखने से मतलब।

एक वियोग-गीत है—

'माधव हमर रहल दुर देस!<br>
केओ न कहइ सखि कुसल-सनेस।<br>
जुग-जुग जीवथु लाख कोस।<br>
हमर अभाग हुनक नहिं दोस!'

'सन्देश' का रूप 'सनेस' है। 'हुनक'—उनका। 'ह्' का आगम हो गया है।

मैथिली और भोजपुरी में क्रियाअें की स्थिति सामान्य है; परन्तु संज्ञाओं में पुंस्त्री-भेद प्रकट करने की व्यवस्था है। खड़ी बोली में 'लड़का'-'लड़की' की तरह 'सोंटा'-'सीटों' आदि पुंस्त्री-भेद होते हैं और राजस्थानी आदि में 'छोरो'-'छोरी' की तरह 'साँटो'-'साँटी' आदि। पंजाबी में खड़ी बोली की तरह—'मुंडा'-'कुड़ी' (लड़का-लड़की) के पथ पर 'कुंडा-कुंडी' आदि प्रयोग होते हैं। वहाँ क्रियाएँ भी 'लड़का गया'-'लड़की गई'। 'छोरो गयो'-'छोरी गई' और 'मुंडा गया' 'कुड़ी गई' जैसे पुंस्त्री-भेद प्रकट करती हैं। परन्तु भोजपुरी-अवधी में ('मगही' में भी) क्रिया तो समान रहती है; पुंप्रत्यय या स्त्री-प्रत्यय वैसा नहीं दिखाई देता; परन्तु संज्ञाओं में पुंस्त्री-भेद ऐसा स्पष्ट है, जैसा न खड़ी बोली में, न व्रजभाषा में और न पंजाबी-राजस्थानी आदि में है। एक बड़ी भारी बात यह है कि जो शब्द पंजाब, कुरुजनपद, अवध 'पांचाल' आदि में पुंवर्गीय रूप ग्रहण करता है, वही भोजपुरी-मैथिली में भी और जो वहाँ स्त्रीवर्गीय रूप ग्रहण करता है, वह यहाँ भी उसी तरह चलता है। यानी शब्दों की यह पुंस्त्री-भेद की व्यवस्था लगभग बीस करोड़ की जनता की विभिन्न भाषाओं में एक-सी है; तथापि भोजपुरी में और मैथिली में स्पष्टता बहुत अधिक है। इतनी स्पष्टता है कि कभी वर्ग-भ्रम हो ही नहीं सकता। उदाहरणार्थ हिन्दी-परिवार में सर्वत्र 'जामुन' का स्त्रीवर्गीय प्रयोग होता है—'काली-काली जामुन'। यह इसलिए कि यह स्त्रीवर्गीय संस्कृत पुंवर्गीय 'आम्र' का रूपान्तर है। 'आम मीठा है' और 'जामुन मीठी है'। यों प्रयोग में भेद होता है; परन्तु 'यह आम' है 'यह जामुन है' यहाँ कोई भेद नहीं जान पड़ता। 'आम' और 'जामुन' की बनावट भी ऐसी नहीं कि वर्ग-भेद स्पष्ट जो जाए; जैसी की 'लकड़ी' और 'डंडा' आदि में है। भ्रम की गुंजाइश है। परन्तु भोजपुरी और मैथिली में पुंस्त्री-भेद प्रकट करने की पूरी व्यवस्था है! यहाँ भ्रम

संभावित नहीं। पुंवर्गीय प्रत्यय 'अवा' और स्त्रीवर्गीय 'इया' सदा लगता है और इससे वर्ग-भेद स्पष्ट हो जाता है।

'अँबवा क.डार मोर परा रे हिंडोलवा'

'जमुनिया का डार बैठी कुहक कोइलिया'

'अँबवा' पुंवर्गीय शब्द और 'जमुनियाँ' स्त्रीवर्गीय। 'इया' निरनुनासिक है—'टिकटिया' 'रेलिया';—टिकट और रेल से 'इया' होकर। 'जमुनियाँ' में 'याँ' अनुनासिक इसलिए कि प्रकृति के अन्त में 'न' है—'जामुन'। इसी तरह 'माटी' से 'मटिया' परन्तु 'दुनी' से 'दुनियाँ'। 'किताब' और 'कागज' शब्दों में वर्ग-निर्णय अनजान न कर सकेगा; परन्तु हैं ये स्त्रीवर्गीय तथा पुंवर्गीय शब्द। बिहार की तीनों ही भाषाओं में निर्णायात्मक स्थिति है—'कितबिया' और 'कागजवा' रूप चलते हैं। पीछे की अवधी आदि में 'कागजु' 'कागदु' रूप होते हैं; यद्यपि 'लरिकवा' आदि में 'अवा' चलता है। 'इया' भी उधर गया है; परन्तु वैसा व्यवस्थित नहीं है; जैसा कि इन भाषाओं में। यानी 'बँगला' आदि से भेद प्रकट करने की यह स्पष्ट घोषणा है।

## 11. हमारी पूर्बीय भाषाएँ

पीछे पूर्वाभिमुखी 'मध्यवर्ती' भाषाओं का परिचय दिया गया, जिससे ज्ञात हुआ कि उत्तरी भाषाओं की 'आ' पुंविभक्ति पूरब में मुरादाबाद तक ठीक है। आगे क्षीण होते-होते लुप्त हो गई है। इसी तरह पश्चिमी (राजस्थानी आदि) भाषाओं की 'ओ' पुंविभक्ति ब्रज में कुछ अपनी पद्धति पर है; परन्तु पूर्व की ओर चल कर क्षीण होती गई है। आगे फिर मध्यवर्ती भाषाएँ (पांचाली, अवधी, भोजपुरी, मगही, मैथिली आदि) है, जहाँ 'आ' किंवा 'ओ' पुंविभक्ति कतई नहीं है। अवधी-पांचाली की 'लरिकवा' तथा 'लरिका' आदि संज्ञाएँ पुंवर्गीय है; परन्तु इनमें वह 'आ' विभक्ति नहीं है, जो कि उत्तरी भाषाओं के 'लड़का' जाता है' और 'मुण्डा जाँदा है' तथा 'पानी मीठा है' आदि में दिखाई देती हैं। मध्यवर्ती भाषाओं में 'जात है' जैसे क्रिया-रूप होते हैं, और 'मीठ पानी' चलता है। 'आ' पुंविभक्ति का बहुवचन में एकारान्त रूप हो जाता है—

लड़के जाते है—मुंडे जांदे हन

परन्तु अवधी-पांचाली में—

लरिका जाति है—लरिका जात है

एकवचन में भी 'लरिका' और बहुवचन में भी 'लरिका'। इसी तरह—

लरिकवा पढ़ति है—लरिकवा पढ़त है

उभयत्र 'लरिकवा' है। क्रिया के रूप से कर्ता को एकवचन या बहुवचन समझा जाता है। 'जाति है' एकवचन और 'जात है' बहुवचन। 'ओ' का घिसा हुआ रूप 'उ' ब्रजभाषा एकवचन क्रिया में ही लगती है। वहाँ जनभाषा में बोलते हैं—'जातु है' 'खातु है'। बहुवचन 'जात है'—'खात है'। यही 'उ' पांचाली आदि में 'इ' है—'जाति है'—'खाति

है'। 'बिटिया जाति है' में 'ति' की 'इ' (स्त्री-प्रत्यय) 'ई' का ह्रस्व रूप; क्योंकि 'ओ' > 'उ' का पुंरूप 'इ' समंजस नहीं।

मध्यवर्ती भाषाओं का यह पुंप्रत्यय 'आ' अथवा 'अवा' संज्ञाओं में ही है; विशेषणों में और क्रियाओं में नहीं लगता। वे (आ, तथा 'ओ') उत्तरी और पश्चिमी भाषाओं के प्रत्यय विशेषणों में भी लगते हैं और क्रियाओं में भी—

अच्छा लड़का वेद पढ़ गया (हिन्दी, खड़ी बोली)

आछो छोरो वेद पढ़ गयो (राजस्थानी)

अच्छो छोरा वेद पढ़ि गयो (व्रजभाषा)

व्रजभाषा में 'छोरा' 'आ' से है; विशेषण और क्रिया 'ओ' से। मध्यवर्ती भाषाओं में यह प्रवृत्ति नहीं है। परन्तु पुंस्त्री-भेद है; भले ही कुछ सिकुड़े रूप में—

पानी मीठ है

खीर मीठि है

खड़ी बोली में—

पानी मीठा है

खीर मीठी है

खुलकर जोर से पुंस्त्री-भेद की घोषणा है। इसी तरह अन्यत्र—

पानी मीठो है

खीर मीठी है

'मीठो' और 'मीठी' में जोर से पुंस्त्री-भेद बतलाया गया है। अवधी-पांचाली में भी पुंस्त्री-भेद है; परन्तु हलके रूप में उसका प्रकटन है। फिर से देखिए—

'पानी मीठ है'—'खीर मीठि है'

'मीठ' और 'मीठि' में बहुत कम अन्तर जान पड़ता है। आगे फिर पूर्वी भाषाओं में तो एकदम एक रूपता! 'भालो आछो' पुरुष के लिए भी; स्त्री के लिए भी। यानी यहाँ (बँगला में) 'भालो' आच्छो' जैसे प्रयोगों में दृष्ट 'ओ' को पुंप्रत्यय न समझ लेना चाहिए। यह पुरुष और स्त्री दोनों के लिए समान प्रयोग है। बँगला की क्रियाओं में भी पुंस्त्री-भेद से रूप-भेद नहीं होता; क्योंकि यहाँ पूर्णतः तिङन्त-पद्धति है। संस्कृत में 'रामः पठति' और 'सीता पठति' दोनों जगह 'पठति' है; तिङन्त क्रिया है। यही पद्धति बँगला आदि पूर्वी भाषाओं में ग्रहण की है। परन्तु एक और विशेषता इन पूर्बी भाषाओं में है कि यहाँ प्रायः 'वचन-भेद' से भी क्रिया में रूप-भेद नहीं होता। विशेषण भी एकरूप रहता है। हिन्दी में संस्कृत तत्सम विशेषण तो प्रायः समान रूप रखते हैं—'सुन्दर लड़का' 'सुन्दर लड़की' आदि; परन्तु 'अपने' विशेषणों में पुंस्त्री-भेद से रूप-भेद होता है— 'अच्छा लड़का'-'अच्छी लड़की'। 'बँगला' में यह बात नहीं है। उभयत्र 'भालो' रहेगा। एकरूपता की ओर अत्यधिक ध्यान है। संस्कृत में तिङन्त क्रिया का पुंस्त्री-भेद नहीं होता; पर वचन-भेद होता है—'बालकः पठति' 'बालकाः पठन्ति'। परन्तु बंगभाषा में वचन-भेद भी क्रिया में नहीं होता—एकवचन में और

बहुवचन में एक ही रूप चलता है। हाँ, 'मध्यम पुरुष' तथा 'उत्तम पुरुष' की क्रियाएँ भिन्न-रूप होती हैं।

पूर्वी भाषाओं में एकरूपता की इस प्रवृत्ति का मूल भी संस्कृत में है और जिन प्राकृतों से इनका विकास है, उनमें यह चीज बहुत आगे बढ़ी हुई होगी; परन्तु उन प्राकृतों में साहित्य-रचना कदाचित् नहीं हुई और इसीलिए ऊपर की कड़ी नहीं जुड़ती। मिलती ही नहीं। संस्कृतमें क्रिया की एकरूपता के बहुत कुछ उदाहरण है; परन्तु बँगला की प्रवृत्ति बहुत आगे है। निश्चय ही इसकी मूल प्राकृत का ही झुकाव इधर हो गया होगा।

संस्कृत में तिङन्त और कृदन्त दोनों तरह की क्रियाएँ चलती हैं। उत्तरी भाषाओं में (खड़ी बोली-हिन्दी तथा पंजाबी आदि ने) और पश्चिमी (राजस्थानी आदि) भाषाओं ने कृदन्त-प्रधान पद्धति अपनाई। वहाँ तिङन्त क्रियाएँ भी हैं; परन्तु कृदन्तों की अधिकता है। पूर्वी भाषाओं में तिङन्त-पद्धति है; कर्ता या कर्म के अनुसार क्रिया में पुंस्त्री-भेद नहीं होता। यहाँ तक तो संस्कृत की तिङन्त-पद्धति सही; परन्तु वचन-भेद भी यहाँ नहीं होता, जबकि संस्कृत में 'पठति'-'पठन्ति' रूप से भेद होता है। 'पढ़हि'-'पढ़हिं' में भी संस्कृत की तिङन्त-पद्धति ('पठति-'पठन्ति' की तरह) है—

राम पढ़हि नित वेद<br>
रमा पढ़हि नित वेद

समान रूप; परन्तु वचन-भेद—

सो छात्र पढ़हि नित वेद<br>
वै छात्र पढ़हिं नित वेद

राष्ट्रभाषा में भी तिङन्त क्रिया—

लड़का वेद पढ़े—लड़की भी वेद पढ़े

परन्तु बहुवचन-रूप—

लड़के वेद पढ़ें—लड़कियाँ वेद पढ़े

पुंस्त्री-भेद से क्रिया में भेद नहीं; परन्तु (संस्कृत की तरह) वचन-भेद है—

बालकः वेदं पठेत (लड़का वेद पढ़े)<br>
बालिका वेदं पठेत (लड़की वेद पढ़े)

बहुवचन—

बालकाः वेदं पठेयुः (लड़के वेद पढ़ें)<br>
बालिकाः वेदं पठेयुः (लड़कियाँ वेद पढ़ें)

'पठेत्' का तो 'पढ़े' हिन्दी ने कर लिया; परन्तु 'पठेयु;' का 'पढ़ेजु' जैसा रूप नहीं बनाया। संस्कृत की ('न्' लगाकर) बहुवचन बनाने वाली पद्धति अपनाई। 'न्' लगाने की जगह स्वर को ही अनुनासिक कर दिया—'पढ़े'-'पढ़ें'।

परन्तु बँगला भाषा में ऐसा वचन-भेद नहीं होता। 'आछो' एकवचन में भी, बहुवचन में भी। हिन्दी में 'है' और 'हैं' से वचन-भेद होगा—'लड़का है' लड़के हैं'।

परन्तु वचन-भेद न करने की प्रेरणा तो पुरानी भाषाओं से मिलनी चाहिए न! ऐसे एकदम कोई भाषा आकाश से तो टपक नहीं पड़ती! बंगीय भाषा की प्रकृति (पूर्व की प्राकृत-भाषा) सामने नहीं है; परन्तु संस्कृत में कुछ प्रयोग ऐसे भी होते हैं, जहाँ कर्ता के अनुसार क्रिया में वचन-भेद नहीं होता, न 'पुरुष'-भेद से, न पुंस्त्री-भेद से ही—

त्वया शीयते (तू सोता है)
युष्माभिः शीयते (तुम लोग सोते हो)
मया शीयते (मैं सोता हूँ)
अस्माभिः शीयते (हम सोते हैं)
बालकैः शीयते (लड़के सोते हैं)
बालिकाभिः शीयते (लड़कियाँ सोती हैं)

सर्वत्र 'शीयते'। 'पुरुष'-भेद से भी क्रिया में भेद नहीं। बँगला में 'पुरुष'-भेद से तो क्रिया में भेद होता है।

परन्तु संस्कृत में सकर्मक धातुओं के जब (ऊपर दी हुई पद्धति पर) प्रयोग होंगे, तो क्रिया के रूप में (कर्ता के अनुसार तो नहीं) 'कर्म' के अनुसार परिवर्तन होगा; पुंस्त्री-भेद भी होगा—

मया ग्रन्थः पठ्यते (मैं ग्रन्थ पढ़ता हूँ)
त्वया ग्रन्थः पठ्यते (तू ग्रन्थ पढ़ता है)
सीतया ग्रन्थः पठ्यते (सीता ग्रन्थ पढ़ती है)

सर्वत्र 'ग्रन्थः' के अनुसार 'पठ्यते' है। 'कर्म' बहुवचन कर दें, तो क्रिया बहुवचन हो जाएगी—

रामेण ग्रंथाः पठ्यति (राम ग्रन्थ पढ़ता है)
मया ग्रन्थः पठ्यति (मैं ग्रन्थ पढ़ता हूँ)
बालिकया ग्रन्थाः पठयति (लड़की ग्रन्थ पढ़ती है) -

सर्वत्र 'ग्रन्थाः' के अनुसार क्रिया बहुवचन है—'पठ्यते'। बँगला यहाँ आगे बढ़ गई है। वह कर्म के अनुसार भी क्रिया में वचन-भेद नहीं करती।

हिन्दी में भी कुछ प्रयोग ऐसे हैं, जहाँ कर्ता या कर्म के अनुसार क्रिया के वर्ग-भेद या वचन-भेद से रूप-भेद नहीं होते; वरन 'पुरुष'-भेद से भी नहीं होते—क्रिया सदा एक-रूप रहती है—

लड़के ने बहन को बुलाया
बहनों ने भाई को बुलाया
माँ ने बच्चे को बुलाया
तुम ने हम को बुलाया
हम ने तुम को बुलाया

सर्वत्र 'बुलाया' क्रिया है; पुरुषवर्गीय-एकवचन रूप। 'य' कृदन्त भूतकालिक प्रत्यय है और उसमें 'आ' पुंविभक्ति लगी है। यहाँ इस पुंविभक्ति से पुंस्त्व विवक्षित

नहीं है। सामान्य प्रयोग है; वर्ग-भेद के बिना। संस्कृत में 'त्वया शयितम' 'बालकैः शयितम्' 'बालिकाभि शयितम्' सर्वत्र 'शयितम्' नंपुसक प्रयोग है; परन्तु सामान्यतः। वर्ग-भेद विवक्षित नहीं। हिन्दी ने नपुंसक वर्ग रखा नहीं; इसलिए सर्वत्र सामान्य प्रयोग 'आ' पुंप्रत्यय से होता है। यानी यह कृदन्त क्रिया का सामान्य रूप है। बँगला में तिङन्त की प्रधानता है। दिखाना केवल यह था कि क्रिया की एक-रूपता अन्यत्र भी है। हम यहाँ पूर्बी भाषाओं की पद्धति मात्र बतलाने के लिए बैठे हैं, उनका व्याकरण लिखने को नहीं। इसके लिए सबसे अच्छा यह कि विश्ववन्द्य श्री रवीन्द्रनाथ ठाकुर की वाणी सामने रखें। उनकी भाषा सुसंस्कृत साहित्यिक है; परन्तु उससे जनभाषा का प्रकृत रूप भी समझा जा सकता है। संस्कृत शब्दों का बाहुल्य ही एक विशेष बात है। परन्तु भाषा का रूप समझने के लिए तो क्रिया, सर्वनाम, विभक्ति-प्रत्यय आदि मूल तत्व ही देखे जाते हैं, जो कभी बदलते नहीं—साहित्यिक भाषा में भी रहते ही हैं। सो, विश्वकवि की वाणी में बंगभाषा की छटा देखिए—

'जे नदी हाराये स्रोत चलिते ना पारे,<br>
सहस्र शैवाल-दाम बाँधे आसि तारे'

—जो नदी अपना स्रोत खोकर आगे बढ़ने में अशक्त हो जाती है, उसे सहस्रशः शैवाल-जाल आकर बाँध-कस देते हैं।

'जो' की जगह 'जे' है। मध्यवर्ती भाषाओं में भी 'जे' 'से' जैसे सार्वनामिक विशेषण और सर्वनाम चलते हैं। मागधी प्राकृत 'ओ' की जगह 'ए' कर लेने की विशेषता रखती है और वही प्राच्य प्राकृतों में भी स्थित रही होगी, जो कि बँगला आदि में दिखाई देती है।

'जे जाति जीवनहारा अचल असार,<br>
पदे-पदे बाँधे तारे जीर्ण लोकाचार'

—जो जाति जीवन खोकर अचल। (गतिहीन) और सारहीन हो जाती है, उसे पद-पद पर जीर्ण लोकाचार कसकर बाँध लेते हैं।

'सर्व जन सर्व क्षण चले जेई पथे,<br>
तृण-गुल्म सेया नाहीं जन्मे कोनो मते'

—जिस पथ पर सब लोग सदा चलते रहते हैं, उस पर कभी भी घास-फूस का उगना संभव नहीं।

'जे जाति चले न कभू, तारि पथ परे—<br>
तंत्र-मंत्र संहितार चरण न परे।'

—जो जाति कभी चलती नहीं, आगे बढ़ती नहीं, उस के पथ पर तंत्र, मंत्र और संहिता आदि के चरण नहीं पड़ सकते! राष्ट्रभाषा में 'कभी' और बँगला के 'कभू'। परन्तु बँगला का 'कभू' ब्रजभाषा तथा पांचाली आदि की लाइन में। 'कबहूँ' के 'हूँ' को निरनुनासिक करके कब+हू='कभू'। 'ब' के 'अ' का लोप और फिर ब्+हू=भू। कबहूँ > कभू।

इन पंक्तियों से बँगला भाषा का आभास मिल जाता है। इसी से मिलती-जुलती 'उड़िया' भाषा है—'उड़ीसा' की भाषा। 'उत्कल' को लोक भाषा में 'उड़ीसा' कहते हैं। उसी से 'उड़िया' नाम भाषा का। 'असम' प्रदेश की भाषा 'असमिया' भी बँगला से साम्य रखती

है। सो, पूर्बी भाषाओं में ये तीन प्रमुख है—बँगला, उड़िया और असमिया। तीनों मिलती-जुलती हैं।

उड़ीसा (उत्कल) बंगाल से दक्षिण पड़ता है। उड़िया भाषा की पश्चिमी सीमा पर हमारी दक्षिणी भाषाएँ मिल जाती हैं, जिनमें से एक 'छत्तीसगढ़ी' है।

प्रकरण समाप्त करने से पहले बँगला का कुछ और खुलासा अपेक्षित है।

बँगला की क्रिया-पद्धति तथा कारक-विन्यास का अधिक खुलासा इन वाक्यों से हो जाएगा—

'राम आमके रुटी दियाछिल' (राम ने हमको रोटी दी है) 'हम' को 'अम' होकर 'आम'। विभक्ति लगने पर प्रकृति का स्वर दीर्घ। 'को' की जगह 'के' है।

'ओ' को 'ह्रस्व' 'उ' कर दिया जाता है—'रुटी'। 'दियाछिल' क्रिया में स्पष्टतः दो धातुओं का प्रयोग दिखाई देता है—'दे' का 'दिया' है और 'अस्' के 'छ' के साथ 'ल' या 'इल' (वर्तमान काल का) प्रत्यय है। यों प्रत्यय-दर्शन से जान पड़ता है कि 'दिया' मूलतः कृदन्त-पद्धति का है और 'छिल' कृदन्ताभास है। 'भोजपुरी' आदि में ही (भूतकाल का) 'इल' तिङन्त-पद्धति पर चला गया है, तब बंगाल तो और आगे है। परन्तु दूध का अब तो सामने 'दही' रूप है। तिङन्त-पद्धति पर क्रिया है, चाहे जिस तरह समझ लीजिए। कर्ता या कर्म में चाहे जो परिवर्तन कर दें—'राम' की जगह 'सीता' या 'रुटी' की जगह कोई पुंवर्गीय शब्द कर दें—'दियाछिल' क्रिया ऐसी ही रहेगी। हाँ, 'उत्तम पुरुष' या 'मध्यम पुरुष' कर्ता कर दें, तब अवश्य कुछ परिवर्तन होगा। कर्ता और कर्म में बहुवचन कर दें, तब भी क्रिया में परिवर्तन न होगा—

'सीता राम के चार खानि रुटी दियाछिल'

(सीता ने राम को चार रोटियाँ दी हैं)

'खानि' अव्यय है, जो संख्या-वाचक शब्दों के आगे लग जाता है। मध्यवर्ती भाषाओं में 'ठो' अव्यय लगता है—'चारि ठो'। कहीं 'ठौर' भी लगता है—'चारि ठौर'। स्थानवाचक संज्ञा 'ठौर' पृथक् चीज है। 'रोटियाँ' हिन्दी में होता है, बंगला में सदा 'रुटी' रहेगा। 'दियाछिल' क्रिया तदवस्थ है।

इसी तरह—

'तुमि वेद पाड़ियाछ' (तुमने वेद पढ़ा है)

कर्ता और कर्म बहुवचन-एकवचन चाहे जैसे हों; पुंस्त्री-भेद चाहे जैसा हो, क्रिया एकरस रहेगी—

तुमि संहिता पड़ियाछ (तुमने संहिता पढ़ी है)

'पड़ियाछ' ज्यों का त्यों है।

तुमि संहिता पड़ नाइ (तुम ने संहिता नहीं पढ़ी है)

यहाँ 'पड़' से ही काम चल गया, सत्तार्थक क्रिया का सहयोग सामने नहीं है। 'नाइ' है 'नाहि' का रूपान्तर। 'नाईं' मध्यवर्ती वर्ग में भी होता है—'हम नाईं दीन है'—हमने नहीं दिया है। 'नाहीं' भी चलता है—

'नाहीं, हम नाईं दीन है' (नहीं हमने नहीं दिया है)

'दियाछिल' आदि के उदीच्य भाषाओं में 'दिया है' और 'दियो है' रूप होते हैं। 'दिया'-'दियो' कृदन्त और 'है' तिङन्त-पद्धति पर। परन्तु बंग-भाषा में पूरी तरह तिङन्त-पद्धति है।

'पुरुष'-भेद से क्रिया के रूप में भेद होता है–

'आमरा वेद पड़ियाछि' (हमने वेद पढ़े हैं)

'आमरा ('उत्तम पुरुष') कर्ता की क्रिया पड़ियाछि है; अन्यपुरुष की 'पड़ियाछ'। 'आमरा' कर्ता-कारक का रूप है। संबन्ध-विभक्ति का ह्रस्वान्त रूप होता है–'आमार'–

आमार देश (हमारा देश)

आमार भक्ति (हमारी भक्ति)

आमार चार खानि शिष्य (हमारे चार शिष्य)

पश्चिमी वर्ग में–'म्हारो', 'म्हारा' (बहुवचन) और 'म्हारी' रूप होते हैं। मध्यवर्ती वर्ग में न 'आ', न 'ओ'–हमार घरु, हमार सब लरिका। परन्तु स्त्री-वर्गीय रूप में भिन्नता है–'हमारि बिटिया'। बंगाल में स्त्री-वर्गीय भेद भी नहीं है। यानी मध्यवर्ती वर्ग में 'आ' या 'ओ' विभक्ति न लगने पर भी, स्त्री-वर्गीय रूप-भेद के कारण 'र' को 'संबंध-प्रत्यय' कहा जाएगा; परन्तु बंग-भाषा में सदा एकरूप रहने के कारण 'र' संबंध विभक्ति है। विभक्ति एकरस रहती है–

1. राजनीतेः मार्ग (राजनीति का मार्ग)
2. राजनीतेः क्रिया (राजनीति की क्रिया)
3. राजनीतेः कार्यणि (राजनीति के काम)

हिन्दी में ('का' 'के' 'की') रूप-भेद 'क' संबंध-प्रत्यय के हैं। तद्धितीय संबंध-प्रत्यय रूप बदलता है–

1. राजनीतिकः मार्गः (राजनीति का मार्ग)
2. राजनीतिकी क्रिया (राजनीति की क्रिया)

(राजनीतिकानि कार्याणि–राजनीति के काम)

हिन्दी में 'पुं-वर्ग' और 'स्त्री-वर्ग' दो ही हैं; तृतीय वर्ग नहीं। इसलिए 'कः' का रूप 'का' कर लिया। विसर्गों का विकास ही यह 'आ' है और पश्चिमी वर्ग में 'ओ'। सो, लड़का, लड़के, लड़की की तरह का, के, की संबंध-रूप। यह 'आ' पूरब में घिसते-घिसते बंगाल में स्मृतिशून्य हो गया और 'र' संबंध-प्रत्यय बन गया–'संबंध-विभक्ति' (सर्वत्र एकरस)। 'क' को उड़ा दिया, सर्वत्र 'र' विभक्ति।

पश्चिमी वर्ग की जोधपुरी राजस्थानी ने भी 'क' को उड़ा कर सर्वत्र 'र' रखा है; परन्तु वहाँ वह 'संबंध-प्रत्यय' है; क्योंकि 'ओ' संज्ञा-विभक्ति और 'ई' स्त्री-प्रत्यय से रूप-भेद होता है–

थारो, म्हारो, राम रो, सीता रो, छोरो

बहुव.–थारा, म्हारा, राम रा, सीता रा, छोरा

स्त्री.—थारी, म्हारी, राम री, सीता री, छोरी

बँगला की ही तरह जोधपुरी-राजस्थानी में भी सर्वत्र 'र' है; परन्तु तद्धितीय संबंध-प्रत्यय है; रूप बदलता है। बँगला में 'र' विभिक्ति है, एकरस रहती है। संस्कृत में दोनों पद्धतियाँ हैं, जो कि हमारी 'मूल आर्यभाषा' में भी प्रदेश-भेद से चलती होंगी। उन्हीं का अनुमान आज की भाषाओं में है।

## 12. हमारी दक्षिणी भाषाएँ

दक्षिणी भाषाओं को हम दो भागों में देखेंगे। देहली (दिल्ली) से जो दिशा पकड़ कर हम आगे बढ़े हैं, उस हिसाब से 'मध्य प्रदेश' में बोली जाने वाली 'छत्तीसगढ़ी' 'मालवी' और 'अनामिका' आदि भाषाओं को भी हम 'दक्षिणी' कहेंगे। और, धुर दक्षिण की तमिल, तेलगू, कन्नड़ तथा मलयालम तो दक्षिणी भाषाएँ हैं ही। ये 'तमिल' आदि भाषाएँ हमारे महान् धर्माचार्य रामानुज और शंकर भगवान् की मातृभाषाएँ हैं। इसलिए हमारे हृदय में इन के प्रति विशेष सम्मान-भावना स्वाभाविक है। वेद-व्याख्याता सायण आदि भी वहीं के थे। जो भाषाएँ जगतगुरु रामानुजाचार्य और भगवान शंकराचार्य आदि अपने कुटुम्ब में बोलते थे, उनके प्रति हमारा आकर्षण स्वाभाविक है; भले ही उन तक हमारी पहुँच न हो। यह अध्याय बहुत बड़ा हो गया है और कुछ थोड़ा आगे भी कहना है। इसलिए, अपनी उन 'तमिल' आदि भाषाओं की चर्चा एक अलग अध्याय में करेंगे। वे सब 'द्रविड़-परिवार' की भाषाएँ कहलाती हैं, जो वस्तुतः 'द्रविण भाषाएँ हैं। 'द्रविण' शब्द का प्रयोग हमने 'तद्वान्' अर्थ में किया है; जैसे कि संस्कृत में 'दुःख संसर्गो दुर्जनानाम्' और 'सुखः संगः सतां मतः' आदि में 'दुःख' 'सुख' आदि का होता है। हम उन्हें 'द्रविण भाषाएँ कहते हैं, एक उपपत्ति से। इसका खुलासा वहीं उनके प्रसंग में होगा। समृद्ध भाषाएँ हैं।

उड़िया भाषा का एक छोर मध्य-प्रदेश की 'छत्तीसगढ़ी' भाषा से मिलता है। 'छत्तीसगढ़ी' मध्य-प्रदेश के (रायपुर, दुर्ग, नाँदगाँव, रायगढ़ आदि के) बड़े भू-भाग में बोली जाती है। इस भू-भाग को 'छत्तीसगढ़' इसलिए कहते हैं कि यहाँ छत्तीस छोटे-छोटे राजाओं का अपना-अपना शासन था। 'छत्तीसगढ़ी' भाषा हिन्दी की साझेदारी में है, जैसे कि व्रजभाषा, पांचाली, अवधी आदि। इसी तरह 'मालवा' जनपद की भाषा 'मालवी' और जबलपुर आदि की 'अनामिका' भाषा भी हिन्दी-परिवार में है—'हिन्दी कामनवेल्थ' में है।

मालवी भाषा मध्यप्रदेश के खंडवा, इन्दौर आदि में तथा दूर-दूर तक बोली जाती है। राजस्थान में सम्मिलित उदयपुर (मेवाड़) की भाषा 'मेवाड़ी' है; परन्तु कुछ भाग में मालवी भी चलती है।

मध्यप्रदेश के जबलपुर, गाडरवाड़ा, होशंगाबाद, सागर आदि जिलों में एक अलग भाषा चलती है, जो कि दक्षिणी व्रजभाषा ('ग्वालियरी' या 'बुँदेलखंडी) के और दक्षिणी

अवधी (बघेली) के सम्मिश्रण से बनी है; जैसे कि राजस्थानी और 'खड़ी बोली' के सम्मिश्रण से व्रजभाषा। इस मिश्रित भाषा का अभी तक कोई अलग नाम मालूम नहीं; इसलिए इसे हम ने 'अनामिका' कह दिया है। रानी दुर्गावती इसी जनपद की थीं। मध्य प्रदेश में 'गोंड-भाषा' भी है। इसको हम अलग रखते हैं, अविकसित जनों की भाषाओं में।

मालवी, छत्तीसगढ़ी और 'अनामिका' आदि भाषाएँ ठीक उसी तरह हिन्दी-संघ में हैं, जैसे कि व्रजभाषा, पांचाली, अवधी, भोजपुरी, मैथिली, मगही, गढ़वाली, कूर्मांचली और राजस्थानी आदि। ये सब 'हिन्दी की बोलियाँ हैं—ये सब 'हिन्दी' हैं। 'हिन्दी-साहित्य' में इन सभी भाषाओं का साहित्य समझा जाता है और बिना किसी भेद-भाव के सब सबको 'अपना' समझते हैं; यद्यपि सर्वत्र व्यवहार के लिए (शताब्दियों पहले) इन सुविस्तृत भू-भाग के महान् पुरखों ने 'खड़ी बोली' को अपनी (साझे की) व्यवहार-भाषा और व्यापक साहित्यिक भाषा के रूप में स्वीकार कर लिया था और यों अनजाने ही राष्ट्रभाषा की समस्या हल कर दी थी—कम से कम उस महत्त्वपूर्ण समस्या की दिशा में बहुत बड़ा कदम उठा दिया था। उसी का परिणाम यह हुआ कि बंगाल के राजा राममोहन राय और काठियावाड़ के स्वामी दयानन्द और महात्मा गाँधी ने अपनी पूरी शक्ति लगा कर इसे राष्ट्रभाषा के पद तक पहुँचाया।

हम यहाँ मालवी, छत्तीसगढ़ी आदि के वाक्य-विन्यास आदि का परिचय देकर अध्याय का कलेवर अधिक न बढ़ाएँगे। इनसे में दूर भी हूँ, इन का ज्ञान नहीं है। ये सब हिन्दी की बोलियाँ हैं। यद्यपि स्वतंत्र भाषाएँ हैं।

## 13. मराठी भाषा

मराठी भाषा की एक सीमा गुजराती से, दूसरी छत्तीसगढ़ी से और तीसरी अनेक जगह द्रविड़-भाषाओं से मिलती है। और, तो भी इसका अपना स्वरूप सुव्यवस्थित है। मराठी में पुराना साहित्य भी ऊँचे दर्जे का है; विशेषतः (हिन्दी की ही तरह) सन्त-साहित्य।

मराठी बहुत दूर पड़ जाती है, उस जनपद से, जहाँ की बोली ('खड़ी बोली') परिष्कृत होकर हिन्दी-उर्दू रूपों में सामने है। वह जनपद उत्तर प्रदेश का एक अंचल है। दिल्ली के बगल में, हिमालय की उपत्यका में—'कुरुजनपद' है—वर्तमान मेरठ-संभाग के तीन जिले और मुरादाबाद का पश्चिमी भाग। उस अंचल से मराठी-प्रदेश की कोई सीमा कहीं नहीं मिलती। परन्तु यह आश्चर्य की बात है कि मराठी में जैसे अनेक जगह 'ड़' बोलते हैं, जहाँ हम सब लोग 'ल'; उसी तरह कुरुजनपद में भी 'ल' को अनेक जगह 'ड़' बोलते हैं, जहाँ हम सब बोलते हैं—'काला साँप'। कुरुजनपद (सहारनपुर आदि जिलों में) बोलते हैं—'काड़ा साँप'। हम लोग बोलते हैं—'निकल गया साला'। वहाँ बोलते हैं—'निकड़ गया साड़ा'। हिन्दी की अन्य बोलियों में यह बात नहीं है; यद्यपि 'न' को 'ण' बोलने की प्रवृत्ति राजस्थान आदि में भी है; पंजाब में तो है ही; गुजरात में भी है। गुजरात तो

महाराष्ट्र से मिलता ही है। 'भगिनी' का रूपान्तर 'बहिनी' है, जो अवधी-पांचाली आदि में प्रचलित है। इसके 'बहिन' और 'बहन' रूप पश्चिम में हैं; पर ठेठ कुरुजनपद में 'बहण' बोला जाता है। यही पंजाब में जाकर 'भैण' है। परन्तु 'काला' को 'काड़ा' पंजाब में नहीं बोलते। व्रज में 'कारो' चलता है। मध्यवर्ती भाषाओं में भी 'ल' की जगह 'र' चलता है। केवल मेरठी अंचल में 'काड़ा' आदि जन-प्रचलित प्रयोग हैं। यह बात चीत की व्रजभाषा आदि में कहीं भी नहीं। मेरठी और मराठी में यत्र-तत्र 'ल' की जगह 'ड़' है।

## पुंप्रत्यय

पुंप्रत्यय 'आ' भी मराठी में क्वचित् उसी तरह है, जैसे कि उत्तरी वर्ग की 'खड़ी बोली' 'बाँगरू' और पंजाबी में। यह चीज अभी आगे स्पष्ट सामने आ जाएगी। पुं-प्रत्यय यद्यपि खड़ी बोली (हिन्दी में) और पंजाबी में समान है; परन्तु तद्धितीय संबंध-प्रत्यय भिन्न हैं।

हिन्दी में 'क' सामान्य संबंध-प्रत्यय है, जिसमें 'आ' पुंप्रत्यय लगकर—

का, के, की

पुंवर्गीय एकवचन-बहुवचन तथा स्त्रीवर्गीय प्रयोग होते हैं। परन्तु पंजाबी में 'द' संबंध-प्रत्यय है, जिसमें 'आ' पुंप्रत्यय लगकर—

दा, दे, दी

प्रयोग होते हैं—राम दा मुंडा, राम दे मुंडे, राम दी कुड़ी। कवर्ग का प्रथम अक्षर हिन्दी में है और पंजाबी में तवर्ग का तीसरा। परन्तु मराठी में 'च' संबंध-प्रत्यय है; 'क' के बहुत समीप। 'आ' पुंप्रत्यय के योग से—

चा, चे, ची

रूप-प्रयोग होते हैं—रामाचा शास्त्रार्थ, रामाचे मुले, रामाची प्रतिभा—राम का शास्त्रार्थ, राम के लड़के, राम की प्रतिभा। विभक्ति या प्रत्यय लगने पर प्रकृति में कुछ परिवर्तन—अन्त्य 'अ' को 'आ'। हिन्दी में 'आ' को 'ए' हो जाता है, प्रत्यय या विभक्ति लगने पर 'लड़के का हठ'। ये अपनी-अपनी बातें हैं।

मराठी में भूतकालिक क्रियाएँ भी हिन्दी की ही तरह कृदन्त हैं; उनमें 'आ' पुंप्रत्यय भी इसी तरह लगता है और उसके रूप-भेद भी उसी तरह होते हैं।

यहीं नहीं, मराठी में 'ने' विभक्ति का प्रयोग भी ठीक उसी तरह होता है, जैसे कि हिन्दी में—

रामाने मला लाडू दिला (मराठी)

राम ने मुझे लड्डू दिया (हिन्दी)

बहुवचन—

रामाने मला सहा लाडू दिले (मराठी)

राम ने मुझे छह लड्डू दिए (> दिये)

स्त्रीवर्ग–

रामाने मला संहिता दिली–मराठी

राम ने मुझे संहिता दी–हिन्दी

सर्वत्र कर्मवाच्य प्रयोग है, मराठी और हिन्दी में। क्रिया में आसन्नता प्रकट करने के लिए हिन्दी में 'है' का प्रयोग होता है, जो तिङन्त-प्रकृति की चीज है; पुंस्त्री-वर्ग में रूप नहीं बदलती। मराठी में ('है' की जगह) 'आहे' का प्रयोग होता है, जो कि 'आहि' का ही रूपान्तर है–'जानै को आहि, बसै केहि गामा।'

रामाने मला लाडू दिला आहे–मराठी

राम ने मुझे लड्डू दिया है–हिन्दी

स्त्री वर्ग–

रामाने मला संहिता दिलो आहे–मराठी

राम ने मुझे संहिता दी है–हिन्दी

'दिला-दिली' और 'दिया-दी'। परन्तु 'आहे' में कोई परिवर्तन नहीं। यही बात हिन्दी 'है' में है। तिङन्त 'है' का बहुवचन बनाने के लिए हिन्दी उस के स्वर को अनुनासिक कर देती है और मराठी अन्त में 'त' लगा देती है। 'है' का बहुवचन 'हैं' और 'आहे' का बहुवचन 'आहेत'–

रामाने मला सहा लाडू दिले आहेत–मराठी

राम ने मुझे छह लड्डू दिए हैं–हिन्दी

मध्यवर्ती भाषाओं के भूतकाल में 'कइल' 'गइल' जैसे प्रयोग होते हैं; परन्तु वे हैं तिङन्त-पद्धति की ओर। पूर्व की ओर मुँह उनका है। 'कइल' में सन्धि कर दें, तो 'केल' हो जाता है। मराठी में 'केल' है; परन्तु पूरी तरह कृदन्त और 'आ' पुंप्रत्यय भी इसीलिए लगता है; 'ने' विभक्ति का प्रयोग भी–

रामाने विवाद केला–मराठी

राम ने विवाद किया–हिन्दी

रामाने सहा विवाद केले–मराठी

राम ने छह विवाद किए–हिन्दी

रामाने सन्ध्या केली–मराठी

राम ने सन्ध्या की–हिन्दी

अतिशय साम्य है, आश्चर्य-जनक। मराठी की सीमा पश्चिमी वर्ग की गुजराती से मिलती है; परन्तु इसने वहाँ का 'ओ' पुंप्रत्यय नहीं लिया। 'आ' पुंप्रत्यय पंजाबी में भी है; परन्तु वहाँ 'ने' विभक्ति इस तरह नहीं। हिमालय की अधित्यका पर बोली जाने वाली 'कुमायूनी' में 'ने' विभक्ति का रूपान्तर 'ले' जरूर प्रचलित है; परन्तु वहाँ 'आ' पुंप्रत्यय

नहीं है। बहुत अधिक साम्य है मेरठी-मराठी में और भूतकाल में कृदन्त-पद्धति तो एक ही है। और भेद तो स्वाभाविक ही हैं। भाषा ही स्वतंत्र है। आश्चर्य की बात तो समता है। इतनी दूर की भाषाएँ एक दूसरी को प्रभावित नहीं कर सकतीं। यह नहीं कहा जा सकता कि इनमें से किसी का किसी पर प्रभाव पड़ा है। स्वतंत्र विकास सब का है, फिर भी बहुत अधिक समानता है।

## 14. हमारी पश्चिमी भाषाएँ

सिन्ध, कच्छ, काठियावाड़, गुजरात और राजस्थान की भाषाएँ पश्चिमी वर्ग में आती हैं। दिल्ली से पश्चिम चलो, तो पहले राजस्थान और धुर पश्चिम से दिल्ली को चलो, तो सिन्ध से चलना होगा। 'सिन्धी' पश्चिमी भाषाओं की अन्तिम कड़ी है। पंजाब के 'मुलतान' जिले से पंजाबी का प्रारम्भ है; परन्तु उसके भी एक बड़े भाग में सिन्धी की झलक है। पंजाबी भाषा 'उत्तरी वर्ग' में है। दिल्ली के बगल में (हिमालय की तलहटी में) बसे तीन-चार (मेरठ आदि) जिलों को 'कुरुजनपद' कहते थे। वहाँ की बोली 'खड़ी बोली' कहलाती है, जिसका एक साहित्यिक रूप 'उर्दू' नाम से मुसलमानों में आदृत है और दूसरा (राष्ट्रीय) सुसंस्कृत रूप 'हिन्दी' है। यहीं से उत्तरी वर्ग शुरू होकर आगे पंजाब तक चला गया है। परन्तु हिमालय की आधित्यका पर बसे जनपद जो भाषाएँ बोलते हैं, वे भी 'उत्तरी वर्ग' में ही हैं। ये धुर उत्तर की भाषाएँ हैं, जिनका परिचय हम अलग अभी देंगे। यानी 'उत्तरी वर्ग' के दो भेद हैं—1. हिमालय की उपत्यका की भाषाएँ खड़ी बोली, बाँगरू, पंजाबी आदि और 2. हिमालय की अधित्यका की भाषाएँ—गढ़वाली, कूर्मांचली, नेपाली आदि। राजशेखर ने प्रमुख रूप से 'खड़ी बोली' को ही 'उदीच्य' कहा है। 'कृत्प्रिया उदीच्याः' का मतलब इसी से है कि कुरुजनपद की भाषा कृदन्तप्रधान है। यही भारत का उदीच्य (पश्चिमोत्तर) प्रदेश है और यहीं की भाषा पूर्णतः कृदन्त-प्रधान है—'लड़का गया था'—'लड़की गई थी' और 'जाता है' 'जाती है' आदि।

पश्चिमी भाषाओं में पूर्णतः कृदन्तप्रधानता नहीं है—'छोरा आवै छै' और 'छोरी आवै छै'। उभयत्र 'आवै' है। उत्तरी वर्ग की पंजाबी भाषा में—'मुंडा गया सी'—'कुड़ी गई सी'। उभयत्र 'सी' है। हिन्दी में 'आता'-'आती' और 'था'-'थी' कृदन्त हैं। हम यहाँ पश्चिमी वर्गों की चर्चा करेंगे।

### (1) सिन्धी भाषा

बम्बई मराठी भाषा का क्षेत्र है। कराची वहाँ से दूर नहीं है, जो कि सिन्धी भाषा का गढ़ है। परन्तु सिन्धी की सीमाएँ अन्य भाषाओं से भी मिलती हैं। एक जगह कच्छी और काठियावाड़ी भाषाओं से सिन्धी की सीमा मिलती है। कच्छी सिन्धी से मिलती है और

काठियावाड़ी गुजराती का ही रूपान्तर है। इनमें बहुत कम अन्तर है; कदाचित् इतना, जितना कि पांचाली और अवधी में; या 'भोजपुरी' और 'मगही' में। 'न' ('नो') संबंध-प्रत्यय गुजराती वाला काठियावाड़ी में भी है और सिन्धी का 'ज' ('जो') कच्छी में भी है।

दूसरी जगह, कुछ ऊपर सिन्धी की सीमा राजस्थानी की जोधपुरी शाखा से मिलती है, जो कि 'जैसलमेर' से आगे बढ़ गई है। सिन्धी की तीसरी सीमा मुलतान के समीप पंजाबी से मिलती है। भारत का जो भाग शासिनक रूप से विभक्त होकर आजकल 'पाकिस्तान' कहलाता है, सिन्धी उसी के एक अंचल की भाषा है, जिसे 'सिन्ध-प्रदेश' के नाम से सब जानते हैं। मुलतान से आगे रावलपिंडी तक और रावलपिंडी से लाहौर तक की भाषा पंजाबी है, जो कि भारतीय भाषाओं के उत्तरी वर्ग की एक प्रमुख भाषा है। लाहौर से अमृतसर होती हुई पंजाबी भाषा अंबाला तक चली जाती है। उसके आगे बाँगरू और फिर 'खड़ी बोली'। यानी सिन्धी भाषा दो जगह तो पश्चिमी वर्ग की दो भाषाओं से मिलती है, जहाँ 'ओ' पुंप्रत्यय चलता है और एक जगह उत्तरी वर्ग की पंजाबी भाषा से मिलती है, जहाँ 'आ' पुंप्रत्यय चलता है। परन्तु सिन्धी का संबंध-प्रत्यय अपना स्वतंत्र है–'ज'। इस 'ज' में सिन्धी 'ओ' विभक्ति लगती है, जो कि 'पश्चिमी वर्ग' की अपनी विशेष चीज है। पंजाबी में 'द' संबन्ध-प्रत्यय है और 'आ' पुंविभक्ति है। सो, 'ओ' प्रत्यय के कारण सिन्धी पश्चिमी वर्ग की भाषाओं में है। संबंध-प्रत्यय सब के भिन्न-भिन्न हैं; परन्तु 'ओ' ने एकसूत्रता ला दी है; सिन्धी आदि भाषाओं का एक वर्ग बना दिया है–'पश्चिमी वर्ग' देखिए–

उत्तरी वर्ग–

राम दा मुण्डा गया–पंजाबी
राम का लड़का गया–हिन्दी

पश्चिमी वर्ग–

राम जो छोकरो गयो–सिन्धी
राम नो छोकरो गयो–गुजराती, काठियावाड़ी
राम रो छोकरो गयो–राजस्थानी (जोधपुरी)
राम को छोकरो गयो–राजस्थानी (जयपुरी)

'जो-नो-रो-को' की एक पंक्ति है। एक वर्दी है–'ओ'। कलेवर सब के भिन्न हैं–ज-न-र-क। इन सब पर 'ओ' समान रूप से है। हिन्दी (खड़ी बोली) और पंजाबी में 'आ' है–'राम दा'-'राम का'।

यह 'ओ' पुंप्रत्यय (पूरी धारा में) विशेषणों में तथा कृदन्त क्रियाओं में भी समान रूप से दिखाई देता है और पुंवर्गीय संज्ञाओं के भी एकवचन में। पुंवर्गीय एकवचन की यह निशानी है; न बहुवचन में रहता है; न स्त्रीवर्गीय प्रयोग में ही–'मीठो फल', 'छोकरो गयो', 'राम जो (रो, नो, को) छोरो' (या 'छोकरो')।

## 'ज' प्रत्यय का उद्भव

सिन्धी का यह 'ज' संबन्ध-प्रत्यय कहाँ से आया, कैसे बना; जानने की इच्छा हो सकती है। यह 'ज' प्रत्यय किसी पुरानी 'प्राकृत' से आया है। संस्कृत में बोलते हैं–

भारतीयो व्यवहारः (भारत का व्यवहार)

भारतीया व्यवहाराः (भारत के व्यवहार)

यहाँ एकवचन में 'यो' और बहुवचन में 'या' दिखाई दिया। इन दोनों को लोकभाषा ने अलग कर लिया और 'यो' को 'जो' तथा 'या' को 'जा' कर लिया। संक्षेप की ओर जनभाषा का झुकाव होता है। 'अधुना' का 'हुन' करके 'हुण' बना लिया और 'स्नुषा' को 'नू' बना लिया (पंजाबी ने)। सो 'इयो' का 'यो' तथा 'ईया' का 'या' मात्र लेकर चवर्गीय रूप दे दिया–

राम जो–राम का

राम जा–राम के

यों 'जो' तथा 'जा' संबंध-प्रत्यय हुए; पु. एकवचन और बहुवचन। संस्कृत के–

पुत्रो गतः (लड़का गया)

पुत्रा गताः (लड़के गए)

इन रूपों को प्राकृत ने कर लिया–

पुत्तो गदो (लड़का गया)

पुत्ता गदा (लड़के गए)

यानी प्राकृत ने विसर्ग उड़ा दिए। 'अ' से परे विसर्गों को 'ओ' कर लिया और बहुवचन ('आः') के विसर्ग उड़ा दिए। 'गतः' का 'गदो' कर के 'गयो' रूप। 'द' को 'य' हो गया। जैसे कि 'मद' (मदिरा) का 'मय' रूप कहीं हो गया। 'गदा' का रूप 'गया' हो गया, बहुवचन। इसी तरह विशेषणों में भी 'ओ' तथा 'आ' लगे। सर्वत्र एकवचन में 'ओ' तथा बहुवचन में 'आ' देखकर भाषा ने इन्हें पुंवर्गीय एकवचन और बहुवचन के स्वतंत्र प्रत्यय मान लिए और फिर अपने शब्दों में स्वतंत्र रीति से इनका प्रयोग किया।

स्पष्ट हुआ कि सिन्धी के 'जो'-'जा' में 'ज' संबंध-प्रत्यय है 'तद्धितीय' और उनमें 'ओ'-'आ' पुंप्रत्यय लगे हैं, एकवचन और बहुवचन में। सिन्ध का–

'मोहन जो दड़ो'

जगत्प्रसिद्ध है–'मोहन को दड़ो'–'मोहन का टीला'। इसी 'मोहन जो दड़ो' को लोग 'महेंजोदारो' जैसे अटपटे रूप में सामने रखा करते हैं। 'जो' बहुत स्पष्ट संबंध-प्रत्यय है और यही प्रत्यय सिन्धी को पश्चिमी वर्ग की अन्य भाषाओं से अलग करता है–

राम को छोरो गयो

राम रो छोरो गयो

राम नो छोकरो गयो

राम जो छोकरो गयो

केवल 'ज' से भेद है। भेद तो और भी बहुत से हैं; भाषा ही अलग है; परन्तु धारागत मूल भेद संबंध-प्रत्यय 'ज' का है।

सिन्धी के लिए विदेशी शासकों ने एक नई लिपि बनाई, जो कि फारसी लिपि का रूपान्तर है और दाएँ से बाएँ चलती है; 'खरोष्ट्री' जैसी। इस लिपि ने बड़ा झमेला डाल दिया। चीज ही दूसरी जान पड़ने लगी। पहनावे का बड़ा असर पड़ता है। लोग कुछ का कुछ समझने लगते हैं। 'खर'+'उष्ट्र' ='खरोष्ट्री'! आधा तीतर, आधा बटेर! भाषा कहीं की लिपि कहीं की!

सिन्धी से कच्छी और काठियावाड़ी भाषाओं की सीमा मिलती है, जो गुजराती के ही एक रूप हैं। 'ज'-'न' संबंध-प्रत्यय हैं। इसलिए प्रमुख रूप ('गुजराती') का ही उल्लेख यहाँ हम करेंगे। राजस्थानी की जोधपुरी शाखा भी सिन्धी की सीमा से मिलती है, जिसकी चर्चा हम आगे चल कर करेंगे।

## 2. गुजराती और पंजाबी भाषाएँ

हमारी गुजराती भाषा भी अपने प्राचीन साहित्य से समृद्ध है—विशेषतः सन्त-साहित्य से। इसकी सीमा एक ओर मराठी से मिलती है और स्थल-विशेष में मराठी की ही तरह यहाँ भी 'ल' का उच्चारण 'ड़' की तरह होता है। 'उलयोरभेदः' संस्कृत में प्रसिद्ध है। बहुत पहले भी प्रदेश-भेद से 'ल'-'ड' बोले जाते थे; एक ही शब्द के प्रदेश-भेद से द्विविध उच्चारण। संस्कृत के 'नल'-'नड' आदि द्विरूप शब्द इस में प्रमाण हैं। संस्कृत व्यापक भाषा ठहरी। दोनों जगह का उच्चारण ले लिया। कुरुजनपद में भी प्रायः शब्द के अन्त का 'ल' बोला जाता है—'ड़'। 'काड़ आ गया' (काल आ गया)।

गुजराती की दूसरी सीमा राजस्थानी (जोधपुरी) से मिलती है और वह (जोधपुरी-राजस्थानी) पंजाबी की सीमा तक पहुँची है। फलतः राजस्थानी की इस शाखा ने गुजराती को प्रभावित किया है और स्वयं वह पंजाबी से प्रभावित हुई है। 'फलानि पश्यामि' की 'नि' को पंजाबी ने 'नू' या 'नूँ' कर लिया है।

हिन्दी (खड़ी बोली) में 'को' विभक्ति जहाँ-जहाँ लगती है, वहीं पंजाबी में 'नू' विभक्ति लगती है—

राम को जाने दे—हिन्दी
राम नू जाण दे—पंजाबी

❐ ❐ ❐

हम को आज बुखार आ गया—हिन्दी
सानू अज बोखार आ गिया—पंजाबी

'को' की जगह जहाँ 'इ' हिन्दी में लगती है, वहाँ भी पंजाबी में 'नू' चलती है—

तुझे देख लूँगा—हिन्दी

तैनूँ वेख ल्याँगा—पंजाबी

और—

राम को नौकर रखा था—हिन्दी

राम नूँ नौकर रक्ख्या सी—पंजाबी

'रखा था' में दोनों अंश कृदन्त हैं—'रखी थी'—'रखे थे'। परन्तु पंजाबी में 'सी'—'सन' रूप होते हैं—तिङन्त।

मुंडा गया सी (लड़का गया था)

कुड़ी गई सी (लड़की गई थी)

'गया'-'गई' में पुंस्त्री-भेद है; परन्तु 'सी' उभयत्र समान है। बहुवचन में रूप दूसरा है—

मुंडे गए सन (लड़के गए थे)

कुड़ियाँ गई सन (लड़कियाँ गई थीं)

कृदन्त क्रिया में भी बहुवचन-सूचक 'आँ' लगा देते हैं और 'ई' का 'इय्' हो जाता है—

'कुड़ियाँ गइयाँ सन'

इसी तरह विशेषणों में भी—

'बड़ियाँ-बड़ियाँ धोतियाँ—

यह संस्कृत की अविकल पद्धति है—'महत्यः शाट्यः'। हिन्दी में 'बड़ी साड़ियाँ चलता है। साड़ी के साथ ही उसकी लंबाई-चौड़ाई है, अलग नहीं कि वहाँ विभक्ति पृथक् लगाई जाए; यह हिन्दी का तर्क।

ये 'सी' तथा 'सन' संस्कृत तिङन्त 'आसीत्' और 'आसन्' के रूपान्तर हैं। 'आसीत्' का मध्य अंश लेकर 'सौ' तिङन्त क्रिया। 'आसन्' का 'सन्' लेकर अपनी 'सन' क्रिया।

हम 'नू' विभक्ति की चर्चा कर रहे थे; गुजराती के प्रसंग में। कहना यह था कि पंजाबी की यह 'नू' विभक्ति जोधपुरी-राजस्थानी ने ग्रहण कर ली; परन्तु अपनी टकसाल में ढाल कर उसे 'ने' कर लिया। यानी स्वर बदल दिया। प्रयोग-विधि सब वही, जो पंजाबी में 'नू' की है हिन्दी की 'को' विभक्ति की जगह। राजस्थानी की 'जयपुरी' शाखा में भी यह 'ने' विभक्ति ही चलती है; यद्यपि उसके पड़ोस (व्रज) में 'कौं' (> 'कूँ') चलती है। आज तो 'राजस्थान' में पुराने 'भरतपुर राज्य' और 'धौलपुर राज्य' भी समाविष्ट हैं, जहाँ व्रजभाषा बोली जाती है। 'राजस्थानी' वह, जहाँ 'ओ' पुंप्रत्यय का बहुवचन में 'आ' रूप ग्रहण करे—

'राम को छोरो गयो' (राम का लड़का गया)

राम का छोरा गया (राम के लड़के गए)

यह जयपुरी शाखा है और 'र' प्रत्यय से जोधपुरी शाखा—

'राम रो छोरो गयो' (राम का लड़का गया)

'राम रा छोरा गया' (राम के लड़के गए)

यानी 'थारो'-'म्हारो' और 'थारा'-'म्हारा' के (एकवचन-बहुवचन रूपों के) 'रो-'रा' लेकर उन्हीं का सर्वत्र प्रयोग 'जोधपुरी' की विशेषता है। शेष सब कुछ दोनों शाखाओं में प्रायः समान है। परन्तु 'भरतपुरी' और 'धौलपुरी' भाषा उपर्युक्त दोनों शाखाओं से भिन्न है। वहाँ प्रयोग-पद्धति भिन्न है–

राम को छोरा गयो (एकवचन)

राम के (सब) छोरा गए (बहुवचन)

'राम के' और 'गए' प्रयोग राजस्थानी के विरुद्ध हैं। सो, शासनिक दृष्टि से किए गए देश-प्रदेश के भेद भाषा का नियमन नहीं कर सकते। पंजाब में उस 'नारनौल' जिले को ले लिया गया है, जहाँ की भाषा 'जयुपरी'-राजस्थानी है। पंजाब में ले लेने पर भी वहाँ की भाषा पंजाबी नहीं हो गई–शताब्दियाँ बीत जाने पर भी। इसी तरह राजस्थान के भरतपुर-धौलपुर आदि के अंचल 'राजस्थानी' भाषा से अलग है। 'पाकिस्तान' बन गया; शासन-दृष्टि से एक दूसरा देश; परन्तु न सिन्ध की भाषा बदली; न पंजाब की और न पूर्वी बंगाल की। पंजाबी लाहौर में चल रही है और बँगला ढाका में। इन जनभाषाओं को कोई भी कभी भी बदल सकता है; पर स्वतः रूपान्तरित हो सकती है।

खैर, कहना यह था कि राजस्थानी की 'जोधपुरी' शाखा ने पंजाबी से 'नू' विभक्ति ली और उसे 'ने' बनाकर 'जयपुरी' शाखा में भी पहुँचा दिया। यही नहीं, उस (राजस्थानी) ने इस 'ने' को फिर गुजराती में पहुँचा दिया। राजस्थानी ने पंजाबी को भी प्रभावित किया है। पंजाबी में हिन्दी की तरह 'आ' पुंप्रत्यय है और उसी की तरह इसके प्रयोग होते हैं; परन्तु कहीं राजस्थानी का प्रभाव पड़ गया है–

मैंनू जाण दे (मुझे जाने दे)

यहाँ 'जाना' के एकारान्त रूप 'जाने' की तरह 'जाणे दे' पंजाबी में नहीं है; प्रत्युत राजस्थानी की तरह प्रयोग है–'जाण दे'।

म्याने जाण दे–राजस्थानी

मैंनू जाण दे–पंजाबी।

उस की विभक्ति 'नू' लेकर 'ने' रूप से प्रयोग किया और उसे अपना क्रिया-रूप 'जाण' दे दिया। भाषाओं में ऐसे आदान-प्रदान चलते रहते हैं।

यही 'ने' (कर्म-सम्प्रदान आदि की) विभक्ति गुजराती में चलती है। 'म्हाने चाकर राखो जी'–(हम को नौकर रखो) आदि प्रयोग जैसे पुरानी राजस्थानी में हुए हैं, वैसे ही आज भी होते हैं। यही स्थिति गुजराती की है। पुरानी गुजराती सूक्ति है–

'वैष्णव जन तो तेने कहिए,  
जे पीर पराई जाणे रे।'

महात्मा गाँधी ने (भक्त 'नरसी मेहता' का) यह वैष्णव-लक्षण अपनी नित्य की प्रार्थना में सम्मिलित कर लिया था। 'तेने' में 'ने' विभक्ति कर्म कारक में है। व्रजभाषा

में कहेंगे—'ताकों' 'ताकौं'। व्रज की जनभाषा में 'ताकूँ' और साहित्यिक व्रजभाषा में 'ताहि' भी। 'तेने' की जगह 'ताकौ' कर दें और 'जाणे' की जगह 'जाने' बोलें, तो यह व्रजभाषा हो गई। परन्तु 'गयो' का बहुवचन जो गुजराती में 'गया' होता है, वह उसे राजस्थानी के (पश्चिमी) वर्ग से हटने नहीं देता! व्रजभाषा में 'जो' होता है, गुजराती में 'जे', भोजपुरी की तरह।

व्रजभाषा में 'जानै' होता है, राष्ट्रभाषा में 'जाने'। परन्तु गुजराती में 'जाणे' है। यह 'ण'-प्रवृत्ति राजस्थानी में भी है और उत्तरी वर्ग की कौरवी, बाँगरू तथा पंजाबी आदि में भी। हिमालय की अधित्यका पर बसे 'गढ़वाल' और 'कुमायूँ' आदि जनपदों में भी 'ण' की प्रवृत्ति है—'जाण' 'आवण' 'सोवण' आदि। यानी व्रज के तीन ओर 'ण' की प्रवृत्ति है; परन्तु पूर्व की ओर 'पांचाली' (कनौजी) 'ण'-प्रवृत्ति से शून्य है। वहाँ 'आवन नाईं चहत है'—(आना नहीं चाहते हैं) और 'जान देव, नाईं मानत हैं तौ'। (जाने दो, नहीं मानते हैं तो) यों 'आवन'-'जान' जैसे प्रयोग ('न' से) होते हैं। यही प्रवृत्ति आगे अवधी, भोजपुरी मगही, मैथिली आदि में है। सो, व्रज पर निःसन्देह इस दिशा में पांचाली का प्रभाव पड़ा है। 'कौरवी' या 'खड़ी बोली' में 'ण' की प्रवृत्ति है—'बहण, सुण तो'। परन्तु इस बोली के व्यापक साहित्यिक रूप में (भारत की व्यवहार-भाषा 'हिन्दी' में) 'ण' की जगह 'न' लिया गया है—आना, जाना, खाना आदि। 'जाने'-'आने' और 'जाने दे'-'आने दे' प्रयोग यहाँ होते हैं। पंजाब में 'जाण दे मैंनू' होता है और हिन्दी में 'जाने दे मुझे' चलता है। उर्दू में भी 'न' की प्रवृत्ति है। यह परिष्कार हुआ साहित्यिक भाषा में, जो कि आज देश की व्यवहार-भाषा है, राष्ट्रभाषा है और राजभाषा है। व्यापक भाषा में कई दृष्टियों से कुछ परिष्कार होता है। जनभाषा जैसी की तैसी चलती रहती है। मेरठी क्षेत्र में आज भी 'ण' की प्रवृत्ति है। हिन्दी में 'ण' भी है, संस्कृत के 'कारण' 'धारणा' आदि तद्रूप संस्कृत शब्दों में। परन्तु पूरे 'उत्तरीवर्ग' में और राजस्थानी आदि (पश्चिमी वर्ग) में तथा कुमायूनी आदि पर्वतीय भाषाओं में 'ण' अपने शब्दों में भी चलता है। गुजराती में भी 'ण' ही है। परन्तु 'ने' आदि विभक्तियाँ स्वरूपस्थ ही रहती है और संस्कृत के 'अभियान' जैसे शब्दों में भी 'न' ज्यों का त्यों रहता है—

'पर-दुःखे उपकार करे तोये,<br>
मन अभियान न आणे रे'

व्रज भाषा-साहित्य में और अवधी-साहित्य में 'आनै' चलता है—'आन कहै, आनै न उर—(अन्य कोई कुछ कहे, तो (उसे) मन में न लाना चाहिए)।

'सकल (ड) लोक मा सहुने बन्दे,<br>
निन्दा करे न केनी रे।'

'केनी' में 'नी' संबंध-प्रत्यय ('नो') का स्त्रीवर्गीय रूप है। 'ल' को 'ड' भी बोलते हैं।

'में' विभक्ति की जगह 'मा' है, जो 'माँ' के रूप में भी चलती है। मध्यवर्ती पांचाली-अवधी आदि में भी 'माँ' रूप ('में' की जगह) चलता है। हिन्दी में 'राम के मन

में' प्रयोग होते हैं। 'में' के साथ 'के' है। 'के मन में' अच्छा लगता है। परन्तु गुजराती में 'माँ' है–

'दृढ़ वैराग्य जेना मन माँ रे'

'माँ' के साथ 'ना' है–'जेना मन माँ'–'जिस के मन में' वही संबंध-प्रत्यय 'न' है।

'रामनामशूँ ताली (डी) लागी,<br>सकल (ड) तीरथ तेना मन मा रे।'

उस का मन में ही सब तीर्थ हैं, जिस की लौ राम नाम से लगी है। 'से' की जगह 'शूँ' है, जो कि राजस्थानी में 'सूँ' है और व्रज में 'सो' है।

गुजराती में शब्दों का तृतीय वर्ग (नंपुसक लिंग) भी है। जहाँ स्त्रीत्व-पुंस्त्व स्पष्ट नहीं, ज्ञात नहीं, या है ही नहीं, वहाँ ('न स्त्री, न पुमान्') 'नंपुसक-प्रयोग' होता है।

'नारायण नो छोकरी'

वहाँ 'छोकरो' पुंवर्गीय है; इसलिए 'नो' है। परन्तु–

'नारायणनुं नाम ज लेतां वारे,<br>तेना तजीए रे।'

'नाम' नंपुसक है गुजराती में; इसलिए पुंप्रयोग नहीं, न स्त्रीवर्गीय प्रयोग ही; एक पृथक् रूप–

'नारायणनुं नाम'–(नारायण का नाम)

जो नारायण का नाम लेने से रोके, उसका साथ छोड़ देना चाहिए।

'माँगे' बहुवचन क्रिया हिन्दी में होती है; परन्तु गुजराती में निरनुासिक 'माँगे' ही रहती है। कर्ता के बहुवचन से ही उसमें बहुत्व की प्रतीति होती है–

'हरि ना जन तो मुक्ति न माँगे'

'नो' का बहुवचन 'ना' है। हरि के जन (भक्त) तो मुक्ति माँगते नहीं हैं। गुजराती की सीमा राजस्थानी से आ मिलती है और इन दोनों ने परस्पर एक दूसरी को प्रभावित किया है। राजस्थानी जा मिलती है 'बाँगरू' से, जिसे 'हरियानवी' भी कहते हैं।

## (3) 'बाँगरू' या 'हरियानवी' भाषा

'बाँगरू' भाषा हिन्दी की साझेदारी में है–उस 'भाषा मण्डल' की सदस्या है, जिस में 'खड़ी बोली' के साथ-साथ राजस्थानी, व्रजभाषा, मालवी, छत्तीसगढ़ी, पांचाली, अवधी, भोजपुरी, मगही, मैथिली, गढ़वाली और कुमायूनी आदि भाषाएँ भी सम्मिलित हैं। तो भी, जैसे कि अन्य सभी भाषाएँ स्वतंत्र स्वरूप रखती हैं, उसी तरह यह 'बाँगरू' या 'हरियानवी' भी। परन्तु इस भाषा का बड़ा भारी महत्त्व इसलिए है कि यह कई भाषाओं को प्रभावित करती है।

दिल्ली-मेरठ-मुरादाबाद का अधिकांश क्षेत्र पहले 'कुरुजनपद' कहलाता था। उसके पीछे का बहुत बड़ा भू-भाग 'कुरुजांगल' कहलाता था, जहाँ 'कुरुक्षेत्र' है और जहाँ

'पानीपत' के मैदान में बड़े-बड़े युद्ध हुए हैं। इस प्रदेश को 'बाँगर' भी कहते हैं और 'हरियाना' भी। यहाँ अपनी स्वतंत्र भाषा है, जो अपने चारों ओर की भाषाओं पर अपनी छाप डालती है। इस अंचल की दो पट्टियाँ हैं। एक तो सहारनपुर से आगे यमुना पार कर के शुरू होती है और जगाधरी, कुरुक्षेत्र आदि बीच में लेकर 'अम्बाला' तक चली जाती है। 'अम्बाला' से पंजाबी भाषा प्रारंभ हो जाती है। यानी अम्बाला जिले का इधर का भाग 'बाँगरू' बोलता है और उधर का पंजाबी।

दूसरी पट्टी बाँगरू की वह है, जो भिवानी-हिसार होती हुई पंजाबी से जा मिलती है। इसी पट्टी का एक अंश राजस्थानी का स्पर्श करता है। यहीं की भाषा 'राम काम करै सै' के 'सै' को लेकर राजस्थानी 'छै' कर लेती है। दूसरी पट्टी में 'है' चलता है, इसी 'सै' का रूपान्तर। ये 'आवैहै' जैसे प्रयोग फिर 'कुरुजनपद' तक चले गए हैं। यानी कुरुजनपद में 'राम आत्ता है' के साथ 'राम आवै है' भी सुना जाता है। राष्ट्रभाषा ने 'आत्ता है' का परिष्कार करके 'आता है' रूप ग्रहण किया; क्योंकि 'त' की व्यापकता अधिक है—आवत है, आउत है, आवति है, आदि। पंजाबी का 'जाँदा है' आदि भी इसी 'त' के रूपान्तर हैं। 'कृत्प्रिया उदीच्याः'—उदीच्य कृदन्त प्रिय होते हैं। 'आवै सै' आदि तिङन्त रूपों की बहुलता है। 'सै' तिङन्त है 'अस्' के 'स्' का सस्वर रूप है—'सै'। तिङन्त-पद्धति है—'राम सै'-'सीता सै'। (राम है-सीता है) आवै' भी तिङन्त—

राम आवै सै—सीता आवै सै

(राम आवै है—सीता आवै है)

परन्तु राष्ट्रभाषा में विशेष या मुख्य क्रिया कृदन्त और सामान्य या सहायक क्रिया तिङन्त—

राम आता है—सीता आती है

'है' उभयत्र समान; परन्तु आने में भिन्नता है। पुरुष की चाल और स्त्री की चाल में अन्तर है। सत्ता समान है।

पंजाबी में भी मुख्य क्रिया कृदन्त है—'राम जाँदा है'—'सीता जाँदी है'। पंजाबी से आगे 'लहँदा' 'डोगरी' और 'काश्मीरी' भाषाएँ हैं; आर्यभाषा-परिवार की।

बाँगरू ने मेरठ-क्षेत्र की जनभाषा को अवश्य प्रभावित किया है। 'आवै है' भी वहाँ चलता है।

बाँगरू के क्षेत्र से उधर फिर दिल्ली समीप ही है। बाँगरू की भी देहली है यही 'देहली'। दिल्ली से चली डाक-गाड़ी 'बाँगरू' के क्षेत्र में ही दम लेती है।

वस्तुतः 'कुरुजनपद' की कौरवी या 'खड़ी बोली' और 'कुरुजागंल' या 'बाँगर' की 'बाँगरू' भाषा को एक ही भाषा की दो बोलियाँ समझना चाहिए।

यों, जहाँ से हम चले थे, वहीं घूम कर आ गए; अपनी देहली पर।

अभी तक हमने भाषाओं के जो वर्ग किए और समझे, उन से अतिरिक्त दो वर्ग अभी और शेष हैं और यह बहुत बड़े तथा बहुत समृद्ध वर्ग हैं। 1. वे भाषाएँ जो कि हिमालय की अधित्यका पर बसे हुए बहुत बड़े-भू-भाग की विविध जनपदों में बोली जाती

हैं और 2. वे धुर दक्षिण की भाषाएँ जो 'द्रविड़-परिवार' के नाम से प्रसिद्ध हैं। प्रथम वर्ग के बारे में अधिक कुछ नहीं कहना है; इसलिए उसका उल्लेख इसी अध्याय में होगा। दूसरा वर्ग कुछ अपनी पृथक् स्थिति भी रखता है; इस अध्याय में दी गई भाषाओं से उसकी अपनी एकदम पृथक् स्थिति—सत्ता है। इसलिए उस वर्ग का परिचय हम अगले स्वतंत्र अध्याय में देंगे।

## 15. हिमालय की (पहाड़ी) भाषाएँ

हिमालय की अधित्यका पर बसे विभिन्न प्रदेशों तथा देशों की भाषाएँ भी उसी 'मूल आर्यभाषा' के उत्स से हैं, जिससे समतलीय (मैदानी) भाषाएँ काश्मीरी, डोगरी, पंजाबी, हिन्दी, बँगला, गुजराती, सिन्धी, मराठी आदि। हिमालय पर पश्चिम से पूर्व की ओर चलिए। पंजाब की 'कुल्लू' पहाड़ियों की भाषा ऐसी है, जिस पर पंजाबी का भरपूर प्रभाव है। उससे पूरब 'शिमला' की वे पहाड़ी भाषाएँ हैं, जिन्हें 'हिमालय' राज्य में रखा गया है। इन पर पंजाबी का प्रभाव नहीं है। 'हिमाचल' राज्य जिसे आज कहते हैं, उसे और 'कूल्लू' को पहले 'जलान्धर खंड' कहते थे; ऐसा श्री राहुल जी ने लिखा है। इस 'जलन्धर खण्ड' या 'हिमाचल राज्य' से पूरब चलिए, तो 'गढ़वाल' प्रदेश है। इस प्रदेश का पुराना नाम 'केदार-खण्ड' है। 'केदार खण्ड' नाम कदाचित् इसलिए पड़ा हो कि यहाँ खेत बहुत छोटे-छोटे होते हैं। किसी-किसी खेत की चौड़ाई तो दो ही गज की देखने में आती है। लंबाई कुछ अधिक होती है; परन्तु फिर भी मैदानी खेतों के समक्ष कुछ भी नहीं। इसीलिए 'केदार-खण्ड' नाम पड़ गया होगा—'खण्डशः केदाराः यत्र'—जहाँ खेत छोटे-छोटे टुकड़ों में हों, वह 'केदार-खण्ड'। 'केदार-खण्ड' के देवता 'केदारनाथ'। बदरीनाथ, गंगोत्री, यमुनोत्री आदि तीर्थ केदार-खण्ड (गढ़वाल) में ही हैं। कुरुजनपद के सामने ही यह सुविशाल पर्वतीय क्षेत्र है। हरिद्वार-ऋषीकेश कुरुजनपद में हैं और यहाँ (हरिद्वार-ऋषीकेश) से 'नरेन्द्रनगर' दिखाई देता है, जिसे गढ़वाल के एक राजा साहब ने लगभग चालीस वर्ष पहले बसाया था। 'ऋषीकेश' की भाषा कौरवी या 'खड़ीबोली' है और 'नरेन्द्रनगर' के 'गढ़वाली'। यही स्थिति देहरादून की और ऊपर (मसूरी) की जनभाषाओं की है। मसूरी में पहाड़ी लोगों की भाषा सुनिए, वही 'गढ़वाली' है। गढ़वाली भाषा बहुत दूर तक फैली है; इसलिए उसके बहुत से अवान्तर-भेद स्वाभाविक हैं।

गढ़वाल और नेपाल के बीच में 'कुमायूँ' या 'कूर्मांचल' पर्वतीय क्षेत्र है। यह पर्वतीय क्षेत्र मैदानी 'उत्तर पांचाल' (बरेली आदि) के सामने पड़ता है। 'नैनीताल' जाएँ, तो वहाँ के पर्वतीय जनों की कुमायूनी भाषा सुन सकते हैं। नेपाल पड़ता है 'अवध' के सामने, बिहार के सामने और कुछ-कुछ बंगाल के बगल में। 'हिमालय' से लेकर नेपाल तक पर्वतीय भाषाओं की एक धारा चली गई है और ये सब भिन्न होते हुए भी परस्पर संबद्ध हैं, जैसे कि मैदानी भाषाएँ राजस्थानी, गुजराती, काठियावाड़ी, कच्छी और सिन्धी; या 'खड़ी बोली' बाँगरू, पंजाबी, डोगरी, काश्मीरी आदि। बीच में पड़ती है 'कुमायूनी' भाषा, जो पूर्व में नेपाली से और पश्चिम में गढ़वाली से मिलती है। मध्यवर्ती भाषा है। इसके कुछ नमूने

देने से पूर्व-पश्चिम की भाषाओं का भी आभास मिल जाएगा। नेपाल के नरेशों के नाम के अन्त में 'शाह' जोड़ते हैं; इसी तरह 'टिहरी' (गढ़वाल) के राजाओं के नाम भी 'शाह' जोड़कर चलते हैं—'नरेन्द्र शाह' 'महेन्द्र शाह' आदि।

## कुमायूनी भाषा

'कूर्मांचली' और 'कूमायूनी' एक ही बात है। कुमायूनी भाषा पर 'ओ' पुंप्रत्यय का प्रभाव है और 'अस्'-प्रसूत ('स' का) 'छ' धातु-रूप यहाँ दिखाई देता है। संबंध-प्रत्यय 'क' है; परन्तु अपनी प्रयोग-पद्धति स्वतन्त्र है। 'ओ' पुंप्रत्यय लेकर भी 'ने' विभक्ति का रूपान्तर 'ले' यहाँ भूतकाल की सकर्मक क्रियाएँ कर्ता-कारक में लगती हैं। 'छ' है राजस्थानी की तरह, 'ओ' है व्रजभाषा की तरह और 'ले' है खड़ी बोली की तरह। परन्तु इसका यह मतलब नहीं कि यह भाषा उन सब भाषाओं का मिश्रण है। संभव नहीं। स्वतंत्र विकास है। 'ने' विभक्ति तो मराठी में भी है, तो क्या यह वहाँ उत्तर प्रदेश की मेरठी क्षेत्र से गयी? 'छ' धातु बंगाल में भी है और क्वचित् मैथिली में भी, तो क्या यह राजस्थान से गयी? बच्चों की सी बातें हैं। स्वतन्त्र विकास सब का है। बानगी लीजिए—

'राम ले मैकाणि लड्डू द्यौछ'

(राम ने मुझे लड्डू दिया है)

स्पष्ट ही 'रामले' और 'राम ने' परस्पर मिलते है—एक ही हैं। 'दियो' जैसा 'द्यौ' है, एकवचन। 'छ' सहायक है; पर घुल-मिल गया है। 'काणि' विभक्ति सम्प्रदान में है।

'मैकाणि'—मुझे। 'राम काणि'—राम को। 'द्यौछ' को 'द्योछ' भी बोलते हैं। बहुवचन—

रामले मैकाणि लड्डू दीइन

(राम ने मुझे लड्डू दिए)

'दीइन' का मेल पांचाली-अवधी के 'दिहिन'-'दीन' आदि से अधिक है।

मैंले राम काणि लड्डू द्योछ

(मैं ने राम को लड्डू दिया)

यहाँ भी एकवचन में 'द्योछ' है—'लड्डू' (कर्म) के अनुसार अन्यपुरुष-एकवचन। जैसे 'रामले लड्डू द्योछ' (राम ने लड्डू दिया); उसी तरह 'मैंले लड्डू द्योछ' (मैं ने लड्डू दिया)। कर्मवाच्य क्रिया है।

लड्डू बहुत हो, वो बहुवचन—

मैंले राम काणि लड्डू दीइन

'लड्डू दीइन'—लड्डू दिए। किसने? 'रामले या 'मैंले'—राम ने, या मैं ने। क्रिया को कर्म से मतलब; कर्मवाच्य है।

'संबंध' देखिए—

'रामक एक पुत्र पैद भ्योच'

(राम के एक पुत्र पैदा हुआ)

'भयो' का रूप 'भ्यो' है। 'च' और 'छ' के बीच का उच्चारण ऐसी जगह होता है। 'छ' परन्तु 'च' जैसा बोला जाता है। 'बन्दूक-बन्दूख' और 'सन्दूक-सन्दूख' का सा हाल है।

स्त्रीवर्गीय प्रयोग–

'गोविन्द कि एक पुत्री पैद भैछ'

(गोविन्द के एक पुत्री पैदा हुई)

'के' की जगह 'कि' है। 'भई' का रूपान्तर है 'भै'। अवधी-पांचाली आदि में भी 'भा भिनसारा'–(सबेरा हुआ) पुंप्रयोग और 'भै' अति देर' में 'भै' स्त्रीवर्गीय प्रयोग-(बहुत देर हुई)। व्रजभाषा में 'देर भई'। 'छ' स्पष्ट ही है।

वर्तमान–

राम का पुत्र पढ़छ

(राम का पुत्र पढ़ता है)

गोविन्द कि पुत्री खेलछि

(गोविन्द की पुत्री खेलती है।)

'पढ़छ' में 'छ' है और 'खेलछि' में 'छि' है। इसका मतलब यह हुआ कि 'अस्' का 'छ' कुमायूनी ने स्वतंत्र पद्धति पर चलाया है। 'पुत्र पढ़छ' और 'पुत्री पढ़छि'। राजस्थानी में 'छै' तिङन्त-पद्धति पर है–'छोरो पढ़ै छै' 'छोरी पढ़ै छै'। बाँगरू में 'सै' भी तिङन्त-पद्धति पर है–'राम पढ़ै सै' 'सीता पढ़ै से' (राम पढ़ता है, सीता पढ़ती है)। उभयत्र 'सै' एकरस है।

'वी द्वीनै खुश छन'

(वे दोनों खुश हैं)

पंजाबी में 'है' की जगह 'हन' चलता है, यहाँ 'छन'। दोनों की जगह 'द्वीनै' है। 'वे' की जगह 'वी' है।

नेपाली में भी 'छ' है और 'ओ' प्रत्यय भी है। भूतकाल में 'भू' का 'भ' रूप रहता है, व्रजभाषा में अवधी आदि में भी–भयो, भवा भा आदि पर्वतीय भाषाओं में भी यही है। खड़ी बोली में, पंजाबी में और राजस्थानी में (भूतकाल में भी) 'भू' का विकास 'हो' ही चलता है–पंजाबी में 'होया', 'खड़ी बोली' में 'हुआ' और राजस्थानी में 'हुयो'। 'सत्ता' मात्र में 'अस्' का 'अह' होकर कृदन्त-प्रयोग–'अहा' और 'हा'। 'राजा हा, रानी ही, चार कुँवर हे'। व्रज में 'हो'-'हे'-'ही'। 'अहा' में 'र' का आगम करके–'रहा'-'रह्यो' आदि भी कृदन्त। 'अह' के 'अ' का लोप और भूतकालिक 'त' प्रत्यय करके (पुंप्रत्यय के साथ) 'राजा हता, रानी हती, कुँवर हते' और 'राजा हतो, रानी हती, कुँवर हते', व्रज में। 'हत' को 'तह' करके त् + ह ='थ' और पुंप्रत्यय 'था'। था, थे, थी प्रयोग। यानी 'होता था' 'हुआ था', आदि में 'होता' तथा 'हुआ' 'हो' धातु के रूप हैं, जो कि 'भू' का विकास है और 'था' है 'अस्' से। व्रजभाषा आदि में भूतकाल की क्रियाएँ 'भू' का 'हो' विकास नहीं

करती; 'भ' मात्र ('भू' का) कर लेती हैं। 'गयो'-'गया' आदि की धातु 'ग' के अनुकरण पर 'भ'। 'गम्' के अन्त्य व्यंजन का लोप करके 'ग' धातु। 'गा' पांचाली क्रिया। 'भ' से कृदन्त-प्रत्यय 'भयो'-'भवा' 'भा' आदि। नेपाली में भी भूतकाल की क्रियाएँ 'भू' के 'भ' रूप से ही हैं–

''पं. जवाहरलाल नेहरू का समक्ष शिलान्यास भयो।''

(पं. जवाहरलाल नेहरू के समक्ष शिलान्यास हुआ)

'का' की जगह 'के' कर दें, तो यही व्रजभाषा बन जाती है।

नेपाली भाषा फिर आगे और पूरब में (दार्जलिंग के इधर-उधर) 'पूर्वी वर्ग' की बँगला भाषा से जा मिली है।

नेपाली भाषा से आगे फिर 'सिक्कम' तथा 'भूटान' की अपनी-अपनी भाषाएँ हैं, जो कि 'किरात'-भाषाओं के विकसित रूप हैं। ये सब हिमालय की (पर्वतीय) भाषाएँ परस्पर संबंध रखने पर भी स्वतंत्र हैं। कहीं-कहीं कोई तत्त्व आश्चर्यजनक ढंग से अन्य भाषाओं में देखे जाते हैं। कुमायूनी भाषा में 'लड़का' की जगह 'चेलो' बोलते हैं, जिसके 'ए' का उच्चारण बहुत हलका है; जैसे 'खेतिहर' के 'ख' में 'ए' का। इसका स्त्री-वर्गीय रूप है–'चेली'। किसी प्राकृत-परम्परा से पुत्रार्थक यह शब्द आया है, जो कि 'खड़ी बोली' में 'शिष्य' के लिए प्रयुक्त होता है। शिष्य को भी 'लक्षणा' से पुत्र मान लिया। 'चेलो'-'चेली' का आभास 'राजस्थानी' के 'छोरो-'छोरी' में है और बंगाल में पुत्र को 'छेले' कहते हैं। 'चेलो' के समीप है 'छेले'। परन्तु 'ओ' राजस्थानी की ओर। बँगला में 'छेले' का स्त्री-वर्गीय रूप 'छेली' नहीं होता। एक पृथक् शब्द ही है 'पुत्री' के लिए। बँगला में पुंवर्गीय शब्दों का स्त्री-वर्गीय रूप बनाने की ओर झुकाव नहीं है। शब्द ही पृथक् प्रायः है। 'छागोल' शब्द से 'बकरा' भी समझा जाता है और 'बकरी' भी। जहाँ मांस-प्रयोजन से पूंवर्ग विवक्षित होता है, वहाँ 'पाठा' कह देते हैं। वहाँ (बँगला में) पुंस्त्री-वर्ग से विशेषणों में भी रूप-भेद नहीं होता; न क्रियाओं में ही। हिन्दी में संस्कृत ('सुन्दर' जैसे) और विदेशी ('खूबसूरत' जैसे) विशेषण पुंस्त्री-भेद नहीं करते; परन्तु 'अपने' (अच्छा, भला, बुरा, मीठा आदि) विशेषण स्त्री-वर्ग में रूप बदलते हैं–अच्छी, बुरी, मीठी आदि। संस्कृत 'विद्वान्' और 'विदुषी' रूप-भेद से हिन्दी की ही तरह बँगला में भी चलते हैं–'विद्वान बालक' 'विदुषी कन्या'। शेष सर्वत्र सामान्य रूप बँगला में। सो, 'छेले' का वहाँ स्त्री-वर्गीय रूप नहीं होता, कुमायूनी में 'चेलो' का रूप 'चेली' होता है–'छोरो-'छोरी'।' बस, ऐसे ही अन्तर हैं।

कहीं-कहीं किसी भाषा में किसी एकरूप शब्द का प्रयोग एक विशेष ढँग से, भूत और भविष्यत् जैसे विरुद्ध अर्थों में हुआ है; परन्तु फिर भी कहीं कई भ्रम या सन्देह नहीं पैदा होता। कारण, वे एक-रूप दिखने वाले शब्द तत्वतः भिन्न हैं। उदाहरणार्थ 'पंजाबी' भाषा में 'सी' और 'सन' सहायक क्रिया के रूप में और स्वतंत्र रूप से भी तिङन्त-पद्धति पर चलते हैं–भूतकाल में–

वो मुंडा सी (वह लड़का था)

वो कुड़ी सी (वह लड़की थी)

और—

मुंडा गया सी (लड़का गया था)

कुड़ी गई सी (लड़की गई थी)

बहुवचन—

मुंडे गए सन—कुड़ियाँ गइयाँ सन

परन्तु एक 'सी' प्रत्यय है, भविष्यत् अर्थ देने के लिए है—'मुंडा काम करसी' (लड़का काम करेगा) और 'कुड़ी काम करसी' (लड़की काम करेगी)। यह 'सी' प्रत्यय है, क्रिया नहीं। 'करसाँ' 'पढ़साँ' आदि भी क्रिया-शब्द हैं। धातु 'कर' 'पढ़' हो' आदि के आगे यह प्रत्यय लगता है। और, वे 'सी' 'सन' क्रियाएँ हैं; स्वतंत्र भी चलती हैं और 'गया' आदि क्रियापदों के साथ भी। ये 'सी' तथा 'सन' क्रियाएँ पंजाबी में ही हैं; परन्तु 'सी' 'साँ' आदि भविष्यत—प्रत्यय राजस्थानी की बीकानेरी शाखा में भी पहुँच गये हैं—'राम मिलन कब होसी'—राम-मिलन कब हो गा। और 'रजनी कब होसी सजनी'—सखी रात कब होगी। उभयत्र 'होसी' है। यह 'सी' प्रत्यय भी तिङन्त-श्रेणी का है—संस्कृत 'स्य' का रूपान्तर है—'य' का 'ई' होकर 'सी'। पंजाबी पूर्वी के छोर पर 'गा' चलता है—जाऊ गा'-'जाऊ गी' आदि।

'यास्यति' के 'स्य' को 'सी' तिङन्त रूप और 'यास्यन्ति' के 'स्यन्ति' से 'सन'। ये प्रत्यय हैं। भविष्यत् में चलते हैं। भूतकाल की क्रियाएँ 'सी'-'सन्' हैं—'आसीत्'-'आसन्' से—'यास्यामि' से 'साँ' प्रत्यय है—'करसाँ' 'जासाँ' (मैं)।

उदीच्यों की कृदन्त-प्रियता

'कृत्प्रिया उदीच्याः' सर्वत्र स्पष्ट है। यहाँ तक कि 'है' तिङन्त क्रिया के आगे भी जनभाषा में 'ग' प्रत्यय करके कृदन्तीकरण है—

लड़का है—लड़की है

तिङन्त हैं; पर कुरुजनपद में बोलते हैं—

लड़का है गा—लड़की है गी

व्रज की लटक में—

छोरा है गो—छोरी है गी

परन्तु राष्ट्रभाषा ने तिङन्त क्रिया का कृदन्तीकरण नहीं किया। और न साहित्यिक व्रजभाषा ने ही।

'उदीच्यः पश्मिोत्तरः'-पश्चिम और उत्तर के देश या प्रदेश—'उदीच्य' कहलाते हैं और भारतीय भाषाओं के पश्चिमी तथा उत्तरी वर्ग ही कृदन्त-प्रधान हैं। 'होगा, होगी' आदि पुंस्त्री-भेद इसी ओर होता है। पूर्व में तिङन्त क्रिया चल पड़ती है—'हुइहै' 'करिहै' आदि; या 'होई' करो आदि; पुंस्त्री-वर्गों में समान रूप। 'होऊंगा'—'करांगा' 'करूंगी' आदि पंजाबी में प्रयोग कृदन्त होते हैं। पश्चिमी और उत्तरी वर्ग की 'वचन'-पद्धति भिन्न है

और व्रजभाषा पर दोनों का प्रभाव है।

पर्वतीय (गढ़वाली-कुमायूनी आदि) भाषाओं में भी भविष्यत काल की क्रियाएँ कृदन्त-पद्धति पर हैं। 'गढ़वाली' का एक ग्राम-गीत है–

'तू द्वारका को धनी होलो
मथुरा को ग्वैर होलो'

–तू द्वारका का अधीश्वर होगा; मथुरा का ग्वाल होगा। स्त्रीवर्गीय रूप तो सर्वत्र समान हैं ही–'होली'–होगी। वचन पद्धति राजस्थानी के ढंग पर–

| | पु. एकवचन | पु. बहुवचन |
|---|---|---|
| राजस्थानी– | पढ़ैगो | –पढ़ैगा |
| गढ़वाली-कुमायूनी | पढ़लो | -पढ़ला |

'पढ़लो'-'पढ़ेगा' पढ़ला-पढ़ेंगे। इसी तरह 'करलो'-'करला' आदि। राजस्थानी (जयपुरी) में। 'करैगो'-'करैगा' एकवचन-बहुवचन हैं।

भोजपुरी आदि में 'ल' प्रत्यय अन्य है, भूतकाल का और तिङन्त-पद्धति का। यह गढ़वाली-कुमायूनी का 'ल' प्रत्यय भविष्यत् काल का है और कृदन्त-पद्धति का है। 'ग' की ही तरह यह 'ल' भी भविष्यत् के साथ संभावना आदि प्रकट करता है; कहीं उपेक्षा आदि भी। ये व्याकरण की बातें हैं।

राष्ट्रभाषा (हिन्दी) में तथा राजस्थानी आदि में 'पढ़ेगा'–'पढ़ैगो' जैसे रूपों से स्पष्ट है कि धातु ('पढ़' आदि) के कृदन्त प्रत्यय 'ग' के बीच में स्वर बदला है; 'पढ़' का रूप 'पढ़े'–'पढ़ै' (एकरान्त या ऐकारान्त) हो गया है। परन्तु गढ़वाली-कुमायूनी में धातु-रूप ज्यों का त्यों रहता है–कर+लो ='करलो' और पढ़+लो ='पढ़लो'।

'पढ़ेगा' में 'ए' क्यों दिखाई देता है; यह बात 'हिन्दी' शब्दानुशासन से मालूम होगी। 'हिन्दी' के रूप-गठन पर यहाँ विशेष रूप से कुछ न कहा जाएगा; सभी भाषाओं की तरह उसका भी साधारण परिचय है। 'करेगा' आदि रूपों में हिन्दी ने जिस वैज्ञानिक तथा कलात्मक पद्धति का वरण किया है, वे अन्यत्र कहीं भी दिखाई नहीं देती। पूरा विवरण 'हिन्दी-शब्दानुशासन' में ही मिलेगा।

मराठी में 'ल' प्रत्यय भूतकाल में आता है और कृदन्त-पद्धति पर चलता है, जब कि भोजपुरी का भूतकालिक 'ल' तिङन्त-पद्धति पर है।

गढ़वाली और कुमायूनी भाषाएँ भी उदीच्य वर्ग में ही हैं; देहरादून के ऊपर गढ़वाली और मुरादाबाद के ऊपर कुमायूनी। परन्तु वह पर्वतीय धारा ही एक अलग है। अन्य उदीच्य भाषाओं में 'ग' और पर्वत पर 'ल'। पद्धति कृदन्त ही।

# सातवाँ अध्याय

## हमारी दक्षिणी भाषाएँ

पिछले अध्याय में भारत की जिन भाषाओं की संक्षेप में चर्चा की गई है, वे सब आपस में किसी न किसी अंश में बहुत कुछ मिलती हैं; परन्तु दक्षिण के चार राज्यों की तमिल, तेलगू, कन्नड़ और मलायालम, ये चार भाषाएँ अपनी भिन्न प्रकृति रखती हैं। इन चारों का परस्पर कुछ मेल-सादृश है; परन्तु पिछले अध्याय में वर्णित भाषाओं से इनका वैसा कोई मेल नहीं है। यों, भारतीय भाषाओं के दो महावर्ग हो गए। एक है दक्षिण की इन चार भाषाओं का और दूसरा है, उन भाषाओं का, जो शेष भारत में फैली हुई हैं। इन दोनों ही महावर्गों को एक सूत्र में लाने वाली संस्कृत भाषा है, जिसमें भारतीय संस्कृति भरी हुई है। दोनों को मिला कर 'भारतीय संस्कृति' है। वह भारतीय संस्कृति दक्षिण भारत में बने महान् संस्कृत-साहित्य में और काश्मीर में बने संस्कृत-साहित्य में एक ही है, एकरूप है। बंगाल में निर्मित संस्कृत-साहित्य में जो चीज है, वही पंचनद के संस्कृत-साहित्य में है। वही संस्कृत भाषा भारत की सभी भाषाओं को अनुप्राणित करती है, सभी की वह उपजीव्य है। वही सब में एकता का सूत्र है।

### 1. अन्तर का कारण क्या है?

दक्षिणी भाषाओं में और भारत की अन्य आधुनिक भाषाओं में ऐसा अन्तर क्यों है? अन्य भाषाएँ अपनी भिन्न स्थिति रखते हुए भी परस्पर मिलती हैं; परन्तु दक्षिण भारत की ये भाषाएँ भिन्न प्रकृति की हैं। इन के धातु, सर्वनाम, विभक्तियाँ, प्रत्यय और अव्यव एक पृथक् धारा के हैं। इनके एक ओर पूर्वी वर्ग की 'उड़िया' भाषा है; दूसरी ओर मराठी है और तीसरी ओर छत्तीसगढ़ी आदि भाषाएँ हैं, जो परस्पर मिलती-जुलती हैं; परन्तु बीच में दक्षिणी भाषाओं का यह संघ अलग क्यों है? इतना भेद क्यों है?

एक मत यह है कि भारतीय भाषाओं का मूलतः उद्भव और विकास दो प्रकार का है। एक प्रकार वह है और दूसरा यह। विकास होते-होते अपना-अपना रूप बन-बदल गया।

दूसरे लोग कहते हैं कि बात ऐसी नहीं है। वे कहते हैं कि आर्य लोग कहीं बाहर से आए और द्रविड़ लोग यहाँ के मूल निवासी थे, जिनकी ये चार दक्षिणी भाषाएँ हैं। उनका

कहना है कि आर्य लोग आगे बढ़ते गए और द्रविड़ लोगों को पीछे धकेलते गए; परन्तु समुद्र-तट पर ले जा कर छोड़ दिया। रगेड़ कर फिर न तो समुद्र में ही डुबोया और न वहाँ से कहीं भाग जाने की ही विवश किया। तीन ओर आर्य और एक छोर पर द्रविड़ लोग सो, वे भाषाएँ आर्यों की और ये द्रविड़ों की।

इस कहानी की परीक्षा करनी है। पहली बात तो यह समझ लीजिए कि शताब्दियों पहले की दाक्षिणात्य संस्कृत-विद्वानों ने बड़े गौरव के साथ अपने को 'आर्य' कहा है और सम्मानार्थ अपने से बड़ों का 'आर्य' पद से स्मरण किया है। यदि पुरखों में कहीं-कभी वैसा धकेला-धकेली का किस्सा हुआ होता, तो लोग भूल न जाते। वैसे जातीय संघर्ष का कहीं उल्लेख भी नहीं मिलता है। ईरान के और भारत के पुराने आर्यों में जो 'महाभारत' वैदिक युग में हुआ था, उसका खूब वर्णन है। 'देवा-सुर-संग्राम' 'शताब्दियों' तक चलता रहा। सब जानते हैं। परन्तु 'आर्य-द्रविड़' संघर्ष का कहीं उल्लेख नहीं। द्रविड़ों में 'आर्य' नए ही नहीं बस गए हैं आकर। यदि वैसा संघर्ष हुआ होता, तो वेदों में, पुराणों में और द्रविड़-साहित्य में अवश्य वर्णन होता। रामायण-काल में भी संघर्ष जैसी कोई बात नहीं। यहाँ तक कि निर्वासित वनवासी आर्य राम जब लंका जाने की तैयारी करते हैं, तब भी कहीं द्रविड़ लोग छेड़छाड़ नहीं करते हैं। जब राम जी कुछ दिन समुद्र-तट पर डरे डाल कर पुल बनवाने की तैयारी करते हैं, तब भी द्रविड़ लोग कोई प्रतिक्रिया नहीं प्रकट करते; चुपचाप उदासीन भाव से अपना काम करते हैं। जब राम ने लंका से दुष्ट शासन समाप्त किया; पर वे स्वयं वहाँ के शासक नहीं बने और अपने उज्जवल चरित्र का परिचय दिया, तो लंका भी भारत की मैत्री में बँध गया। उस समय लंका में भारतीय संस्कृति पहुँच चुकी थी; रावण जैसा शासक भी वेदों का पण्डित था। वहाँ वर्ण-व्यवस्था भी भारत की ही तरह थी; परन्तु ब्राह्मण शासन भी सँभालते थे। भारत के परशुराम-जैसे वीर दुष्ट-दमन करके शासन दूसरों को सौंप देते थे। यों कुछ विचार-भेद था; पर वर्ण-व्यवस्था लंका तक पहुँच गई थी। तब समुद्र के इसी पार द्रविड़ जनों की संस्कृति भारतीय संस्कृति से सर्वथा भिन्न होगी; ऐसा नहीं कहा जा सकता। संस्कृति आज भी भारत और नेपाल की एक ही है; परन्तु शासन-व्यवस्था अलग है। लंका की ही तरह दक्षिण भारत की भी शासन-व्यवस्था भिन्न होगी; परन्तु लंका की तरह ये लोग शेष भारत के शत्रु न हो गए थे। राम ने तो फिर सब को एक ही कर दिया। 'रामेश्वर'-मन्दिर की स्थापना का भी उद्‌देश्य था। मूलतः शिव-उपासना दक्षिण भारत की ही चीज है, जिसे राम जी ने स्वीकार किया। वस्तुतः वैष्णव धर्म भी नए रूप में दक्षिण भारत से ही शेष भारत में पहुँचा। रामानुज 'तमिल' भाषाभाषी थे और शंकर केरल के 'मलयालम'-भाषी थे। ये तो बाद की बातें हैं। प्रारम्भ में अगस्त्य ऋषि ने दक्षिण भारत को शेष भारत से मिलाने का यत्न किया और उनके अनुष्ठान को पूर्णता तक राम जी ने पहुँचाया। इसीलिए राम भारत के प्राण हैं; केवल 'आर्यावर्त' के ही नहीं। यों, संघर्ष की बात तो गलत है; पर वस्तु-स्थिति क्या है?

## 2. द्रविड़ कहीं बाहर से तो नहीं आए!

हम दो संभावनाएँ करते हैं। एक तो यह कि इस महादेश के उत्तर में एक भाषा का उद्भव और विकास हुआ, जो ईरान आदि तक व्याप्त थी और जिसने पूर्व तथा दक्षिण के अन्य बहुत से देशों को प्रभावित किया। इसी भाषा की शाखा-प्रशाखाएँ आज वे हैं, जिनका उल्लेख पीछे हुआ है। इसी भाषा के मूल-रूप को परिष्कृत करके उस में ऋषियों ने वेद-जैसा अमर साहित्य दिया। आगे जनभाषा के रूप में विकास होते-होते उस मूल आर्यभाषा का वह उतना विस्तार हुआ। संस्कृत का भी विकास हुआ और वह अपने युग की जनभाषाओं (प्राकृतों) से प्रभावित भी होती रही और उन्हें अनुप्राणित भी करती रही। जनभाषाएँ (विभिन्न 'प्राकृत' भाषाएँ) प्रदेश-भेद से भिन्न-भिन्न हुईं; परन्तु संस्कृत का सर्वत्र एक रूप रहा; यद्यपि शैली-भेद हुआ, जिन्हें 'पांचाली' 'गौड़ी' 'वैदर्भी' आदि नाम मिले। कुछ उच्चारण-भेद और शब्दों में रूप-भेद हुआ, जैसा कि पाणिनि के 'प्राचाम्' 'उदीचाम्' आदि शब्दों से स्पष्ट है। व्यापक भाषा में यह सब होता ही है। अंग्रेजी का एक ही शब्द कहीं किसी रूप में उच्चरित होता है; अन्यत्र किसी दूसरे ही रूप में। यही स्थिति संस्कृत की थी, जो भारत भर में ही नहीं, बाहर दूर-दूर के देशों में भी शिक्षित जनों की व्यवहार-भाषा थी—शिक्षा का माध्यम थी। भारत पर आक्रमण की सदा तैयारी करते रहने वाला लंकाधिपति भी संस्कृत भाषा का उपासक था। सो, सर्वत्र देश-भेद से और प्रदेश-भेद से अपनी-अपनी भाषाएँ थीं, जिनका अनुप्राणन संस्कृत से होता था। जिस मूल भाषा का शिष्ट्जन-गृहीत और परिष्कृत रूप संस्कृत भाषा, उसी के जनता-गृहीत साधारण रूपों से विभिन्न धाराएँ निकल कर देश भर में फैलीं; दक्षिण का कोना छोड़कर। इसे आप 'आर्यभाषाएँ वर्ग' कह सकते हैं।

जैसे उत्तर में आर्यभाषा का उद्भव और विकास हुआ, उसी तरह दक्षिण में द्रविड़ भाषाओं का। दोनों का पृथक् अस्तित्व। आगे चलते-चलते इनके रूप कुछ और भिन्न हो गए। इन भाषाओं में उच्च कोटि का साहित्य बना। ये भाषाएँ भी संस्कृत से प्रभावित हुईं। संस्कृत का प्रभाव दक्षिण भारत में इतना बढ़ा कि जिसकी तुलना में शेष भारत का शायद ही कोई प्रदेश ठहरे। काश्मीर ठहर सकता है। दार्शनिक साहित्य संस्कृत में दक्षिण का दिया हुआ सर्वोच्च है। और व्याकरण तथा काव्य-साहित्य आदि का मन्थन काश्मीर में सबसे अधिक हुआ है। सो, दक्षिण की भाषाओं का यों स्वतंत्र उद्भव इसी देश के अपने क्षेत्र में हुआ और उत्तर तथा दक्षिण को जोड़ने वाली कड़ी संस्कृत। यह एक सम्भावना है।

दूसरी संभावना यह है कि द्रविड़-भाषा-भाषी जनता अति प्राचीन काल में कदाचित् कहीं बाहर से आकर—समुद्री रास्ते आकर—इस देश के दक्षिणी समुद्र-तट पर बस गई। इसी समूह के कुछ लोग समुद्र के दूसरे तट पर—'उत्तरी लंका में—बस गए; जान पड़ते हैं। कभी-कभी पूरी जाति की जाति उखाड़ दी जाती है और वह अन्यत्र जा कर बस जाती है। यहूदी जाति का उदाहरण सामने है; परन्तु अभी कल की ही बात है कि भारत का

एक भाग शासन-दृष्टि से 'पाकिस्तान' बना और तब वहाँ के सिन्धी, पंजाबी, पख्तून और बंगाली हिन्दू सामूहिक रूप से उजाड़ दिए गए। कोटि-कोटि जनता बे-घरबार हो गई, जिसमें गरीब-अमीर, व्यापारी-मजदूर, शिक्षित-अशिक्षित सभी थे। ये सब लोग यदि कोई उपजाऊ और जन-हीन बड़ा भू-भाग कहीं अन्यत्र पा जाते और वहाँ जाकर सब बस जाते, तो इनके सिन्धी, पंजाबी, बंगाली और पख्तून वर्ग होते हुए भी सब एक रहते। बहुत कुछ समानता हिन्दूपन की और सब के सब उजड़े हुए। उस समय भारत का दक्षिणी समुद्र-तट खाली पड़ा था। आर्य जन वहाँ न पहुँचे थे। बीच में भयंकर और दुर्गम जंगल सहस्रों मील का रास्ता रोके था, जहाँ खूँखार जंगली लोग रहते थे। आज के 'मध्य प्रदेश' का अधिकांश भाग उसी महारण्य की भूमि पर बसा हुआ है। उस समय वह महारण्य नाम लेते ही डर पैदा करता था। राम जी जब वन चलने लगे, तो लोगों ने उनसे कहा कि दक्षिण की ओर न जाइए; अन्यत्र किसी ओर चले जाइए। दक्षिण की ओर पैर करने को आज भी उत्तर भारत में अशुभ मानते हैं; मृत्यु की दिशा मानते हैं। यह उसी भयानक महारण्य का प्रभाव। आर्यों को इधर बसने-फैलने को पर्याप्त क्षेत्र था ही। सो, दक्षिण (समुद्र-तट) की लहलहाती स्वर्ण-भूमि पर वह उजड़ी हुई जाति आ जमी। निश्चय ही वे लोग बहुत बुद्धिमान और शान्ति-प्रिय थे। युद्ध करके इधर-उधर के भू-भागों पर अधिकार जमाने का प्रयत्न उन्होंने नहीं किया। अपने क्षेत्र में चतुर्धा विभक्त होकर जम गए। ये चारों वर्ग या तो किसी एक ही देश के चार प्रदेशों के निवासी होंगे; या फिर पड़ोसी देशों के होंगे। राजा राज करने लगे, व्यापारी व्यापार करने लगे, किसान खेत जोतने लगे। देश बस गया।

उधर लंका में भी कुछ लोग बस गए। इन दाक्षिणात्यों का शेष भारत के लोगों से न कोई बैर था, न विशेष लगाव ही। एकता तो बाद में हुई। जब राम जी वह दुर्गम वन पार कर के पंचवटी पहुँचे, तो वहाँ रावण के प्रतिनिधियों ने तंग किया। रावण ने समुद्र-तट पर अपना अड्डा बना लिया था और खर-दूषण को वहाँ का अधिकार सौंप रखा था। ये लोग महारण्य के अविकसित जनों को मिलाना-सिखाना चाहते थे और उन पर अधिकार करके उत्तर भारत तक पहुँचने की सोच रहे थे। जब राम जी 'पंचवटी' (आज के नासिक-नगर के समीप) उस महारण्य में पहुँचे, तो रावण के प्रतिनिधियों ने उत्तर-भारत का सब भेद लेने के लिए अपनी बहन शूर्पणखा को प्रेरित किया कि प्रेम-प्रदर्शन करे और दो में से किसी एक से विवाह कर ले। वह गई; पर असफल रही। खर-दूषण, अपनी टुकड़ी के साथ सामने आए और मारे गए। इस समाचार से और अपनी बहन की नाक काट लेने को युद्ध की ललकार समझ कर रावण ने भी सीता को ले जाकर कैद कर दिया। 'हिम्मत हो, तो ले जाओ'। छेड़-छाड़ बहुत दिन से चल रही थी। बीच के महारण्य में उन दस्युओं को मानव ('आर्य') बनाने के लिए अनेक ऋषि अपनी जान हथेली पर रख कर जाते थे और वहीं रह कर अपने चरित्र का प्रभाव डालते थे। उधर रावण इन वन-वासियों पर डोरे डाल रहा था और उसके आदमी इन ऋषियों को मार देते थे। यह सब चल ही रहा था। तभी तो राम जी—लोगो के मना करने पर भी—उसी ओर गए!

सीता-हरण के अनन्तर राम जी लंका की ओर चले, तो कई जगह से उन्हें सहायता मिली। वह स्थान आज-कल मराठी-भाषी क्षेत्र है, जहाँ राम जी ने अपने एक मित्र से सेना प्राप्त की थी। जब सेना-सहित राम जी दक्षिण समुद्र-तट पर पहुँचे तो वहाँ के निवासियों ने न तो इनका स्वागत किया, न विरोध ही। स्वागत करने की कोई बात ही न थी; क्योंकि तब तक वैसी एकता पैदा ही न हुई थी कि वे राम को 'अपना' समझते। दूसरे, स्वागत करके पड़ोसी राज्य लंका से बैर कौन मोल लेता! रावण भी इन दक्षिण-भारतीयों को न छेड़ता था। जानता था कि ये तो बाहर से आए तटस्थ लोग हैं और इन्हीं के भाई-बिरादरी लंका में भी हैं। संभव है, हमारी सहायता ही करें। रावण के भारत भेजे हुए अधिकारी भी उन दक्षिण-भारतीयों को न छेड़ते थे। वे तो वनवासियों को साथ लेकर उत्तर भारत पर अधिकार करना चाहते थे। सो, पूरी तटस्थता उस समय दक्षिण प्रदेश ने बरती। यदि कभी आर्यों से संघर्ष हुआ होता, तो कम से कम इस समय तो बदला निकालने का पूरा अवसर था और वे चूकते भी नहीं।

## 3. एकता की सम्पन्नता

आगे चल कर जब लंका का डर जाता रहा और आर्य-प्रकृति का पूरा परिचय मिल गया, तो मेल-मिलाप बढ़ा और दोनों महावर्ग मिल कर एक हो गए। 'बाहुल्येन व्यपदेशा भवन्ति' बहुतायत से शब्द-व्यवहार होता है। आर्य अधिक थे; द्रविड़ थोड़े थे; इसलिए सर्वत्र 'आर्य'-व्यवहार हुआ। द्रविड़ भी आर्य और शेष भारत के जन भी 'आर्य'। यदि द्रविड़ अधिक होते, तो कदाचित् सब लोग 'द्रविड़' ही कहलाते; क्योंकि सभी बातों में दोनों महावर्गों का बराबरी से आदान-प्रदान हुआ है। अन्य देशों में भी शब्द-व्यवहार इसी तरह हुए हैं। इंगलैंड में कितने ही वर्ग आ-आ कर बसे, मिले; परन्तु 'इंग्लिश' अन्ततः सब कहलाए। वे नाम इतिहास में ही हैं। सो, आर्य कहाँ से आए; द्रविड़ कहाँ से आए; या यहीं दोनों पैदा हुए; ये सब बातें साफ नहीं हैं। तरह-तरह की संभावनाएँ हैं। साफ बात यह है कि हम सब पहले 'आर्य' कहलाते थे; अब 'भारतीय' कहलाते हैं। हम एक संस्कृति के हैं और संस्कृत भाषा हम सब लोगों की भाषाओं में व्याप्त हैं; इन्हें अनुप्राणित करती है। तत्त्व इतना है।[1]

बहुत खेद है कि मैं अपनी दक्षिण-भारतीय भाषाओं से परिचत नहीं हूँ। परिचित तो गुजराती-मराठी आदि से भी नहीं हूँ; परन्तु नागरी लिपि में चीज देख लेने से कुछ आभास मिल जाता है। उसी आधार पर वह उतना परिचय दिया है। मराठी की तो लिपि नागरी ही है; गुजराती, बँगला आदि की भी चीजें नागरी लिपि में आ गई हैं। दक्षिण की भाषाएँ अभी नागरी लिपि में नहीं आई हैं। इसीलिए, मेरे जैसे अल्पज्ञ उनसे परिचित नहीं। आशा है, इन पुस्तक का अगला संस्करण जब निकलेगा, तो इन भाषाओं का भी परिचय दिया जा सकेगा।

1. इस विषय की अधिक जानकारी के लिए मेरी पुस्तक 'संस्कृति का पाँचवाँ अध्याय' देखिये।—लेखक

इस तरह दो महावर्गों में भारत की सभी आधुनिक भाषाएँ आ जाती हैं। इनके अतिरिक्त कुछ वनवासी जनों की भाषाएँ भी हैं। देश के एक बड़े भू-भाग में अविकसित वर्ग है, जिसे 'वनवासी' कहते हैं। इन वनवासियों की कई भाषाएँ हैं। ये सब 'अविकसित वर्ग' की भाषाएँ हैं—'मुंडा' आदि। इन पर उपर्युक्त दोनों महावर्गों की भिन्न-भिन्न भाषाओं का यत्र-तत्र प्रभाव पड़ा है।

## 4. लिपि-भेद

उपर्युक्त भाषाओं के दोनों महावर्ग भिन्न-भिन्न लिपि रखते हैं। भाषाओं की ही तरह सभी भारतीय लिपियों को भी दो वर्गों में विभक्त कर सकते हैं। एक वर्ग तो 'नागरी'-परिवार का है और दूसरा 'द्रविड़'-परिवार का। नागरी लिपि यही है, जिसमें आप मेरे ये विचार पढ़ रहे हैं। इस लिपि का विकास किस पूर्व लिपि से कैसे-कैसे हुआ; वह सब हमें बहुत विस्तार से पं. गौरीशंकर हीराचन्द ओझा ने बताया है और उनकी इस विषय पर एक मात्र प्रामाणिक कृति को पढ़ने के लिए ही कितने ही जर्मन, फ्रांसीसी और अंग्रेज विद्वानों को हिन्दी पढ़नी पड़ी थी! वह एक स्वतंत्र महाविषय है। उस (लिपि-विकास) की चर्चा यहाँ न छेड़ेंगे। यहाँ भारतीय लिपियों का वर्गीकरण भर अभिप्रेत है।

द्रविड़ भाषाओं को छोड़ शेष सब भारतीय भाषाओं में नागरी या इससे मिलती-जुलती कोई लिपि बरती जाती है। ये सब एक वर्ग में है; 'ब्राह्मी' का विकास। नागरी लिपि में संस्कृत, मराठी, हिन्दी, नेपाली, व्रजभाषा, अवधी, भोजपुरी, गढ़वाली, कुमायूनी आदि भाषाएँ लिखी जाती हैं। पंजाबी के लिए नागरी और गुरुमुखी दोनों लिपियाँ चलती हैं। 'गुरुमुखी' लिपि का निर्माण सिख-गुरुओं ने किया था, जो नागरी का ही रूपान्तर है। राजस्थानी की भी लिपि नागरी ही हैं; पर गुजराती की लिपि भिन्न है, जो नागरी के अति सन्निकट है; बहुत कम अन्तर है। बिहार की भाषाओं में एक 'मैथिली' है; जिसकी भिन्न लिपि है। बँगला-लिपि जैसी देखने में यह लगती है। बँगला-लिपि भी नागरी से दूर नहीं है। बँगला से मिलती-जुलती 'उड़िया-लिपि' है; पर इसके वर्ण-चित्रों में गोलाई कुछ अधिक है। संभव है, पड़ोस की द्रविड़-लिपियों का यह प्रभाव हो। यह भी संभव है कि द्रविड़-लिपियों पर उड़िया-लिपि का प्रभाव पड़ा हो।

दूसरे वर्ग की तरह—द्रविड़-परिवार की—लिपियाँ 'नागरी' से बहुत दूर पड़ गई हैं! नागरी लिपि से दक्षिण भारत सहस्राब्दियों से परिचित है; क्योंकि संस्कृत वहाँ भी नागरी लिपि में ही चलती है। यदि संस्कृत को प्रादेशिक लिपि में बाँध दिया जाए; तो फिर उसका राष्ट्रव्यापी प्रचार न हो सकेगा। बंगाली विद्वान् कभी-कभी संस्कृत के लिए भी अपनी प्रादेशिक बँगला-लिपि का प्रयोग करते हैं और तब उनकी वह कृति बंगाल तक ही रह जाती है; बाहर नहीं जा पाती। इसीलिए (अखिल-भारतीय रूप देने के लिए) बंगाल में भी नागरी लिपि का ही व्यवहार संस्कृत के लिए होता है। यही स्थिति दक्षिण भारत की

है। परन्तु तो भी, उन विशिष्ट भाषाओं के लिए विशिष्ट-विशिष्ट लिपियों का निर्माण हुआ है और वे ही वहाँ चलती हैं।

इन द्रविड़-लिपियों की वर्णमाला (वर्णसमान्नाय) प्रायः नागरी के ही समान है और ये बाईं ओर से दाहिनी ओर को ही चलती हैं। बनावट में ये किसी भी बाहरी (विदेशी) लिपि जैसी नहीं है। रूप-भेद होने पर भी और नागरी से दूर होने पर भी भारतीयता इनकी प्रत्येक रेखा से स्पष्ट प्रकट होती है। कुछ लोग कहते हैं कि इन द्रविड़-लिपियों की स्वतंत्र उद्भावना हुई है और कुछ लोग 'ब्राह्मी' लिपि के ही रूपान्तर इन्हें बताते हैं। मद्रास के श्रीयुत एम. सत्यनारायण भी इसी अन्तिम मत के हैं।[1]

नागरी-परिवार और द्रविड़-परिवार के अतिरिक्त एक और वर्ग उन लिपियों का है, जो इस देश में चल रही हैं। यह वर्ग अराष्ट्रीय या विदेशी लिपियों का है। फारसी लिपि में उर्दू लिखी जाती है और मुसलमान लोग पंजाबी भी फारसी लिपि में ही लिखते हैं। फारसी लिपि बहुत पेचीदा है; इसलिए बंगाली मुसलमानों के दिमाग में वह न घुस पाई। बंगाली मुसलमान आज भी बँगला लिपि का ही प्रयोग करते हैं और हिन्दू की बँगला भाषा में—साहित्यिक बँगला में—यदि अस्सी प्रतिशत शब्द संस्कृत के होंगे, तो मुसलमान (श्री नजरुल इस्लाम जैसे) साहित्यिक की भाषा में भी इससे कम न होंगे। ढाका के मुसलमानों की भी वही स्थिति है, जो कलकत्ते के मुसलमानों की।

रोमन लिपि में अंग्रेजी लिखी जाती है; परन्तु अंग्रेजी राज में यह उद्योग हुआ था कि कम से कम इस देश की व्यापक भाषा के लिए रोमन लिपि मान ली जाए। इससे अंग्रेजों को बड़ी सुविधा मिलती। नागरी लिपि लिखने-पढ़ने की खटपट से बच जाते। उद्योग किया गया था; सरकारी 'फौजी अखबार' रोमन लिपि में ही निकालता था; भाषा इसकी हिन्दी + उर्दू ='हिन्दुस्तानी' थी। परन्तु वह उद्योग सफल नहीं हुआ; यद्यपि डॉ. सुनीति कुमार चाटुर्ज्या जैसे भारतीय विद्वान् भी प्रभावित हो गए थे। चाटुर्ज्या महोदय जैसे विद्वानों ने बार-बार राष्ट्रभाषा (हिन्दी) के लिए रोमन लिपि की उपयोगिता प्रकट की; परन्तु देश ने उनकी सुनी नहीं। यदि अंग्रेजी शासन दुर्दैव से कुछ दिन और टिका रहता, तो फिर हिन्दी के लिए रोमन भी कदाचित् चल पड़ती और तब राष्ट्रभाषा के तीन रूप हो जाते—1. नागरी लिपि में संस्कृत-बहुल हिन्दी, 2. फारसी लिपि में विदेशीपन से भरी हुई उर्दू और 3. रोमन लिपि में अंग्रेजियत-बहुल 'हिन्दुस्तानी'। परन्तु वैसा न हो सका। तो भी, उपर्युक्त दोनों लिपियाँ इस देश में चलती हैं। फारसी लिपि देशी (हिन्दी) भाषा के लिए भी काम में लाई जाती है और फारसी भाषा के लिए भी। रोमन केवल अंग्रेजी के लिए चलती है।

यह बात विशेष ध्यान में रखने की है कि केवल हिन्दी के ही सिर उपर्युक्त दोनों विदेशी लिपियाँ लादी गईं—वैसा प्रयत्न किया गया; किसी प्रादेशिक भाषा के लिए वैसा अखिल-भारतीय उद्योग नहीं हुआ। मुसलमान पंजाबी-जैसी भाषा फारसी-लिपि में लिखें,

---

1. विश्वमान्य लिपि-विशेषज्ञ पं. गौरीशंकर हीराचन्द ओझा का भी यही मत है।

यह अलग बात है; परन्तु किसी सरकार की ओर से कोई वैसा उद्योग नहीं हुआ। वह उद्योग केवल राष्ट्रभाषा के लिए हुआ—मुसलमान शासकों ने फारसी लिपि चला दी और 'उर्दू' नाम दिया; अंग्रेज शासकों ने रोमन लिपि में हिन्दी ला कर 'हिन्दुस्तानी' नाम देने का प्रयत्न किया। डॉ. चाटुर्ज्या जैसे विद्वानों ने भी अपनी प्रादेशिक भाषा (बँगला) के लिए रोमन की सिफारिश नहीं की; केवल हिन्दी के लिए! यदि उत्तर प्रदेश, राजस्थान, मध्यप्रदेश तथा बिहार आदि की जनता राष्ट्रीयता पर न अड़ जाती और नागरी को न पकड़े रहती, तो निश्चय ही देश भर की व्यवहार-भाषा (राष्ट्रभाषा) या तो फारसी-लिपि में चलती, या फिर रोमन-लिपि में ही! और तब संस्कृत के लिए ही नागरी रह जाती; या फिर 'मराठी' और 'नेपाली' उसमें चलती।

खैर, हमारी लिपियों के भी तीन वर्ग हैं, जैसे भाषाओं के तीन महावर्ग। भाषाओं में तीसरा वर्ग वन्य-भाषाओं का है और लिपियों में विदेशी लिपियों का।

# आठवाँ अध्याय

## भाषा और बोलियाँ

पाँचवें और छठे अध्यायों में हमने भारतीय भाषाओं के दोनों महावर्गों की जिन वर्गीय भाषाओं की चर्चा 'पूर्बी वर्ग' 'पश्चिमी वर्ग' आदि नामो से की है, उनकी प्रत्येक बड़ी भाषा अपनी कई-कई बोलियों में बँटी हुई है। उदाहरण के लिए हम बँगला भाषा को ले लें। यह बँगला भाषा पश्चिम में 'आसनसोल' से लेकर पूरब में (पाकिस्तान के) ढाका तक कितनी बोलियों से संपृक्त है और दक्षिणी बंगाल के कलकत्ते से लेकर पूरब के दार्जिलिंग और गंगटोक तक कितनी बोलियाँ रखती है! कहावत है—'पाँच कोस पर पानी बदले, सात कोस पर बानी'। परन्तु यह दस-बीस मीलों का अन्तर उतना स्पष्ट और अधिक नहीं होता। सौ-पचास मील चल कर, सौ-दो सौ मील के अन्तर पर, 'बोली' इतनी बदल जाती है कि उसका अपना पृथक् व्यक्तित्व सामने आ जाता है। अवान्तर रूप-भेद होने पर भी कुछ सामान्य तत्त्व ऐसे होते हैं, जो कि परस्पर संबद्ध उन सभी 'बोलियों' में पाए जाते हैं और इन्हीं सामान्य या व्यापक तत्वों के कारण वे सब बोलियाँ 'एक भाषा' की कहलाती हैं। बँगला भाषा की यों छह-सात बड़ी-बड़ी बोलियाँ हैं; भले ही उनके नाम अलग-अलग न रखे गए हों।

यदि कोई एक भाषा भेद-विस्तार आदि के कारण बराबरी से द्विधा विभक्त हो; जैसे 'उत्तरी व्रजभाषा' और 'दक्षिणी व्रजभाषा' या 'उत्तरी अवधी' और 'दक्षिणी अवधी'; तो उनमें से प्रत्येक में कई-कई बोलियाँ मिलेंगी। 'बोली' भी भाषा ही है; भाषा का ही रूप।

इसी तरह 'व्रजभाषा' 'अवधी', 'गढ़वाली' और 'भोजपुरी' आदि भाषाएँ पाँच-पाँच और छह-छह बोलियाँ रखती हैं, जिनका निर्देश पृथक्-पृथक् नहीं किया गया है। 'भाषा' सबका समष्टि-नाम और उस भाषा के विशेष-विशेष रूप बोलियाँ। कोई 'भाषा' साहित्य-समृद्ध होती है और कोई केवल बोल-चाल की। यह न समझ लेना चाहिए कि जिस भाषा में साहित्य न हो, वह 'बोली' और जिसमें साहित्यि हो वह 'भाषा'। साहित्य हो, या न हो, बहुत-सी मिलती-जुलती बोलियों की समष्टि का नाम 'भाषा' है। जिसके पास धन न हो, वह भी मनुष्य ही है। जिस थाली में खीर नहीं परोसी गई, वह भी थाली ही है। उन सब बोलियों में कोई सामान्य सूत्र चाहिए। यदि सामान्य सूत्र भिन्न हो गया, तो फिर 'भाषा' भिन्न। यह सामान्य सूत्र प्रायः प्रत्यय-विभक्तियों का ही होता है।

## 1. साधारण जनभाषा और शिष्ट-भाषा

साधारण जनों की बोली-भाषा में और शिष्ट-शिक्षित जनों की बोली-भाषा में कुछ अन्तर पड़ जाता है। स्वरूपतः भेद न होने पर भी प्रयोगकृत भेद साफ दिखाई देता है। एक ही तरह की दो धोतियाँ लेकर एक साधारण ग्रामीण को दे दीजिए और दूसरी किसी शिष्ट नागरिक की दीजिए। पहनने पर साफ दिखाई देगा कि उनमें से कौन साधारण ग्रामीण है और कौन शिष्ट नागरिक। कुर्ता-टोपी एक ही कपड़े के सिलाई-कटाई में भिन्न हो जाएँगे और फिर पहनने-ओढ़ने में भी अन्तर रहेगा। इसी तरह एक ही बोली-भाषा प्रयोग-भेद से भिन्न दिखाई देती है। भाषा का रूप यहाँ भिन्न नहीं होता, बोलने का ढँग भिन्न होता है। सब तरह के कपड़े हैं, परन्तु चतुर व्यक्ति यह देखेगा कि किस कपड़े की क्या चीज बनवानी चाहिए और किसे किस अवसर पर या किस ऋतु में पहनना चाहिए। इसी तरह चतुर नागरिक भाषा के शब्दों का प्रयोग नाप-तोल कर अवसर के अनुरूप करता है। जहाँ जो शब्द ठीक नहीं जँचता, नहीं बोला जाता। मर्यादा और अवसर आदि देख कर खूब सावधानी से शिष्टजन भाषा का प्रयोग करते हैं और साधारण अपढ़ जन यह सब बहुत कुछ नहीं देखते। यही भेद पड़ जाता है। फिर, भले लोगों की भाषा में और शोहदों की भाषा में भी अन्तर पड़ जाता है। एक ही भाषा के ये सब प्रयोग-कृत भेद हैं।

## 2. साहित्यिक भाषा

किसी भाषा की कोई 'बोली' ही प्रतिभाशाली शिष्टजनों के द्वारा 'साहित्यिक भाषा' बना दी जाती है और वही भाषा सर्वमान्य हो जाती है। बंगाल के एक कोने में कलकत्ता पड़ा है। परन्तु अंग्रेजी शासन के दिनों में इसका विस्तार और वैभव बढ़ा। विद्यालय-महाविद्यालय बने और विश्वविद्यालय बना। प्रदेश भर के विद्वान् वहाँ जमा हो गए, बहुत से बाहर के भी पहुँच गए। वहाँ के बंगाली विद्वानों पर स्थानीय 'बोली' का भी प्रभाव पड़ा। वे संस्कृत भी जानते थे। संस्कृत-शब्दों का अपनी भाषा में व्यवहार करते थे। शिक्षा-संस्थाओं में और गोष्ठियों में परस्पर मेल-मिलाप नित्य की बात ठहरी। ऐसे विद्वानों में से किसी प्रतिभाशाली ने कोई बढ़िया चीज बँगला में दी। दूसरे बंगालियों को वह चीज पसन्द पड़ी और अलक्षित रूप से उस कृति की भाषा ने उन पर छाप डाल दी। दूसरे ने भी वैसी ही भाषा लिखी, तीसरे-चौथे ने भी। एक धारा चल पड़ी। यही 'साहित्यिक' भाषा बन गई बंगाल की। बंगाल भर में कहीं किसी भी 'बोली' का बोलनेवाला विद्वान् जब कोई पुस्तक लिखेगा, तो उसी बँगला में, जो कलकत्ते में बनी-ढली और सजी-सँवरी। आगे फिर उसमें और परिष्कार होता गया; होता जाता है। यह बात दूसरी है कि ढाका का बंगाली कोई साहित्यिक रचना दे और उसमें उसकी अपनी 'बोली' का भी कहीं हलका-सा रंग आ जाए; परन्तु पूरी भाषा वही रहेगी, जो कलकत्ते की साहित्यिकों ने ढाल दी। ऐसी साहित्यिक भाषा साधारण जनभाषा से स्वभावतः भिन्न होगी; परन्तु फिर भी भाषा है वही। विश्वकवि रवीन्द्रनाथ की कविता से भी बँगला की प्रकृति जानी जा सकती है। क्रियापद, सर्वनाम,

कारक-विभक्तियाँ और अव्यय आदि देख लीजिए, बँगला भाषा समझ गए। संज्ञा और विशेषण आदि तो अन्यत्र से भी आते ही रहते हैं। संस्कृत सभी भारतीय भाषाओं की 'आकर'-भाषा है। परन्तु संस्कृत की संज्ञाएँ या विशेषण आदि किसी भाषा के स्वरूप को नहीं बदल सकते। वैसे शब्दों का बाहुल्य भी बँगला को या अन्य किसी भाषा को 'संस्कृत भाषा' न बना देगा। 'राम मधुर फल का रसास्वादन करता है' वाक्य में संस्कृत शब्दों की ही अधिकता है; परन्तु 'का' और 'करता' है के कारण वह हिन्दी-वाक्य है। 'रामः मधुरफलानां रसास्वादनं करोति संस्कृत-वाक्य हो गया। फारसी-अरबी शब्दों की भरमार कर देने से हिन्दी एक विचित्र भाषा बन जाती है और फारसी लिपि में वह 'उर्दू' नाम पा जाती है; परन्तु 'का' 'से' 'करता है' आदि शब्द उसे न फारसी बनने देते हैं, न अरबी ही। उर्दू से फारसी-अरबी आदि का विकार हटा दें, तो वह हिन्दी ही है। संस्कृत शब्दों का बाहुल्य यदि सोच-समझ कर हो, तो भाषा गंभीर और रसवती हो जाती है। जायसी की अवधी शुष्क है और तुलसी की रसमयी है—'कंकन किंकिनि नूपुर धुनि सूनि'। जायसी के 'पद्‌मावत' में ऐसे शब्द न मिलेंगे। संस्कृत से भारतीय भाषाएँ सजती-सँवरती हैं।

सरकारी हो, या धार्मिक; साहित्यिक भाषा बनने के लिए कोई केन्द्र होना चाहिए, जहाँ प्रतिभाशाली विद्वान् जमें। व्रज में मथुरा-वृन्दावन धार्मिक केन्द्र हैं। वहीं की 'बोली' 'साहित्यिक व्रजभाषा' बन गई; यद्यपि उसका परिष्कार हुआ है। तुलसी ने अकेले ही 'अवधी' की एक 'बोली' का टकसाली साहित्यिक भाषा का रूप दे दिया।

कभी-कभी किसी अद्वितीय साहित्य-निर्माता की भाषा उसी के नाम से चलती है; जैसे 'कबीर की भाषा'। कबीर हिन्दी-साहित्य की निधि हैं; परन्तु उनकी भाषा को 'अवधी' 'भोजपुरी' 'व्रजभाषा' या 'खड़ी बोली' जैसा कोई नाम नहीं दे सकते। उसमें सब हैं और वह सब से अलग भी है। उसे हम 'कबीर की भाषा' कहेंगे।

इसी तरह भाषा साहित्य से कुछ रूप बदलती है, जैसे सुहागे से सोना। परन्तु सोना कोई दूसरी चीज नहीं हो जाता; निर्मल भर हो जाता है, चमक बढ़ जाती है।

## 3. राष्ट्रीय भाषाएँ और राष्ट्रभाषा

इस महादेश में प्रायः सदा ही अपनी भाषा के तीन रूप रहे हैं—1. अपनी मातृभाषा 2. अन्तरप्रदेशीय सामान्य भाषा और 3. संस्कृत भाषा। वैदिक काल में ही, जब आर्य जन दूर-दूर फैल कर बस गए, तो उनके वे प्रदेश एक दूसरे से दूर पड़ गए। इस दूरी के कारण, जलवायु के भेद से, भाषा में भी भेद पड़ गया। सभी प्रदेशों की भाषाएँ कुछ भिन्न हो गईं। परन्तु अन्तरप्रदेशीय व्यवहार के लिए कोई एक सामान्य भाषा चाहिए। संस्कृत सर्वत्र थी; परन्तु वह विशिष्ट सुसंस्कृत जनों तक ही सीमित थी। साधारण जन उसमें काम-काज न करते थे; शुद्ध-अशुद्ध का ज्ञान उन्हें उस भाषा का न था। फलतः किसी विशिष्ट प्रदेश की जन भाषा ('प्राकृत') ही अपनी सरलता के कारण सर्वत्र प्रचलित थी। अपने प्रदेश का व्यवहार अपनी प्रादेशिक प्राकृत में, अन्तरप्रदेशीय व्यवहार उस अन्तरप्रदेशीय प्राकृत में और शिक्षा सर्वत्र संस्कृत में। यों एक भाषा प्रादेशिक और दो अन्तरप्रादेशिक

या राष्ट्रीय। सम्पूर्ण राष्ट्र में भी समझी जाने वाली या पढ़ी जानेवाली भाषा 'राष्ट्रीय'। वे प्रादेशिक भाषाएँ भी राष्ट्रीय ही हैं; इसलिए अन्तरप्रान्तीय भाषा को 'राष्ट्रभाषा'। कह लीजिए। व्यवहार की राष्ट्रभाषा कोई व्यापक 'प्राकृत' और शिक्षा के लिए राष्ट्रभाषा संस्कृत थी।

जैन-मत के उद्‌बोधक महावीर स्वामी और बौद्ध मत के प्रवर्तक गौतम बुद्ध ने प्रादेशिक भाषा को ही अपनी शिक्षा का माध्यम बनाया और सम्राट् अशोक के प्रचार से उस का प्रसार हुआ। वे सब मगध (बिहार) के थे और इसलिए वहीं की जनभाषा (मागधी) को वह व्यापकता मिली। मागधी को जब साहित्यिक रूप मिला, तो विद्वानों ने उसे (कृत्रिम व्यंजन-लोप और णकार-बाहुल्य से) बहुत विकृत कर दिया। परन्तु 'पालि' नाम से जिस जनभाषा ने बौद्ध विचारों का वहन किया, उसमें वैसी कृत्रिमता नहीं आ पाई; यद्यपि संस्कृत से प्रभावित रही। यों, उस समय तीन भाषाएँ चल रही थीं—प्रादेशिक प्राकृत, अन्तर-प्रान्तीय प्राकृत और संस्कृत। महाकवि कल्हण काश्मीरी थे। वे अपने काश्मीर पर गर्व प्रकट करते हुए कहते हैं—

यत्र सत्रीणामपि किमपरं मातृभाषावदेव,<br>
प्रत्यावासं विलसति वचः प्राकृतं संस्कृतं च।

—और तो क्या, जहाँ की स्त्रियाँ भी घर-घर प्राकृत और संस्कृत का व्यवहार उसी तरह करती हैं, जैसे अपनी मातृभाषा का—'मातृभाषावदेव'। इसी तरह आज कल अठारह करोड़ आबादी के सुविस्तृत भू-भाग में लोग अपनी-अपनी मातृभाषा के समान ही आज की 'अन्तरप्रान्तीय प्राकृत'—राष्ट्रभाषा हिन्दी—का व्यवहार करते हैं। संस्कृत के लिए अध्यवसाय कम हो गया, अंग्रेजी आदि के बीच में आ जाने से। काश्मीर में आजकल उर्दू 'मातृभाषावदेव' समझी-बोली जाती है और संस्कृत की जगह अंग्रेजी ने ले ली है; पर यह 'मातृभाषावत्' नहीं है। बहुत कम लोग अंग्रेजी पढ़े-लिखे हैं। हाँ, दक्षिण भारत में अंग्रेजी 'मातृभाषावत्' शायद हो गई है, जिसकी जगह अब हिन्दी लेती जा रही है। यानी अब चार भाषाएँ हो गई हैं—1. मातृभाषा 2. सामान्य अन्तरप्रान्तीय भाषा 3. संस्कृत और 4. अंग्रेजी। आगे यह स्थिति न रहेगी। अंग्रेजी इस देश की 'चौथी भाषा' न रहेगी; 'चौथे दर्जे' पर जर्मन, जापानी, रूसी, चीनी आदि विदेशी भाषाओं के साथ एक अंग्रेजी भी रहेगी।

रामायण-काल में भी देश में तीन भाषाएँ चलती थीं; जिनमें से संस्कृत को 'अन्तरराष्ट्रीय' दर्जा मिल गया था। दूसरे देशों में भी संस्कृत चलती थी, जैसे कि आज अंग्रेजी चलती है।

हनुमान जी जब लंका पहुँचे और अशोकवाटिका में छिपे-छिपे सीता जी से बात करने को हुए, तो सोचा कि किस भाषा में बात करूँ! हनुमान जी के प्रदेश की अपनी भाषा अलग थी, प्राकृत-विशेष। एक कोई प्राकृत 'सामान्य भाषा' के रूप में भी चलती थी; संस्कृत की ही तरह राष्ट्र भर में व्याप्त थी। अन्तर यह कि संस्कृत ऊपर ही ऊपर थी और वह सामान्य जनभाषा जड़ों तक पहुँची हुई थी। सम्मानार्थ संस्कृत को 'देवभाषा' कहते थे। और उस सामान्य जनभाषा को 'मानव-भाषा'। सीता जी संस्कृतज्ञ हैं; हनुमान

को यह पता था। वे संस्कृत में ही बात करने को हुए; परन्तु डर लगा कि संस्कृत में बात करने के कारण सीता जी हमें रावण न समझ लें! यदि ऐसा हुआ, तो डर जाएँगी और फिर कोई बात-चीत न हो सकेगी—'रावणं मन्यमान मां सीता भीता भविष्यति'। इसलिए 'मानुषी वाक्' में—सामान्य जनभाषा में उन्होंने बात की। बड़े लोग संस्कृत भी पढ़े थे और रावण तो संस्कृत का बहुत बड़ा विद्वान् था। परन्तु भारत की सामान्य ('प्राकृत') जनभाषा के प्रति लंका में कोई आकर्षण न था; इसे कोई वहाँ पढ़ता-समझता न था। इसीलिए आपसी बातचीत का माध्यम यह ठीक थी।

उत्तर भारत में कन्नौज-साम्राज्य का जब उत्कर्ष बढ़ा, तो यहाँ की जनभाषा (तृतीय प्राकृत) 'अपभ्रंश' नाम से देश भर की सामान्य साहित्यिक भाषा बन गई। 'अप्रभ्रंश'-साहित्य की भाषा विभिन्न प्रादेशिक भाषाओं से संपृक्त है। स्वाभाविक है कि किसी सामान्य भाषा का प्रयोग जब प्रदेश-विशेष का कोई साहित्यिक करे, तो उसमें उस प्रदेश की छाया पड़े। इसीलिए 'अपभ्रंश' नाम से प्रसिद्ध उस सामान्य भाषा को ही लोग अपने-अपने प्रदेश की भाषा की प्रकृति मान बैठते हैं। भूल है। 'उट्ठई' से 'उठता है'-'उठती है' का क्या मेल? जहाँ 'उठता है'-'उठती है' बोला जाता है, वहाँ की उस समय की जन भाषा में (तृतीय प्राकृत या 'अपभ्रंश' में) साहित्य-रचना हुई ही नहीं या लुप्त हो गई। प्राप्त साहित्य में जो अपभ्रंश है, वह कुरुजनपद का नहीं है। 'अपभ्रंश' भाषा में 'करैगो' 'करैगी' जैसे क्रिया-रूप नहीं हैं। इसलिए वह तत्कालीन राजस्थानी या ब्रजभाषा भी नहीं है। वह है पांचाली का साहित्यिक रूप; उस समय की पांचाली (कन्नौजी) का; जिसमें मागधी और अर्द्धमागधी का भी पुट है—भोजपुरी-मगही और अवधी आदि की प्रकृतियों का भी मेल है। इससे आगे फिर प्रादेशिक भाषाओं में स्पष्टता आई, रूप का निखार हुआ; इनमें साहित्य बना और आज हमारी गुजराती, हिन्दी, बँगला आदि भाषाएँ स्वतंत्र रूप से सामने हैं।

मुसलमानी राज के जमने पर, मुसलमान शासकों को, एक सामान्य भाषा की जरूरत पड़ी, जो देश भर में काम दे। उन्होंने दिल्ली को केन्द्र बनाया था और वहाँ की भाषा से परिचित हो गए थे। फलतः वहीं की भाषा ('खड़ी बोली') को उन्होंने अपनाया। दिल्ली-मेरठ की बोली ('खड़ी बोली') को वे फारसी लिपि में लिखने लगे और अभ्यास-वश उसमें फारसी-अरबी के भी शब्द दे कर काम चलाने लगे। इस भाषा का नाम उन्होंने पहले 'हिन्दुई' रखा। हिन्दु लोगों की भाषा 'हिन्दुई'। परन्तु आगे चलकर उका भी अपनापन बढ़ा और तब 'हिन्दुई' की जगह 'हिन्दवी'-'हिन्दी' नाम कर दिया। हिन्द की भाषा हिन्दी। वे उस समय पड़ोस की ब्रजभाषा को 'भाखा' कहते थे। आगे चल कर 'हिन्दी' में वे लोग शायरी भी करने लगे और इसे सजाने-सँवारने लगे; परन्तु साथ ही फारसी-अरबी के शब्दों की भरमार भी करने लगे। फिर इसका नाम 'उर्दू' रख लिया गया। दिल्ली की उर्दू तो फिर भी गनीमत थी, लखनवी रूप उसका सबसे बागे बढ़ गया! क्रिया, सर्वनाम और अव्यय तो यहाँ के; शेष सब कुछ ईरान और अरब आदि का। परन्तु सरकारी बल था। देश भर में फैल गई। दक्षिण में इसी का एक न्यारा रूप हो गया, जिसे 'दक्खिनी' और 'दकनी' कहने लगे। कुछ हिन्दुओं ने भी इस (उर्दू) में साहित्य-रचना की; परन्तु इधर

के कायस्थों ने और काश्मीरी ब्राह्मणों ने तो 'अपनी भाषा' ही इसे मान लिया! अंग्रेजी राज आने पर उत्तर प्रदेश की भाषा उर्दू इसीलिए घोषित की गई; क्योंकि मुसलमानों के साथ उपर्युक्त दोनों शिक्षित हिन्दू-वर्गों ने भी उस का जोरों से पक्ष लिया।

दिल्ली में जब उर्दू की नींव लग रही थी, उसके पड़ोस की भाषा (व्रजभाषा) भी साहित्य में आगे बढ़ रही थी। हिन्दू जनता ने व्रजभाषा का पक्ष लिया और न केवल उत्तर भारत में ही, देश भर में, इसे राष्ट्रीय 'साहित्यिक भाषा' के रूप में स्वीकार कर लिया गया। गुरु गोविन्दसिंह ने व्रजभाषा में ही कविता करके वीर रस का प्रवाह दिया। गुजरात के नरसी मेहता और महाराष्ट्र के सन्त नामदेव आदि ने व्रजभाषा में जनता को उद्‌बोधन दिया। जिसे भी सम्पूर्ण राष्ट्र को कोई सन्देश देना होता था, व्रजभाषा को माध्यम बनाता था। उर्दू की तरह रँगीली कविताएँ व्रजभाषा में बनीं। यानी दो राष्ट्र-भाषाएँ हो गईं; उर्दू और व्रजभाषा। एक को सरकारी समर्थन और दूसरी को हिन्दू-प्रवृत्ति का समर्थन। 'रसखान' आदि ने भी हिन्दु-भावना के ही कारण व्रजभाषा में कविता की। 'रहीम' जैसे उदार लोगों ने भी व्रजभाषा का भंडार भरा। परन्तु यह निश्चय है कि दोनों धाराएँ दो भावनाओं को लेकर चलीं। व्रजभाषा राष्ट्र की सामान्य 'साहित्यिक भाषा' रही; अपने-अपने प्रदेश की भाषा में भी साहित्य बनता रहा।

अंग्रेजी राज आने पर एक नया जागरण जनता में हुआ। हिन्दुओं ने अपनी चीज पहचान ली और सोचा कि उर्दू का विदेशी जामा हटा दिया जाए तो वह हमारी हिन्दी ही तो है। भावना बदली और पक्ष बढ़ा। हिन्दी-पक्ष का समर्थन हुआ और सबसे पहले बंगाल के राजा राममोहन राय ने कहा कि देश की एक सामान्य भाषा (राष्ट्रभाषा) होनी चाहिए। उन्होंने यह भी कहा कि देश की राष्ट्रभाषा हिन्दी ही हो सकती है। और इसे ही होना चाहिए। गुजरात के स्वामी दयानन्द सरस्वती ने फिर हिन्दी का जोरदार समर्थन राष्ट्रभाषा-पद के लिए किया। सब ने जोर लगाया और हिन्दी को हमारी 'संविधान-सभा' ने राष्ट्रभाषा (केन्द्रीय सरकार की व्यवहार-भाषा) स्वीकार कर लिया। यही संक्षेप में कथा है हिन्दी राष्ट्रभाषा की। जिन्हें विस्तार से इस विषय पर जानने की इच्छा हो; उन्हें मेरा 'राष्ट्रभाषा का इतिहास' देखना चाहिए।

सो, राजस्थानी, गुजराती, बँगला, मराठी आदि और तमिल, तेलगू, कन्नड़ और मलयालम आदि हमारी राष्ट्रीय भाषाएँ हैं और हिन्दी 'राष्ट्रभाषा' है। अपनी इस राष्ट्रभाषा को समृद्ध करने की जिम्मेदारी अब हम सब पर है।

यहीं यह प्रकरण और यह ग्रन्थ समाप्त होता है; यह कह कर कि हिन्दी राष्ट्रभाषा है और अवधी, पांचाली, राजस्थानी, गढ़वाली, कुमायूनी, भोजपुरी, मगही, मैथिली आदि अपने-अपने क्षेत्र की स्वतंत्र भाषाएँ हैं; जैसे कि गुजराती आदि। परन्तु इन भाषाओं को भी 'बोली' कह देते हैं, एक सादृश्य से। "हिन्दी की एक 'बोली' है अवधी" यह कहने का मतलब इतना ही है कि अवधी उस भाषा-मण्डल की एक सदस्या है, जिसकी एक सदस्या ('खड़ी बोली') इस समय हिन्दी भर की व्यवहार-भाषा है और इसीलिए 'हिन्दी' नाम से प्रसिद्ध है।

# परिशिष्ट भाग

## शब्द, अर्थ और ध्वनि : लोप तथा आगम

भाषा में जैसे वर्णों का लोप-आगम आदि होता रहता है, उसी तरह पूरे के पूरे शब्द, अर्थ तथा ध्वनि का भी लोप-आगम होता है।

हिन्दी में 'बाजार' शब्द जिस अर्थ में प्रचलित है, उसके लिए दूसरे शब्द थे, जो संस्कृत-प्राकृत में विद्यमान हैं; पर हिन्दी से वे उठ गए—उनका लोप हो गया। व्रजभाषा आदि में 'पैंठ' शब्द चलता है; परन्तु यह उस विशेष बाजार के लिए ही है, जो कि सप्ताह में एक दिन या दो दिन कुछ घंटों के लिए ही कहीं जमता है और शाम को उखड़ जाता है। शहर के स्थायी बाजारों को वहाँ भी 'पैंठ' नहीं कहते। यानी 'बाजार' के अर्थ में जो शब्द पहले प्रचलित थे, उठ गए—लुप्त हो गए और इस नए 'बाजार' शब्द का आगम हो गया। उन शब्दों की जगह इस ने ले ली। इसी तरह 'बनारसी' संज्ञा लुप्त हो गई। 'बनारसी दास' आदि में ही वह अलक्षित रूप से है। 'वाराणसी' से 'बनारसी' बना और 'बनारसी' से 'बनारस'। 'बनारस' वर्तमान है; 'बनारसी' लुप्त हो गया। 'बनारस' से बना 'बनारसी' विशेषण जरूर चलता है।

'अर्थ' का भी लोप होता है और आगम भी। संस्कृत में 'वेश्या' के लिए 'वारस्त्री' 'वारनारी' आदि शब्द चलते हैं, जो निश्चय ही यौगिक है—वार+स्त्री ='वारस्त्री'। परन्तु 'वार' शब्द का अर्थ लुप्तप्राय है। जान पड़ता है, वेश्याओं के आवास-स्थल को कभी 'वार' कहते थे। व्रियन्ते यत्र सर्वे विशेषण, असौ वारः-जहाँ सभी लोगों का निर्विशेष रूप से वरण हो, वह 'वार'। कभी समाज ने 'वार' एकदम हटा दिए होंगे और इसलिए 'वार' शब्द-प्रयोग-हीन हो गया; फलतः उसका अर्थ लोग भूल गए!

इसी तरह व्रज में प्रचलित 'दारी' शब्द का अर्थ लोग भूल गए! व्रज में औरतें परस्पर गाली देने में 'दारी' शब्द का प्रयोग करती है; परन्तु सामान्यतः गाली समझ कर ही। हिन्दी के कोशकारों ने 'दारी' का अर्थ 'दासी' दे दिया है—गलत! 'दारी' शब्द कभी 'वेश्या' के अर्थ में चलता था। अनेक देवी-देवताओं की उपासना करने वाले की स्वामी हरिदास ने 'दारी' से उपमा दी है—'ज्यों दारन में दारी'। 'दारन में'—गृहस्थ स्त्रियों में जैसे वेश्या, वैसे ही भगवान् के अनन्य भक्तों में बेहुदेवोपासक! राजस्थानी के 'मेर'-'नेर' शब्दों का अर्थ लुप्त हो गया। कदाचित् 'पुर' या 'नगर' के अर्थ में थे—अजमेर, बाड़मेर, जैसलमेर, बीकानेर आदि।

## ध्वनि का आगम और लोप

शब्दों की 'ध्वनि' में भी आगम-लोप होता रहता है। 'पठ्' का विकास 'पढ़' हिन्दी धातु है, जो कि अपने मूल स्थान (कुरुजनपद) में ज्यों की त्यों चल रही है। परन्तु राष्ट्रभाषा में एक नई ध्वनि का आगम हुआ, जिसे प्रकट करने के लिए नीचे बिन्दी लगाई जाती है—'पढ़ना'। संस्कृत प्राकृत में 'ढ' ही मूल ध्वनि है; हिन्दी में 'ढकता है' 'ढकना' 'ढकोसला' आदि में मूल ध्वनि है; परन्तु 'पढ़ना' 'कढ़ना', 'काढ़ना' आदि में नई ध्वनि है। यों, इस नई ध्वनि का आगम हुआ।

ध्वनि का लोप भी हो जाता है। 'ढकता है' आदि में 'ढ' की असली ध्वनि विद्यमान है; 'पढ़ना' आदि में नई ध्वनि का आगम है। परन्तु कभी-कभी किसी ध्वनि का सर्वथा लोप ही हो जाता है।

## ऋ, ण, ञ तथा विसर्ग

संस्कृत-प्रयुक्त 'ऋ' स्वर तथा 'ण'-व्यंजन और विसर्ग (अयोगवाह) की असली ध्वनि प्रायः लुप्त हो गई है। 'ऌ' स्वर का लोप तो बहुत पहले ही हो चुका था। वर्ण-सामान्य में उसका स्मरण अवश्य है; परन्तु ध्वनि उसकी भी गायब है! 'अ' 'क्' आदि 'अक्षर'-ध्वनि हैं। इनके 'क्षरण' की संभावना नहीं—इनके टुकड़े नहीं हो सकते। परन्तु 'ऌ' के तीन टुकड़े हैं—'ल् र् इ'। तब यह 'एक वर्ण' कैसे? उच्चारण भूल गए। जब शब्द का प्रयोग ही उठ गया, तो उच्चारण कैसे ठहरे!

बहुत से शब्दों का लिपि-सन्निवेश में प्रयोग होता है; परन्तु उसकी असली ध्वनि लुप्त हो गई है। 'ऋ' स्वर का चलन संस्कृत में अत्यधिक है और आज की भारतीय भाषाओं में भी 'ऋण' 'ऋतु' जैसे तद्रूप संस्कृत शब्द चलते हैं। परन्तु 'ऋ' की असली ध्वनि जाती रही! कहीं 'रि' और कही 'रु' इसका उच्चारण होता है जो असली नहीं। 'रि' तथा 'रु' के उच्चारण में स्पष्ट ही द्विवर्णता है। तब 'ऋ' एक वर्ण कैसे? पाणिनि के समय में ही इस स्वर का उच्चारण ऐसा हो गया था और इसीलिए पाणिनीय व्याकरण में 'ऋ' को 'द्विवर्ण' कहा गया है। निश्चय ही 'ऋ' का असली उच्चारण 'र' व्यंजन से मिलता-जुलता (पर स्वतंत्र) रहा होगा; जैसे 'इ'-'उ' को 'य' 'व' से मेल है। परन्तु वह उच्चारण अब हमारे सामने नहीं है।

इसी तरह विसर्गों का उच्चारण आज तात्विक नहीं है। आजकल पूरी तरह 'ह' जैसा उच्चारण विसर्गों का होता है। 'प्रायः' का उच्चारण 'प्रायह' जैसा होता है। निःसन्देह 'ह' से मिलता-जुलता उच्चारण विसर्गों का रहा होगा; पर स्वतंत्र। वह प्रायः लुप्त हो गया!

'ण' का उच्चारण भी लुप्त है। 'ड़' के 'अ' को अनुनासिक कर दें, तो वह ध्वनि हो जाती है, जो कि 'ण' के लिए आज प्रचलित है—'ड़ँ' में स्वर अनुनासिक है—'अँ'। व्यंजन निरनुनासिक है। तब 'ण' में व्यंजन अनुनासिक कहाँ रहा? 'ननद' में 'न्' व्यंजन अनुनासिक है और उसमें 'अ' निरनुनासिक है। 'ण' में वह बात नहीं। 'नँदरानी' में 'नँ' व्यंजन अनुनासिक है और उसमें 'अ' निरनुनासिक है। 'ण' में वह बात नहीं। 'नँदरानी'

में 'नँ' का व्यंजन (न्) भी अनुनासिक है और स्वर (अँ) भी अनुनासिक। परन्तु 'ण' को 'णँ' रूप कभी भी न मिलेगा; क्योंकि इसकी ध्वनि में तो पहले से ही स्वर अनुनासिक है—ड़ँ के रूप में। तो, आखिर 'ण' की असली ध्वनि क्या थी? यह अलग विषय है। संभव है, पता लग जाए। परन्तु आजकल इसकी जो ध्वनि प्रचलित है, असली नहीं। असली ध्वनि का लोप हो गया।

यही स्थिति की है। इसका उच्चारण 'यँ' जैसा होता है। 'यँ' में भी स्वर अनुनासिक है, व्यंजन नहीं। इसीलिए 'चंचल'-'मार्तण्ड' आदि में 'न्' उच्चारण श्रुत होता है।

हाँ, 'ङ' 'न' 'म' व्यंजन अवश्य अनुनासिक हैं। 'ङ' का चलन हिन्दी के निजी गठन में नहीं; संस्कृत के 'वाङमय' आदि शब्दों में ही इसका प्रयोग होता है। हाँ, जनभाषा के 'अङरखा' जैसे शब्दों में वह कहीं हैं। 'अंडागरक्षः' का द्विधा विकास—1. अँगरखा और 2. अङरखा। 'अङरखा' जैसा शब्द क्विचत्क है। 'न' और 'म' व्यंजन हिन्दी के कलेवर-गठन में प्रमुख स्थान रखते हैं और अपनी असली ध्वनि को लिए हुए हैं।

यह 'ध्वनि विज्ञान' एक पृथक विषय है। 'भाषाविज्ञान' 'ध्वनि-'विज्ञान' 'अर्थविज्ञान' और 'प्रयोग-विज्ञान' परस्पर संबद्ध होने पर भी, अपने विस्तार-विवेचन के कारण, पृथक्-पृथक् शास्त्र हैं।

कहना यहाँ इतना ही था कि भाषा के वर्णों के लोप-आगम की ही तरह शब्दों का, अर्थों का तथा ध्वनियों का भी लोप-आगम हुआ करता है।